공무원노사관계 업무매뉴얼

고용노동부

발간사

2005년 1월 27일 「공무원의 노동조합 설립 및 운영 등에 관한 법률」이 제정되어 2006년 1월 28일 시행됨으로써 공무원의 노동기본권을 보장하게 되었습니다.

공무원노조법 시행 이후, 공무원 노사 및 일선 현장의 공무원노사관계 업무담당자들이 공무원노조법령의 내용과 취지를 올바르게 이해하고 업무를 수행할 수 있도록 공무원노조 업무편람과 이를 보완한 공무원노사관계 업무매뉴얼을 발간한 바 있습니다.

그러나, 여전히 법률 해석 및 적용을 둘러싼 논란이 있고 단체교섭 등에 있어서 관계 법령에 맞지 않는 관행이 남아있는 실정입니다. 이러한 점을 감안하여 그동안 법률 시행과정에서 제기된 쟁점사항에 대한 판단기준과 새로운 판례 및 행정해석을 정리하여 업무매뉴얼을 개편하였습니다.

특히, 공무원노동조합 설립신고서 검토 및 처리, 단체교섭 지도 과정에서 일선 업무담당자들이 참고하여야 할 주요 판례와 사례들을 보완하였습니다.

아무쪼록 본 매뉴얼이 공무원노사관계 업무 수행에 적극 활용되어 공무원노사관계가 합리적으로 정착되고 더 나아가 협력적 공무원노사관계를 구축하는데 기여할 수 있기를 기대합니다.

2014년 6월

공공노사정책관 송 문 현

목 차

• 제1편 •
노동조합 설립 및 운영

제1장 노동조합 설립신고 ·· 3

Ⅰ. 노동조합 설립신고 ·· 4
1. 설립신고서 작성 ·· 4
2. 설립신고서 관할 행정관청 ··································· 10
3. 산하조직(지부·분회 등) 설치사실 통보 ··················· 11

Ⅱ. 설립신고서 검토 ·· 12
1. 기본원칙 ··· 12
2. 설립신고서 및 규약 심사 ···································· 13

Ⅲ. 설립신고증 발급 ·· 17
1. 처리기한 ··· 17
2. 설립신고증 발급 ··· 18
3. 설립신고증 발급 후의 행정처리 ··························· 18

Ⅳ. 보완요구 ·· 19
1. 설립신고증 발급 전 보완요구 ······························ 19
2. 설립신고증 발급 후 시정요구 ······························ 20

Ⅴ. 반 려 ·· 21
1. 반려사유 ··· 21
2. 반려절차 ··· 27

Ⅵ. 노동조합 설립 관련사항 처리 ………………………………… 28

    1. 노동조합의 설립시기 ……………………………………… 28
    2. 설립신고증의 재발급 ……………………………………… 28
    3. 적법하게 설립된 노동조합의 법적 효력 ……………………… 28

Ⅶ. 산하조직 설치사실의 통보 ……………………………………… 30

    1. 신고 대상 …………………………………………………… 30
    2. 신고서 첨부서류 …………………………………………… 30
    3. 신고서 제출기관 …………………………………………… 30
    4. 관련 기관에 통보 ………………………………………… 30

Ⅷ. 노동조합 가입 및 제한 범위 등 ……………………………… 31

    1. 공무원의 단결권 보장 법적 근거 ……………………………… 31
    2. 공무원노동조합 가입이 가능한 공무원의 범위 ……………… 32
    3. 공무원노동조합 가입이 제한되는 공무원의 범위 …………… 32
    4. 공무원노동조합 가입 자격이 없는 자의 가입 관련 사항 …… 46

제2장 노동조합 변경 ……………………………………………… 48

Ⅰ. 변경신고서 작성 및 신고 ……………………………………… 49

    1. 작성방법 …………………………………………………… 49
    2. 변경신고대상 및 사유 ……………………………………… 49
    3. 첨부서류 …………………………………………………… 50
    4. 변경신고 절차 ……………………………………………… 51

Ⅱ. 변경신고서의 처리 ……………………………………………… 52

    1. 심사 ………………………………………………………… 52
    2. 처리 ………………………………………………………… 52

Ⅲ. 노동조합 현황 정기통보 ………………………………………… 54

    1. 개요 ………………………………………………………… 54
    2. 정기통보대상 ……………………………………………… 54

3. 노동조합 현황 정기통보서 검토 시 확인사항 ……………… 54
4. 행정처리 ……………………………………………………… 55

제3장 노동조합 해산 …………………………………………… 56

Ⅰ. 해산신고서 처리 …………………………………………… 57

1. 해산사유 ……………………………………………………… 57
2. 해산신고서 작성 ……………………………………………… 57
3. 해산신고 절차 ………………………………………………… 58
4. 행정처리 ……………………………………………………… 58

Ⅱ. 직권해산 처리 ……………………………………………… 59

1. 대상 …………………………………………………………… 59
2. 사유 …………………………………………………………… 59
3. 절차 …………………………………………………………… 59
4. 해산시기 ……………………………………………………… 60

Ⅲ. 노동조합 해산과 관련한 행정처리 참고사항 …………… 61

1. 해산사유 발생 이후 조합활동 재개 시 업무 처리 ………… 61
2. 조합원이 없는 경우의 처리 ………………………………… 61

제4장 노동조합의 운영관리 …………………………………… 62

Ⅰ. 운영상황의 공개 …………………………………………… 62

1. 노동조합의 서류비치 ………………………………………… 62
2. 노동조합의 재정투명성 확보 ………………………………… 63
3. 노동조합 운영의 투명성 제고를 위한 지도방안 …………… 71

Ⅱ. 총회 및 대의원회 운영 …………………………………… 72

1. 총 회 ………………………………………………………… 72
2. 대의원회 ……………………………………………………… 78
3. 총회와 대의원회의 관계 ……………………………………… 80

Ⅲ. 노동조합 임원의 선출 등 ·········· 81
1. 노동조합의 임원 ·········· 81
2. 임원의 선출 ·········· 81
3. 임원의 임기 ·········· 84
4. 임원의 해임 ·········· 85
5. 노조 전임자 ·········· 86

Ⅳ. 노동조합 조직형태 변경 ·········· 88
1. 의의 ·········· 88
2. 유형(예시) ·········· 89
3. 절차 ·········· 89
4. 법적 효력 ·········· 91
5. 행정처리 ·········· 92

Ⅴ. 조합원의 권리·의무 ·········· 93
1. 조합원의 권리 ·········· 93
2. 조합원의 의무 ·········· 94

Ⅵ. 노동조합의 내부통제 ·········· 95

제5장 회의소집권자 지명 ·········· 96

Ⅰ. 노동조합 대표자의 회의소집 기피·해태의 경우 ·········· 97
1. 요 건 ·········· 97
2. 소집권자 지명요구서 검토 ·········· 97
3. 노동위원회 의결요청 ·········· 98
4. 소집권자 지명 ·········· 98

Ⅱ. 회의 소집권자가 없는 경우 ·········· 100
1. 요 건 ·········· 100
2. 소집권자 지명요구서 검토 ·········· 100
3. 소집권자 지명 ·········· 100

  Ⅲ. 소집권자 지명요구와 관련한 행정지도 ················· 101

제6장 규약 및 결의처분 시정명령 ················· 102

 Ⅰ. 규약의 성립 ················· 103
  1. 제정 및 변경절차 ················· 103
  2. 규약의 기재사항 ················· 103

 Ⅱ. 규약의 시정명령 ················· 104
  1. 요 건 ················· 104
  2. 시정명령 절차 ················· 104

 Ⅲ. 결의처분의 시정명령 ················· 105
  1. 요 건 ················· 105
  2. 노동위원회 의결요청 ················· 106
  3. 시정명령 ················· 106

 Ⅳ. 시정명령의 이행확보 ················· 107
  1. 노동조합의 이행 ················· 107
  2. 불응 시 처리방법 ················· 107

제7장 자료제출 요구 ················· 109

 Ⅰ. 사유 및 절차 ················· 110
  1. 사 유 ················· 110
  2. 절 차 ················· 110

 Ⅱ. 처리 및 지도 ················· 112
  1. 결산결과와 운영상황 관련 서류 및 검토사항 ················· 112
  2. 지 도 ················· 113

•제2편•
단체교섭 및 단체협약

제1장 단체교섭 ·· 117

Ⅰ. 단체교섭권의 의의 ·· 117

Ⅱ. 단체교섭의 주체 ·· 118
1. 단체교섭의 당사자 ·· 118
2. 단체교섭의 담당자 ·· 120

Ⅲ. 단체교섭 권한의 위임 ·· 121

Ⅳ. 단체교섭의 절차 ·· 127
1. 단체교섭 요구 ·· 128
2. 교섭참여 공고 ·· 129
3. 교섭 참여 ·· 131
4. 교섭노조 및 교섭위원 선임공고 ························ 132
5. 교섭창구 단일화 ·· 134
6. 교섭 노동조합의 교섭요구 단일안 확정·통보 ······················· 136
7. 교섭위원 구성 ·· 137

Ⅴ. 단체교섭의 대상 ·· 138
1. 의의 및 판단기준 ·· 138
2. 교섭 사항 ·· 138
3. 교섭금지 사항 ·· 142

Ⅵ. 교섭유형 및 교섭단위별 교섭사항 ························ 169
1. 교섭유형 ·· 169
2. 유형별 교섭방법 ·· 170
3. 기타 교섭 유형 ·· 172
4. 교섭단위별 교섭사항 ·· 174

제2장 단체협약 ·· 179

Ⅰ. 단체협약의 의의 ·· 179

Ⅱ. 단체협약의 체결 ·· 180
1. 서면 작성 ··· 180
2. 서명 또는 날인 ·· 180
3. 단체협약의 신고 ··· 182
4. 단체협약 체결권 제한 관련 ······························ 182

Ⅲ. 단체협약의 효력 ·· 184
1. 일반론 ·· 184
2. 단체협약 효력 제한 ·· 185
3. 단체협약의 효력 확장 ······································ 186
4. 법적효과 ··· 188

Ⅳ. 단체협약의 종료 ·· 189
1. 유효기간의 만료 ··· 189
2. 자동연장협정과 자동갱신협정 ·························· 190

Ⅴ. 단체협약의 해석 ·· 191

제3장 단체협약 시정명령 ··· 192

Ⅰ. 요 건 ·· 193

Ⅱ. 시정명령 절차 ·· 193

Ⅲ. 시정명령의 이행 확보 ·· 194

제3편
노동쟁의의 조정과 중재

I. 개 요 ··· 197
1. 의 의 ··· 197
2. 노동쟁의의 개념 ··· 197

II. 노동쟁의의 조정 ··· 200
1. 조정제도의 의의 ··· 200
2. 조정의 진행절차 ··· 200
3. 조정의 효력 ·· 201

III. 노동쟁의의 중재 ··· 202
1. 중재제도의 의의 ··· 202
2. 중재 개시 요건 ··· 202
3. 중재의 효과 ·· 202

IV. 공무원노동관계조정위원회 ··· 203
1. 위원회 기능 ·· 203
2. 위원회 구성 ·· 203
3. 위원회 운영 ·· 203

제4편
부당노동행위 구제제도

I. 제도의 의의 ··· 207
1. 의 의 ··· 207
2. 법적 근거 ··· 207

Ⅱ. 부당노동행위의 성립요건 ·· 208
    1. 부당노동행위 주체 ·· 208
    2. 부당노동행위 의사 ·· 208

Ⅲ. 부당노동행위의 유형 및 사례 ·· 210
    1. 불이익 취급 ·· 210
    2. 불공정 고용계약 ·· 217
    3. 단체교섭 거부·해태 ··· 218
    4. 지배·개입 ··· 224

Ⅳ. 구제절차 ·· 230
    1. 노동위원회 구제신청 ·· 230
    2. 기타 쟁송절차에 의한 구제 ······································ 231

• 제5편 •
정당한 노조활동의 범위

Ⅰ. 정당한 노조활동과 위법한 집단행동의 구분 기준 ············ 235
    1. 정당한 노동조합 활동의 보장과 한계 ······················ 236
    2. 민간부문의 정당한 노동조합 활동의 판단기준 ········ 237
    3. 공무원 신분의 특수성에 따른 판단기준 ·················· 238

Ⅱ. 유형별 정당성 판단기준 ··· 240
    1. 근무시간 중 노조활동 관련 ······································ 240
    2. 청사 내 노조활동 관련 판단기준 ····························· 241
    3. 옥외 노조활동(집회 등)의 정당성 충족 요건 ·········· 244
    4. 기타 노조조합 활동 관련 ·· 246

Ⅲ. 쟁의행위 금지 ··· 247
   1. 쟁의행위 금지 개요 ·· 247
   2. 쟁의행위 유형 ·· 248

Ⅳ. 노동조합과 조합원의 정치활동 금지 ····················· 252
   1. 개 요 ··· 252
   2. 금지되는 정치활동의 범위 ·································· 252
   3. 국가공무원법 등 관련 법령에서 금지되는 정치운동 ············ 253

•제6편•
참고자료

◆ 관련서식 ··· 259
◆ 공무원의 노동조합 설립 및 운영 등에 관한 법률 ············ 289
◆ 노동조합 및 노동관계조정법 ······································ 321

· 제1편 ·
노동조합 설립 및 운영

제1장 노동조합 설립신고

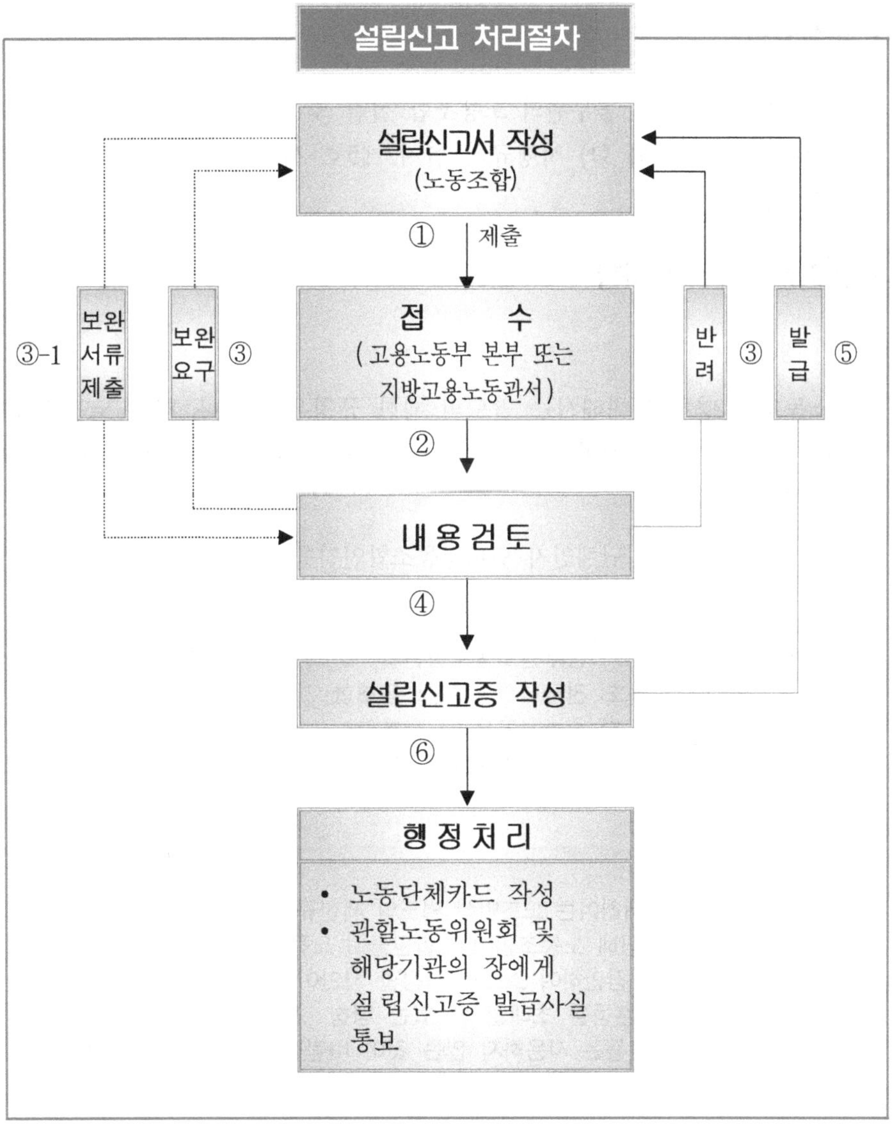

```
┌─────────────────────── 설립신고 처리절차 ───────────────────────┐
│                                                                  │
│                    ┌──────────────────┐                          │
│                    │  설립신고서 작성  │ ◄──────────              │
│                    │    (노동조합)     │ ◄────────┐              │
│                    └──────────────────┘          │              │
│                         ① │ 제출                  │              │
│   보                 보   ▼                  반   │   발         │
│   완                 완  ┌──────────────────┐ 려  │   급         │
│ ③-1 서류  ③  요구  ③ │     접   수       │  ③  │   ⑤         │
│   제                 구  │ (고용노동부 본부 또는│              │
│   출                     │   지방고용노동관서) │              │
│                          └──────────────────┘              │
│                         ② │                                  │
│                           ▼                                  │
│                    ┌──────────────────┐                      │
│                    │    내 용 검 토    │                      │
│                    └──────────────────┘                      │
│                         ④ │                                  │
│                           ▼                                  │
│                    ┌──────────────────┐                      │
│                    │  설립신고증 작성  │──────────────┘        │
│                    └──────────────────┘                      │
│                         ⑥ │                                  │
│                           ▼                                  │
│                    ┌──────────────────┐                      │
│                    │    행 정 처 리    │                      │
│                    │ • 노동단체카드 작성│                      │
│                    │ • 관할노동위원회 및│                      │
│                    │   해당기관의 장에게│                      │
│                    │   설립신고증 발급사실│                    │
│                    │   통보             │                      │
│                    └──────────────────┘                      │
└──────────────────────────────────────────────────────────────┘
```

공무원노사관계 업무매뉴얼

>> I. 노동조합 설립신고

1. 설립신고서 작성

가. 작성방법

● 노동조합 대표자는 「공무원의 노동조합 설립 및 운영 등에 관한 법률」(이하 "공무원노조법"이라 함) 시행규칙 별지 제5호 서식에 의한 노동조합 설립신고서를 작성

나. 설립신고서 기재사항

● 명 칭

- 노동조합 명칭에 대해서는 별도의 제한 규정은 없으나, 다른 노동조합이 이미 사용하는 명칭이나 혼동을 초래할 수 있는 명칭은 사용하지 않는 것이 바람직

- 명칭만으로도 연합단체인지 단위노동조합인지를 구분할 수 있고, 설립단위(기관, 지역, 전국)를 알아 볼 수 있도록 하는 것이 바람직

    * (예시) 연합단체: ○○공무원노동조합연합, ○○공무원노동조합연맹
        전국단위노조: 전국○○공무원노동조합
        기관단위노조: ○○시공무원노동조합
        지역단위노조: ○○지역공무원노동조합

> **관련 행정해석**
>
> ▷ 노동조합의 명칭에 대하여는 노조법상 별도의 제한규정이 없으므로 노동조합의 명칭 제정·변경은 당해 노동조합의 조합원들이 노동조합의 조직형태·범위·교섭의 상대방 등을 감안하여 스스로 결정할 사안이나, 다른 노동조합이 이미 사용하는 명칭이나 혼동을 초래할 수 있는 명칭, 기업별 노조의 경우 당해 기업과 무관한 명칭 등은 사용하지 않는 것이 바람직할 것임(노사관계법제팀-2964, 2007.9.11.)

제1편 노동조합 설립 및 운영

◉ 노동조합의 형태
  - 해당 노동조합의 형태(단위노조, 연합단체)를 표시

◉ 주된 사무소의 소재지
  - 노동조합 규약에 명시된 주된 사무소의 소재지를 기재

> **관련 행정해석**
>
> ▷ 노동조합의 사무소의 소재지를 어디로 할 것인지에 대하여 노조법상 별도의 규정이 없으므로 노동조합의 조직형태, 단체교섭 당사자와의 관계, 노조 활동의 주된 장소, 사무실 확보 가능여부 등 제반사정을 종합적으로 감안하여 당해 노동조합이 결정하는 것이며, 설립신고증을 교부받은 노동조합이 사무실이 마련되지 않아 조합원들이 상시적으로 근무하는 소재지 주소를 기재하였다고 하여 노동조합의 실체가 없다고 볼 수 없으며 이를 허위 기재라고 보기 어려울 것임.(노조 68107-13, 2002.1.5.)

◉ 조합원 수

◉ 소속된 연합단체의 명칭
  - 연합단체에 가입한 경우에는 연합단체 명칭을 기재하되, 연합단체에 가입하지 않은 경우에는 기재하지 아니함
  - 소속된 연합단체가 법에 의하여 설립된 노동조합이 아닌 경우에는 기재 대상이 아님

> **관련 판례**
>
> ▷ 노동조합이 법 규정에 위배하여 특정의 상위 연합단체에 가입하고서도 소속된 연합단체의 명칭을 설립신고서나 규약에 전혀 기재하지 아니하거나 허위로 기재한 경우는 물론이고 실제로는 어느 연합단체에 가입하지 아니하였음에도 불구하고 사실과 다르게 설립신고서나 규약에 소속된 연합단체의 명칭을 임의로 허위기재한 경우에 있어서도 동법 시행령 제8조 제1항 제2호(현행 노조법 시행령 제9조 제1항 제1호)에서 정한 바에 따라 행정관청은 20일의 기간을 정하여 사실을 확인하기 위하여 소속 연합단체의 가입 인준증의 제출 등 적절한 방법에 의한 보완을 요구하고, 만일 기간내에 이를 이행하지 아니할 때에는 설립신고서를 반려할 수 있다.(대법원 1993.2.12. 91누12028)

 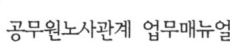

- 대표자
    - 성명, 생년월일(남/여), 주소, 전화번호, 소속기관, 소속부서 및 직급을 기재
- 대표자 이외의 임원
    - 직책, 성명, 소속기관, 주소를 기재
- 연합단체인 노동조합의 경우는 소속 단위노조의 명칭, 조합원 수, 주된 사무소 소재지, 임원(성명·소속기관·주소)을 추가로 기재
- 2 이상의 기관의 공무원으로 구성된 단위 노동조합의 경우에는 기관별 명칭, 대표자 성명, 소재시, 조합원 수를 추가로 기재

다. 신고서 첨부 서류(노조법 시행규칙 제2조)

- 규약 1부

제1편 노동조합 설립 및 운영

<설립신고서 작성예시: 기관 단위 노동조합>

노동조합 [√] 설립   신고서
[ ] 설립신고사항 변경

※ [ ]에는 해당되는 곳에 √표시를 합니다. (앞 쪽)

접수번호			접수일			처리기간 3일	
명 칭			○○시공무원노동조합		노동조합의 형태	단위노조(전국, **기관**, 지역, 기타), 연합단체	
주된 사무소의 소재지(전화번호)			○○시 ○○구 ○○로 ○○		조합원 수	○○명	
소속된 연합단체의 명칭			○○공무원노동조합연맹				
대표자	성명		김○○		생년월일(남/여)	74.11.22(남)	
	주소		○○시 ○○구 ○○로 ○○		전화번호	02)2125-0000	
	소속기관		○○시청		소속 부서 및 직급	○○과 ○급	
임원	직책	부위원장	성명	이○○	소속 기관	○○시청	주소	○○시 ○○구 ○○로 ○○
	직책	사무총장	성명	박○○	소속 기관	○○시청	주소	○○시 ○○구 ○○로 ○○

연합단체인 경우 그 구성원인 노동조합 관련 사항

명 칭	조합원 수	주된 사무소의 소재지	임원		
			성 명	소속기관	주 소

둘 이상의 기관의 공무원으로 구성된 단위노동조합의 경우에는 아래의 기재사항을 작성하시기 바랍니다.

기관별 명칭	대표자 성명	소 재 지	조합원 수

<설립신고사항 변경신고 시 작성 사항>

변경사항	변경 전	변경 후
변경 연월일		
변경 사유		

[√] 설립신고

    2014년 4월 21일 본인 외 200명은 ○○시청 대강당에서 노동조합 설립총회를 개최하고 「공무원의 노동조합 설립 및 운영 등에 관한 법률」 제5조제2항・제17조제2항 및 같은 법 시행규칙 제5조제1호에 따라 위와 같이 노동조합의 설립을 신고합니다.

2014년 5월 12일
대표자 김○○   (서명 또는 인)

고용노동부장관(지방고용노동관서의 장) 귀하

[ ] 설립신고사항 변경신고

    「공무원의 노동조합 설립 및 운영 등에 관한 법률」 제17조제2항 및 같은 법 시행규칙 제5조제4호에 따라 위와 같이 노동조합 설립신고사항 중 변경사항을 신고합니다.

년 월 일
신고인   (서명 또는 인)

고용노동부장관(지방고용노동관서의 장) 귀하

첨부서류	설립	규약 1부	수수료 없음
	변경	1. 변경사항을 증명할 수 있는 총회 또는 대의원회의 회의록이나 규약 등의 서류 1부 2. 설립신고증(변경신고증을 발급받은 사실이 있는 경우에는 변경신고증)	

비고: 기재란이 부족한 경우에는 별지에 작성하시기 바랍니다.

<설립신고서 작성예시: 전국 규모의 단위 노동조합>

노동조합 [√] 설립 / [ ] 설립신고사항 변경 신고서

※ [ ]에는 해당되는 곳에 √ 표시를 합니다. (앞 쪽)

접수번호			접수일		처리기간 3일	
명 칭			○○공무원노동조합	노동조합의 형태	단위노조(**전국**, 기관, 지역, 기타), 연합단체	
주된 사무소의 소재지(전화번호)			○○시 ○○구 ○○로 ○○	조합원 수	○○○명	
소속된 연합단체의 명칭			○○노동조합연맹			
대표자		성명	김○○	생년월일(남/여)	74.11.22(남)	
		주소	○○시 ○○구 ○○로 ○○	전화번호	02)2125-0000	
		소속기관	○○시청	소속 부서 및 직급	○○과 ○급	
임원	직책	부위원장	성명	이○○	소속 기관	○○시청	주소	○○시 ○○구 ○○로 ○○
	직책	사무총장	성명	박○○	소속 기관	○○시청	주소	○○시 ○○구 ○○로 ○○

연합단체인 경우 그 구성원인 노동조합 관련 사항

명 칭	조합원 수	주된 사무소의 소재지	임 원		
			성 명	소속기관	주 소

둘 이상의 기관의 공무원으로 구성된 단위노동조합의 경우에는 아래의 기재사항을 작성하시기 바랍니다.

기관별 명칭	대표자 성명	소 재 지	조합원 수
○○구청	강○○	○○시 ○○구 ○○로 ○○	○○명
○○군청	박○○	○○도 ○○군 ○○면 ○○	○○명

<설립신고사항 변경신고 시 작성 사항>

변경사항	변경 전	변경 후
변경 연월일		
변경 사유		

[√] 설립신고

   2014년 4월 21일 본인 외 200명은 ○○시청 대강당에서 노동조합 설립총회를 개최하고 「공무원의 노동조합 설립 및 운영 등에 관한 법률」 제5조제2항·제17조제2항 및 같은 법 시행규칙 제5조제1호에 따라 위와 같이 노동조합의 설립을 신고합니다.

2014년 5월 12일

대표자   김 ○ ○   (서명 또는 인)

고용노동부장관(지방고용노동관서의 장) 귀하

[ ] 설립신고사항 변경신고

「공무원의 노동조합 설립 및 운영 등에 관한 법률」 제17조제2항 및 같은 법 시행규칙 제5조제4호에 따라 위와 같이 노동조합 설립신고사항 중 변경사항을 신고합니다.

년   월   일

신고인   (서명 또는 인)

고용노동부장관(지방고용노동관서의 장) 귀하

첨부서류	설립	규약 1부	수수료 없음
	변경	1. 변경사항을 증명할 수 있는 총회 또는 대의원회의 회의록이나 규약 등의 서류 1부 2. 설립신고증(변경신고증을 발급받은 사실이 있는 경우에는 변경신고증)	

비고: 기재란이 부족한 경우에는 별지에 작성하시기 바랍니다.

제1편 노동조합 설립 및 운영

<설립신고서 작성예시: 연합단체>

노동조합 [√] 설립 / [ ] 설립신고사항 변경 신고서

※ [ ]에는 해당되는 곳에 √ 표시를 합니다.   (앞 쪽)

접수번호					접수일			처리기간 3일	
명 칭			○○공무원노동조합연맹			노동조합의 형태		단위노조(전국, 기관, 지역, 기타), **연합단체**	
주된 사무소의 소재지(전화번호)			○○시 ○○구 ○○로 ○○			조합원 수		○○○○명	
소속된 연합단체의 명칭									
대표자		성명	김○○			생년월일(남/여)		74.11.22(남)	
		주소	○○시 ○○구 ○○로 ○○			전화번호		02)2125-0000	
		소속기관	○○시청			소속 부서 및 직급		○○과 ○급	
임원	직책	부위원장	성명	이○○	소속 기관	○○시청	주소	○○시 ○○구 ○○로 ○○	
	직책	사무총장	성명	박○○	소속 기관	○○구청	주소	○○시 ○○구 ○○로 ○○	

연합단체인 경우 그 구성원인 노동조합 관련 사항

명 칭	조합원 수	주된 사무소의 소재지	임 원		
			성 명	소속기관	주 소
○○노동조합	○○명	○○시 ○○구 ○○로 ○○	정○○	○○구청	○○시 ○○구 ○○로 ○○
○○노동조합	○○명	○○도 ○○군 ○○면 ○○	조○○	○○군청	○○도 ○○군 ○○면 ○○

둘 이상의 기관의 공무원으로 구성된 단위노동조합의 경우에는 아래의 기재사항을 작성하시기 바랍니다.

기관별 명칭	대표자 성명	소 재 지	조합원 수

<설립신고사항 변경신고 시 작성 사항>

변경사항	변경 전	변경 후
변경 연월일		
변경 사유		

[√] 설립신고

    2014년 4월 21일 본인 외 200명은 ○○시청 대강당에서 노동조합 설립총회를 개최하고 「공무원의 노동조합 설립 및 운영 등에 관한 법률」 제5조제2항·제17조제2항 및 같은 법 시행규칙 제5조제1호에 따라 위와 같이 노동조합의 설립을 신고합니다.

2014년 5월 12일

대표자 김 ○ ○ (서명 또는 인)

고용노동부장관(지방고용노동관서의 장) 귀하

[ ] 설립신고사항 변경신고

「공무원의 노동조합 설립 및 운영 등에 관한 법률」 제17조제2항 및 같은 법 시행규칙 제5조제4호에 따라 위와 같이 노동조합 설립신고사항 중 변경사항을 신고합니다.

년 월 일

신고인 (서명 또는 인)

고용노동부장관(지방고용노동관서의 장) 귀하

첨부서류	설립	규약 1부	수수료 없음
	변경	1. 변경사항을 증명할 수 있는 총회 또는 대의원회의 회의록이나 규약 등의 서류 1부 2. 설립신고증(변경신고증을 발급받은 사실이 있는 경우에는 변경신고증)	

비고: 기재란이 부족한 경우에는 별지에 작성하시기 바랍니다.

2 설립신고서 관할 행정관청

● 노동조합을 설립하고자 하는 자는 공무원노조법 시행규칙 별지 제5호 서식에 의한 노동조합 설립신고서를 고용노동부 본부 또는 지방고용노동관서에 제출(공무원노조법 제5조제2항 및 동법 시행령 제14조제1항, 노조법 제10조제1항 및 동법 시행령 제33조제1항)

고용노동부 본부

● 연합단체인 노동조합, 국회·법원·헌법재판소·선거관리위원회 및 행정부의 노동조합, 그 밖의 전국 규모의 단위노동조합은 고용노동부 본부에 제출

  * (예시) ○○공무원노동조합연맹, 국회공무원노동조합, 행정부 단위 공무원노동조합, 전국○○공무원노동조합 등

 - 다만, 규약과 달리 실제 조합원이 지부 등의 형태로 전국 6개 지방고용노동청 관내에 모두 분포되어 있지 않아 전국 규모 수준이 아닌 경우에는 주된 사무소의 소재지를 관할하는 지방고용노동관서에 제출

지방고용노동관서

● 기관 단위 노동조합, 조합원의 분포 등에서 전국규모의 단위노동조합으로 볼 수 없는 경우에는 노동조합의 주된 사무소의 소재지를 관할하는 지방고용노동관서에 제출

  * (예시1) 2개 이상의 특별시·광역시·특별자치시·도·특별자치도를 조직범위로 하는 지역별 노동조합: 서울·경기지역○○공무원노동조합 → 노조의 주된 사무소 소재지를 관할하는 지방고용노동관서

  (예시2) 1개 특별시·광역시·특별자치시·도·특별자치도만을 조직범위로 하는 지역별 노동조합: 서울지역공무원노동조합 → 노조의 주된 사무소 소재지를 관할하는 지방고용노동관서

  (예시3) 특별시·광역시·특별자치시·도·특별자치도·시·군·구(자치구) 등 기관을 단위로 하는 노동조합: 서울특별시공무원노동조합 → 노조의 주된 사무소 소재지를 관할하는 지방고용노동관서

설립신고서 관할 행정관청 판단요령

▷ 노동조합 설립신고서가 제출된 경우 행정관청은 해당 노동조합의 규약에서 정한 조직범위 관련 규정 및 노동조합 명칭 등을 감안하여 노동조합이 전국 규모의 단위 노동조합인지, 지역 단위 노동조합인지, 기관 단위 노동조합인지를 우선 판단

▷ 전국 단위, 지역 단위, 기관 단위 노동조합 여부를 판단한 후 노동조합의 유형 및 실제 조합원 분포 등에 따라 관할 행정관청을 판단
  - 관할 행정관청 판단 결과 접수가 잘못된 경우 즉시 해당 행정관청으로 설립신고서를 이송

▷ 설립신고증 발급 이후 노동조합의 확대·축소 등으로 관할 행정관청이 변경된 경우에는 노조법 제13조, 노조법 시행령 제10조, 노조법 시행규칙 제5조를 유추 적용하여 행정관청 업무이관 절차를 진행

3 산하조직(지부·분회 등) 설치사실 통보

● 공무원노동조합은 공무원노조법 시행령 제14조 제2항에 따라 노조법 시행령 제7조가 적용되지 않기 때문에 지부, 분회 등 노동조합 산하조직의 경우는 설립신고를 할 수 없음

  * 노조법 시행령 제7조: 근로조건의 결정권이 있는 독립된 사업 또는 사업장에 조직된 노동단체는 지부·분회 등 명칭여하에 불구하고 법 제10조제1항의 규정에 의한 노동조합의 설립신고를 할 수 있다.

  * 공무원노조법 시행령 제14조제2항: 노동조합에 대해서는 「노동조합 및 노동관계조정법 시행령」 제7조(이하 생략)는 적용하지 아니한다.

● 다만, 공무원노조법 시행령 제2조에 따라 노동조합이 지부, 분회 등 산하조직을 설치한 경우 노동조합 대표자는 고용노동부장관 또는 지방고용노동관서의 장에게 통보하여야 함

관련 행정해석

▷ 공무원노조법 시행령 제14조제2항에서는 근로조건의 결정권이 있는 독립된 사업 또는 사업장에 조직된 노동단체는 지부·분회 등 명칭 여하에 불구하고 노동조합 설립신고를 할 수 있도록 한 노조법 시행령 제7조의 규정을 배제하고 있으므로 공무원노조의 지부·분회 등은 원칙적으로 설립신고의 주체가 될 수 없음.(공공노사관계팀-925, 2007.4.30)

>> II 설립신고서 검토

1 기본원칙

- 노동조합 설립신고는 제출된 설립신고서와 규약을 기초로 심사하는 것을 원칙으로 함(노조법 제12조제2항)
  - 다만, 노동조합 설립신고와 관련하여 이해관계인의 진정, 이의신청 등이 있는 경우에는 사실조사를 병행하여 처리

> **헌법재판소 결정 요지 및 관련 판례**
>
> ▷ 노조법이 노동조합의 설립에 관하여 신고주의를 택하고 있는 취지는 행정당국으로 하여금 노동조합에 대한 효율적인 조직체계의 정비·관리를 통하여 노동조합이 자주성과 민주성을 갖춘 조직으로 존속할 수 있도록 노동조합을 보호·육성하고 그 지도·감독에 철저를 기하게 하기 위한 노동정책적인 고려에서 마련된 것이다. (헌법재판소 2008.7.31. 선고, 2004헌바9)
>
> ▷ 노동조합 설립 이전에 설립신고서를 제출하여 행정관청이 그 요건에 대한 실질적인 심사를 거쳐 신고증을 발급 또는 설립신고서를 반려하도록 하는 것은 노동조합의 본질적 요소인 자주성 등을 확보하도록 하기 위한 부득이한 조치로서, 단체의 설립 여부 자체를 사전에 심사하여 특정한 경우에 한해서만 그 설립을 허용하는 '허가'와는 다르다고 할 것이다.(헌법재판소 2012.3.29. 선고, 2011헌바53)
>
> ▷ 노조법이 행정관청으로 하여금 설립신고를 한 단체에 대하여 같은 법 제2조제4호 각목에 해당하는지를 심사하도록 한 취지가 노동조합으로서의 실질적 요건을 갖추지 못한 노동조합의 난립을 방지함으로써 근로자의 자주적이고 민주적인 단결권 행사를 보장하려는 데 있는 점을 고려하면, 행정관청은 해당 단체가 노조법 제2조 제4호 각목에 해당하는지 여부를 실질적으로 심사할 수 있다고 할 것이다. 다만, 행정관청에 광범위한 심사권한을 인정할 경우 행정관청의 심사가 자의적으로 이루어져 신고제가 사실상 허가제로 변질될 우려가 있는 점, 노조법은 설립신고 당시 제출하여야 할 서류로 설립신고서와 규약만을 정하고 있고, 행정관청으로 하여금 보완사유나 반려사유가 있는 경우를 제외하고는 설립신고서를 접수받은 때로부터 3일 이내에 신고증을 발급하도록 정한 점 등을 고려하면, 행정관청은 일단 제출된 설립신고서와 규약의 내용을 기준으로 노조법 제2조제4호 각목의 해당 여부를 심사하되, 설립신고서를 접수할 당시 그 해당 여부가 문제된다고 볼 만한 객관적인 사정이 있는 경우에 한하여 설립신고서와 규약 내용 외의 사항에 대하여 실질적인 심사를 거쳐 반려 여부를 결정할 수 있다고 보아야 한다.(대법원 2014.4.10, 2011두6998)

2 설립신고서 및 규약 심사

구 분	확인해야 할 주요사항	확인방법
설립신고서 기재 사항 (노조법 제10조)	○ 명칭 ○ 주된 사무소의 소재지 ○ 조합원 수 ○ 소속된 연합단체가 있는 경우에는 그 명칭 ○ 임원의 성명, 주소, 소속 기관 ○ 연합단체인 노동조합 - 구성 노동조합의 명칭, 조합원 수, 주된 사무소의 소재지, 임원의 성명·소속기관·주소 ○ 둘 이상의 기관의 공무원으로 구성된 단위 노동조합의 경우 - 기관별 명칭·대표자 성명·소재지·조합원 수	○ 설립신고서
설립신고서 첨부 서류 (노조법 시행규칙 제2조)	○ 규약	○ 첨부서류
노동조합 결격사유 (노조법 제2조 제4호, 공무원노조법 제6조 제2항 및 동법 시행령 제3조)	○ 사용자(기관의 장 또는 공무원에 관한 사항에 대하여 기관의 장을 위하여 행동하는 사람) 또는 항상 그의 이익을 대표하여 행동하는 자, 업무의 특성상 노동조합 가입이 제한되는 공무원의 가입을 허용하는지 여부 ① 공무원노조법 제6조 제2항 제1호 및 제2호, 시행령 제3조 제1호 및 제2호: 지휘감독자, 업무총괄자, 노동조합과의 관계에서 행정기관의 입장에 서서 업무를 수행하는 공무원 ② 공무원노조법 제6조 제2항 제3호 및 제4호, 시행령 제3조 제3호 및 제4호: 업무의 특성상 노동조합 가입이 제한되는 공무원 ③ 명예조합원·후원회원 등의 제도를 두고 있는 경우, 조합원과 동일한 권리·의무를 갖고 있는지 여부	○ 설립신고서 ○ 규약 ○ 필요시 회의록 등 관련 서류 검토 및 사실조사 병행

구 분	확인해야 할 주요사항	확인방법
노동조합 결격사유 (노조법 제2조 제4호)	○ 경비의 주된 부분을 사용자로부터 원조 받는지 여부 ○ 공제·수양 기타 복리사업만을 목적으로 하는지 여부 ○ 공무원이 아닌 자의 가입을 허용하는지 여부 - 임원의 해고자 여부 - 임원 이외에 간부의 해고자 여부 * 임원 이외 간부의 경우도 규약상 지위와 권한을 볼때 실질적으로 조합원에 해당하는 경우에는 해고자가 담당할 수 없음 - 해고자의 부당노동행위 구제신청 여부 등 ○ 주로 정치운동을 목적으로 하는지 여부	○ 설립신고서 ○ 규약 ○ 필요시 회의록 등 관련 서류 검토 및 사실조사 병행
규약 기재사항 누락 또는 허위 여부 (노조법 제11조)	○ 명칭 - 단위노동조합(전국·지역·기관), 연합단체를 구별할 수 있는 적정 명칭 사용 여부 ○ 목적과 사업 - 노조의 목적과 사업이 노조법 제2조 제4호에 부합되는지 여부 ○ 주된 사무소의 소재지 - 규약과 설립신고서 상의 주된 사무소 소재지 일치 여부 ○ 조합원에 관한 사항 - 조합원의 범위, 조합원의 가입·탈퇴절차 등 - 조합원이 될 수 없는 자의 가입허용 여부 - 공무원이 아닌 자의 가입허용 여부 - 연합단체인 노동조합의 경우 그 구성단체에 관한 사항 ○ 소속된 연합단체가 있는 경우 그 명칭 - 규약과 설립신고서에 기재한 연합단체와의 일치 여부 - 설립신고증이 발급되지 아니한 연합단체를 소속 연합단체로 기재하였는지 여부	○ 설립신고서 ○ 규약 ○ 필요시 회의록 등 관련 서류 검토 및 사실조사 병행

구 분	확인해야 할 주요사항	확인방법
규약 기재사항 누락 또는 허위 여부 (노조법 제11조)	○ 대의원회에 관한 사항(대의원회를 두는 경우) ○ 회의에 관한 사항 ○ 대표자와 임원에 관한 사항 　- 임원자격 제한 : 임원은 소속 조합원 중에서 선출(노조법 제23조 제1항) 　- 임원의 선거절차의 법위반 여부 　　· 선거의 의결정족수 충족여부 　　　(노조법 제16조 제2항 및 제3항) 　　· 조합원의 직접·비밀·무기명투표 실시여부 　　　(노조법 제16조 제4항) ○ 조합비 기타 회계에 관한 사항 ○ 규약 제정·변경에 관한 사항 　- 제정·변경절차 법위반 여부 　　(노조법 제16조 제2항 및 제4항) 　　· 의결기관 적법성 　　· 의사 및 의결정족수 충족 여부(재적조합원 과반수의 출석, 출석조합원 3분의 2 이상 찬성) 　　· 조합원의 직접·비밀·무기명투표 실시여부 ○ 해산에 관한 사항 　- 해산사유 기재 여부 　- 재적조합원 과반수 출석, 출석조합원 3분의 2 이상의 찬성 여부(노조법 제16조 제2항) ○ 대표자와 임원의 규약위반에 대한 탄핵에 관한 사항 　- 임원의 해임: 조합원의 직접·비밀·무기명투표, 재적조합원 과반수의 출석과 출석조합원 3분의 2 이상의 찬성여부(노조법 제16조 제2항 및 제4항) ○ 임원 및 대의원의 선거절차에 관한 사항 　- 임원의 선거: 조합원 중에서 선출(노조법 제23조 제1항), 조합원의 직접·비밀·무기명투표 실시 여부(노조법 제16조 제4항) 　- 대의원 선출: 조합원의 직접·비밀·무기명투표에 의해 선출(노조법 제17조 제2항) ○ 규율과 통제에 관한 사항	○ 설립신고서 ○ 규약 ○ 필요시 회의록 등 관련 서류 검토 및 사실조사 병행

구 분	확인해야 할 주요사항	확인방법
노조 설립 최소단위 제한 위반 여부 (공무원노조법 제5조제1항)	○ 규약상 노동조합 조직범위 및 실제 노동조합에 가입한 조합원의 현황 등을 종합하여 검토 * 공무원노조 설립단위는 국회·법원·헌법재판소·선거관리위원회·행정부·특별시·광역시·특별자치시·도·특별자치도·시·군·구(자치구를 말함) 및 특별시·광역시·특별자치시·도·특별자치도의 교육청을 최소단위로 함	

Ⅲ. 설립신고증 발급

1. 처리기한

가. 설립신고서 접수 시

- 설립신고서는 접수일로부터 3일 이내에 처리해야 함(노조법 제12조제1항)
  - 설립신고서에 하자가 없는 경우에는 신고증을 발급
  - 보완사유가 있는 경우에는 보완요구(노조법 제12조제2항, 동법 시행령 제9조제1항)
  - 반려사유가 있는 경우에는 반려(노조법 제12조제3항)

> **참고사항**
>
> ❖ 「민원사무처리에 관한 법률」 제6조에 의해 민원사무의 처리기간을 산정
>   ① 민원사무의 처리기간을 5일 이하로 정한 경우에는 민원사항의 접수시각부터 "시간" 단위로 계산하되, 공휴일 및 토요일을 산입하지 아니한다. 이 경우 1일은 8근무시간으로 한다.
>   ② 민원사무의 처리기간을 6일 이상으로 정한 경우에는 "일" 단위로 계산하고 첫날을 산입하되, 공휴일을 산입하지 아니한다.
>   ③ 민원사무의 처리기간을 주·월·연으로 정한 경우에는 초일을 산입하되, 「민법」 제159조부터 제161조까지의 규정을 준용한다.

나. 보완서류 접수 시

- 보완요구 후 보완서류가 접수된 때에는 3일 이내에 처리
  * 노조법 제12조제2항의 보완요구 기간(최대20일)은 처리기한 산정에서 제외

2 설립신고증 발급

- 설립신고서에 보완 및 반려사유가 없는 경우에는 설립신고서를 접수한 때로부터 3일 이내에 공무원노조법 시행규칙 별지 제6호 서식에 의해 노동조합 설립신고증을 작성하여 발급(노조법 제12조제1항)
  - 노조법 제12조제2항의 보완요구 기간내에 보완요구 사항을 모두 보완하여 서류를 접수한 경우에는 3일 이내에 설립신고증을 발급

3 설립신고증 발급 후의 행정처리

- 설립신고증 발급 사실을 관할 노동위원회와 해당 기관의 장에게 통보 (노조법 시행령 제9조제3항)
  * 중앙노동위원회 공무원노동관계조정위원회가 조정·중재를 담당하는 점을 감안하여 중앙노동위원회에도 설립신고증 발급사실을 통보

- 노동단체카드(공무원노조법 시행규칙 별지 제19호 서식) 작성(노조법 시행규칙 제7조제1항)

- 지방고용노동관서는 매년 2월말까지 노동단체카드 사본을 고용노동부장관 (공무원노사관계과)에게 제출(노조법 시행규칙 제7조제2항)

- 노동조합 관리대장 및 노동조합 설립·변경신고증 발급대장에 기록유지

Ⅳ 보완요구

1 설립신고증 발급 전 보완요구

가. 보완요구 사유(노조법 시행령 제9조제1항)

- 설립신고서에 규약이 첨부되어 있지 아니하거나 설립신고서 또는 규약의 기재사항 중 누락 또는 허위사실이 있는 경우

- 임원의 선거 또는 규약의 제정절차가 노조법 제16조제2항부터 제4항까지 또는 노조법 제23조제1항의 규정에 위반되는 경우

> * 규약의 제정: 조합원 과반수의 출석과 출석조합원 2/3 이상의 찬성, 조합원의 직접·비밀·무기명 투표
> * 임원의 선거: 조합원 과반수의 출석과 출석조합원 과반수의 찬성(출석조합원 과반수의 찬성을 얻은 자가 없는 경우 규약이 정하는 바에 따라 결선투표를 실시하여 다수의 찬성을 얻은 자를 임원으로 선출 가능), 조합원의 직접·비밀·무기명투표, 임원은 조합원 중에서 선출

나. 보완요구 기간(노조법 제12조제2항)

- 보완사유가 있는 경우에는 20일 이내의 기간을 정하여 보완 요구
  - 보완요구기간은 반드시 20일을 주어야 하는 것이 아니고 20일 이내에서 보완에 필요하다고 인정되는 상당기간을 부여하면 됨

다. 방법 및 절차

- 보완요구를 하는 경우에는 공무원노조법 시행규칙 별지 제7호 서식에 의해 신고인에게 노동조합 설립신고사항 보완요구서를 발송하여야 하며
  - 신고인이 보완요구 사유를 명확히 알 수 있도록 관련 법 조항과 그 내용을 구체적으로 기술

2 설립신고증 발급 후 시정요구

가. 시정요구 사유

- 노동조합이 설립신고증을 발급받은 후 노조법 제12조제3항제1호(노조법 제2조제4호 각목의 노동조합 결격사유)에 해당하는 설립신고서의 반려사유가 발생한 경우(노조법 시행령 제9조제2항)

나. 방법 및 절차

- 행정관청은 30일의 기간을 정하여 공무원노조법 시행규칙 별지 제15호 서식에 의하여 시정요구

- 노동조합 대표자는 공무원노조법 시행규칙 별지 제16호 서식에 의하여 시정결과를 보고
  - 행정관청은 노동조합이 위 기간 내에 시정요구 사항을 이행하지 아니하는 경우에는 "공무원노조법에 의한 노동조합으로 보지 아니함"을 통보
  - 행정관청은 위 사항을 노동조합에 통보한 경우에는 지체없이 그 사실을 중앙노동위원회 및 관할 지방노동위원회, 해당 기관의 장에게 통보(노조법 시행령 제9조제3항)

다. 단체성 상실의 경우

- 노동조합은 근로조건의 유지·개선 등을 도모함을 목적으로 조직된 단체이어야 하므로, 조합원이 1명 밖에 남지 않아 조합원이 증가될 일반적 가능성이 없는 경우
  - 노동조합 설립신고증 발급 이후 그 노동조합이 소극적 요건(노동조합의 결격요건)에 해당하는 경우에 준하는 것으로 볼 수 있음
  - 이 경우 노조법 시행령 제9조제2항을 유추 적용하여 해당 노동조합에 30일의 기간을 정하여 보완을 요구하고 그 기간 내에 단체성이 보완되지 않으면 "공무원노조법에 의한 노동조합으로 보지 아니함"을 통보

V. 반려

1. 반려사유

1-1. 노동조합이 다음 사항에 해당하거나 보완요구 기간 내에 보완하지 아니하는 경우에는 설립신고서를 반려(노조법 제12조제3항)

반려사유(노조법 제2조제4호)

가. 사용자(기관의 장 또는 공무원에 관한 사항에 대하여 기관의 장을 위하여 행동하는 사람) 또는 항상 그의 이익을 대표하여 행동하는 자의 참가를 허용하는 경우

나. 경비의 주된 부분을 사용자로부터 원조받는 경우

다. 공제·수양 기타 복리사업만을 목적으로 하는 경우

라. 근로자(공무원)가 아닌 자의 가입을 허용하는 경우

마. 주로 정치운동을 목적으로 하는 경우

가 사용자(기관의 장 또는 공무원에 관한 사항에 대하여 기관의 장을 위하여 행동하는 사람) 또는 항상 그의 이익을 대표하여 행동하는 자, 업무의 특성상 노동조합 가입이 제한되는 공무원의 가입을 허용하는 경우 (노조법 제2조제4호가목, 공무원노조법 제6조제2항)

- 기관의 장
  - 국회사무총장, 법원행정처장, 헌법재판소사무처장, 중앙선거관리위원회 사무총장, 안전행정부장관, 특별시장, 광역시장, 특별자치시장, 도지사, 특별자치도지사, 시장, 군수, 구청장 및 특별시·광역시·특별자치시·도·특별자치도의 교육감 등 각급 기관의 장

- 공무원에 관한 사항에 대하여 기관의 장을 위하여 행동하는 사람

  ① 다른 공무원에 대하여 지휘·감독권을 행사하거나 다른 공무원의 업무를 총괄하는 업무에 종사하는 공무원(공무원노조법 시행령 제3조제1호)

  ㉮ 법령·조례 또는 규칙에 따라 다른 공무원을 지휘·감독하며 그 복무를 관리할 권한과 책임을 부여받은 공무원(직무대리자 포함)

  ㉯ 훈령 또는 사무분장 등에 따라 부서장을 보조하여 부서내 다른 공무원의 업무 수행을 지휘·감독하거나 총괄하는 업무에 주로 종사하는 공무원

  ② 인사·보수에 관한 업무를 수행하는 공무원 등 노동조합과의 관계에서 행정기관의 입장에 서서 업무를 수행하는 공무원으로서 다음 각 목의 어느 하나에 해당하는 업무를 주된 업무로 수행하는 공무원(자료정리 등 단순 업무 보조자 제외) (공무원노조법 시행령 제3조제2호)

  ㉮ 공무원의 임용·복무·징계·소청심사·보수·연금 또는 그 밖에 후생복지에 관한 업무

  ㉯ 노동조합 및 「공무원직장협의회의 설립·운영에 관한 법률」에 따른 직장협의회에 관한 업무

  ㉰ 예산·기금의 편성 및 집행(단순집행을 제외한다)에 관한 업무

  ㉱ 행정기관의 조직과 정원의 관리에 관한 업무

  ㉲ 감사에 관한 업무

  ㉳ 보안업무, 질서유지업무, 청사시설의 관리 및 방호에 관한 업무, 비서·운전 업무

  * 노조 규약 등으로 명예조합원, 준조합원, 후원회원 등의 제도를 두고 노조 가입이 제한된 공무원을 가입시키고 있는 경우, 해당 공무원이 선거권·피선거권 등을 행사하는 등 노동조합 운영 및 의사결정에 참여한다면 사실상 조합원으로 볼 수 있으므로 노동조합 결격요건(반려사유)에 해당

나 | 경비의 주된 부분을 사용자로부터 원조 받는 경우

- 노동조합은 사용자로부터 지배·개입되는 것을 방지하기 위해 경비의 주된 부분을 사용자로부터 원조 받아서는 안됨

다 ▎ 공제·수양 기타 복리사업 또는 주로 정치운동을 목적으로 하는 경우

◉ 노동조합은 공무원의 근무조건 유지·개선 기타 경제·사회적 지위의 향상을 목적으로 하는 단체이므로

- 노동조합이 공제·수양 기타 복리사업만을 목적으로 하거나 주로 정치운동을 목적으로 하는 경우에는 노동조합 결격요건(반려사유)에 해당

  * 공무원노조법 제4조(정치활동의 금지)는 공무원노동조합과 조합원의 정치활동 금지를 규정

라 ▎ 근로자(공무원)가 아닌 자의 가입을 허용하는 경우

◉ 공무원노조법 제6조제1항에서 규정하고 있는 공무원만이 공무원노조 설립 및 가입이 가능

  * 사실상 노무에 종사하는 공무원은 「노동조합 및 노동관계조정법」, 교원은 「교원의 노동조합 설립 및 운영 등에 관한 법률」 적용대상

- 다만, 공무원이 면직·파면 또는 해임되어 노조법 제82조제1항에 따라 노동위원회에 부당노동행위 구제신청을 한 때에는 중앙노동위원회의 재심판정이 있을 때까지는 노동조합원의 지위를 상실하지 않음(공무원노조법 제6조제3항)

◉ 중앙노동위원회의 재심판정에 대하여 행정소송이 제기된 경우

- 중앙노동위원회의 재심판정은 행정소송 제기에 의하여 그 효력이 정지되지 않으므로(노조법 제86조)

- 기관의 장이 중앙노동위원회의 재심판정(조합원자격 인정)에 대하여 행정소송을 제기한 경우에도 법원의 판결이 확정될 때까지 면직·파면 또는 해임된 자의 조합원 자격이 유지되고 조합원 또는 조합 임원으로서 행한 행위(예 : 단체협약 체결)는 유효함

- 그러나, 공무원이 면직·파면 또는 해임되어 중앙노동위원회의 재심판정(조합원자격 불인정)에 대하여 행정소송을 제기하여 법원에서 중앙노동위원회의 재심판정을 취소한 경우에도 법원의 판결이 확정될 때까지는 재심판정의 효력이 지속되므로 조합원 자격이 인정되지 않음

공무원노사관계 업무매뉴얼

관련 판례 및 행정해석

▷ 노동조합법 제2조제4호라목 본문은 근로자가 아닌 자의 가입을 허용하는 경우에는 노동조합으로 보지 아니한다고 규정하고 있는 바, 위 조항은 공무원노동조합법 제17조제2항에 의하여 공무원의 노동조합에 적용되고, 이 경우 '근로자'는 '공무원'으로 보며, 공무원노동조합법 제6조제3항은 공무원이 면직·파면 또는 해임되어 노동위원회에 부당노동행위의 구제신청을 한 때에는 중앙노동위원회의 재심판정이 있을 때까지는 노동조합원의 지위를 상실하지 않는다고 규정하고 있다. 이상의 규정들을 종합하면, 공무원노동조합과 관련하여 노동조합법 제2조제4호라목에 규정된 '공무원'은 원칙적으로 '공무원 자격을 유지하고 있는 자'로 한정되고, 면직·파면 또는 해임된 공무원은 노동위원회에 부당노동행위 구제신청을 한 경우를 제외하고는 '근로자가 아닌 자'에 해당하는 것으로 보아야 한다.(대법원 2014.4.10, 2011두6998)

▷ 공무원노조법 제6조제3항은 부당노동행위 여부가 불확정적인 일정기간 동안 공무원의 합법적인 노동조합의 설립 및 존속을 보호하고 사용자의 부당한 인사권 행사에 의해 노동조합 활동이 방해되는 것을 방지하기 위한 목적으로 규정된 것임. 따라서, 대법원의 판결에 의해 징계(해임)가 최종 확정된 해직자의 경우에는 공무원노조법 제6조제3항에 의한 보호대상이 될 수 없으며, 당해 노동조합의 규약에 조합원 자격 유지 관련 규정을 두고 있다고 하더라도 노동관계법에 반하는 경우에는 그 효력을 인정 할 수 없음(공공노사관계팀-393, 2008.2.28)

▷ 파면된 자가 노동위원회에 부당노동행위 구제신청을 한 경우에는 중앙노동위원회의 재심판정이 있을 때까지 조합원 지위를 상실하는 것으로 보아서는 아니될 것이나, 이와 달리 노동위원회에 부당노동행위 구제신청을 하지 않은 경우에는 법원의 파면 취소 확정판결 등 달리 볼 사정이 없는 한 공무원노조법상 조합원으로 볼 수 없으므로 공무원노조의 임원으로 입후보하는 등의 노조 활동을 할 수 없음(공공노사관계과-511, 2009.3.20)

1-2. '노동조합 설립 최소단위'(공무원노조법 제5조)를 위반한 경우에는 보완을 요구하고 보완요구 기간 내에 보완하지 아니하는 경우에는 설립신고서를 반려

* 최소 설립단위: 국회·법원·헌법재판소·선거관리위원회·행정부·특별시·광역시·특별자치시·도·특별자치도·시·군·구(자치구) 및 특별시·광역시·특별자치시·도·특별자치도의 교육청

* 각 부처별 또는 읍·면·동 단위 노조 설립은 허용되지 않음

◉ 노동조합 설립 최소단위를 제한하고 있는 것은 공무원의 주요 근무조건이 결정되는 단위에 맞게 노동조합이 조직되는 것이 바람직하기 때문임

- 특히, 국가공무원으로 구성되는 행정부 소속 공무원의 경우 근무조건이 일률적으로 결정되는 점을 감안하여 노동조합 설립에 있어 근무조건이 결정되는 단위에 맞게 최소 설립단위를 합리적으로 제한함으로써 빈번한 교섭에 따른 비효율을 방지하고 공무의 안정적 운영을 확보하기 위함이며, 이에 따라 행정부 각 부처단위의 노동조합 설립을 금지하고 있음

- 또한, 최소 설립단위 이상의 노동조합 조직형태는 공무원들이 자율적으로 선택할 수 있고, 행정부 단위의 노동조합 내부 조직으로 각 부처에 지부 또는 분회 등을 설치할 수 있으므로 최소 설립단위 제한 규정이 자유로운 노동조합의 설립이나 활동을 제한하는 것은 아님

◉ 따라서, 공무원노조법 제5조의 '노동조합 설립 최소단위' 규정을 위반하여 조직된 노동조합의 경우,

- 공무원노조법에서 허용하고 있는 조직형태가 아니므로 보완을 요구하고, 보완기한내에 보완하지 않은 경우에는 설립신고서를 반려

* 최소 설립단위 위반 여부는 규약상 조직범위와 함께 실제 가입한 조합원의 현황 등을 기초로 규약상 조직형태에 부합한 노동조합 활동의 기대 가능성 등을 종합적으로 고려하여 판단

헌법재판소 결정 요지 및 관련 판례

▷ 공무원노조법 제5조 부분은 조합활동 및 단체교섭 체계의 효율화를 위하여 근무조건이 결정되는 단위별로 공무원노동조합을 결성하도록 노동조합 설립의 최소단위를 규정한 것으로서 입법목적에 합리성이 인정되고, 공무원노동조합의 형태로서 최소단위만을 제한할 뿐이어서, 각 부·처 단위의 공무원들은 행정부 공무원노동조합 또는 전국단위 공무원노동조합에 가입할 수 있을 뿐만 아니라 행정부·처별로 설치된 노동조합 지부 등은 각 부·처 장관이 관리하거나 결정할 권한을 가진 사항에 대하여 해당 장관과의 교섭이 가능하여 그 제한의 정도가 과하다고 보기 어렵다. 따라서 공무원노동조합법 제5조 부분이 헌법 제33조 제2항의 입법 형성권의 한계를 넘어 청구인들의 단결권을 제한한다고 보기 어렵다.(헌법재판소 2008.12.26. 선고, 2006헌마518)

▷ 공무원노조법 제5조제1항은 근무조건 결정권을 갖는 헌법기관과 자치단체를 최소 설립단위로 제한한 것으로서 그 아래 각 부처별에 따른 별도 노조 설립은 허용되지 않을 뿐만 아니라 설립목적이나 직무내용 및 범위에 따른 별도의 노조 설립 또한 허용되지 않는다는 취지라고 할 것이다.

 - 이 사건 노조는 사실상 행정부 내 ○○부 소속 공무원 내지 특정 2, 3개 부처 소속 공무원들로만 구성되어지는 부처별 노동조합으로 보여지며, 뿐만 아니라 그 조합원 자격에 대하여 고용지원 및 노동업무를 담당하는 자나 담당할 수 있는 자로 규정함으로써 소속기관별이 아닌 직무의 내용을 노조 설립의 기준으로 삼고 있으므로 공무원노조법 제5조제1항에 반하여 허용될 수 없다.(대법원 2008.8.21. 2008두8482)

2 반려절차

- 노동조합 설립신고서를 반려하는 경우 신고인에게 설립신고서 등 관련 서류 일체를 반려하고
  - 신고인이 반려사유를 명확히 알 수 있도록 그 사유를 상세히 기재
- 행정관청은 설립신고서 반려시 제출된 관련서류를 사본하여 보관

관련 판례

> 행정관청이 노동조합의 설립신고서를 접수한 때에는 3일 이내에 설립신고증을 발급하도록 되어 있다 하여 그 기간 내에 설립신고서의 반려 또는 보완지시가 없는 경우에는 설립신고증의 발급이 없어도 노동조합이 성립된 것으로 본다는 취지는 아니므로 행정관청은 그 기간경과 후에도 설립신고서에 대하여 보완지시 또는 반려처분을 할 수 있다 할 것이고, 또한 노동조합 설립신고서의 보완을 요구하거나 그 신고서를 반려하는 경우에는 노동위원회의 의결이 필요 없는 것이므로 노동부장관이 노동조합 설립신고서에 대하여 노동위원회의 의결 없이 보완요구를 하고 반려처분 하였다 하여 이를 위법하다고 할 수는 없다.(대법원 1990.10.23, 89누3243)

> 노동조합 설립에 관한 구 노동조합법의 규정이 기본적으로 노동조합 설립의 자유를 보장하면서 노동정책적 목적을 달성하기 위해 설립신고주의를 택하여 조합이 자주성과 민주성을 갖추도록 행정관청으로 하여금 지도·감독하도록 하게 함으로써 사용자는 무자격조합이 생기지 않는다는 이익을 받고 있다고 볼 수 있을지라도 그러한 이익이 노동조합의 설립에 관한 구 노동조합법 규정에 의하여 직접적이고 구체적으로 보호되는 이익이라고 볼 수는 없고, 노동조합 설립신고의 수리 그 자체에 의하여 사용자에게 어떤 공적 의무가 부과되는 것도 아니라고 할 것이어서 자치단체장이 노동조합의 설립신고를 수리한 것만으로는 당해 회사의 어떤 법률상 이익이 침해되었다고 할 수 없으므로 당해 회사는 신고증을 발급받은 노동조합이 부당노동행위 구제신청을 하는 등으로 법이 허용하는 절차에 구체적으로 참가한 경우에 그 절차에서 노동조합의 무자격을 주장하여 다툴 수 있을 뿐 노동조합 설립신고서의 수리처분 그 자체만을 다툴 당사자 적격은 없다.
> (대법원 1997.10.14, 96누9829)

공무원노사관계 업무매뉴얼

>> Ⅵ 노동조합 설립 관련사항 처리

1 노동조합의 설립시기

- 노동조합 설립신고증을 발급받은 경우에는 설립신고서가 고용노동부장관 또는 지방고용노동관서장에게 '접수된 때'에 설립된 것으로 봄
(노조법 제12조제4항)
  - 설립신고서가 반려되면 법상 노동조합이 설립되지 아니한 것이므로 설립신고서가 적법하게 다시 접수되어 설립신고증이 발급된 경우에는 '다시 접수된 때'에 설립된 것으로 봄

2 설립신고증의 재발급

- 노동조합은 설립신고증이 못쓰게 되거나 이를 잃어버려 신고증을 재발급 받고자 할 경우에는 공무원노조법 시행규칙 별지 제18호 서식의 노동조합 설립신고증 재발급신청서를 행정관청(고용노동부장관 및 지방고용노동관서장)에 제출(노조법 시행규칙 제4조)

- 신청 사유가 정당하다고 인정될 경우에는 설립신고증을 재발급하고 설립신고증 발급대장에 기록

3 적법하게 설립된 노동조합의 법적 효력

- 적법하게 설립된 노동조합에 대하여는 아래와 같은 법적 효력을 인정
  ① 노동조합 명칭을 사용할 수 있으며(노조법 제7조제3항)
  ② 노동쟁의의 조정 및 부당노동행위의 구제를 신청할 수 있고(노조법 제7조제1항, 공무원노조법 제12조제1항)

③ 법인격을 취득할 수 있으며(노조법 제6조)

④ 일정한 경우 민·형사상 면책이 인정됨(노조법 제3조 및 제4조)

⑤ 세법이 정하는 바에 따라 면세됨(노조법 제8조)

● 법상 노동조합이 아니면서 노동조합 명칭을 사용할 경우에는 500만원 이하의 벌금 부과(노조법 제93조)

헌법재판소 결정 요지 및 행정해석

▷ 노조법 제7조제3항 노조법상 실질적인 요건과 형식적인 요건을 모두 갖춘 노동조합에 한하여 노동조합이라는 명칭을 사용하게 함으로써 적법한 노동조합을 보호하고, 이에 반하여 형식적인 요건을 갖추지 못한 단결체에 대하여는 노동조합의 명칭을 사용하지 못하게 하는 등 보호의 대상에서 제외하여 기본적으로 노동조합법에 따른 적법한 노동조합의 설립을 유도하기 위한 것이므로 그 목적의 정당성이 인정된다. 그리고 이는 형식적인 요건을 갖추지 못한 단결체에 대하여 노동조합이라는 명칭을 사용하지 못하게 하고 이를 위반하는 경우 형사상의 불이익을 기함으로써 합법적인 노동조합의 설립을 촉진하기 위한 것이므로 그 수단의 적정성 또한 인정된다.(헌법재판소 2008.7.31. 선고, 2004헌바9)

▷ ○○공무원노동조합(준)이 노동조합 설립을 전제로 하여 단체를 결성하고 명칭 자체가 노동조합 설립을 준비하는 단체를 의미하는 경우라면 동 명칭 사용만으로 노조법 제7조제2항 위반이라고 단정하기는 어려울 것이나, 구체적인 위법성 여부는 노동조합 명칭을 사용한 의도, 사용빈도 및 실태 등을 종합하여 판단하여야 할 것임(공무원노사관계과-756, 2010.6.16)

VII. 산하조직 설치사실의 통보

1. 신고 대상

- 공무원노조법 제5조에 따라 설립된 공무원노동조합이 지부·분회 등 산하조직을 설치한 경우, 노동조합의 대표자는 그 사실을 고용노동부장관(지방고용노동관서의 장)에 통보하여야 함(공무원노조법 시행령 제2조제1항)

2. 신고서 첨부서류(공무원노조법 시행규칙 제2조)

① 별지 제1호 서식의 산하조직 설치통보서
② 규약 또는 지부·분회 등의 운영규정

3. 신고서 제출기관

- 연합단체인 노동조합, 국회·법원·헌법재판소·선거관리위원회 및 행정부의 노동조합, 전국규모의 단위노동조합의 경우 고용노동부장관에게 제출(공무원노조법 시행령 제2조제1항제1호)
- 그 외의 노동조합은 지방고용노동관서의 장에게 제출(공무원노조법 시행령 제2조제1항제2호)

4. 관련 기관에 통보

- 고용노동부장관(지방고용노동관서의 장)은 노동조합으로부터 지부·분회 등 산하조직 설치 사실이 통보된 경우, 필요 시 그 사실을 해당 기관의 장에게 통보

>> Ⅷ 노동조합 가입 및 제한 범위 등

1 공무원의 단결권 보장 법적 근거

- 헌법 제33조제2항은 "공무원인 근로자는 법률이 정하는 자에 한하여 단결권·단체교섭권·단체행동권을 가진다"고 규정하고 있어
  - 공무원의 노동 3권을 인정할 것인가 여부, 어떤 형태의 행위를 어느 범위에서 인정할 것인가 등에 대하여는 입법자에게 광범위한 입법형성의 자유가 부여됨

헌법재판소 결정 요지

▷ 헌법 제33조제2항이 공무원의 노동3권을 제한하면서 노동3권이 보장되는 주체의 범위를 법률이 정하도록 위임한 것은,

① 입법권이 국가 사회공동체의 역사·문화에 따라 형성된 공무원제도의 유시·발전과 공무원제도의 나른 쪽 당사자로서 주권자인 전체 국민의 복리를 고려하고, 헌법상 보장된 공무원제도 자체의 기본 틀을 해하지 않는 범위 내에서 그 제도에 관련된 여러 이해관계인의 권익을 서로 조화하면서 공공복리의 목적 아래 통합·조정할 수 있음을 의미하고

② 공무원은 국민전체에 대한 봉사자이며, 그 담당 직무의 성질상 공공성·공정성·성실성 및 중립성이 보장되어야 한다는 특수한 사정이 있다는 점을 고려하여 전체 국민의 합의를 바탕으로 입법자의 구체적인 입법에 의하여 공적이고 객관적인 질서에 이바지하는 공무원제도를 보장·보호할 수 있는 입법재량을 부여한 것임

▷ 그렇다면, 국회는 헌법 제33조 제2항에 따라 공무원인 근로자에게 단결권·단체교섭권·단체행동권을 인정할 것인가의 여부, 어떤 형태의 행위를 어느 범위에서 인정할 것인가 등에 대하여 광범위한 입법형성의 자유를 가진다 할 것임(헌법재판소 2008.12.26. 선고, 2005헌마 971, 2006헌마198 병합)

- 이러한 헌법상의 규정에 따라 공무원노조법 제6조 제1항은 공무원노조에 가입할 수 있는 공무원의 범위를 직종, 직급을 기준으로 구분하여 규정하고,
  - 공무원노조법 제6조제2항 및 동법 시행령 제3조에는 6급 이하 공무원 중 직무의 성질을 기준으로 공무원노조에 가입할 수 없는 공무원의 범위를 구체적으로 규정

2 공무원노동조합 가입이 가능한 공무원의 범위

- 6급 이하의 일반직공무원 및 이에 상당하는 일반직공무원
- 특정직공무원 중 6급 이하의 일반직공무원에 상당하는 외무행정(외무영사직렬)·외교정보관리직(외교정보기술직렬) 공무원
- 6급 이하의 일반직공무원에 상당하는 별정직공무원

3 공무원노동조합 가입이 제한되는 공무원의 범위

3-1. 타 법률에 의해 노조 가입 보장(공무원노조법 적용 제외 대상)

* 공무원노조법 제2조: 사실상 노무에 종사하는 공무원과 교원의 노동조합 설립 및 운영 등에 관한 법률 적용을 받는 교원인 공무원을 제외

가. 사실상 노무에 종사하는 공무원

- 사실상 노무에 종사하는 공무원의 경우는 민간부문 근로자와 동일하게 「노동조합 및 노동관계조정법」 적용

  * 국가공무원 복무규정 제28조: 사실상 노무에 종사하는 공무원은 미래창조과학부 소속 현업기관의 작업현장에서 노무에 종사하는 우정직공무원(①서무·인사 및 기밀 업무 종사자, ② 경리 및 물품 출납사무 종사자, ③ 노무자 감독 사무 종사자, 보안목표시설의 경비업무 종사자, ④ 승용자동차 및 구급차 운전업무 종사자는 제외)

나. 국·공립 교원(공무원)

- 공무원 신분인 국·공립 교원은 사립학교 교원과 함께 「교원의 노동조합 설립 및 운영 등에 관한 법률」 적용

3-2. 직급 및 직무의 성질의 기준으로 가입 제한

가. 5급 이상 공무원(5급 상당 포함)

- 계급제 성격이 강한 우리나라 공무원제도의 특성상 5급 이상 공무원은 제반 주요정책의 결정에 직접 참여하거나
  - 소속 하위 직급자들을 지휘·명령하여 분장 사무를 처리하는 통상 관리자적 역할을 수행하고 있어 노조가입 대상에서 제외
- 5급 이상 일반직 공무원 및 이에 상당하는 일반직 공무원, 5급 이상에 상당하는 별정직 공무원이 이에 해당

> **헌법재판소 결정 요지**
>
> ▶ 계급제 성격이 강한 우리나라 공무원제도의 특성상 5급 이상 공무원은 제반 주요정책의 결정에 직접 참여하거나, 그 소속 하위 직급자들을 지휘·명령하여 분장사무를 처리하는 역할을 수행하는 것이 일반적이며, 노조 가입 범위를 원칙적으로 6급 이하의 공무원에 한정하여 보아야 한다는 것은 우리 사회의 공통적인 법 인식 내지 법 감정에 해당하는 것임
>   - 5급 이상의 공무원에 대하여는 단결권, 단체교섭권을 부여하지 아니하고, 원칙적으로 6급 이하 공무원에게만 이를 보장하여 양자를 달리 취급하는 것은 헌법 제33조제2항에 그 근거를 두고 있을 뿐만 아니라 합리적인 이유가 있으므로 헌법 제11조제1항에서 정한 평등의 원칙에 위반하지 아니함 (헌법재판소 2008.12.26. 선고, 2005헌마971, 2006헌마198 병합)

나. 특정직 공무원

- 국가 안전보장 및 국민의 생명·안전과 건강 및 국가기능의 유지에 핵심적인 업무로 공공성이 특히 강조되는 직무를 주로 담당하는 공무원으로서 다른 법률에서 특정직공무원으로 지정하는 공무원

- 법관, 검사, 외무공무원, 경찰공무원, 소방공무원, 군인, 군무원, 헌법재판소 헌법연구관, 국가정보원의 직원과 특수 분야의 업무를 담당하는 공무원

    * 다만, 특정직 공무원 중 6급 이하 일반직에 상당하는 외무행정(외무영사 직렬), 외교정보관리직(외교정보기술 직렬) 공무원은 공무원노조 가입대상에 해당(공무원노조법 제6조제1항제2호)

> **헌법재판소 결정 요지**
>
> ▶ 소방직 공무원은 화재를 예방·경계하거나 진압하고 화재, 재난·재해 그 밖의 위급한 상황에서의 구조·구급활동 등을 통해 국민의 생명·신체 및 재산을 보호하는 업무를 수행하며, 소방행정의 기능은 현대사회가 복잡다양화되고 각종 사고가 빈발함에 따라 그 역할이 확대되어 오늘날 소방행정은 재난관리의 중심적인 업무를 수행하고 있어 노동기본권을 보장함으로 인해 예상되는 사회적 폐해가 너무 큼
>
> - 소방직공무원은 특정직공무원으로서 '소방공무원법'에 의해 신분보장이나 대우 등 근로조건이 일반직공무원에 비해 두텁게 보호받고 있으므로 노조 가입을 제한한 것이 입법형성권의 한계를 일탈하여 단결권을 침해한다고 볼 수 없음
>
> - 또한, 소방직공무원은 일반직공무원에 비해 업무의 공공성·공익성이 강하고 신분 및 근로조건 등에 있어 특수성이 인정되므로 일반직공무원에 비해 차별취급을 하고 있더라도 합리적 이유가 있으므로 평등권을 침해한다고 볼 수 없음(헌법재판소 2008.12.26 선고, 2006헌마462)

다. 6급 이하 공무원 중 사용자 범주에 포함되는 공무원 및 특수한 직무를 수행하는 공무원

- 6급 이하 공무원이라 하더라도 ①다른 공무원에 대한 지휘·감독권 행사자, ②다른 공무원의 업무를 총괄하는 자, ③노조와의 관계에서 행정기관의 입장에 서서 업무를 수행하는 자 등이 노조에 가입할 경우,

    - 노조 운영에 지배·개입하는 등 노조의 자주성을 훼손할 우려가 있고, 노사 대항적 관계의 단체교섭에 있어서 노사간 힘의 균형을 잃어버림으로써 집단적 노사자치 실현이라는 기본원리가 훼손될 우려가 있어 이를 방지하기 위함

◉ 이와함께, ①교정·수사 등 직무의 특성상 군인, 경찰 등 특정직 공무원과 유사하게 국가 기능유지에 핵심적인 업무를 수행하고 제복근무 등 조직 내 지휘·감독 체계의 유지가 특히 강조되는 공무원,

②노동관계의 조정·감독 등 업무의 성격상 노사간의 이해관계에 영향을 미침으로서 업무 수행에 있어서 중립성과 공정성이 특히 요구되는 공무원 등 특정 업무 담당자 등은 노조 가입대상에서 제외됨

헌법재판소 결정 요지

▷ 6급 이하 공무원이라 하더라도 공무원노사관계에 있어서 법령·조례 등에 의하여 다른 공무원에 대한 지휘·감독권을 행사하거나, 다른 공무원의 업무를 총괄하는 공무원, 인사·보수에 관한 업무를 수행하는 공무원 등 노동조합과의 관계에서 행정기관의 입장에 서서 업무를 수행하는 공무원 등을 노동조합 가입범위에서 제외한 것은, 이들이 노동조합에 가입할 경우 노동조합 운영 등에 지배·개입하는 등으로 노동조합의 자주성을 훼손하는 것을 방지하고, 노사 대항적 관계의 단체교섭 있어서 노사 간 힘의 균형을 확보해 줌으로써 집단적 노사자치를 실현한다는 집단적 노사관계법의 기본적인 법원리에 따른 것임

- 또한, 6급 이하 공무원 중 직무의 특성상 군인, 경찰 등 특정직 공무원과 유사하게 국가안전 및 국민의 생명과 안전보호 등 국가기능 유지에 핵심적인 업무를 수행하고 제복근무 등 조직 내 지휘·감독체계의 유지가 강조되는 교정·수사 등의 업무를 수행하는 공무원과 업무성격상 노사간의 이해관계에 영향을 미침으로서 업무수행에 있어서 중립성과 공정성이 특히 요구되는 노동관계의 조정·감독 등 노조 조합원으로서의 지위를 가지고 수행하기에 적절하지 아니한 업무에 종사하는 공무원을 노조 가입 대상에서 제외한 것임.

- 따라서, 6급 이하 공무원 중에서 특정업무 담당자들에 대하여 노조 가입을 제한하는 것은 합리적인 이유가 있다 할 것이므로 이는 헌법 제11조제1항이 정한 평등의 원칙에 반하지 않음(헌법재판소 2008.12.26. 선고, 2005헌마971, 2006헌마198 병합)

다-1. 지휘·감독 지위에 있는 공무원

- 법령·조례 또는 규칙에 따라 다른 공무원을 지휘·감독하며 그 복무를 관리할 권한과 책임을 부여받은 공무원(직무 대리자를 포함), (공무원노조법 제6조제2항제1호 및 시행령 제3조제1호'가'목)

- 6급 이하 공무원 중 법령·조례·규칙 등에 의거 기관의 장 또는 과장 등의 직위에 있는 자로
    - 소속 공무원에 대한 근무평정이나 복무의 관리·감독권, 업무지휘권을 행사하는 등 다른 공무원에 대한 지휘·감독 권한을 부여받은 공무원(기관의 장, 보직 과장 등)

> ❖ **대상 예시**
>
> ① 중앙부처 소속기관 및 지자체의 6급 또는 7급 기관장(우체국장, 출장소장, 사업소장, 도서관장 등)
> ② 중앙부처 및 지방자치단체 소속기관 중 5급 이상이 기관장을 맡고 있는 기관의 보직 과장 등

관련 행정해석

▶ '6·7급 우체국장'이 법령 등에 따라 소속 공무원에 대한 복무의 관리·감독, 업무지휘권을 행사하는 등 다른 공무원에 대한 지휘·감독의 권한을 부여받은 공무원에 해당하는 경우에는, 비록 소규모 기관('행정직 1명, 기능직 1~2명으로 운영')의 장이라고 하더라도 공무원노조법에 의한 노동조합에 가입할 수 없을 것으로 사료됨(공공노사관계과-503, 2008.6.5.)

▶ '○○전시과장'이 ○○군 행정기구 설치 조례의 규정에 따라 군수의 명을 받아 소관사무를 총괄하고 소속 직원을 지휘·감독하는 업무에 종사하는 경우에는 공무원노조법 제6조제2항제1호 및 동법 시행령 제3조제1호가목의 노조 가입 제한 대상에 해당하는 것으로 볼 수 있음(공공노사관계과-1663, 2008.11.10.)

다-2. 다른 공무원의 업무를 총괄하는 공무원(업무총괄자)

● 법령 등에 의해 지휘·감독의 직책을 부여받은 것은 아니나, 업무분장 등에 따라 부서장(과장 등)을 보조하여 "담당"·"팀장" 등으로서 다른 공무원의 업무를 총괄하는 업무에 주로 종사하는 공무원(공무원노조법 제6조제2항 제1호 및 시행령 제3조제1호 '나'목)

업무총괄자 판단기준(공무원노사관계과-102, 2010.7.21.)

▶ 노조 가입제한 대상인 "업무총괄자" 해당여부는 원칙적으로 다음 기준을 참고하여 사실관계를 종합적으로 고려하여 개별적·구체적으로 판단

① 당해 공무원의 업무와 관련한 법령, 규칙·훈령, 업무분장 등의 규정 및 내용

② 사무(업무)분장 및 실제 업무내용
ⅰ) 소속 공무원의 업무에 대한 총괄권 행사 여부
ⅱ) 소속 공무원의 근무상황(근태, 출장 등)에 대해 중간결재 여부
ⅲ) 감사결과에 대해 소속직원과 연대책임 여부 등도 고려

③ 각 업무(총괄 업무, 고유 업무)에 대한 비중과 업무량

④ 다른(소속) 공무원의 업무 등에 관한 사항에의 관여 정도 등

⇒ 위 기준에 따라 사실관계 확인 결과 총괄업무를 주로하고 있는 것으로 확인되는 경우 "업무총괄자"로 판단

판단 예시

업무총괄자에 해당하는 경우

① 시·군·구 본청 및 직속기관(보건소, 도서관, 농업기술센터 등), 사업소, 출장소, 읍·면·동, 의회 사무처 등의 6급 담당·팀장·계장으로 사무(업무)분장에 의해 소속 공무원의 업무를 총괄하고 있는 경우

- 일부 고유업무를 수행하고 있는 경우에도 총괄 업무를 주로 하고 있다면 "업무총괄자"에 해당하여 노조 가입 제한대상

② 중앙행정기관 소속 일선기관 등에서 6급 팀장·계장 등으로 사무(업무) 분장에 의해 소속 공무원의 업무를 총괄하고 있는 경우

- 일부 고유업무를 수행하고 있는 경우에도 총괄 업무를 주로 하고 있다면 "업무총괄자"에 해당하여 노조 가입 제한대상

  * 중앙부처 소속기관인 지방환경청, 지방통계청, 지방국토관리청, 지방고용노동청 등

③ 초중고등학교 행정실장의 경우 사무(업무)분장에 의해 학교 행정실 소속 공무원의 업무를 총괄하는 업무에 주로 종사하고 있다면 "업무총괄자"로서 노조 가입이 제한되는 공무원에 해당

④ 지방법원 및 지방선거관리위원회의 경우도 6급 계장·팀장 등으로 훈령 또는 사무(업무)분장에 의해 부서 내 다른 공무원의 업무를 총괄하는 업무에 주로 종사하고 있다면 "업무총괄자"로서 노조 가입이 제한되는 공무원에 해당

업무총괄자로 볼 수 없는 경우

① 사무(업무)분장 등에 의해 다른 공무원의 업무를 총괄하도록 지정되어 있으나, 소속 공무원이 1명도 없어 실제로는 총괄업무를 수행하고 있지 않은 경우

② 사무(업무)분장 등에 의해 업무총괄자로 지정되어 있으나, 소속 공무원이 극소수로 실제로는 업무전반을 전담하여 직접 수행하고 있어 사실상 업무 총괄자로 보기 어려운 경우

- 예를 들어, 행정실장이라 하더라도 각급 학교의 행정실에 소수의 공무원이 근무하고 있어, 행정실장이 행정업무 전반을 직접 수행하는 경우라면 "업무총괄자"로 보기 어려움

③ 총괄업무와 고유 업무를 함께 수행하고 있는 경우, 고유업무 비중이 월등히 높아 총괄업무를 주로 수행하는 자로 볼 수 없는 경우

④ 시·군·구 소속 등 6급 공무원이지만 "담당"·"팀장" 등을 담당하고 있지 않아 총괄업무를 수행하지 않은 경우

관련 행정해석

▶ 공무원노조법 제6조제2항제1호 및 동법 시행령 제3조제1호"나"목의 "훈령 또는 사무분장 등에 따라 부서장을 보조하여 부서 내 다른 공무원의 업무 수행을 지휘·감독하거나 총괄하는 업무에 주로 종사하는 공무원" 해당여부는 당해 공무원의 업무와 관련한 법령·규정, 사무(업무)분장 및 실제 업무내용, 각 업무에 대한 비중과 업무량, 다른 공무원의 업무 등에 관여 정도 등 구체적인 사실관계에 따라 판단되어야 하나, 사무분장 등에 따라 부서 내(또는 부서 내 팀, 계 등) 다른 공무원의 업무 수행을 총괄·관리하는 업무에 주로 종사하고 있는 경우라면 노조 가입 제한 대상에 해당함(공공노사관계팀-20, 2008.1.6)

▶ '6급 담당' 공무원이 면사무소의 '주민생활지원담당'으로서 담당 내 직원 3명의 업무 수행을 총괄하는 업무에 주로 종사하면서 자신의 고유업무(국·공유재산관리, 지적관리 업무)를 일부(전체업무 중 5% 미만) 수행하고 있고, 전결 규정에 따라 소속 직원의 업무에 대한 전결권을 행사하며, 출장·연가·공가 등 소속 직원의 복무에 대한 결재 권한을 행사하는 경우라면 노동조합 가입 제한 대상에 해당하는 것으로 볼 수 있다고 사료됨.(공공노사관계과-213, 2008.4.8.)

▶ 담당 직무 없이 장기 교육중인 지방자치단체 소속 6급 공무원의 경우에는 달리 볼 사정이 없는 한 노동조합 가입이 가능할 것임.(공공노사관계팀-1486, 2007.7.12.)

▶ 통상 행정실장의 경우, 사무분장(교육규칙 등)에 근거 '행정실 근무 행정직 중 최상위 직급의 자'로서 다른 공무원의 업무 수행을 지휘·감독하거나 총괄하는 업무에 주로 종사하는 자에 해당하여 노동조합 가입이 제한되는 것으로 보아야 할 것이나, 각급 학교의 행정실에 행정직 1명과 소수의 기능직 공무원이 근무하고 있고, 행정직 1명이 행정실 업무 전반을 전담하여 수행하는 경우라면 사무분장상 행정실장이라 하더라도 사실상 '다른 공무원의 업무 수행을 지휘·감독하거나 총괄하는 자'로 보기는 어려울 것이므로 노동조합 가입을 제한할 수 없을 것임.(공공노사관계팀-877, 2006.5.2)

다-3. 노동조합과의 관계에서 행정기관의 입장에 서는 공무원

- '사용자 또는 사용자의 이익대표자' 범주에 포함되는 자로서 그 직무상의 의무와 책임이 노동조합 조합원으로서의 성의와 책임에 직접 저촉되는 공무원들이 이에 해당

- 인사·보수에 관한 업무를 수행하는 공무원 등 공무원노동조합과의 관계에서 행정기관의 입장에 서서 관련 업무를 주로 수행하는 공무원(공무원노조법 시행령 제3조제2호)으로서,
  - 공무원의 주요 근무조건에 대한 일정한 관리·결정 권한을 가지고 있는 기관 단위(단체교섭이 가능한 단위)에서 행정기관의 입장에 서서 주로 업무를 수행하는 공무원이 이에 해당
    * 다만, 집행 기능을 담당하는 일선관서에서 인사·보수·예산·청사관리 등에 대하여 단순히 집행업무를 수행하고 있는 경우는 제외

① 공무원의 임용, 복무, 징계, 소청심사, 보수, 연금 그 밖의 후생복지에 관한 업무 담당자
  - 공무원의 임용권 및 주요 근무조건에 대한 관리·결정권이 있는 기관의 해당 부서에서 위 업무를 주된 업무로 수행하는 공무원(자료정리·타자 등 단순히 업무를 보조하는 자 제외) 등

  <예시> : 중앙행정기관 및 지방자치단체 등에서 다음의 업무를 수행하고 있는 공무원이 이에 해당
  - **(임용)** 공무원의 임용 업무(신규임용, 승진임용, 전직, 전보, 파견 등)을 담당하는 공무원
  - **(복무)** 복무 담당 부서에서 소속 직원의 복무관리 업무를 담당하는 공무원
  - **(징계, 소청)** 소속 직원의 징계, 소청심사 업무를 담당하는 공무원
  - **(보수, 연금)** 운영지원과 또는 회계(경리)과 등에서 공무원 보수 및 공무원 연금 업무를 담당하는 공무원
  - **(후생복지)** 소속 직원의 후생복지 업무를 직접 담당하는 공무원

② 노동조합 및 「공무원직장협의회의 설립·운영에 관한 법률」에 따른 직장협의회에 관한 업무 담당자
  - 중앙행정기관 및 지방자치단체에서 공무원노조 및 공무원직장협의회 관련 업무 담당자

③ 예산·기금의 편성 및 집행(단순집행을 제외)에 관한 업무
  - 기획재정부의 예산·기금의 편성 등 관련 업무담당자
  - 중앙행정기관 및 지방자치단체 예산 및 기금의 편성 및 집행에 관한 업무 담당자(기획예산담당관실의 예산·기금 편성업무 담당, 운영지원과의 경리 및 계약업무 담당 등)
    * 다만, 공무원의 근무조건과 관련이 없는 기금의 편성·집행 업무 담당자 경우 공무원노조 가입 제한대상으로 볼 수 없음

④ 행정기관의 조직과 정원의 관리에 관한 업무
  - 안전행정부의 조직 및 정원 관련 업무를 담당하는 공무원
  - 중앙행정기관 및 지방자치단체 등의 조직·정원 등의 업무를 담당하는 부서에서 조직·정원 관련 업무를 수행하는 공무원

⑤ 감사에 관한 업무
  - 감사원 등 감사기관에서 감사 업무를 담당하거나, 중앙행정기관 및 자치단체의 감사담당 부서에서 감사업무를 주로 수행하는 공무원
    * 다만, 감사기관 또는 감사담당부서에 근무하더라도 감사업무를 수행하지 않은 공무원의 경우 노조 가입 제한대상이 아님

⑥ 보안업무, 질서유지업무, 청사시설의 관리 및 방호에 관한 업무, 비서·운전 업무

<보안업무>

- 국방부 등에서 군사기밀 등 보안업무를 담당하는 공무원
- 문서보안 등 기관의 보안 관련 업무를 총괄하는 부서에서 관련 업무를 수행하고 있는 공무원
  * 국가 기밀업무 취급자, 비상계획담당관실, 운영지원과 등에서 문서보안 등의 업무를 담당하는 공무원
  * 다만, 실·국·과 등에서 비밀취급 인가를 받아 소관 보안관련 업무(충무계획 수립 등)를 일시적·부수적으로 수행하고 있는 경우는 노조 가입 제한대상이 아님

<질서유지업무, 청사 시설의 관리 및 방호업무>

- 사용자(기관장 등 청사관리권자)를 대신하여 청사시설의 관리, 방호 등의 업무를 수행하는 공무원
- 총무담당 부서에서 청사시설관리 업무를 담당하는 자 및 경비·출입자의 안내·통제, 질서유지 등의 업무를 담당하는 공무원이 이에 해당
  * 다만, 보일러실, 기계실 등 시설 유지·보수 등 단순 기능 업무수행자(보일러 기사, 전기기사 등)는 노조 가입 제한대상이 아님

<비서·운전업무>

- 기관장이나 부기관장 등에 전속되어 비서 또는 자동차 운전 업무를 담당하는 공무원이 이에 해당

관련 행정해석

▷ 공무원노조법 제6조제2항제2호 및 동법 시행령 제3조제2호'바'목에서 질서유지업무, 청사시설의 관리 및 방호에 관한 업무, 비서·운전업무에 주로 종사하는 공무원의 노동조합 가입을 제한하는 것은 기관의 장 등 사용자에 전속되어 업무를 수행하는 공무원의 노동조합 가입을 제한함으로써 교섭력의 균형을 확보하려는 데 그 취지가 있는 것임. 운전원 및 방호원의 노조 가입 제한 여부는 위 법령의 취지 및 실질적인 업무내용에 따라 개별적·구체적으로 판단되어야 할 것이나, 방호원이 청사 내 정문방호실에 근무하면서 청사시설의 관리 및 방호에 관한 업무를 주로 수행하는 경우 또는 운전원이 기관장 및 부기관장 등 사용자에 전속되어 자동차 운전업무를 주로 하는 경우라면 노조 가입이 제한되는 공무원에 해당하는 것으로 볼 수 있을 것임. (공공노사관계팀-2359, 2007.11.27.)

▷ 시 산하기관의 총무부서에서 소속 직원에 대한 교육업무만을 주로 수행하고 있는 경우라면 달리 볼 사정이 없는 한 노조 가입이 제한되는 공무원에 해당하는 것으로 보기 어려움(공공노사관계과-719, 2008.7.14.)

▷ 해당 공무원이 인사담당 부서에 소속되어 있다 하더라도 공무원의 임용·징계 등 인사업무를 직접 수행하지 않고 인사기록의 전산입력 및 인사기록카드 관리, 각종 증명서 발급 등의 단순 자료정리 업무만을 수행하는 경우라면 공무원노조 가입 제한대상으로 보기는 어려움(공무원노사관계과-960, 2010.12.10.)

▷ 지방의회 의장은 공무원노조법상 정부교섭대표에 포함되지 않으며, 지방자치단체 소속 공무원의 근무조건에 대한 관리·결정 권한이 없으므로 지방의회 의장 비서업무에 주로 종사하는 공무원의 경우 사용자와 노동조합과의 관계에서 행정기관의 입장에 서는 공무원에 해당하는 것으로 볼 수 없어 공무원노조 가입이 제한되는 것으로 보기 어려움(공무원노사관계과-752, 2010.11.2.)

▷ 지방자치단체 각 부서에서 비밀취급 인가를 받아 보안 관련 업무를 일시적·부수적으로 수행하고 있는 공무원은 공무원노조 가입 제한대상으로 보기 어려움(공무원노사관계과-238, 2010.2.5.)

▷ 청사시설에 대한 단순 청소업무를 수행하거나 이와 관련된 일용인부 관리 및 공공근로 업무 등을 주로 수행하는 경우라면 공무원노조 가입 제한 대상으로 보기 어려움(공공노사관계과-697, 2009.4.21.)

다-4. 교정·수사 그 밖에 이와 유사한 업무에 종사하는 공무원

● 공권력 행사 등 경찰에 준해 제복 근무하거나 엄격한 지휘복종이 요구되는 직무 담당자(공무원노조법 시행령 제3조제3호)

① 「공무원임용령」 별표 1의 공무원 중 교정·보호·검찰사무·마약수사·출입국관리 및 철도경찰 직렬의 공무원

② 조세범 처벌절차 법령에 따라 검찰총장 또는 검사장의 지명을 받아 조세에 관한 범칙사건의 조사를 전담하는 공무원(국세청 등)

③ 수사 업무에 주로 종사하는 공무원

　　* 특별사법경찰관 중 수사업무에 주로 종사하는 경우 등이 해당

④ 국가정보원에 근무하는 특정직이 아닌 공무원

> **관련 행정해석**
>
> ▷ 공무원노조법 제6조제2항제3호 및 동법 시행령 제3조제3호 '다'목의 규정에 따라 "수사업무에 주로 종사하는 공무원"의 경우 노조 가입이 제한되고 있는 바, 동 규정은 특별사법경찰관 중 수사업무에 주로 종사하는 공무원의 노조 가입을 제한하기 위한 취지임. 따라서, 선박 지도단속 공무원 중 특별사법경찰관으로서 수사업무에 주로 종사하는 공무원의 경우에만 노조 가입이 제한되는 것임.(공공노사관계팀-2275, 2006.11.22)
>
> ▷ 원산지 표시 등 단속사무에 종사하는 공무원 중 특별사법경찰관으로서 수사업무에 주로 종사하는 공무원의 경우에 한하여 공무원노조 가입 제한대상에 해당함(공무원노사관계과-39, 2010.1.12.)

다-5. 노동관계의 조정·감독 등 업무의 주된 내용이 노동조합원으로서의 지위를 가지고 수행하기에는 적절하지 아니한 공무원

● 업무의 성격상 노사 간의 이해 관계에 영향을 미치는 업무로서 중립성과 공정성이 특히 요구되는 업무를 수행하는 다음의 어느 하나에 해당하는 공무원(공무원노조법 시행령 제3조제4호)

① 「노동위원회법」에 따라 노동위원회에서 조정사건이나 심판사건의 업무를 담당하는 공무원

② 「근로기준법」에 따라 고용노동부 및 그 소속기관에서 「근로기준법」, 「산업안전보건법」 그 밖의 노동관계법령 위반의 죄에 관하여 사법경찰관의 직무를 행하는 근로감독관

③ 「선원법」에 따라 「선원법」 및 「근로기준법」 그 밖의 선원근로관계법령 위반의 죄에 관하여 사법경찰관의 직무를 행하는 선원근로감독관

④ 지방자치단체에서 「노동조합 및 노동관계조정법」에 따른 노동조합 설립신고, 단체협약 및 쟁의행위 등에 관한 업무에 주로 종사하는 공무원

라. 정무직 공무원

● 선거로 취임하거나 임명할 때 국회의 동의가 필요한 공무원 및 고도의 정책결정 업무를 담당하거나 이러한 업무를 보조하는 공무원으로서 법률이나 대통령령에서 정무직으로 지정하는 공무원

관련 행정해석

▷ 지방의회 의원은 지방공무원법 제2조제3항에 규정된 "정무직공무원"에 해당하므로 공무원노조법에 의한 노동조합에 가입할 수 없는 것임.
(공공노사관계팀-94, 2008.1.15)

4. 공무원노동조합 가입 자격이 없는 자의 가입 관련 사항

1. 공무원이 아닌 자(해직자) 노조 가입

- 국가(지방)공무원법에 의한 공무원이 아닌 자 또는 노조 가입이 금지되는 공무원이 공무원노조에 가입한 경우 노조 결격요건에 해당

  * 공무원이 파면·해임되어 노조법 제82조제1항의 규정에 따라 노동위원회에 부당노동행위의 구제신청을 한 때에는 중앙노동위원회 재심판정이 있을때 까지는 조합원 지위 유지(공무원노조법 제6조제3항)

- 따라서, 공무원이 아닌 자(해직자)가 공무원노조에 가입한 경우에는

  - 공무원노조법 제17조제2항 및 노조법 제2조제4호'라'목, 노조법 제12조제3항 제1호의 규정에 따라 노조 결격요건(반려사유)에 해당하며

  - 노동조합 결격요건 발생 시 행정관청은 노조법 시행령 제9조제2항에 따라 30일의 기간을 정하여 시정을 요구하고 불이행 시 '법상 노조로 보지 아니함' 통보하여야 함

2. 명예조합원 등 노조 가입

- 5급 이상 공무원 또는 6급 이하 공무원 중 노조가입이 제한되는 공무원이 소위 "명예 조합원·준 조합원·후원 조합원" 등의 형태로 노조에 가입하고 있는 경우에는 각 실태에 따라 구체적으로 판단

- 명예 조합원·준 조합원·후원 조합원 등의 명칭으로 노조에 가입, 일정액의 금품을 정기적으로 납부하고 노조 운영에 참여하는 경우는 사실상 조합원으로 볼 수 있으며, 이는 노조 가입이 제한된 자의 가입을 허용하는 결과가 되므로 위법(노동조합 결격요건에 해당)

제1편 노동조합 설립 및 운영

> **관련 행정해석**
>
> ▷ 공무원노조법에 의하여 노동조합 가입이 금지되는 공무원이 정기적으로 후원회비를 납부하고 노동조합 선거에 참여하는 등 노동조합 운영 및 의사결정에 참여하는 경우라면 사실상 조합원으로 활동하는 것으로 볼 수 있으며, 이 경우 노동조합 결격요건에 해당될 수 있는 것으로 사료됨
> (공무원노사관계과-27, 2009.11.17)

제2장 노동조합 변경

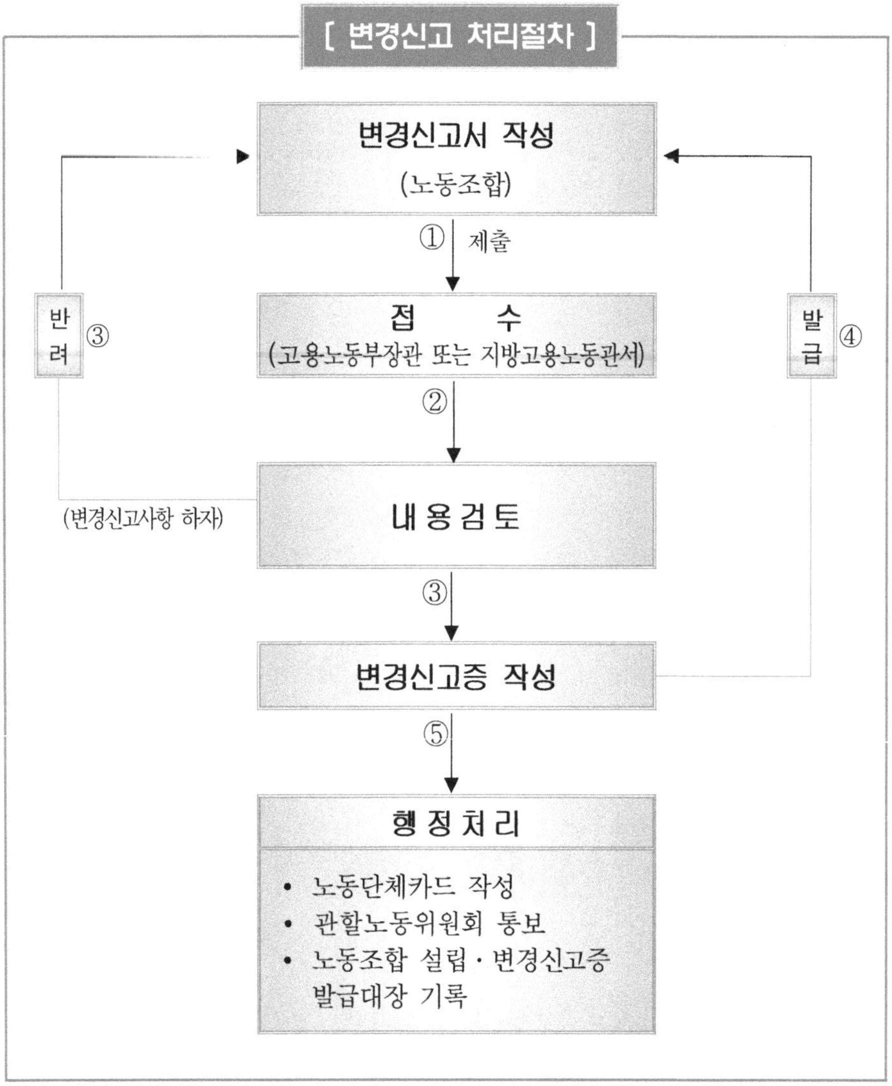

[변경신고 처리절차]

```
          변경신고서 작성
            (노동조합)
                │
                │ ① 제출
                ▼
    ③ 반려      접  수       ④ 발급
    ◀──  (고용노동부장관 또는 지방고용노동관서)  ──▶
                │
                │ ②
                ▼
           내 용 검 토
    (변경신고사항 하자)
                │
                │ ③
                ▼
          변경신고증 작성
                │
                │ ⑤
                ▼
            행 정 처 리
    • 노동단체카드 작성
    • 관할노동위원회 통보
    • 노동조합 설립·변경신고증
      발급대장 기록
```

제1편 노동조합 설립 및 운영

>> I 변경신고서 작성 및 신고

1 작성방법

- 노동조합이 노동조합 설립신고사항 변경신고를 하고자 할 때에는 공무원노조법 시행규칙 별지 제5호 서식의 노동조합 설립신고사항 변경신고서 작성

2 변경신고대상 및 사유(노조법 제13조제1항)

가. 명 칭

- 2 이상의 노동조합이 합병하거나 하나의 노조가 분할하는 경우

- 기타 사유로 명칭 변경이 있는 경우

    * 기관 단위노조가 공무원노조법 제17조제2항 및 노조법 제16조제1항 및 제2항에 따라 전국 규모 단위노조의 지부·분회 등으로 조직형태를 변경하는 경우에는 변경신고 대상이 아니며 해산신고를 하도록 지도

> **관련 행정해석**
>
> ▷ 노조법 제16조제1항제8호에서 규정하고 있는 '조직형태 변경'이라 함은 노동조합이 존속 중에 실질적 동일성을 유지하면서 노동조합의 종류를 변경함으로써 그 구성원의 자격과 결합방식을 바꾸는 것을 말하는 것임. 따라서 공무원노조법에 의한 기관단위노조가 규약상 조합원 가입범위를 확장하여 전국(또는 지역)단위노조로 그 조직형태를 변경하는 것은 변경 전후 노동조합의 인적구성에 있어서 실질적 동일성이 유지된다고 보기 어려울 것이므로(대법원 1997.7.25 선고 95누4377, 2002.7.26 선고 2001두5361 등 참조), 기관단위노조를 전국(지역)단위노조로 변경·설립하기 위하여는 기존 기관단위노조를 해산하고 새로이 전국(지역)단위노조의 설립절차를 거쳐야 할 것임.(공공노사관계팀-267, 2008.2.5.)

나. 주된 사무소의 소재지

- 규약 변경에 따른 주된 사무소의 소재지 변경
- 기관 소재지 변경에 따른 노동조합 주된 사무소 변경 등

다. 대표자의 성명

- 노동조합 대표자가 선거·불신임 등으로 교체된 경우
  * 노동조합 대표자의 사퇴 등으로 규약에 의거 대표 권한을 행사하는 직무대행, 대표자가 연임된 경우는 대표자 변경신고의 대상이 아님
- 기타 사유에 의한 대표자 변경

라. 소속된 연합단체의 명칭

- 규약으로 소속 연합단체를 변경한 경우
- 소속 연합단체를 탈퇴하여 연합단체가 없게 된 경우
- 기타 사유에 의해 연합단체를 변경한 경우

3 첨부서류(노조법 시행규칙 제3조)

① 회의록, 규약 등 변경사항을 증명할 수 있는 서류

② 설립신고증(변경신고증을 발급받은 사실이 있는 경우에는 변경신고증)

4 변경신고 절차

- 노동조합이 노조법 제10조제1항의 규정에 의해 설립신고된 사항 중 ①명칭 ②주된 사무소의 소재지 ③대표자의 성명 ④소속된 연합단체의 명칭에 변경이 있는 때에는 그 날부터 30일 이내에 시행규칙 별지 제1호 서식에 의한 변경신고서를 제출(노조법 제13조제1항, 동법 시행규칙 제3조)
  - 변경신고 관할 행정관청은 노동조합 설립신고 관할 행정관청과 동일
    * 연합단체인 노동조합, 국회, 법원, 헌법재판소, 선거관리위원회 및 행정부 노동조합, 전국단위 노동조합은 고용노동부 본부에 제출
    * 그 외의 단위 노동조합은 노동조합의 주된 사무소의 소재지를 관할하는 지방고용노동관서(청·지청)에 제출

- 주된 사무소의 소재지 변경으로 관할 지방고용노동관서가 변경되는 경우에는 새로운 소재지를 관할하는 지방고용노동관서에 신고
  - 노동조합의 변경신고서를 접수한 지방고용노동관서는 관할 지방고용노동관서와 상호 협조하여 처리

>> Ⅱ 변경신고서의 처리

1 심 사

변경사항	확인내용	확인방법
- 명 칭 - 주된 사무소의 소재지 - 대표자의 성명 - 소속된 연합단체의 명칭	• 회의록상의 총회, 대의원회의 적법 개회 여부 • 의사정족수, 의결정족수의 충족 여부 • 규약의 변경과 임원의 선거 시 직접·비밀·무기명 투표의 실시 여부 • 주된 사무소의 소재지	• 규 약 • 총회 또는 대의원회의 회의록

2 처 리

● 심사결과 변경신고사항에 하자가 있는 경우 하자 부분을 적시하여 변경신고서를 반려하고, 하자가 없는 경우에는 3일 이내에 공무원노조법 시행규칙 별지 제17호 서식의 변경신고증을 발급하며

  - 노동조합 설립·변경신고증 발급대장에 기록 관리

    * 변경신고증 발급 시 소속된 연합단체가 설립신고증이 발급되지 않은 노동조합일 경우에는 소속 연합단체명을 기재해서는 아니됨

● 주된 사무소의 소재지 변경신고를 받아 변경신고증을 발급한 경우에는 그 사실을 구 소재지를 관할하는 지방고용노동관서 및 노동위원회와 신 소재지를 관할하는 노동위원회에 지체없이 통보(공무원노조법 시행규칙 제6조제1항 및 노조법 시행규칙 제5조제1항)

- 관할 지방고용노동관서가 변경되는 경우 구 소재지를 관할하던 지방고용노동관서는 ①노동조합 설립신고시에 제출된 서류(변경신고를 한 경우에는 변경신고시에 제출된 서류 포함) ②노동단체카드 ③단체협약서 ④기타 해당 노동조합에 관련된 서류를 지체없이 신 소재지를 관할하는 지방고용노동관서에 송부(공무원노조법 시행규칙 제6조제1항 및 노조법 시행규칙 제5조제2항)

◉ 노동조합의 명칭, 주된 사무소의 소재지, 대표자의 성명, 소속된 연합단체의 명칭이 변경된 때에는 작성·비치된 노동단체카드에 변경신고 사항을 기재

>> Ⅲ 노동조합 현황 정기통보

1 개요

- 노동조합의 대표자는 공무원노조법 시행규칙 별지 제8호 서식의 노동조합 현황 정기통보서를 작성하여 매년 1월 31일까지 고용노동부장관 또는 지방고용노동관서의 장에게 통보하여야 함

2 정기통보대상(노조법 제13조제2항)

① 변경된 규약내용(전년도에 규약의 변경이 있는 경우)

② 변경된 임원의 성명(전년도에 임원의 변경의 있는 경우)

③ 전년도 12월 31일 현재의 조합원 수

3 노동조합 현황 정기통보서 검토 시 확인사항

- 조합원수 : 전년도 12월 31일을 기준으로 작성되었는지 확인
- 임원현황 : 임원은 규약상 임원으로 정해진 자를 말함
  * 2 이상의 기관의 공무원으로 구성된 단위노동조합의 경우에는 기관별로, 연합단체인 노동조합의 경우에는 구성원인 노동조합별로 작성되었는지 확인
- 산하조직 현황 : 단위노조인 경우 산하조직(지부·분회 등)을 기재하고, 연합단체인 경우에는 소속 단위노조가 기재되었는지 확인
- 규약 : 전년도에 규약의 변경이 있는 경우 변경된 규약을 첨부하여 제출하였는지 확인

4 행정처리

- 지방고용노동관서는 노동조합 현황 정기통보서가 매년 1월 31일까지 제출될 수 있도록 관할 노동조합에 안내(노조법 제96조제2항)

- 지방고용노동관서는 제출된 노동조합 현황 정기통보서를 토대로 노동단체카드를 작성하여 2월말까지 본부(공무원노사관계과)로 제출
  - 노동단체카드 서면제출에 따른 조사표 집계 지연에 따라 2008년도 노동조합 조직현황 조사시부터 노동단체카드 제출방식 개선(서면→전산입력)
    * 노사누리 시스템에서 노동단체카드 전산입력

제3장 노동조합 해산

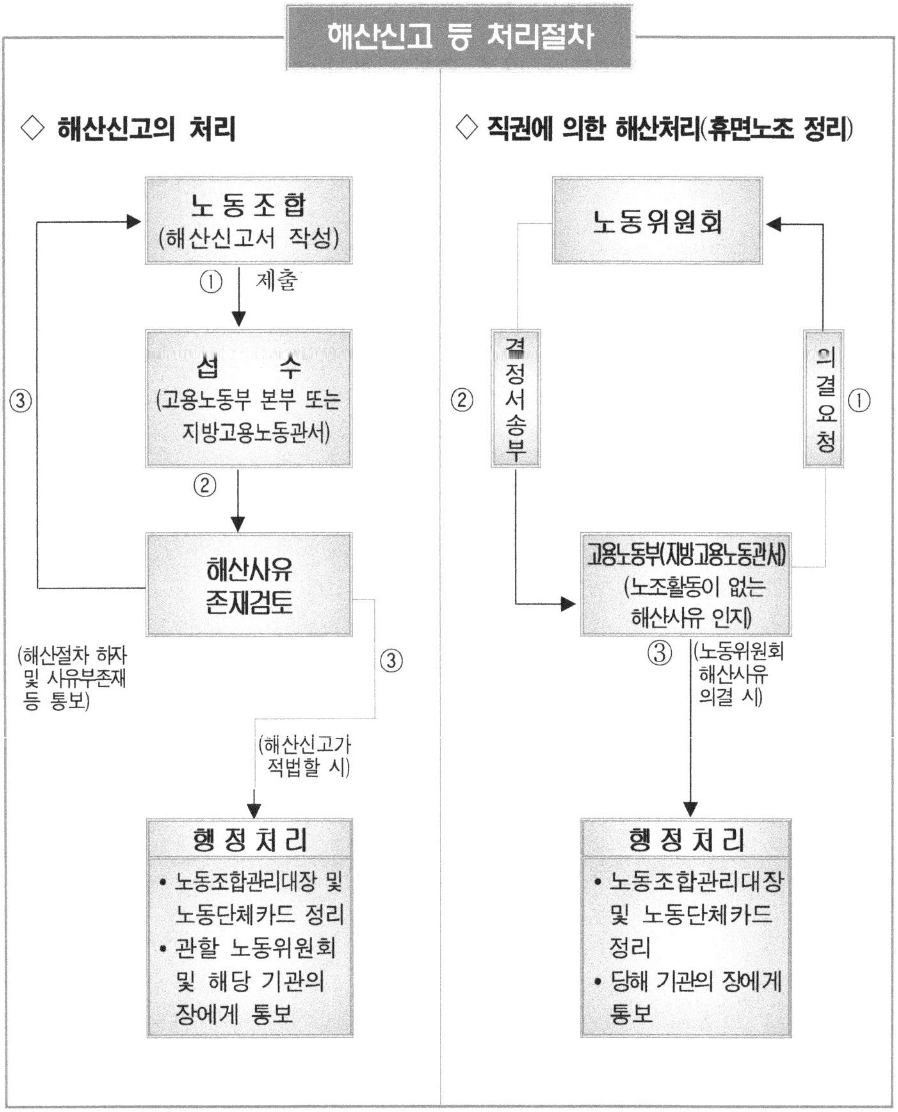

해산신고 등 처리절차

◇ 해산신고의 처리

- 노동조합 (해산신고서 작성)
  - ① 제출 →
- 접수 (고용노동부 본부 또는 지방고용노동관서)
  - ② →
- 해산사유 존재검토
  - ③ (해산절차 하자 및 사유부존재 등 통보)
  - (해산신고가 적법할 시) →
- 행정처리
  - • 노동조합관리대장 및 노동단체카드 정리
  - • 관할 노동위원회 및 해당 기관의 장에게 통보

◇ 직권에 의한 해산처리(휴면노조 정리)

- 노동위원회
  - ① 의결요청 ←
  - ② 결정서 송부 →
- 고용노동부(지방고용노동관서) (노조활동이 없는 해산사유 인지)
  - ③ (노동위원회 해산사유 의결 시) →
- 행정처리
  - • 노동조합관리대장 및 노동단체카드 정리
  - • 당해 기관의 장에게 통보

I 해산신고서 처리

1 해산사유

◉ 노동조합은 노조법 제28조제1항에 규정된 해산사유가 발생된 경우에는 해산됨

해산사유

1. 규약에서 정한 해산사유가 발생한 경우
2. 합병 또는 분할로 소멸한 경우
3. 총회 또는 대의원회의 해산결의가 있는 경우
4. 노동조합의 임원이 없고 노동조합으로서의 활동을 1년 이상 하지 아니한 것으로 인정되는 경우로서 고용노동부장관(지방고용노동관서의 장)이 노동위원회의 의결을 얻은 경우

- 위 해산사유 중 1~3호는 노동조합이 스스로 해산하는 경우이고,
- 4호는 고용노동부 또는 지방고용노동관서가 노동위원회의 의결을 얻어 노동조합을 해산 처리하는 것임

2 해산신고서 작성(공무원노조법 시행규칙 별지 제13호서식)

가. 해산일자

◉ 규약에 정한 해산사유가 발생한 경우에는 그 사유가 실제로 발생(존재)한 날

◉ 합병 또는 분할로 노동조합이 소멸한 날

◉ 총회 또는 대의원회의에서 해산결의가 있는 경우 해산하기로 정해진 날

나. 해산사유

- 단순히 규약에서 정한 해산사유라고 기재하지 말고 해당사유를 명기
  - 예컨대 「규약 제○조에 "○○년 ○월 ○일이 도래하면 노동조합은 해산한다"라고 되어 있어 동 기일 도래로 인하여 해산됨」 등으로 기재
- 합병 또는 분할 시 합병노동조합 등을 기재
- 해산결의를 한 경우 총회, 대의원회 구분 기재

다. 첨부서류 : 회의록

3 해산신고 절차

- 노동조합이 해산된 때(해산사유 1~3호)에는 노동조합의 대표자가 공무원노조법 시행규칙 별지 13호 서식에 의거 노동조합 해산신고서에 회의록을 첨부하여 고용노동부 본부 또는 지방고용노동관서에 15일 이내에 신고하여야 함(노조법 제28조제2항)
  - 노동조합 해산신고 업무 관할 행정관청은 노동조합 설립신고 관할 행정관청과 동일
    * 연합단체인 노동조합, 국회·법원·헌법재판소·선거관리위원회 및 행정부의 노동조합 그 밖의 전국규모의 단위 노동조합의 경우 고용노동부 본부에 제출
    * 그 외 노동조합은 관할 지방고용노동관서에 제출

4 행정처리

- 노조법 제28조제2항에 의하여 해산신고를 받은 때에는 해산신고 관련 서류를 검토
  - 해산에 하자가 없는 경우에는 해산신고 사실을 관할노동위원회와 해당 기관의 장에게 통보(노조법 시행령 제13조제4항)하고, 노동조합 관리대장 및 노동단체카드 정리
  - 규약에 정한 해산사유가 발생하지 아니하였거나 해산결의에 하자가 있는 경우에는 동 내용을 노동조합에 통보하고 종결 처리

II 직권해산 처리

1 대 상

- 단체협약 체결, 총회 개최 등 외견상 조합활동이 1년 이상 중단된 노동조합
- 노동조합 활동유무에 대한 진정 등 민원이 제기된 경우 등

2 사 유(노조법 제28조제1항제4호 및 동법 시행령 제13조제1항)

- 노동조합의 임원이 없고 노동조합으로서의 활동을 1년 이상 하지 아니한 것으로 인정되는 경우
- 위 해산사유는 2가지 요건을 모두 구비하여야 함
  - 노동조합 활동을 1년 이상 하지 아니하였더라도 임원이 있는 경우에는 해산사유에 해당되지 않으며, 임원이 일시 유고된 것은 임원이 없는 경우에 해당되지 아니함
  - 「노동조합으로서의 활동을 1년 이상 하지 아니한 경우」라 함은 ①계속하여 1년 이상 조합원으로부터 조합비를 징수한 사실이 없거나 ②총회 또는 대의원회를 개최한 사실이 없는 경우를 말함(노조법 시행령 제13조제1항)

3 절 차

- 노동조합 활동 유무에 대한 확인(조사)의 필요성이 인정되는 경우에는 조사시점 당시 해산사유가 존재하는지 여부에 대한 사실조사를 실시
  - 임원의 성명, 임기 등 확인
  - 과거 1년간의 조합비 징수실적을 확인할 수 있는 수입·지출관계 장부와 증빙서 등을 조사
  - 필요한 경우 기관의 협조를 받아 노동조합 활동 유무 확인

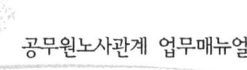

- 위 해산사유에 해당하는 것으로 인정되는 경우에는
  - 관할 지방노동위원회에 조사결과(의견)와 증빙서류를 첨부하여 그 사유에 관하여 의결을 요청하고
  - 동 사유에 관해 관할 지방노동위원회의 의결을 얻은 경우에는 노동단체카드 및 노동조합 관리대장 등을 정리하고 그 결과를 해당 기관의 장에게 통보

4 해산시기

- 해산사유에 관해 관할 지방노동위원회의 의결을 얻은 때에 해당 노동조합은 해산된 것으로 봄(노조법 시행령 제13조제2항)

Ⅲ. 노동조합 해산과 관련한 행정처리 참고사항

1. 해산사유 발생 이후 조합활동 재개 시 업무 처리

- 휴면노조 여부에 대하여 조사를 받고 있는 노조가 조합활동을 재개, 임시총회(대의원회) 소집권자 지명을 요구하는 경우
  - 먼저 노동위원회에 해산사유의 존재에 관한 의결을 요청하여 그 판단을 구하고, 의결이 있을 때까지는 소집권자 지명 등의 처리를 유보
  - 노동위원회의 의결결과에 따라 소집권자의 지명여부를 결정하거나 해산처리
    - 해산사유가 존재한다고 의결하였을 경우 : 해산처리
    - 해산사유가 존재하지 않는다고 의결하였을 경우 : 소집권자 지명여부 결정

2. 조합원이 없는 경우의 처리

- 조합원 퇴직 등의 사유로 사실상 노동조합의 조합원이 없는 경우에는 조합원의 존재 유무에 관한 확인절차를 거쳐 직권으로 소멸 처리

공무원노사관계 업무매뉴얼

제4장 노동조합의 운영관리

>> I 운영상황의 공개

1 노동조합의 서류비치

가. 비치서류

- 노동조합은 설립일로부터 30일 이내에 다음 서류를 작성하여 그 주된 사무소에 비치하여야 함(노조법 제14조제1항, 동법 시행규칙 제8조)

  ① 조합원 명단(연합단체인 노동조합에 있어서는 그 구성단체의 명칭)
  ② 규약
  ③ 임원의 성명·주소록
  ④ 회의록
  ⑤ 재정에 관한 장부와 서류(예산서, 결산서, 총수입원장 및 총지출원장, 수입 또는 지출결의서, 수입관계장부 및 증빙서, 지출관계장부 및 증빙서, 자체회계감사 관계서류)

- 노동조합은 위 서류 이외에도 노동조합 운영에 관련되는 규정이나 서류를 비치하여 조합원이 열람할 수 있도록 하여야 함

나. 보존기간

- 위 서류 중 ④~⑤의 회의록과 재정에 관한 장부와 서류는 3년간 보존하여야 함(노조법 제14조제2항)

다. 의무 위반 시 제재

- 노동조합이 조합원 명단 등 서류 비치 의무를 위반하거나 회의록과 재정에 관한 서류의 보존 의무를 위반할 경우 행정관청은 500만원 이하의 과태료를 부과할 수 있음(노조법 제96조제1항)

2 노동조합의 재정투명성 확보

가. 개 요

- 노동조합은 근로자들의 자주적 결사체로서 대외적으로는 사용자로부터 자주성을 유지하고,
  - 대내적으로는 조합원에 대한 민주성을 확보하는 것이 핵심임
- 특히, 노동조합의 운영 과정에서 근로자들의 진정한 의사가 민주적인 절차에 따라 반영되어야 함
- 또한, 노동조합은 하나의 조직체로서 그 운영에 필요한 경비가 필수적이며, 그 주된 재원은 조합비이므로 노동조합 재정은 민주적으로 집행·운영되고, 투명하게 관리되어야 함

나. 노조법상 관련 규정

- 규약의 필수적 기재사항으로 규정(노조법 제11조)
  - 노동조합은 노조법 제11조에 따라 규약에 "조합비 기타 회계에 관한 사항"(제9호) 등을 필수적으로 기재해야 함
- 서류 작성 및 비치 의무(노조법 제14조)
  - 노동조합은 그 설립일부터 30일 이내에 "조합원 명부, 규약, 임원의 성명·주소록, 회의록, 재정에 관한 장부와 서류"를 작성하여 비치해야 하며, "회의록과 재정에 관한 장부와 서류"는 3년간 보존해야 함
    * 재정장부와 서류(노조법 시행규칙 제8조) : 예산서, 결산서, 총수입원장 및 총지출원장, 수입 또는 지출결의서, 수입관계장부 및 증빙서, 지출관계장부 및 증빙서, 자체 회계감사 관계서류

- 이를 위반하여 서류를 작성하지 않거나 비치하지 않은 경우 500만원 이하의 과태료를 부과할 수 있음 (노조법 제96조제1항)

◉ 총회(대의원회)에서의 의사결정권(노조법 제16조, 제17조)
- 노동조합은 재정·회계에 관한 사항은 반드시 총회(대의원회) 의결을 거쳐 집행하여야 함
- 예산·결산에 관한 사항, 기금의 설치·관리 또는 처분에 관한 사항 등은 총회(대의원회)의 승인 또는 의결을 받도록 하고 있음

◉ 회계감사(노조법 제25조)
- 노동조합의 재정은 조합원이 납부하는 조합비를 주된 재원으로 하고 있으므로 그 재정은 건전하고 투명하게 집행되어야 함
- 이에 따라 노동조합 대표자는 회계감사원으로 하여금 최소한 6개월마다 정기적으로 회계감사를 실시하게 하고, 그 내용과 감사결과를 전체 조합원에게 공개하도록 하고 있음
  * 회계감사 대상 : 당해 노동조합의 모든 재원 및 용도, 주요한 기부자의 성명, 현재의 경리상황 등
- 또한, 노동조합의 회계감사원은 필요하다고 인정할 경우에는 회계감사를 실시하고, 그 결과를 공개할 수 있음

◉ 운영상황의 공개(노조법 제26조)
- 노동조합의 조합원은 소속 노동조합의 재정상황을 포함한 운영상황에 대해 알권리가 있음
- 노동조합의 대표자는 회계연도마다 결산결과와 운영상황을 공표해야 하며, 조합원의 요구가 있을 때에는 이를 열람하게 하여야 함
- 운영상황에는 조합 재산에 관한 자료에 한정하지 않고 노동조합 운영과 관련한 전반적인 사항을 지칭하는 것으로 여기에는 조합원 명부도 포함되는 것으로 해석됨
- 조합원의 결산결과와 운영상황을 열람할 수 있는 권리에는 복사(등사)할 권리도 포함됨

관련 판례 및 행정해석

▷ 노조법 제26조에 의한 결산결과와 운영상황을 열람할 수 있는 권리에는 등사할 수 있는 권리가 명시되어 있지 않더라도 열람권의 실질적 보장을 위해 해석상 당연히 열람할 자료를 등사할 수 있는 권리도 포함된다.
(대전지법 2007.6.28, 2006가합3106)

▷ 노조대표자가 대의원대회에서 감사결과 내지 결산결과를 공개하더라도 개별 조합원이 요구할 때에는 그 조합원에게도 공개할 의무가 있다.
(서울고법 1995.10.7, 95나10015 ; 대법원 1996.3.12, 95다51403)

▷ 노동조합 대표자가 대의원회에서 결산결과와 운영상황을 공개하였더라도 개별 조합원은 개별 열람 외에 필요시 복사도 가능하며, 노동조합 대표자가 열람요구를 거부하는 경우 규약상 책임을 묻거나 행정관청에 시정을 요구할 수 있음 (노사관계법제과-352, 2008.9.8 ; 노동조합과-1543, 2004.6.10 ; 노조68107-23, 2003.1.16)

다. 노동조합 자율 통제

(1) 규약에 명시적으로 규정(권장사항)

- 노동조합의 운영은 행정관청 등 외부의 개입 없이 노동조합 내부 기구 또는 조합원에 의해 자율적으로 통제되는 것이 바람직하며, 이를 규약에 구체적으로 정하여 시행할 필요가 있음

- 노동조합 내부 민주성 및 투명성 확보를 위해 규약에 정할 필요가 있는 사항은 다음과 같음

    ① 회계감사원의 자격, 임기, 선임 및 해임절차, 회계감사원의 수 등 회계감사원에 관한 사항

    ② 회계감사 실시 주기, 조합원 또는 대의원의 일정 규모 이상 요구시 회계감사 실시 등 회계감사 실시에 관한 사항

    ③ 외부 전문가에 의한 외부감사제도에 관한 사항

    ④ 일정 금액 이상 지출 시 대의원회 등의 승인 등 지출에 관한 사항

    ⑤ 회계감사 결과의 조합원 공개 등 조합원의 알권리에 관한 사항

    ⑥ 그 밖에 노동조합 내부 민주성 및 투명성 증진을 위해 필요한 사항

(2) 회계감사원의 독립성 확보

- 노조법에는 회계감사원 자격, 임기, 선임방법 등에 대해 규정하고 있지 않으므로 노동조합이 자율적으로 정할 수 있으나, 회계감사는 임원의 노동조합 운영에 대한 견제장치임을 고려할 때 임원에 대한 독립성이 확보되도록 정하는 것이 바람직함

- 회계감사원의 자격은 가급적 회계감사와 관련된 자격을 갖추는 등 전문성을 가진 자로 하는 것이 바람직하며, 특히 노동조합의 규모가 큰 경우 그 필요성은 크다고 할 것임
  - 공인회계사, 회계와 관련된 업무에 종사한 자 등 어느 정도의 직업적 관련성을 갖춘 자로 하는 것이 바람직하나, 자세한 자격기준은 노동조합 스스로 정하는 것이 필요함

- 회계감사원은 노동조합의 대표자 등 임원의 선출과 관계없이 독립적으로 회계감사를 하는 것이 바람직하므로 임원과의 독립성을 보장하기 위해 임기를 달리하거나, 임기가 같은 경우 임기개시시기를 달리하는 것이 필요함

- 회계감사원은 노동조합의 재정 등에 대해 감사를 하는 지위에 있으므로 노동조합 대표자가 회계감사원을 임명하는 것은 회계감사원의 독립성을 저해할 우려가 높으므로 임원의 선출방법에 준하도록 할 필요가 있음
  - 즉, 조합원(대의원) 과반수의 출석과 출석 조합원(대의원)의 과반수 득표(없는 경우 결선투표에 의한 다수득표)에 의한 총회 또는 대의원회의 결의를 통해 회계감사원을 선출하는 것이 바람직함
  - 회계감사원의 독립성을 유지시켜 주기 위해 해임절차도 임원의 해임사유 및 절차규정에 준하여 규정하는 것이 바람직함

- 회계감사의 권한과 의무에 대해 노조법에서는 별도 규정을 두고 있지 않아 노동조합이 자율적으로 정할 수 있음
  - 회계감사가 적절하게 이루어지기 위해서는 회계감사원에 대하여 노동조합의 회계자료 및 기타 노동조합 업무 관련 자료에 대한 자유로운 접근권을 보장하고, 노동조합 간부로부터 회계감사에 필요한 정보를 요구할 수 있도록 하는 것이 바람직함

- 회계감사에게는 회계감사 과정에서 알게 된 비밀을 유지해야 할 의무를 부과할 필요

(3) 조합원 요청에 의한 회계감사 실시

- 노조법은 노동조합의 대표자가 회계감사원으로 하여금 6개월에 1회 이상 회계감사를 실시하게 하거나 회계감사원이 필요하다고 인정할 경우에 회계감사를 실시할 수 있다고 규정하고 있음

- 회계감사에 있어서의 조합원의 참여를 확대하는 것이 노동조합의 민주성과 투명성을 보다 적극적으로 확보하는 방안이라 할 것임
  - 그러므로 정기적인 회계감사 외에 일정 규모(전체 조합원 또는 대의원의 1/3 또는 1/5) 이상의 조합원 또는 대의원의 요구가 있는 경우에는 회계감사를 실시하도록 하고, 그 결과를 조합원에게 공개하도록 규약으로 정하는 것이 바람직함

(4) 외부감사 등 감사방법의 제도화

- 전국단위 노동조합 등 규모가 큰 노동조합의 경우 재정규모가 크므로 이를 효과적으로 감사하기 위해서는 조합원인 회계감사원 뿐만 아니라 공인회계사 등 외부 전문가를 회계감사원으로 추가적으로 위촉하는 방안을 고려할 필요가 있음

- 노동조합의 대표자가 결산결과와 운영상황을 공표할 때 결산결과에 대해서는 회계감사 결과(그 결산결과가 사실과 다름없다는 회계감사의 확인서명)가 첨부되도록 할 필요

(5) 재정 지출의 적정성 확보

- 재정 지출에 관한 사항은 노동조합의 대표자가 권한을 가지고 있으나, 이러한 권한의 행사는 일정한 경우 제한할 수 있을 것임

- 당초 예산항목을 변경하여 지출해야 할 필요가 있는 경우, 일정 금액 이상을 지출하는 경우 등에 대해서는 대의원회의 승인 또는 노동조합 내부의 의사결정기관의 승인을 받도록 하는 것이 바람직함

- 또한, 회계장부의 전산화, 지출 증빙자료의 의무적 첨부, 복식부기제도의 도입 등을 고려할 수 있을 것임

(6) 조합원의 알권리 보장

- 노동조합의 민주적 운영의 원칙은 노동조합 내부에서 개별 조합원의 권리가 보호되어야 함을 의미함
- 회계감사 결과를 대의원회뿐만 아니라 총회에 보고하도록 하고, 일반 조합원이 공개를 원할 경우 자료를 제공하는 것이 바람직함
  - 필요한 경우 재징관련 서류뿐만 아니라 노동조합 운영 관련 자료의 열람권을 보장할 필요가 있음

라. 행정관청에 의한 통제

- 노동조합 결의·처분 등에 대한 행정관청의 시정명령(노조법 제21조)
  - 노동조합은 규약과 총회(대의원회)에서의 다수결 원칙 등에 따라 결의나 처분을 하는 등 민주적으로 운영해야 함
  - 행정관청은 회계·재정집행 등 노동조합의 결의·처분이 법령이나 규약에 위반되는 경우 노동위원회의 의결을 받아 시정명령을 할 수 있음
    * 다만, 노동조합의 결의·처분이 규약에 위반되는 경우에는 이해관계인의 신청이 있어야 시정명령을 할 수 있음
  - 규약에 조합비 기타 회계에 관한 사항 등 필요적 기재사항을 기재하지 않은 경우 행정관청은 노동위원회의 의결을 얻어 시정명령을 할 수 있음 (노조법 제21조제1항)

- 결산결과와 운영상황 보고(노조법 제27조)
  - 노동조합은 행정관청이 요구하는 경우에는 결산결과와 운영상황을 보고해야 함
  - 행정관청은 노동조합으로부터 결산결과 또는 운영상황의 보고를 받고자 하는 경우에는 그 사유와 기타 필요한 사항을 기재하여 서면으로 10일 이전에 요구하여야 함 (노조법 시행령 제12조)

- 자료 제출 요구에 불응하거나 허위자료 제출시 행정관청은 500만원 이하의 과태료를 부과할 수 있음 (노조법 제96조제1항)

마. 업무처리 요령

(1) 진정 등 민원이 제기된 경우

〈회계의 횡령, 유용 등 조합의 재정비리 관련〉

- 노동조합의 조합비 횡령, 유용 등 불법행위의 경우
  - 행정관청은 노동조합에 예산·결산결과 등 관련 자료 제출 요구를 통해 사실관계를 확인하고 사안이 불법행위에 이르지 않은 경우 시정 요구
    - ▲ 자료제출은 요구사유, 제출기한, 제출서류 등을 구체적으로 명시하여 10일 전까지 서면으로 요구
    - ▲ 자료제출에 불응하거나 허위의 자료를 제출하는 경우 과태료 부과
    - ▲ 진정내용을 확인한 결과 법령이나 규약에 위반되는 경우에는 시정조치(규약에 위반될 경우 이해관계인의 신청을 받아 노동위원회에 의결요청 후 시정명령)
  - 진정내용이 횡령, 유용 등 불법행위로 확인되면 수사기관에 고발 조치

- 자의적 재정집행, 타 용도 사용 등 부당집행의 경우
  - 우선 노동조합에 서면으로 관련 자료 제출을 요구한 후 부당집행이 확인될 경우 노동위원회 의결을 받아 시정조치
  - 조합비 횡령 등 명백한 불법행위가 파악되면 수사기관에 고발 조치

〈회계감사, 결산결과 및 운영상황의 공개·열람거부 관련〉

- 노동조합이 정기 회계감사나 회계연도 결산을 실시하지 않은 경우
  - 법령 또는 규약 위반을 이유로 시정조치

- 조합원의 열람 또는 복사요구를 거부하는 경우
  - 노조대표자가 총회(대의원회)에서 결산결과와 운영상황을 공개하였더라도 개별 조합원이 공개 및 자료의 열람을 요구하면 공개하여야 함
  - 또한, 공개나 열람 외에 복사를 요구하는 경우 이를 거부할 수 없음을 지도

- 노동조합의 열람 또는 복사 거부가 법령이나 규약에 위반되는 경우 시정조치

(2) 조합원의 행정관청에 대한 정보공개 요구의 경우

- 개별 조합원이 노동조합의 자료열람이나 복사 요구 거부에 대해 행정관청에 정보공개를 요구하는 경우
  - 먼저 노동조합이 규약에 의하거나 자율적으로 자료열람 또는 복사 등 관련 자료를 제공하도록 행정지도
  - 불응 시 노조법 제26조 위반을 이유로 노동위원회 의결을 얻어 시정명령

(3) 행정관청의 업무상 필요에 따른 자료제출 요구 등

- 행정관청은 노동조합의 건전한 운영을 지도·감독하는 등 업무상 필요에 따라 결산결과와 운영상황 등 자료제출을 요구할 수 있음
  - 다만, 노동조합에 대한 자료제출요구는 업무에 필요한 최소한의 범위내로 하여 노동조합의 자주성 침해 논란 등의 사례가 발생하지 않도록 주의

업무상 필요성이 인정되는 경우

▷ 노동조합 운영과 관련하여 조합원 등 이해관계인의 진정·고발·청원 등 민원이 제기된 경우
▷ 노동조합의 조직분규가 있어 이를 조정할 필요가 있는 경우
▷ 노동조합의 회계·경리 상태 기타 운영상 지도할 필요가 있는 경우
▷ 회의소집권자 지명요구, 결의·처분 시정요구, 노조가입·탈퇴와 관련하여 이의제기 등과 관련하여 사실관계의 확인이 필요한 경우
▷ 규약, 단체협약 등 운영상황과 관련된 자료공개 요구가 있는 경우
▷ 기타 위에 준하는 경우로서 업무상 필요한 경우

- 노동조합이 정당한 이유없이 자료제출을 거부하거나 허위의 자료를 제출하는 경우에는 과태료 부과
  - 이와는 별개로 자료제출 거부가 노동관계법령 또는 규약에 위반되는 경우에는 노조법 제21조의 규정에 따라 시정조치
- 제출자료 확인결과 규약에 필수적 기재사항이 누락되는 등 법령에 위반되거나, 재정집행 등 노동조합의 결의·처분이 법령이나 규약에 위반되는 경우 시정조치

3 노동조합 운영의 투명성 제고를 위한 지도방안

- 노동조합 설립신고 또는 변경신고한 경우에 규약을 검토
  - 재정투명성 등과 관련된 미비점이 있는 경우 관련 규정을 보완토록 지속적으로 권고 및 지도
  - 규약이 법령을 위반한 경우 노동위원회의 의결을 거쳐 시정명령
- 각종 지도·점검 시 재정에 관한 장부와 서류 등의 비치·보존 여부를 확인하고, 이를 이행토록 행정지도
  - 서류 비치·보존 의무 위반 시 500만원 이하의 과태료를 부과할 수 있음

>> Ⅱ 총회 및 대의원회 운영

1. 총 회

가. 구 성

- 노동조합의 총회는 조합원 전원으로 구성되는 최고의사결정기관으로
  - 규약으로 총회에 갈음할 대의원회를 둘 수 있음(노조법 제17조제1항)

나. 개최시기

- 총회는 정기총회와 임시총회로 구분되며
  - 총회는 단위노조나 연합단체에 관계없이 매년 1회 이상 규약으로 정한 바에 따라 개최하여야 함(노조법 제15조)
  - 다만, 노조법 제17조제1항에 따라 총회에 갈음할 대의원회를 둔 경우에는 정기대의원회를 총회 개최로 갈음할 수 있음

- 다음과 같은 경우에는 임시총회(또는 임시대의원회)를 소집할 수 있음 (노조법 제18조)
  - 노조 대표자가 필요하다고 인정할 때
  - 조합원(또는 대의원)의 3분의 1 이상(연합단체인 경우 구성단체의 3분의 1 이상)이 회의에 부의할 사항을 제시하고 회의의 소집을 요구하는 경우
  - 기타 규약에 정한 일정한 요건에 해당하는 경우

- 근무시간 중 회의개최
  - 총회(대의원회)는 근무시간 외에 개최하는 것이 원칙임
  - 부득이한 사유로 근무시간 중에 총회 등을 개최하고자 하는 경우에는 당해 기관의 장의 사전 승인을 얻어야 함

다. 소집권자

- 노동조합의 대표자
- 노동조합 대표자의 유고(궐위 또는 직무를 수행할 수 없는 객관적인 사정이 있는 경우)시에는 규약에서 정한 순서에 따른 직무대행자
- 고용노동부(지방고용노동관서)로부터 소집권자로 지명을 받은 자(노조법 제18조제3항 및 제4항)
  - 소집권자가 총회 소집을 고의로 기피하거나 해태한 경우
  - 규약에 정한 소집권자가 없게 된 경우

라. 소집절차

- 총회 또는 대의원회는 적어도 회의개최일 7일전까지 그 회의에 부의할 사항을 공고하고 규약에 정한 방법에 의하여 소집하여야 함(노조법 제19조)
  - 『회의개최일 7일 전』이라 함은 회의개최일을 제외한 공고일수가 최소한 7일 이상이 되어야 한다는 뜻이며
  - 공고기간의 계산에 있어 공고 당일은 산입하지 아니하며 공고 후의 휴일은 공고기간에 산입됨
  - 노동조합이 동일한 기관내의 공무원으로 구성된 경우에는 그 규약으로 공고기간을 단축할 수 있으며, 같은 지역이라도 청사가 서로 분리되어 있는 때에는 7일 이상 공고하여야 함
    * 「동일한 기관내」라 함은 장소적으로 하나의 울타리 내를 의미함
- 회의일자, 시간, 장소, 안건 등 이미 공고된 사항을 변경하는 경우에도 규약에 특별한 정함이 없는 한 공고기간을 준수하여야 함
  - 공고의 취지가 조합원 또는 대의원에게 회의개최 사실을 알려 회의에 참석·토론할 수 있는 준비의 기회를 균등하게 보장하려는 것이므로
  - 공고기간을 위반한 회의는 적법하게 성립된 회의라 할 수 없으며, 동 회의에서 의결된 사항은 원칙적으로 그 효력을 인정할 수 없음
- 소집절차는 공고문을 개별적으로 조합원에게 발송하거나 신문광고 또는 게시판 공고 등 규약에서 정한 방법에 따라야 함

마. 회의성립과 의사진행

- 회의는 재적조합원(대의원)의 과반수가 출석하고 적법한 소집권을 가진 자가 성원선포 함으로써 성립됨(노조법 제16조제2항)
  - 재적조합원(대의원)의 과반수 미만이 참석할 경우에는 자동 유회됨
    * 「재적」이라 함은 회의개최일 현재 회의참석 자격을 가진 인원을 말함
- 회의의 「출석조합원(대의원)」은 일반적으로 회의에 부의된 특정 안건의 의결에 앞서 출석인원으로 확인된 조합원(대의원)으로서
  - 기권한 자 또는 무효로 처리된 자 등을 포함하여 당해 안건의 의결에 참여한 조합원(대의원) 전원을 의미함

> **관련 판례 및 행정해석**
>
> ▷ 노조법 제19조제1항 소정의 임원선거에 관한 사항에 임원의 선거 자체가 포함됨은 명백하고, 한편 총회의 의결방법에 관하여 규정하고 있는 같은 조 제2항은 노동조합의 구성원인 조합원이 그 조직과 운영에 관한 의사결정에 다수결의 원칙에 따라 관여할 수 있도록 함으로써 이른바 조합민주주의를 실현하기 위한 규정이므로 총회의 의결방법에 관한 위 규정은 강행규정이고, 출석인원 산정시 기권표나 무효표를 제외한 총유효투표수가 아니라 이를 포함한 총투표수로 산정하여야 한다.(대법원 1995.8.29, 95마649)
>
> ▷ 총회(대의원회) 의결사항을 처리하기 위해 의결정족수를 산정함에 있어 출석 조합원(대의원)이라 함은 일반적으로 특정안건을 의결할 당시에 회의에 출석한 것으로 확인된 조합원(대의원)으로서 기권자 또는 무효로 처리된 자 등을 포함하여 당해 안건의 의결에 참여한 조합원(대의원) 전원을 의미한다고 할 것이므로 회의 의장은 표결개시 전에 출석인원을 사전에 확인하여 의결의 정확성과 공정성을 기하여야 할 것임.(노사관계법제팀-1683, 2006.6.22)

- 회의는 권한 있는 자(노동조합의 대표자 또는 대표의 직무를 대행하는 자)가 회의소집 시 부의된 사항을 처리하여야 하며
  - 회의진행은 임의로 정회·속개 등을 거듭하여 조합원의 자유로운 참여를 제한하는 일이 없도록 하여야 함

  > * ① 정회 : 회의를 일시 중단하는 것 ┐ 소집절차가 필요없음
  >   ② 휴회 : 회의를 일정기간 중단하는 것 ┘
  >   ③ 유회(산회) : 의사정족수 미달로 회의가 성립되지 않는 것 → 유회가 회기 만료시까지 계속되어 회의가 종료된 경우 이후 회의소집은 절차를 다시 밟아야 함

- 노동조합의 대표자가 회의진행 중 정당한 이유없이 임의로 정회·휴회 등을 선포하고 퇴장하여 회의의 속행이 무산되는 경우에는
  - 이후의 회의진행은 규약이 정한 바에 따라야 하고, 규약에 별도로 정한 바가 없다면 임시의장을 선출하여 회의를 진행하여 상정된 안건을 적법한 절차에 의하여 처리하더라도 그 효력이 인정됨

관련 행정해석

▶ 노동조합의 총회(대의원회)는 회의 소집시 공고된 안건을 의사일정에 따라 진행하는 것이 원칙이므로 의장이 임의로 사전 공고된 안건의 상정을 거부하거나 폐기할 수는 없다고 봄. 노동조합의 대표자가 정당한 이유없이 사전 공고된 안건의 상정을 거부하고 폐회를 선언하여 회의를 속개할 수 없는 경우라면 규약에 정한 직무대행자가 의장의 직무를 수행할 수 있을 것이며, 규약에 정한 직무대행자가 없는 경우 동 회의에 참석한 조합원 중에서 임시의장을 선출하여 적법한 절차와 방법에 따라 상정된 안건을 의결·처리하였다면 동 회의에서 결의된 사항의 효력을 부인하기는 어려울 것임.(노조 01254-344, 1997.4.10)

바. 의결사항

- 노조법 제16조제1항에 규정된 총회의 의결사항은 노동조합의 의사가 민주적으로 결정되어야 할 중요한 안건이라는 취지에서 규정된 만큼 반드시 총회(또는 대의원회)에서 처리되어야 함
  - 즉 운영위원회, 중앙집행위원회, 상무집행위원회 등에서 의결하더라도 그 효력을 인정할 수 없음

> **총회 의결사항**
> 1. 규약의 제정과 변경에 관한 사항
> 2. 임원의 선거와 해임에 관한 사항
> 3. 단체협약에 관한 사항
> 4. 예산·결산에 관한 사항
> 5. 기금의 설치·관리 또는 처분에 관한 사항
> 6. 연합단체의 설립·가입 또는 탈퇴에 관한 사항
> 7. 합병·분할 또는 해산에 관한 사항
> 8. 조직형태의 변경에 관한 사항
> 9. 기타 중요한 사항

사. 의결방식

- 총회(또는 대의원회)는 재적조합원(또는 대의원) 과반수의 출석과 출석 조합원 과반수의 찬성으로 의결됨
  - 규약의 제정·변경, 임원의 해임, 합병·분할·해산 및 조직형태의 변경에 관한 사항은 재적조합원 과반수의 출석과 출석조합원 3분의 2 이상의 찬성이 있어야 함(노조법 제16조제1항, 제2항)
    * 노조 대표자는 대의원회의 소집·진행권자이기는 하지만 대의원이 아닌 경우에는 대의원회에서 의결권을 행사할 수 없음
- 총회에서는 원칙적으로 소집 시 공고된 부의사항에 대해서만 심의·의결할 수 있음(노조법 제19조)
  - 다만, 규약에 특별결의사항으로 '긴급동의' 규정을 둔 경우에는 긴급동의의 발의를 통해 새로운 안건을 채택하여 심의·의결할 수 있음

- 표결방법은 거수·기립 및 무기명 투표 등 아무런 제한이 없으나 규약의 제정·변경과 임원의 선거·해임에 관한 사항은 조합원의 직접·비밀·무기명 투표에 의하여야 함(노조법 제16조제4항)

    * 규약을 변경하면서 거수로 의결하는 경우에는 그 효력을 인정할 수 없음

  - 다만, 규약상 제한규정이 없는 한 '규약 제정·변경, 임원선거·해임' 이외의 사항은 위임이나 대리에 의한 출석, 서면에 의한 표결권 행사 등 조합원의 간접의사도 허용함

    * 총회와 달리 대의원회의 경우 대의원의 위임을 받은 대리인은 참석 불가

관련 행정해석

▶ 노조법 제16조제4항은 총회의 의결사항 중 '규약의 제·개정, 임원 선거·해임'에 관한 사항은 조합원의 직접·비밀·무기명 투표로 의결하도록 강제하고 있으나 조직형태변경 등의 사항은 의결방식에 대한 별도의 제한규정이 없으므로, 노조 규약상 달리 정함이 없는 한 민법상 대리 제도를 준용하여 대리인 등에 의한 방법으로 회의 의결권을 행사할 수 있을 것임. (노동조합과-59, 2008.3.7)

▶ 노조법 제16조제1항제6호에 연합단체의 가입에 관한 사항은 총회(대의원회)의 의결을 거치도록 규정하고 있으므로, 귀 질의와 같이 노동조합의 대표자가 총회(대의원회)의 의결 없이 단독 결정으로 연합단체에 가입한 경우에는 그 정당성을 인정받기 어려울 것임.(공공노사관계팀-1224, 2007.6.12.)

▶ 노동조합 대의원은 조합원의 직접·비밀·무기명투표에 의해 선출되는 자이고, 대의원회는 조합원에 의해 선출된 대의원들이 직접 참석하여 안건을 의결하는 회의체이므로 대의원이 대의원회의 참석 및 의결권을 일반 조합원에게 다시 위임할 수는 없다 할 것임. 따라서, 대의원의 권한과 임무를 일반 조합원에게 위임할 수 있도록 한 노조 규약은 법에 위반되어 행정관청의 시정명령 대상이 된다 할 것임. 설령 대의원이 아닌 자가 위임을 받아 대의원회에 참석하였다 하더라도 대의원회의 의사·의결정족수에 포함되는 것은 아니라 할 것이나, 만약 의사·의결정족수에 포함되었고 의결권을 행사하였다면 동 의결권을 행사하지 않았더라면 해당 안건이 통과되지 않았을 경우에는 달리 볼 사정이 없는 한 해당 대의원회 결의는 효력이 없다 할 것임(노사관계법제과-2334, 2011.11.21)

2 대의원회

가. 구 성

- 노동조합은 규약으로 총회에 갈음할 대의원회를 둘 수 있음
  - 대의원은 조합원의 직접·비밀·무기명투표에 의하여 선출되어야 함
    (노조법 제17조제1항, 제2항)
- 대의원회는 조합원의 의사가 최대한 반영될 수 있도록 조합원수에 따라 적정한 대의원을 두는 것이 바람직함

나. 운영 및 의결사항

- 대의원회는 총회에 관한 규정을 준용하고 있으므로(노조법 제17조제4항) 대의원회 개최, 의결정족수 등 제반사항은 총회의 규정을 적용해야 함
- 대의원회는 규약에 의하여 조합원 총회의 전권사항으로 정해진 사항을 제외하고는 무엇이든지 심의·의결할 수 있음

다. 대의원의 선출·징계·임기

(1) 선 출

- 대의원은 조합원의 직접·비밀·무기명투표에 의하여 선출하되(노조법 제17조제2항),
  - 그 의결정족수는 규약이 정하는 바에 따르고 규약에 별도로 정한 바가 없는 경우에는 출석조합원의 다수 득표자를 당선자로 선출하더라도 무방함

관련 행정해석

▷ 노조법 제17조제2항에서는 대의원은 조합원의 직접·비밀·무기명투표에 의하여 선출되어야 한다고 규정하고 있으므로, 위 규정을 위반하여 노동조합 대표자가 지명하거나 무투표로 선출된 대의원은 그 자격을 인정받기 어려울 것이며, 대의원으로서의 자격이 없는 자가 결의한 사항도 그 효력을 인정받기 어려울 것임. 다만, 대의원회에 있어서 대표자가 지명하거나 무투표로 선출되어 대의원으로서의 자격이 없는 자가 참여하였다 하더라도 그 대의원을 제외하고 성원이 되고, 따라서 결의 결과에 영향이 미치지 않는 경우에는 성원 및 결의의 효력에 영향이 없는 것임.(공공노사관계팀-1223, 2007.6.12)

- 대의원 선출을 위한 선거구 확정, 입후보등록, 선거 등은 규약 또는 규약의 위임을 받은 선거관리규정에서 정한 바에 따라야 할 것이나, 조합원의 의사가 최대한 반영될 수 있도록 합리적으로 규정하도록 행정지도

- 임원 및 대의원의 선거절차에 관한 사항은 규약에 기재하여야 하므로 이를 정한 '선거관리규정'은 원칙적으로 총회(대의원회)에서 제정·변경하여야 하나(노조법 제11조제14호, 제16조제1호)

  - 노동조합의 원활한 운영을 위하여 선거절차와 관련된 본질적이고 중요한 사항은 규약에서 정하고, 세부적인 사항은 규약의 위임에 따라 선거관리규정 등으로 정할 수 있음

  - 이 경우 규약의 위임에 따라 세부적인 선거절차와 방법을 정한 선거관리규정의 개정은 규약 변경에 해당되지 아니함

관련 판례

▷ 노동조합의 선거관리규정이 규약인 운영세칙의 위임에 따라 세부적인 선거절차와 방법을 규정하고 있는 것이라면, 그 선거관리규정의 개정은 구 노동조합법 제20조제4항에 의하여 준용되는 같은 법 제19조제2항 단서의 재적조합원 과반수의 출석과 출석조합원 3분의 2 이상의 찬성을 요하는 규약의 변경에 해당하지 아니한다.(대법원 1998.3.24. 97다58446)

(2) 징 계

- 대의원은 노동조합 업무 집행권을 갖고 있지 아니하므로 임원과 달리 불신임 대상으로 할 수 없음
- 다만, 대의원이더라도 노동조합 규약 위반 등에 대하여 일반 조합원 징계규정에 따라 징계할 수 있음

(3) 임 기

- 임기는 규약으로 정하되 3년을 초과할 수 없음(노조법 제17조제3항)

3 총회와 대의원회의 관계

- 규약으로 총회에 갈음할 대의원회를 둔 경우에는 대의원회 의결로 총회 의결사항을 결의할 수 있음(노조법 제17조제1항)
- 규약으로 총회와 대의원회를 함께 둔 경우에는 소관사항을 명확히 구분하도록 하여 집행부가 노동조합을 자의적으로 운영하지 못하도록 행정지도
  - 특히, 임원선거·해임 등에 관한 사항이 규약상 『총회(대의원회)』로 규정된 경우 선택적으로 할 수 있는 것으로 오해될 소지가 있으므로 규약을 변경하여 어느 한쪽을 삭제하도록 행정지도
  - 총회와 대의원회의 기능이 구분되지 아니한 경우에는 기존 관행, 규약상 권한있는 기관의 결정·해석에 따르되, 이러한 방법으로도 의결기관을 정하지 못한 경우에는 원칙적으로 조합의 최고의사결정기관인 총회에서 의결하도록 지도
    * 총회에서 의결하던 사항은 총회에서, 대의원회에서 의결하던 사항은 대의원회에서 각각 의결
- 원칙적으로 총회에서 부결된 사항에 대하여 다시 대의원회에 회부하거나, 대의원회에서 부결된 사항을 총회에 다시 회부하는 것은 허용되지 아니함

Ⅲ 노동조합 임원의 선출 등

1 노동조합의 임원

- 노동조합 대표자는 대외적으로는 노동조합을 대표하고 단체교섭 등의 권한을 가지며, 대내적으로는 의결기관이 결정한 사항과 일상적인 업무를 집행하는 집행기관임
  - 일반적으로 임원은 위원장, 부위원장, 사무국장, 회계감사 등을 의미하며 그 범위는 규약으로 정하여야 함

- 임원이 유고시에는 규약에서 정한 자가 그 직무를 대행할 수 있음

> * 유고 : 궐위 또는 사고로 인하여 직무를 수행할 수 없는 경우를 말함
>   궐위 : ①사망 ②해임 ③사임 ④기타 대표 자격의 상실 등으로 노조대표자가 그 지위에 있지 않는 경우임
>   사고 : 대표자가 그 지위에 있으면서 신병이나 해외여행 등으로 일시적으로 직무를 수행할 수 없는 경우와 징계(해임)절차 진행 등으로 권한행사가 정지된 경우 등을 말함

2 임원의 선출

- 임원의 선출은 조합 민주주의 원칙에 의거 모든 조합원이 평등하게 참여할 수 있는 절차가 보장되어야 함

- 임원(대의원 포함) 입후보시 일정 조합원의 추천이나 필요 최소한의 근무기간을 자격요건으로 정할 수 있으나
  - 합리적인 범위를 넘어서 특정인의 당선 또는 저지를 목적으로 임원자격을 과도하게 제한하거나 공탁금을 징수하는 사례가 없도록 관련 규약이나 규정을 개정토록 행정지도

- 임원은 그 조합원 중에서 선출되어야 함(노조법 제23조제1항)
  * 노조가 채용한 직원은 동 노조의 조합원이 될 수 없고 임원도 될 수 없음
- 임원의 선출은 조합원의 자유의사에 따라 총회(또는 대의원회)에서 직접·비밀·무기명투표에 의하고 출석조합원(또는 대의원) 과반수의 찬성이 있어야 함(노조법 제16조제2항)
  - 다만, 출석조합원 과반수의 찬성을 얻은 자가 없는 경우에는 규약이 정하는 바에 따라 결선투표를 실시하여 다수의 찬성을 얻은 자를 임원으로 선출할 수 있음(노조법 제16조제3항)
- 단위노조가 지역적으로 분리되어 있거나, 근무형태가 특이하여 전체 조합원이 특정한 시간에 동일한 장소에 모여 투표를 행할 수 없는 경우에는
  - 당해 노조의 규약 또는 선거관리규정에 의하여 부서별, 지역별로 투표를 행할 수 있음

관련 판례

▷ 노동조합의 규약이나 선거관리규정이 명문으로 지부장 및 수석부지부장이 러닝메이트로만 입후보하도록 규정되어 있지 않다 하더라도 위 노동조합 산하지부가 지부장과 수석부지부장을 러닝메이트로만 입후보하도록 하여 선거를 실시한 것이 위 노동조합의 선거관리규정에 관한 선거관리위원회의 유권적 해석에 따른 것이라면 위와 같은 해석이 위 노동조합의 규약이나 선거관리규정을 위배하거나 헌법 제33조의 근로자의 단결권을 침해한 것으로서 부당한 것으로 보이지 않는 한 위 노동조합의 지부 선거관리위원회가 지부장후보와 러닝메이트로 수석부지부장 후보로 등록한 자가 후보를 사퇴하였다는 이유를 들어 위 지부장후보의 지부장 입후보등록을 무효라고 결정한 것은 정당하다.(대법원 1992.6.9, 91다42128)

▷ 노동조합이 규약으로 임원이 될 수 있는 자격을 일정한 수 이상의 조합원의 추천을 받은 자 및 노동조합원이 된 때로부터 일정한 기간이 경과한 자로 제한한 경우에도, 추천을 받아야 할 조합원의 숫자가 전체조합원의 숫자에 비추어 소수 조합원의 권리를 해할 우려가 있는 정도에 이르지 아니하고, 요구되는 기간이 사용자와 노동조합의 실정을 파악하여 노동조합의 임원으로 직무를 수행하는 데에 필요하다고 인정되는 합리적인 기간을 넘어서는 것이 아니라면, 노동조합이 자주적인 판단에 따라 규약으로 정할 수 있는 것으로서 조합원들의 피선거권의 평등에 대한 현저한 침해라고 볼 수 없다.(대법원 1992.3.31, 91다14413)

관련 행정해석

▶ 노조법 제16조제2항 및 제3항의 규정에 따라 임원의 선거는 원칙적으로 총회(또는 대의원회)에서 재적조합원(대의원) 과반수의 출석과 출석조합원(대의원) 과반수의 찬성으로 의결하여야 하나, 출석조합원 과반수의 찬성을 얻은 자가 없는 경우에는 규약이 정하는 바에 따라 결선투표를 실시하여 다수의 찬성을 얻은 자를 임원으로 선출할 수 있는 것임. 따라서 1차 투표에서 출석조합원 과반수의 찬성을 얻은 자가 없는 경우라면 위 법의 규정 및 규약 등에 정한 방법에 따라 결선투표를 실시하여 다수의 찬성을 얻은 자를 임원(대표자)으로 선출할 수 있는 것임.(공공노사관계팀-487, 2007.3.2)

▶ 노조법 제16조의 규정에 따라 노동조합의 임원은 노조의 민주적 운영을 위하여 총회(대의원회)에서 조합원의 직접·비밀·무기명 투표에 의하여 선출되어야 하므로, 동 규정을 위반하여 무투표로 선출된 임원(대표자)은 그 자격을 인정받기 어려울 것이며, 임원으로서의 자격이 없는 자의 행위도 그 정당성을 인정받기 어려울 것임.(공공노사관계팀-1224, 2007.6.12)

▶ 공무원노조법 제17조제1항에서 "이 법의 규정은 공무원이 「공무원직장협의회의 설립·운영에 관한 법률」에 의하여 직장협의회를 설립·운영하는 것을 방해하지 아니한다"고 규정하고 있으므로 공무원의 노동조합과 직장협의회는 병존이 가능한 것이나, 위 단체의 운영·활동 등이 적법한 것인지 여부에 대해서는 각각의 해당 법률에서 정한 바에 따라 판단되어야 할 것임. ○○공무원노동조합 △△구지부장과 △△구공무원직장협의회장이 공무원노조법 및 직장협의회법에 의한 적법한 절차와 방법에 따라 선출된 경우라면 비록 동일인이라고 하더라도 각각의 지위를 부정할 수는 없을 것임. (공공노사관계과-314, 2008.4.28.)

▶ 노조법 제22조에 따라 조합원의 선거권 및 피선거권은 노조운영에 관한 조합원의 균등 참여권이 침해되지 않는 범위 내에서 법령에서 정한 사항 이외의 것을 노조의 자주적 판단에 따라 자체 규약 등으로 정할 수 있을 것이나, 그 제한의 정도가 사회통념상 인정되는 합리적인 범위를 벗어나는 경우에는 조합원의 균등참여권을 침해할 수 있을 것임. 임원 후보 등록을 하고자 하는 자는 상한선 없이 전체 조합원 수 25% 이상의 추천을 받도록 하면서 중복추천을 허용하지 않는 경우, 산술적으로 4명까지만 입후보가 가능할 뿐 특정 후보자가 다수의 조합원으로부터 추천을 받아 먼저 등록한 경우 결과적으로 다른 조합원은 추천인 부족으로 입후보를 할 수 없는 등 실제 입후보 자격을 과도하게 제한하는 결과를 초래할 수 있는바, 이는 노조법 제22조에 저촉될 소지가 있음.(노사관계법제과-221, 2012.1.26.)

3 임원의 임기

- 임원의 임기는 3년의 범위 내에서 노조 규약으로 정하여야 함(노조법 제23조제2항)
  - 규약 등에서 임기 개시일에 관한 별도의 정함이 없는 경우에는 전임 임원의 임기만료 익일부터 임기가 개시됨

- 보궐선거에 의해 선출된 임원의 임기는 규약 등으로 정하되 규약 등에 정한바 없는 경우 전임 임원의 잔여기간으로 함
  - 임기 중 규약을 변경하여 임기를 단축, 연장하더라도 당해 규약 변경당시 임원의 임기는 선출 시 규약의 임기가 적용됨

- 대표 임원의 임기가 만료된 경우 후임 대표자의 선출 여부와 관계없이 대표자의 자격은 상실됨
  - 다만, 임기 만료된 전임대표자는 민법상 '위임종료시의 긴급처리'(제691조) 규정을 준용하여 노동조합의 정상적인 운영을 위한 불가피한 조치로서 후임 대표자 선출을 위한 회의소집 및 그 의장으로 활동할 수 있음
  (대법원 2007.7.19, 2006두19297 전원합의체)

- 임원이 임기 중에 국가공무원법 제2조, 지방공무원법 제2조에 따른 공무원 자격을 상실한 경우에는 공무원노조 조합원의 지위도 상실되므로 임원의 자격도 상실됨

> **관련 행정해석**
>
> ▷ 근로자가 아닌 경우에는 노동조합의 조합원 자격이 없으므로, 노동조합 임원이 정년에 도달하여 근로관계가 단절된다면 비록 임기가 남아 있더라도 노동조합 임원의 자격을 상실하는 것이 원칙임. 그러나 노동조합 지부장이 정년이 도래된 이후 단체협약에 의해 정년이 연장되어 당해 사용자와 계속 근로관계를 유지하는 경우라면 규약상 달리 정함이 없는 한 조합원 및 노동조합 지부장으로서의 자격은 유지된다 할 것임(노사관계법제과-1405, 2010.12.2)

4 임원의 해임

- 노동조합 임원의 탄핵에 관하여는 반드시 규약에 그 사유와 절차를 명시하여야 함(노조법 제11조제13호)

  - 임원을 총회에서 선출하였음에도 집행부 세력간의 분열로 대의원회에서 임원의 해임을 결의하는 것은 허용되지 않음

    * 임원의 해임 의결기관은 규약에 따르되 별도의 규정이 없는 한 원칙적으로 해당 임원을 선출한 기관에서 결의하여야 함

  - 임원의 해임은 노조법 제16조제2항의 규정에 의거 재적조합원 과반수의 출석과 출석조합원 3분의 2 이상의 찬성이 있어야 하며, 동조 제4항에 의거 직접·비밀·무기명투표에 의하여야 함

5 노조 전임자

가. 노조 전임자의 개념

- 공무원노동조합의 전임자라 함은 임용권자의 동의를 얻어 노동조합의 업무에만 종사하는 자임(공무원노조법 제7조제1항)
  - 노조 전임자는 국가공무원법 제71조 또는 지방공무원법 제63조에 따라 휴직명령을 하여야 함(공무원노조법 제7조제2항)

- 노조 전임자로 휴직명령을 받을 경우 직무에는 종사하지 않으나 공무원으로서의 신분은 그대로 유지되므로 국가공무원법 및 지방공무원법상의 신분상 의무를 준수하여야 함

  * 신분상 의무: 선서의무(국가공무원법 제55조, 지방공무원법 제47조), 영예제한(국가공무원법 제62조, 지방공무원법 제54조), 품위유지의무(국가공무원법 제63조, 지방공무원법 제55조), 청렴의무 및 겸직 금지(국가공무원법 제64조, 지방공무원법 제56조), 정치운동의 금지(국가공무원법 제65조, 지방공무원법 제57조), 집단행위의 금지(국가공무원법 제66조, 지방공무원법 제58조) 등은 준수하여야 함.

- 노조 전임자의 수 및 실제로 노조 업무에 전임해야할 자 등에 관하여는 단체협약에 구체적으로 정할 수 있을 것이나
  - 단체협약의 체결권자인 정부교섭대표와 임용권자가 다를 수 있기 때문에 단체협약에 전임자에 관한 내용을 두고 있다 하더라도 별도로 임용권자의 동의를 받지 아니하면 전임자로 인정될 수 없음.

나. 노조 전임자에 대한 보수 지급 금지

- 국가 및 지방자치단체는 노조 전임자에 대하여 그 전임기간 중 보수를 지급하여서는 아니 됨(공무원노조법 제7조제3항)
  - 노조 전임자에 대하여 보수를 지급하는 경우에는 노조법 제81조제4호 규정에 따라 부당노동행위에 해당함

- 노조 전임자의 경우에도 전임자임을 이유로 승급이나 그 밖에 신분과 관련하여 불리한 처우를 하여서는 아니됨(공무원노조법 제7조제4항)

다. 노조 전임자 관련 부당노동행위

- 노조 전임자의 정당한 조합활동을 이유로 불이익 취급을 하거나 조합활동을 방해하는 경우

- 정당한 이유 없이 노조 전임자 선정을 방해하거나 그 활동을 어렵게 하는 경우

- 노조 전임자 활동을 이유로 승진, 전보, 승급 등에 있어서 불합리하게 차별하는 경우

- 노조 전임자에게 보수를 지급하는 경우

관련 행정해석

▶ 공무원노조법 제7조에 공무원은 임용권자의 동의를 얻어 노동조합의 업무에만 종사할 수 있고, 그 기간 중에는 국가(지방)공무원법의 규정에 따라 무급 휴직명령을 하도록 규정하고 있으나, 전임자 수에 관하여는 별도의 규정을 두고 있지 않음. 따라서, 노조전임자 수 및 실제로 전임을 해야 할 자 등에 관하여는 노사 당사자간 교섭을 통해 단체협약으로 구체적으로 정할 수는 있을 것이나, 정부측 교섭당사자(정부교섭대표)와 임용권자가 다를 경우에는 임용권자로부터 별도의 동의절차를 거쳐야 할 것임(공공노사관계팀-312, 2007.2.9)

▶ 노동조합 전임자에 대해 임용권자의 동의가 없는 경우라면 노조 전임자로 인정될 수 없을 것이며, 이 경우 임용권자가 동의하지 않을 수 있는 구체적인 사유에 대해서는 관련 법령에 별도의 규정을 두고 있지 않으므로 기관의 인력운영 사정 등을 감안하여 임용권자가 재량에 따라 판단하여야 할 것임(공공노사관계팀-418, 2009.10.19.)

▶ 노조 전임자는 노동조합으로서의 실질적 요건을 갖추고 행정관청에서 설립신고증을 발급받은 노동조합의 경우에만 인정될 수 있는 것으로 보아야 할 것임. 따라서, 공무원이 노조 전임자 임을 이유로 휴직신청을 하더라도 설립신고된 노동조합이 아닌 경우에는 공무원노조법 제7조 규정에 따른 전임자로서 인정될 수 없으며, 노동조합 설립 준비 등의 활동을 위한 경우라 하더라도 설립신고된 노조가 아니므로 공무원노조법 제7조 규정의 전임자로 인정되기는 어려움(공무원노사관계과-71, 2010.1.15)

공무원노사관계 업무매뉴얼

>> Ⅳ 노동조합 조직형태 변경

1 의 의

- 「조직형태의 변경」이라 함은 노동조합이 그 실체의 동일성을 그대로 유지하면서 노동조합의 종류를 변경함으로써 구성원의 자격과 그 결합방식을 바꾸는 것을 말함

    * 현행법상 조직형태에 대하여 별도의 제한규정을 두고 있지 않으므로 노동조합의 조직형태는 근로자들이 자유로이 변경할 수 있음(노조법 제5조)
    * 판례는 조합의 인적구성에서 실질적 동일성이 유지되어야 한다는 입장임(대법원 1997.7.25, 95누4377 ; 대법원 2002.7.26., 2001두5361)

- 이는 노동조합이 다른 유형의 노동조합으로 그 형태를 바꾸려고 할 경우 기존 노동조합을 해산하고 새로운 노동조합을 설립해야 하는 번잡함을 해소하기 위해 1997년 노조법 제정 시 신설된 것임

> **관련 판례 및 행정해석**
>
> ▷ 노동조합이 존속 중에 그 조합원의 범위를 변경하는 조직변경은 변경 후의 조합이 변경 전의 조합의 재산관계 및 단체협약의 주체로서의 지위를 그대로 승계한다는 조직변경의 효과에 비추어 볼 때 변경 전후의 조합의 실질적 동일성이 인정되는 범위 내에서 인정됨(대법원 1997.7.25 선고 95누4377 ; 2002.7.26 선고 2001두5361)
>
> ▷ 노조법 제16조에서 조직형태 변경을 명시한 취지는 적법하게 설립·활동 중인 노조가 조직형태를 변경하는 과정에서 절차적 편의를 도모하기 위한 것이므로, 조직형태 변경 전후의 노조 모두 적법하게 설립된 경우를 전제한 것으로 보아야 할 것임, 따라서, ○○공무원노조가 적법하게 설립된 노조가 아닌 (가칭)○○공무원노조 지부로의 변경을 결의하는 것은 노조법상 조직형태 변경에 해당하지 않음(공무원노사관계과-86, 2014.1.15.)

2 유형(예시)

① 기관 단위 노조가 전국규모 단위 노조의 지부·분회 등으로 조직형태를 변경하는 경우

② 전국규모 단위 노조의 지부·분회 등이 기관 단위 노조로 조직형태를 변경하는 경우

③ 전국규모 단위 노조의 지부·분회 등이 다른 전국규모 단위 노조의 지부·분회 등으로 조직형태를 변경하는 경우 등

3 절 차

● 노동조합의 조직형태 변경은 노조법 제16조제2항에 의거 총회 또는 대의원회에서 재적조합원(대의원) 과반수의 출석과 출석조합원(대의원) 3분의 2 이상의 찬성으로 결의하여야 함

● 노동조합 설립 최소단위에 설치된 전국규모 단위 노조의 지부·분회 등이 기간 단위 노조로 조직형태 변경을 결의할 경우에는 지부·분회 등의 재적 조합원(대의원) 과반수의 출석과 출석 조합원(대의원) 3분의 2 이상의 찬성으로 결의하여야 함

- 본조 규약에서 지부·분회 등의 총회 개최는 본조의 사전 승인을 얻어 개최하도록 규정하고 있음에도 본조 승인을 거치지 않고 지부·분회 등의 총회를 개최하는 것은 절차적 정당성을 결여한 것임

- 지부·분회 등의 소집권자가 아닌 자가 규약을 위반하여 임의로 (임시)총회 등을 개최하여 조직형태를 변경한 경우 이는 중대한 하자가 있는 결의에 해당함

공무원노사관계 업무매뉴얼

관련 판례 및 행정해석

▷ (사례) 지회의 일부 조합원들이 지회운영규칙상 절차를 위반하여 임의로 특정인을 소집권자로 지정해 조직형태 변경을 위한 총회를 개최한 경우

- ○○○○지회 조합원들 대다수가 기업별노조로의 조직형태 변경을 희망하면서 총회 소집을 원하고 있었다고 하더라도 지회 운영규칙상 지회장에게 총회의 소집을 요청하고 지회장이 위 요청을 거부할 경우 △△노조 위원장에게 지부장으로 하여금 소집권자를 지명하도록 승인하여 줄 것을 요청할 수 있을 뿐 그들 스스로 소집권자를 지정하여 총회를 소집할 수는 없다고 할 것이고, △△노조 위원장이 지부장으로 하여금 소집권자를 지명하도록 승인하는 것도 거부한다면 노동조합 및 노동관계조정법 제18조제3항을 준용하여 행정관청에 소집권자를 지명하여 줄 것을 요구할 수 있다고 할 것이므로, ○○○○지회 조합원들이 이러한 절차를 거치지 않은채 그들 스스로 소외 2를 소집권자로 지정하여 이 사건 총회를 소집한 후 ○○○○지회 △△노조 탈퇴 및 지회를 기업단위 노동조합으로 조직형태를 변경하기로 결의한 것은, 특별한 사정이 없는 한 그 총회소집 절차에 중대한 하자가 있어 무효임(대법원 2009.3.12, 2008다2241)

▷ (사례) 본조의 지회장에 대한 인준 취소로 지회 총회 소집권자가 없는 상황에서 지회장이 임의로 지회 총회를 개최한 경우

- 2회에 걸쳐 산업별 노동조합 규약에 따라 분회 총회를 소집하도록 지도하였음에도 이를 이행하지 아니하여 노동조합 규약에 따라 ○○분회의 분회장 인준을 취소하고 직무대리를 위촉한 경우 조합원들이 임의로 임시의장을 선출한 후 ○○분회의 분회총회를 개최하여 조직형태 변경(산업별노조 탈퇴, 단위 노동조합 설립)을 결의하였다 하더라도 분회 총회 소집절차상 노동조합의 규약을 위반하였고, 분회 총회를 소집할 자격이 없는 조합원이 임시의장으로 분회 총회를 진행한 사실 등을 고려할 때 이와 같은 결의가 유효하다고 보기는 어려울 것임(노사관계법제팀-1034, 2006.4.13.)

◉ 따라서, 전국 규모의 단위노조 지부·분회 등의 경우 원칙적으로 규약에 따라 총회를 소집하도록 지도하고

- 본조의 승인, 행정관청에 대한 총회 소집권자 지명 요청 등 다른 대안적 절차가 있는지 여부를 확인한 후, 이러한 대안적 절차를 거치도록 지도

◉ 다만, 본조에서 정당한 이유없이 지부·분회의 총회 개최를 승인하지 아니하는 경우, 지부·분회는 권한있는 자가 노조법 제16조 및 제18조에 따라 총회를 개최하여 효력있는 집단적 결의를 할 수 있음

> **관련 행정해석**

> ▷ (사례) 본조의 총회소집 불승인으로 지부장이 노조법상 절차에 따라 지부 총회를 개최한 경우
>
> - 근로조건 결정권이 있는 독립된 사업(장)에 조직된 지역별 노동조합의 지부가 규약 및 운영규정 등 관련규정에 정하여진 절차에 따라 노동조합에 총회소집을 요구하였으나 노동조합에서 지부 총회 부의사항이 조직탈퇴 및 조직형태 변경이라는 이유만으로 총회소집요구를 승인하지 않아 결과적으로 해당 사업(장) 근로자들의 단결선택의 자유를 행사할 수 없게 된 경우라면 당해 지부의 대표자가 노조법상 제반 규정에 근거한 적법한 절차에 따라 지부총회를 개최하여 해당 안건을 의결하더라도 이를 무효라고 보기는 어려움.(노사관계법제과-656, 2010.9.3)

4 법적 효력

- 기관 단위 노조가 전국규모 단위 노조의 지부·분회 등으로 조직형태 변경을 결의한 경우 특별한 사정이 없는 한 동 지부·분회 등은 기존 기관 단위 노조와 조직적 동일성을 그대로 유지하고 있는 것이므로
  - 기존 기관 단위 노조가 정부교섭대표와 체결한 단체협약은 그 유효기간 동안 계속 효력을 가짐

- 전국 규모 단위노조의 지부·분회 등이 기관 단위 노조로 조직형태 변경을 결의한 경우 새로 규약을 제정하고 임원을 선출하여 노동조합 설립신고를 하여야 함
  - 다만, 조직변경 전후의 동일성이 인정되는 조직형태 변경의 법리에 따라 전국규모 단위노조의 지부·분회장이 노조법 제16조제3항 및 제4항에 따라 적법하게 선출된 경우, 지부·분회 총회(대의원회)에서 새로 임원을 선출하기로 결의하지 않는 한 잔여 임기동안 기관 단위 노조의 대표자로서의 임기는 유지됨

> **관련 행정해석**
>
> ▷ 산별노조 지부·분회가 법 제16조제2항에 따라 기업별노조로 조직형태 변경을 결의한 경우에는 새로 규약을 제정하고 임원을 선출하여 행정관청에 기업별 노조 설립신고를 하여야 함. 다만, 기존 지부장이 같은 조 제3항 및 제4항에 따라 지부 조합원들의 직접·비밀·무기명 투표로 선출되었다면 조직형태 변경 전후에 노동조합의 조직적 동일성이 유지되는 점을 감안할 경우, 지부 총회에서 새로 임원을 선출키로 결의하는 등의 특별한 사정이 없는 한 동 지부장은 잔여 임기동안 기업별 노조 대표자로 활동할 수 있을 것임(노사관계법제과-2427, 2009.8.7.)

5 행정처리

- 최소 설립단위에 설립된 기관단위 노조가 전국규모 단위노조의 지부·분회 등으로 조직형태를 변경한 경우 기존 기관단위 노조는 소멸되는 것이므로 해산신고를 하도록 행정지도

  - 노동조합에서 자진 해산신고를 하지 않는 경우 행정관청은 사실관계를 확인 후 기존 기관단위 노조를 직권으로 소멸조치하고

  - 노동조합과의 직권소멸에 따른 분쟁을 해소하기 위해 노조(지부·분회)에 대해 자율적으로 해산신고토록 안내하거나 직권소멸 방침을 통보하고 일정기간 경과 후 직권소멸토록 조치하는 것이 바람직함

> **관련 행정해석**
>
> ▷ 노동조합의 조직형태는 조합원들이 법령의 범위 내에서 자유로이 선택할 사안이므로 노조법 제16조제2항의 규정에 의거 재적조합원 과반수의 출석과 출석조합원의 3분의 2 이상의 찬성으로 기업별노조에서 산업별노조 지부·분회 등으로 조직형태를 변경할 수 있는 것임. 이 경우 기존 기업별 노동조합은 소멸되는 것이므로 행정관청에 해산신고를 하는 것이 바람직할 것이나 동 해산신고가 조직형태변경의 효력발생 요건으로 볼 수는 없음.
> (노조 68107-623, 2001.5.29.)

V 조합원의 권리·의무

1 조합원의 권리

가. 노동조합 가입·탈퇴의 자유

- 조합원의 자격과 가입절차 등에 대하여는 법령의 범위 내에서 당해 규약으로 정한 바에 따름
  - 다만, 기관의 장, 공무원에 관한 사항에 대하여 기관의 장을 위하여 행동하는 공무원 및 업무의 특성상 노조 가입이 제한된 공무원이 노조에 가입하는 경우에는 설립신고서를 반려할 수 있으며
  - 설립신고가 된 경우에는 30일의 기간을 정하여 시정을 요구하고 그 기간 내에 이를 이행하지 아니하는 경우에는 해당 노동조합에 대하여 "공무원노조법에 따른 노동조합으로 보지 아니함"을 통보하여야 함(공무원노조법 시행령 제14조제1항, 노조법 시행령 제9조제2항)

- 노동조합이 정당한 이유 없이 노동조합 가입을 제한하는 경우에는 규약이 정하는 절차에 따라 가입원서를 노동조합에 제출한 때(우편발송인 경우에는 노조에 도달한 때)에 가입한 것으로 보아야 할 것임

- 조합원이 노조를 탈퇴하고자 하는 경우에는 탈퇴의 의사표시가 당해 노조에 도달하였을 때 탈퇴의 효력이 발생함
  - 따라서 규약에서 탈퇴는 노조의 승인이 있어야 한다고 규정하고 있더라도 승인을 받지 않은 탈퇴도 유효함
  - 다만, 규약으로 탈퇴에 관하여 일정한 절차를 정한 경우에는 불합리하지 않는 한 그 절차를 이행한 때 탈퇴의 효력이 발생함

나. 노동조합에의 균등참여

- 조합원은 균등하게 그 노동조합의 모든 문제에 참여할 권리가 있으므로, 조합원은 총회 또는 각종 행사에 참여하는 것은 물론 노동조합 임원의 선거권·피선거권을 가짐
  - 다만, 규약으로 조합비를 납부하지 아니하는 조합원의 권리를 제한할 수 있으며(노조법 제22조)
  - 노동조합 임원을 선거함에 있어서 합리적인 범위에서 그 입후보 자격을 제한하는 것은 무방함

2 조합원의 의무

- 조합원은 조합비 납부의무는 물론 조합의 단결력 확보를 위하여 규약 준수의무, 조합지시에 복종할 의무, 조합활동에 참가할 의무 등이 있음

Ⅵ 노동조합의 내부통제

- 노동조합은 그 조직력을 강화하고 본래의 목적달성을 위하여 그 조합원에게 일정한 규제와 강제를 할 수 있는 통제권을 행사할 수 있으나, 통제권을 남용하는 경우에는 조합원의 권리가 침해될 우려가 있으므로 그 목적달성을 위한 최소한에 그쳐야 함

  - 규율과 통제에 관한 사항은 규약에 명시하여야 함(노조법 제11조제15호)

- 규약에서 조합비 체납 또는 조합의 정상적 업무방해 등을 조합원 제명사유로 정할 수 있을 것이나, 단순히 조합 집행부 비판 등을 이유로 감정적 제명을 하여서는 아니됨

  - 조합원 제명시에는 사전에 본인에게 그 뜻을 통지하고 의결전에 충분히 소명할 수 있는 기회를 주어야 함

  - 조합원의 제명을 둘러싼 다툼 예방을 위해 반드시 규약 등에서 정한 절차에 의해 규약이 정한 의결기관에서 처리하도록 행정지도

관련 판례

▷ 노동조합의 통제권은 근로자의 단결권 보장의 일환으로서 법이 허용하는 바라고 할 것이나 이는 조합의 목적달성에 필요하고 또 합리적인 범위내에 한정된다고 할 것이므로 통제의 실효담보를 위한 제재권(징계권) 또한 그 범위 내에서 행사되어져야 할 것이고, 이 경우 징계처분의 정당성 여부는 그 징계의 종류, 조합규약의 내용 및 조합규약의 위반정도 등을 고려하여 신중히 처리하여야 한다.(서울민사지법 1988.7.13, 88가합10119)

▷ 노동조합 통제권 역시 합리적인 범위 내에서 행사되어야 하며 재량의 한계를 벗어나거나 통제권의 남용에 해당하는 경우에는 위법한 것이고, 특히 조합원으로서의 지위 자체를 박탈하는 제명 등의 수단에 의한 제재는 해당 조합원의 명예에 회복할 수 없는 피해를 초래할 뿐 아니라 조합원으로서 향유할 수 있는 여러 가지 권리를 박탈하게 되는 점 등에 비추어, 제명이 조합원의 비위사실에 비추어 현저히 가혹하거나 객관적 타당성이 결여된 경우에는 무효라고 볼 것이다.(부산지법 울산지원 1994.10.11, 94카합1218)

공무원노사관계 업무매뉴얼

제5장 회의소집권자 지명

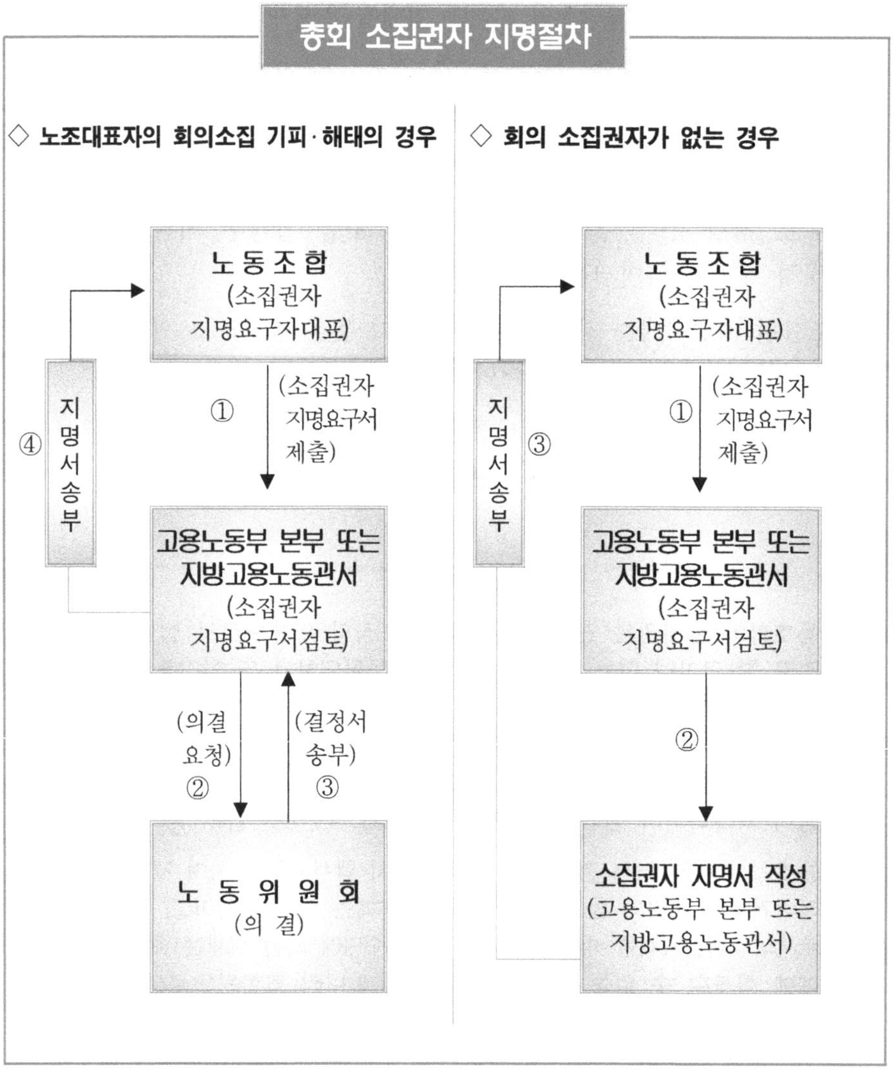

총회 소집권자 지명절차

◇ 노조대표자의 회의소집 기피·해태의 경우

노동조합
(소집권자
지명요구자대표)

① (소집권자 지명요구서 제출) →

고용노동부 본부 또는 지방고용노동관서
(소집권자 지명요구서검토)

② (의결요청) ↓ ③ (결정서송부) ↑

노동위원회
(의결)

④ 지명서 송부 →

◇ 회의 소집권자가 없는 경우

노동조합
(소집권자
지명요구자대표)

① (소집권자 지명요구서 제출) →

고용노동부 본부 또는 지방고용노동관서
(소집권자 지명요구서검토)

② ↓

소집권자 지명서 작성
(고용노동부 본부 또는 지방고용노동관서)

③ 지명서 송부 →

제1편 노동조합 설립 및 운영

>> I 노동조합 대표자의 회의소집 기피·해태의 경우

1. 요 건

가. 임시총회(임시대의원회) 소집요구

- 노동조합의 총회 소집권자는 노동조합의 대표자이나
  - 해당 노동조합의 조합원(대의원)의 3분의 1 이상(연합단체인 노동조합에 있어서는 그 구성단체의 3분의 1이상)이 회의에 부의할 사항을 제시하고 회의의 소집을 요구한 때에는 지체없이 임시총회(대의원회)를 소집하여야 함(노조법 제18조제2항)

나. 노동조합 대표자가 회의의 소집을 고의로 기피·해태할 것

- 노동조합 대표자가 회의소집을 고의로 기피하거나 해태한 경우 행정관청에 소집권자 지명을 요구할 수 있음
  - 이 경우, 조합원(대의원) 3분의 1 이상이 공무원노조법 시행규칙 별지 제9호 서식에 의한 총회(대의원회) 소집권자 지명요구서에 소집권자 지명요구자 명단을 첨부하여 관할 지방고용노동관서에 제출해야 함(노조법 제18조 제3항, 동법 시행규칙 제9조)
    * 노조법 제18조제2항의 『지체없이』의 개념은 노동조합의 대표자가 회의의 소집을 요구받고 검토할 수 있는 시간적 여유, 규약 또는 관련규정에 따른 절차가 이행될 수 있는 시간과 관례적인 소요일수 등을 종합적으로 검토하여 판단될 사항임

2. 소집권자 지명요구서 검토

- 조합원(대의원)의 3분의 1 이상이 회의에 부의할 사항을 제시하고 회의 소집을 요구하였는지의 여부
  - 요구권자 : 총회는 조합원, 대의원회는 대의원 3분의 1 이상이 회의소집을 요구

- 회의 부의사항 : 노동조합 및 노동관계 조정법이나 규약상 총회 또는 대의원회 부의사항이 되어야 함

◉ 노동조합 대표자가 회의소집을 고의로 기피 또는 해태한 사실이 있는지 여부
- 고의적인 기피 또는 해태 사실여부는 구체적인 사안에 따라 판단해야 함

> **고의라고 볼 수 있는 사례**
> - 해당 노조의 통상적인 회의소집에 필요한 기간을 초과한 후에도 특별한 사유 없이 회의를 개최하지 아니한 경우
> - 규약상 정해진 **총회 또는** 대의원회 안건임에도 회의안건이 되지 않는다고 주장하며 회의소집을 기피·해태하는 경우 등

◉ 조합원(대의원)의 3분의 1 이상이 소집권자 지명요구에 동의하였는지 여부

◉ 요구서 검토결과, 소집권자 지명요구 요건 및 절차에 흠결이 있는 경우에는 그 사유를 명시하여 소집권자 지명요구 대표자에게 통보

3 노동위원회 의결요청

◉ 소집권자 지명요구서 접수일로부터 15일 이내에 관할노동위원회에 의결을 요청해야 함

4 소집권자 지명

◉ 지방고용노동관서는 노동위원회의 소집권자 지명의결이 있는 경우에는 공무원노조법 시행규칙 별지 제10호 서식에 의한 총회(대의원회) 소집권자 지명서를 소집권자 지명요구자 대표에게 송부
- 소집권자 지명시에는 부의사항을 명확히 하고 부의사항 이외의 사항은 처리할 수 없음을 명시

● 소집권자 지명 요구에 대해 노동위원회의 의결이 있더라도 행정관청이 지명을 통보하기 전에 노동조합이 자율적으로 회의를 소집하여 민원이 해소된 경우에는 회의 소집권자를 지명하지 아니할 수 있음

> **관련 행정해석**
>
> ▷ 노조법 제18조제3항의 규정에 의한 임시총회 소집권자 지명요구 이후 노동조합의 대표자가 자율적으로 총회소집을 공고하는 등 총회 소집 권자 지명요청의 목적이 달성된 경우에 행정관청은 소집권자 지명요구 종결처리할 수 있을 것이나, 노조의 대표자가 소집공고를 하였음에도 실제 총회를 개최하지 않는 등 총회소집을 지속적으로 거부·해태하는 사정이 있다면 행정관청은 동 조합의 규정에 의해 지체없이 회의의 소집권자를 지명하여야 할 것임.(노조68107-932, 2001.8.18.)

Ⅱ. 회의 소집권자가 없는 경우

1. 요 건

- 해당 노동조합에 총회(대의원회)의 소집권자가 없는 경우에는 조합원(대의원) 3분의 1 이상이 공무원노조법 시행규칙 별지 제9호 서식에 의한 총회(대의원회) 소집권자 지명요구서에 소집권자 지명요구자 명단을 첨부하여 고용노동부(지방고용노동관서)에 제출

2. 소집권자 지명요구서 검토

가. 검토사항

- 해당 노동조합에 총회(또는 대의원회)의 소집권자가 없는지 여부
  - 노동조합 대표자가 유고되더라도 규약에 노동조합 대표의 직무대행자가 정해져 있을 경우에는 해당되지 아니함
- 조합원(또는 대의원)의 3분의 1 이상이 회의에 부의할 사항을 제시하고 회의소집을 요구하였는지 여부
- 회의에 부의할 사항이 총회(대의원회)의 안건이 될 수 있는지 여부

나. 소집권자 지명요구에 하자가 있는 경우

- 요구서 검토결과 소집권자 지명요구 요건 및 절차에 흠결이 있는 경우에는 그 사유를 명시하여 소집권자 지명요구 대표자에게 통보

3. 소집권자 지명

- 소집권자 지명요구에 하자가 없는 경우에는 소집권자 지명요구서가 접수된 때로부터 15일 이내에 소집권자를 지명하여 공무원노조법 시행규칙 별지 제10호 서식에 의한 총회(대의원회) 소집권자 지명서를 소집권자 지명요구자 대표에게 송부
  - 소집권자 지명시에는 부의사항을 명확히 하고 부의사항 이외의 사항은 처리할 수 없음을 명시

제1편 노동조합 설립 및 운영

>> Ⅲ 소집권자 지명요구와 관련한 행정지도

- 행정관청이 회의 소집권자를 지명할 경우 노조의 자율성과 정상적 운영이 저해될 우려가 있으므로 노동위원회에 의결을 요청하기 이전에 소집권자에게 총회를 소집하도록 행정지도
  - 규약상 회의 소집권자 지명 결정 이전에 소집권자가 자율적으로 소집 공고한 경우에는 그 효력을 인정하여 소집권자 지명신청을 종결 처리
- 소집권자 지명을 받은 자는 지체 없이 회의일시·장소·부의사항을 공고하고 규약에 정한 절차에 따라 회의를 소집하도록 행정지도
  * 임시총회(대의원회) 소집권자 지명 또는 지명요구 거부조치는 행정소송의 대상이 되는 행정처분이 아님(대법원 1987.11.24. 87누 761 : 대법원 1989.11.28, 89누3892)

관련 판례

▶ 행정관청이 국민으로부터 어떤 신청을 받고서 한 거부행위가 행정처분이 되기 위해서는 그 신청에 따른 행정행위를 해줄 것을 요구할 수 있는 법규상 또는 조리상의 권리가 있어야 하는데, 조합원의 임시총회 소집요구에 관한 구 노동조합법 제26조제2항, 제3항은 행정관청의 노동조합에 대한 지도·감독권을 규정한 것이고, 여기에서 일정수 이상의 조합원이 행정관청에 회의소집권자 지명을 요구하는 것은 회의를 개최하기 위한 일련의 절차중의 하나를 이루는 것에 불과하여 행정관청이 이를 거부하는 조치를 하였더라도 그 자체로서 조합원에게 어떤 권리의무를 설정하거나 법률상의 이득에 직접적인 변동을 초래케 하는 처분이라고 할 수 없으므로 이는 행정소송의 대상이 되는 처분이라고 할 수 없다.(대법원 1989.11.28, 89누3892)

제6장 규약 및 결의처분 시정명령

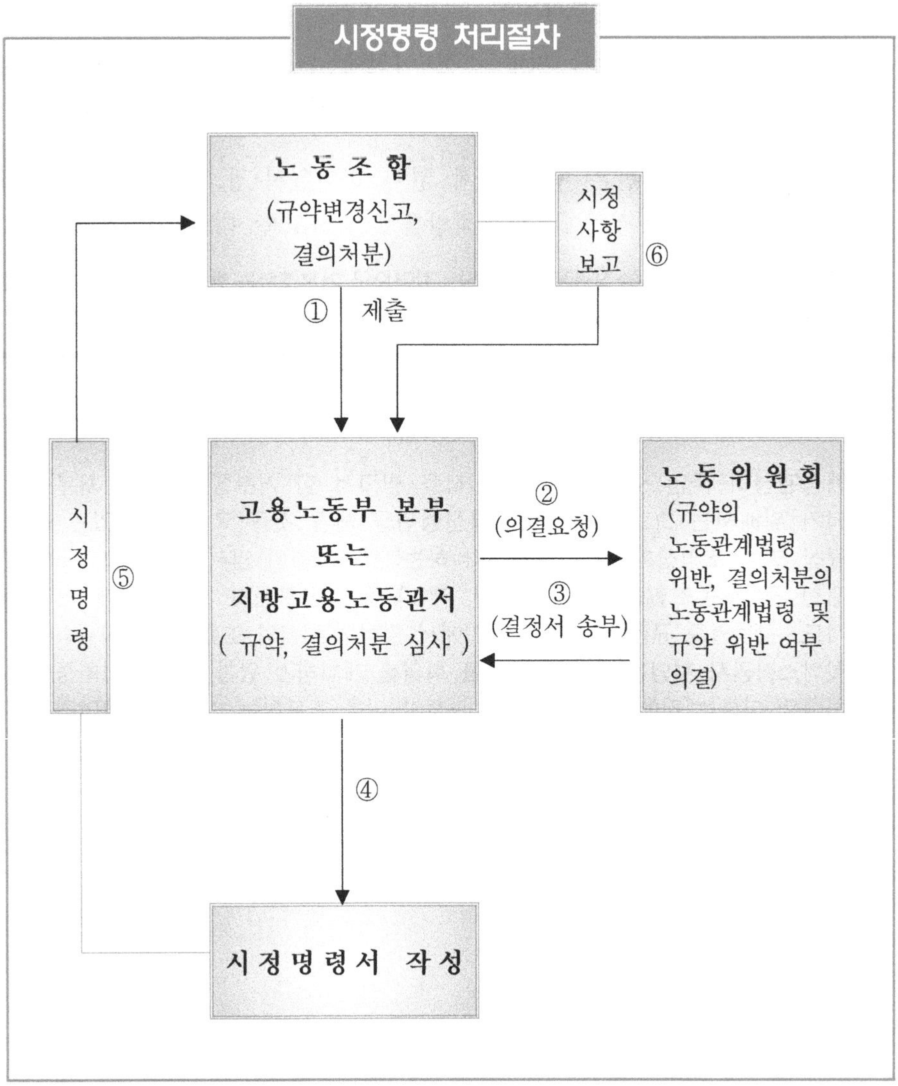

시정명령 처리절차

- 노동조합 (규약변경신고, 결의처분)
  - ① 제출 → 고용노동부 본부 또는 지방고용노동관서 (규약, 결의처분 심사)
  - ⑥ 시정사항 보고
- 고용노동부 본부 또는 지방고용노동관서
  - ② (의결요청) → 노동위원회 (규약의 노동관계법령 위반, 결의처분의 노동관계법령 및 규약 위반 여부 의결)
  - ③ (결정서 송부) ← 노동위원회
  - ④ → 시정명령서 작성
- ⑤ 시정명령 → 노동조합

I 규약의 성립

1 제정 및 변경절차

- 규약의 제정·변경은
  - 총회(또는 대의원회)에서 조합원의 직접·비밀·무기명투표에 의하여
  - 재적조합원(대의원) 과반수의 출석과 출석조합원(대의원) 3분의 2 이상의 찬성이 있어야 함(노조법 제16조제2항 및 제4항)

2 규약의 기재사항(노조법 제11조)

- 규약에는 노조법 제11조에 규정된 15개 항목 중 쟁의행위와 관련된 사항을 제외한 14개 항목은 반드시 기재(필요적 기재사항)되어 있어야 하므로 노동조합을 지도하거나 설립신고서 등을 검토할 경우 규약 기재사항의 누락 등을 확인해야 함

- 규약의 기재사항(노조법 제11조)
  - 명칭, 목적과 사업, 주된 사무소 소재지
  - 조합원에 관한 사항(연합단체인 노동조합에 있어서는 그 구성단체에 관한 사항)
  - 소속된 연합단체가 있는 경우에는 그 명칭
  - 대의원회를 두는 경우에는 대의원회에 관한 사항
  - 회의에 관한 사항
  - 대표자와 임원에 관한 사항
  - 조합비 기타 회계에 관한 사항
  - 규약 변경에 관한 사항
  - 해산에 관한 사항
  - 대표자와 임원의 규약위반에 대한 탄핵에 관한 사항
  - 임원 및 대의원의 선거절차에 관한 사항
  - 규율과 통제에 관한 사항

Ⅱ. 규약의 시정명령

1. 요 건

- 규약이 노동관계법령에 위반되어야 함(노조법 제21조제1항)
  - '노동관계법령'이란 공무원노조법, 노조법 등 기타 노동관계를 규율하는 법령을 말함

2. 시정명령 절차

가. 노동조합 설립신고서 검토 시 처리

- 노동조합 설립신고서에 규약이 첨부되지 아니하거나 규약의 기재사항 중 누락 또는 허위사실이 있는 경우, 규약의 제정절차가 노조법 제16조제2항 및 제4항(재적조합원 과반수 출석과 출석조합원 2/3 이상의 찬성, 조합원의 직접·비밀·무기명투표)에 위반하는 경우에는
  - 직권으로 20일 이내의 기간을 정하여 보완을 요구하고 그 기간 내에 이행하지 아니한 때에는 설립신고서를 반려(노조법 제12조제2항 및 3항)

나. 노동조합 설립 이후 규약 검토 시 처리

- 행정관청은 노동조합의 규약 변경신고 또는 노동조합 정기현황 통보시 첨부된 규약이 노동관계법령에 위반되거나 민원인의 규약 시정명령 신청에 따른 검토결과 규약이 노동관계법령에 위반되는 경우에는
  - 규약의 위반사항을 구체적으로 적시하여 관할 노동위원회에 의결을 요청
- 노동위원회에서 규약이 노동관계법령에 위반된다고 의결한 경우
  - 행정관청은 공무원노조법 시행규칙 별지 제11호 서식에 의해 규약 시정명령서를 작성하여 해당 노동조합에 송부
  - 시정명령(공무원노조법 시행규칙 별지 제11호 서식) 사항은 관련법 위반 내용을 상세히 기재하고 기재란이 부족할 경우 별지로 작성하되, 노동위원회의 의결이 있었다는 취지를 명기

Ⅲ. 결의처분의 시정명령

1. 요 건

- 노동조합의 결의 또는 처분이 노동관계법령 또는 규약에 위반되어야 함 (노조법 제21조제2항)
  - 노동조합의 결의·처분이라 함은 정당한 권한을 갖고 있는 노동조합의 대표자 또는 각종 의결기관의 행위로서 일정한 법률효과가 인정되는 법률행위 및 사실행위를 의미
  - 구체적으로 조합원에 대한 징계처분, 조합재산의 매각 등이 포함될 수 있음

- 결의·처분이 노동관계법령에 위반된 경우에는 지방고용노동관서가 직권에 의하여 노동위원회에 의결을 요청할 수 있는 것이나
  - 결의·처분이 규약에 위반된 경우에는 이해관계인의 신청이 있는 경우에만 가능(노조법 제21조제2항)
  - 『이해관계인』이라 함은 결의 또는 처분내용과 직접 관련이 있거나 이해득실이 있는 자 등을 의미
    * 노조 규약은 원래 조합원에게만 미치는 것이므로 원칙적으로 조합원만이 이해관계인이 되는 것이나 노조규약에 위반하여 결의된 사항이 당해 기관의 장 등에게 직접적인 영향을 미치는 경우에는 당해 기관의 장 등도 이해관계인으로 볼 수 있음

> **관련 행정해석**
>
> ▶ 노동조합 대표자가 대의원을 지명하거나 대의원을 무투표로 선출한 경우에는 노조법 제21조제2항의 규정에 따라 그 결의 또는 처분에 대한 시정명령을 행정관청에 신청할 수 있을 것임.(공공노사관계팀-1223, 2007.6.12)
>
> ▶ 노동조합의 하부조직인 분회가 분회총회에서 상급단체 탈퇴 등 집단적 의사결정을 할 수 있고, 그 과정에서 위법사항이 있어 결의·처분 등의 효력에 대하여 다툼이 있는 경우에는 행정관청의 관여를 통해 노동조합 운영의 위법성을 시정하려는 노조법 제21조제2항의 취지에 비추어 행정관청에서 해당 분회에 시정을 명할 수 있다고 할 것임.(노조68107-418, 2003.8.7)

2 노동위원회 의결요청

- 노동조합의 결의 또는 처분에 대하여 시정명령을 하기 위해서는 반드시 노동위원회의 의결을 얻어야 함
- 행정관청이 노동조합의 결의 또는 처분이 노동관계법령이나 규약에 위반된다고 인정할 경우에는
  - 그 위반사항을 구체적으로 적시하여 관할노동위원회에 의결을 요청

3 시정명령

- 관할 노동위원회에서 노동조합의 결의·처분이 노동관계법령 또는 규약에 위반된다고 의결한 결정서를 접수한 경우에는
  - 행정관청은 공무원노조법 시행규칙 별지 제11호 서식에 의한 시정명령서를 작성하여 해당 노동조합에 송부
- 동 시정명령서에는 시정해야 할 사항을 구체적으로 기재하여야 하며
  - 노동관계법령 위반과 규약 위반을 구분하고
  - 노동관계법령에 위반될 경우에는 관련 법조항과 위반사항을 기재
- 시정명령 시 노동조합에 대해 명령서를 받은 날부터 30일 이내에 이행하고 시정결과를 보고하도록 함
  - 정당한 사유가 있는 경우 그 기간을 연장할 수 있음

> **관련 행정해석**
>
> ▷ 노조법 제21조 규정에 의거 노동조합의 규약이 노동관계법령에 위반되거나 노동조합의 결의 또는 처분이 노동관계법령 또는 규약에 위반되어 시정명령을 받은 노동조합은 30일 이내에 이를 이행할 의무가 있는 것임. 이 경우 시정기간을 연장할 수 있는 「정당한 사유」에 해당하는지 여부는 이를 이행할 수 없는 객관적이고도 명백한 사유가 있는지 여부 등 구체적인 사실관계에 따라 판단하여야 할 것임. 다만, 시정명령을 받은 노동조합이 행정관청으로부터 시정명령을 받은 사항에 대하여 법원에 "소" 제기를 하는 등 그 불복 절차를 밟고 있다 하더라도 이와 같은 시정명령의 효력이나 그 집행에는 영향을 주지 아니하므로 당해 노동조합은 이를 이행할 의무가 있음.
> (노조 01254-591, 1997.6.30)

Ⅳ. 시정명령의 이행확보

1. 노동조합의 이행

- 시정명령을 받은 노동조합은 명령서를 받은 날로부터 30일 이내에 이를 이행하여야 함(노조법 제21조제3항)
  - 다만, 정당한 사유가 있는 경우에는 그 기간을 연장할 수 있음
- 노동조합은 시정명령에 대한 이행사항을 고용노동부(본부, 지방고용노동관서)에 보고
  - 노동조합이 30일 이내에 시정명령을 이행하지 못할 정당한 사유가 있을 경우에는 그 사유를 기재하여 고용노동부(본부, 지방고용노동관서)에 통보
- 동 시정명령은 행정쟁송법상 처분에 해당하므로, 노동조합은 시정명령이 위법·부당하다고 판단할 경우에는 행정심판 또는 행정소송을 제기할 수 있음
  - 행정쟁송이 확정되기 전까지는 행정관청의 처분은 유효하므로 노동조합은 시정명령을 이행할 의무가 있음

2. 불응 시 처리방법

- 지방고용노동관서는 노동관계법령에 위반한 규약이나, 노동관계법령 또는 규약에 위반한 노동조합의 결의·처분에 대하여 노동위원회에 의결을 요청하고,
  - 노동위원회에서 규약이 노동관계법령에 위반되었다고 의결하거나, 노동조합의 결의·처분이 노동관계법령 또는 규약에 위반되었다고 의결한 경우
  - 30일 이내에 시정하도록 명령하고, 동 기간 내에 불응하면 시정명령의 이행에 필요한 조치 강구

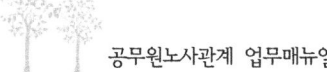

- 규약 시정명령 불응에 대하여는 근로감독관 집무규정 별표 4(집단노사관계법 위반사항 조치기준)에 따라 처리
  - 30일 이내에 시정하도록 명한 후 기간 내에 시정하지 않으면 즉시 범죄인지 보고 후 수사에 착수
    * 시정명령 불이행 시 벌칙(노조법 제93조제2호) : 500만원 이하의 벌금
- 노동조합이 행정관청의 시정명령에 불응하는 경우 노조법상 벌칙 적용은 별론으로 하고
  - 위법한 규약의 해당 부분은 당연 무효가 됨
  - 노동조합의 결의·처분은 그 노동조합이 직권으로 취소하거나, 소송에 따른 판결이 확정되어 번복되지 않는 한 그 효력에는 영향이 없음

제1편 노동조합 설립 및 운영

제7장 자료제출 요구

요구 및 처리절차

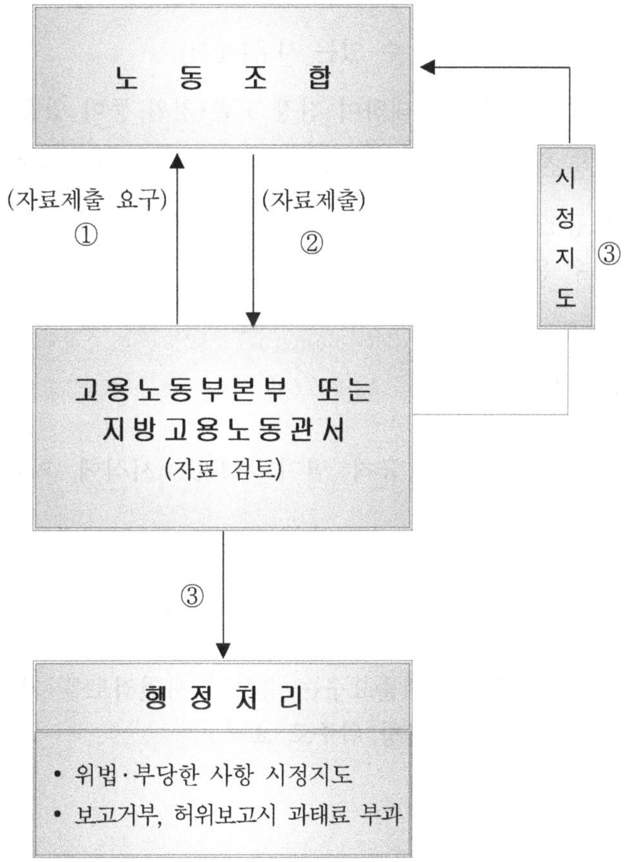

노 동 조 합

(자료제출 요구) ①　　(자료제출) ②　　시정지도 ③

고용노동부본부 또는 지방고용노동관서
(자료 검토)

③

행 정 처 리

- 위법·부당한 사항 시정지도
- 보고거부, 허위보고시 과태료 부과

I. 사유 및 절차

1. 사 유

- 행정관청은 노동조합의 건전한 운영지도를 위하여 필요한 경우에는 노동조합으로부터 결산결과와 운영상황의 보고를 요구할 수 있음
  (노조법 제27조)

- 자료제출을 요구할 수 있는 사유(예시)
  - 당해 노동조합에 대하여 진정·고발·청원 등이 있을 경우
  - 노동조합의 조직분규가 있어 이를 조정할 필요가 있는 경우
  - 노동조합의 회계·경리상태나 기타 운영에 대하여 지도할 필요가 있는 경우 등

2. 절 차

- 공무원노조법 시행규칙 별지 제12호 서식에 의한 자료제출요구서를 서면으로 작성하여
  - 자료제출의 보고를 받고자 하는 날의 10일 전에 노동조합에 대하여 요구(노조법 제27조, 동법 시행령 제12조)

- 노조에 대한 자료제출요구는 충분한 사전검토를 거쳐 노조 업무·지도에 필요한 핵심적인 사항 위주로 요구

관련 판례

▶ 노동조합법 제30조, 같은법 시행령 제9조의 2에 의하면 행정관청은 당해 노동조합에 대하여 진정 등이 있는 경우와 분규가 야기된 경우뿐만 아니라 노동조합의 회계·경리상태나 기타 운영에 대하여 지도할 필요가 있는 경우에는 노동조합의 경리상황 기타 관계서류를 제출하게 하여 조사할 수 있도록 규정되어 있으므로 행정기관이 그와 같은 업무지도의 필요성이 있다고 판단되면 관계서류 등의 제출을 요구하여 조사할 수 있다고 하여야 할 것이고, 설사 노동조합의 회계·경리상태나 기타 운영에 대하여 지도할 필요가 있는 경우에 해당되지 않는다고 하더라도 행정관청이 그와 같이 판단하여 조사하기로 한 이상 노동조합은 이에 응할 의무가 있다고 할 것이다. (대법원 1992.4.10. 91도3044)

▶ 노동조합법 제30조(현행 노조법 제27조)는 행정관청은 필요하다고 인정할 때는 노동조합이 경리 상황 기타 관계서류를 제출하게 하여 조사할 수 있다고 규정하고, 같은 구법 시행령 제9조의2(현행 노조법 시행령 제12조)는 위와 같이 조사할 수 있는 경우에 관련 규정을 두고 있는 바, 같은 법이나 그 시행령이 서류제출명령의 효력을 발생시키기 위하여 수회 제출요구를 하도록 의무화하고 있지 아니하므로 단 한 차례의 제출요구에 의하여서도 그 상대방은 서류제출 의무를 부담하게 되는 것이고, 따라서 그 뒤 추가로 하는 2, 3차의 제출요구는 그것이 동일한 내용이 요구를 반복하는 것인 경우에는 다른 특별한 사정이 없는 한 종전의 제출요구를 철회하고 상대방에게 별개의 새로운 제출요구를 하는 것이 아니라 그 제출을 독촉하거나 그 제출기한을 연기해 주는 통화로서의 의미를 가지는 것에 불과하다고 볼 것이므로, 이와 같은 경우에는 독립적인 행정처분이라고 할 수 없다.(대법원 1994.2.22. 93누21156)

II 처리 및 지도

1 결산결과와 운영상황 관련 서류 및 검토사항

가. 결산결과와 관련된 사항

- 결산서
- 예산서
- 총수입원장 및 총지출원장
- 수입 및 지출결의서
- 수입관계장부, 지출관계장부
- 자체회계감사 관계서류
- 기타 결산결과에 관련된 서류

나. 운영상황과 관련된 사항

- 조합원 가입 탈퇴 및 징계
- 총회(대의원회) 개최 관련사항
- 회의소집권자와 의결정족수 준수
- 임원선출 및 불신임
- 규약상 제정키로 된 선거관리규정, 회계규정 등 제규정의 제정 여부와 그 내용
- 법상 비치서류 준수 및 보존
- 결산결과와 운영상황 공개
- 복지후생시설 운영 실태
- 기타 운영상황과 관련된 사항

2 지 도

- 노동조합으로부터 제출받은 결산결과 및 운영상황을 검토한 결과 위법·부당한 사항이 있는 경우에는 노동조합이 스스로 시정하도록 지도

- 노조의 재정운영과 관련하여 그 시정을 요구하는 진정·탄원(조합비 등 재정의 불법 사용, 횡령 등)이 제기된 경우에는
  - 노조의 재정운영은 노조 자체 해결을 위해 노조 대표자가 결산 결과 등을 조합원에게 공표·열람케하여 진정사안이 해소되도록 행정지도
  - 재정집행의 결의·처분이 노동관계법령 또는 규약에 위반되나 위와 같은 행정지도로도 해결되지 아니할 때에는 노조법 제21조에 따라 노동위원회의 의결을 얻어 시정을 명령하고
  - 그 외의 사항(횡령 등)은 형법 등 관련법에 의하여 구제를 받도록 함

- 불이행 시 벌칙(노조법 제96조제1항제2호)
  - 제27조 규정에 의한 보고를 하지 아니하거나 허위보고를 한 자는 500만원 이하의 과태료에 처함
    * 보고를 하지 아니한 자 과태료 200만원
      허위의 보고를 한 자 과태료 300만원

· 제 2 편 ·
단체교섭 및 단체협약

제1장 단체교섭

>> I 단체교섭권의 의의

- 공무원노동조합은 공무원의 근무조건 유지·개선 및 경제적·사회적 지위 향상을 위해 조직된 단체이며 이러한 노동조합의 목적은 단체교섭을 통해 달성할 수 있음

  - 노동조합의 기본적인 활동은 단체교섭이라고 볼 수 있으며 단체교섭을 통하여 노동조합의 기능이 강화될 수 있음

- 단체교섭은 공무원노동조합이 정부교섭대표와 보수·복지, 그 밖의 근무조건에 관하여 교섭하는 것으로서,

  - 단체교섭을 위한 정당한 행위는 민·형사상 면책(노조법 제3조 및 제4조)
  - 정부교섭대표가 단체협약의 체결 기타의 단체교섭을 정당한 이유 없이 거부하거나 해태하는 행위는 부당노동행위에 해당(노조법 제81조제3호)
  - 공무원이 근무시간 중에 교섭을 하는 것을 당해 기관의 장 등이 허용하는 것은 사용자의 경비원조가 아닌 것으로 하여 단체교섭 행위를 보호

    * 국가공무원 복무규정 제19조(공가)제11호에서는 공무원노조법 제9조에 따른 교섭위원으로 선임되어 단체교섭 및 단체협약 체결에 참석하는 경우 공가로 허가하여야 한다고 규정

- 단체교섭권은 노동조합의 고유권한이므로 법상 노동조합이 아닌 단체나 공무원직장협의회 등은 단체교섭에 관한 법적 보호를 받을 수 없음

>> II 단체교섭의 주체

1 단체교섭의 당사자

가. 의의

- 단체협약을 체결할 수 있으며, 그 결과인 단체협약의 권리와 의무를 부담하는 등 법적 효과가 귀속되는 주체를 의미함

나. 노동조합 측

- 노동조합 측 교섭당사자로는 공무원노조법 및 노조법에 규정된 노동조합 설립요건을 갖춘 적법한 노동조합이어야 함
  - 공무원노조법에 의해 설립된 노동조합의 산하조직인 지부·분회 등은 단체교섭의 당사자가 될 수 없으나
  - 산하조직의 경우에도 단체교섭 권한을 위임받아 위임의 범위 내에서 단체교섭을 행하는 것은 가능함

- 법상 노동조합 요건을 갖추지 않은 단체, 개별 공무원이나 반집행부 간부 등은 단체교섭을 요구할 법적 권한이 없고, 사용자가 이를 거부하더라도 부당노동행위가 성립되지 않음

- 연합단체인 노동조합의 경우, 소속 단위노조로부터 단체교섭 권한의 위임이 있는 경우 그 조합원을 위하여 위임의 범위 내에서 해당 정부교섭대표와 단체교섭을 할 수 있음

관련 행정해석

▷ 공무원노조법 제8조제1항의 정부교섭대표와 교섭하고 단체협약을 체결할 권한을 가지는 노동조합이라 함은 노조법 제2조제4호에 의한 노동조합으로서의 실질적 요건을 갖추고 동법 제12조에 의해 행정관청으로부터 설립신고증을 발급받은 노동조합을 의미하는 것이므로 설립신고증을 발급받지 않은 경우에는 적법하게 설립된 노동조합이 아니므로 정부교섭대표와 교섭하고 단체협약을 체결할 권한이 없음(공무원노사관계과-202, 2011.2.8.)

▷ 연합단체(○○공무원노조연맹)의 교섭요구에 대해 정부교섭대표가 응할 의무가 있는지 여부는 교섭요구 내용이 해당 정부교섭대표(○○구청장)가 스스로 관리하거나 결정할 수 있는 권한을 가진 사항인지, 해당 연합단체가 소속 단위 노조로부터 교섭권한을 위임받았는지 여부 등 구체적인 사실관계에 따라 판단하여야 함(공무원노사관계과-232, 2009.12.15.)

다. 사용자 측

- 단체교섭의 사용자 측 당사자는 노동조합의 단체교섭 요구에 대해 응하여야 할 의무를 가진 사용자를 의미

- 공무원노사관계에 있어서 사용자 측 단체교섭 당사자인 정부교섭대표는
    - 국회사무총장·법원행정처장·헌법재판소사무처장·중앙선거관리위원회사무총장·안전행정부장관·특별시장·광역시장·특별자치시장·도지사·특별자치도지사·시장·군수·구청장 또는 특별시·광역시·특별자치시·도·특별자치도의 교육감이 해당(공무원노조법 제8조제1항)

관련 행정해석

▷ 도 의회 의장이 도 의회 소속 일부 공무원에 대한 임용권 등의 결정권을 가지고 있는 경우라 하더라도 공무원노조법 제8조제1항의 규정에 의한 정부교섭대표가 아니므로 노동조합 대표자는 도 의회 의장에게 단체교섭을 요구할 수는 없음(공공노사관계팀-2150, 2006.11.3)

2 단체교섭의 담당자

- 단체교섭의 담당자란 단체교섭을 실제로 담당하는 권한을 가진 자를 말하는 것으로서,
  - 노동조합측은 노동조합 대표자와 규약 등에서 정한 바에 따라 선정된 교섭위원을 의미하며,
  - 사용자측은 기관의 장, 공무원에 관한 사항에 대하여 기관의 장을 위하여 행동하는 자 등 실제 교섭에 참여하는 자 등이 이에 해당함

Ⅲ. 단체교섭 권한의 위임

가. 의의

- 단체교섭 권한의 위임은 단체교섭의 주체(당사자)가 단체교섭의 담당자인 수임자에게 단체교섭을 수행할 수 있는 자격을 부여 하는 것을 말하며, 자신을 위하여 단체교섭이라는 사무를 처리해 줄 것을 위탁하고 수임자가 이를 승낙함으로써 성립

나. 절차 및 방식

- 위임의 절차에 대해서 법령에 특별한 규정을 두고 있지 않으나
  - 노동조합의 경우, 단체교섭은 조합원들의 이해관계에 큰 영향을 미치는 조합활동이므로 최고 의사결정기관의 의결을 거치는 것이 원칙
    * 노조 규약에 이에 관한 별도의 규정을 두고 있다면 규약에서 정한 절차에 따르고, 별도의 규정을 두고 있지 않은 경우에는 총회 또는 대의원회의 의결을 거쳐 행하는 것이 일반적
  - 정부교섭대표는 조직 내부의 의사결정 절차에 따라 결정

- 단체교섭 당사자는 교섭권한의 위임이 있는 경우, 그 사실(수임자·위임의 범위 등)을 상대방에게 서면으로 즉시 통보 필요

- 위임의 방식은 단체교섭 상대방에 대해서 자신이 교섭권한의 정당한 수임자라는 증명이 가능하도록 서면으로 작성하되 수임자와 위임의 범위를 특정
  - 또한, 단체교섭의 본질상 위임사항과 수임자를 특정하지 않은 백지위임은 인정될 수 없고, 복위임 방식도 교섭 당사자의 명시적인 동의 내지 승인이 없는 한 허용되지 않음

다. 위임의 내용과 한계

- 사용자 측(정부교섭대표)

  - 정부교섭대표의 교섭권한 위임에 관하여는 공무원노조법에 별도로 규정 (공무원노조법 제8조제3항부터 제5항)

    ① 다른 정부교섭대표와 공동으로 교섭하거나

    ② 다른 정부교섭대표에게 교섭 및 단체협약 체결 권한의 위임 가능

    ③ 필요한 경우 정부교섭대표가 아닌 관계기관의 장을 교섭에 참여하게 할 수 있고

    ④ 다른 기관의 장이 관리·결정 권한을 가진 사항에 대하여는 해당 기관의 장에게 교섭 및 단체협약 체결 권한 위임 가능

    ⑤ 또한, 정부교섭대표 또는 다른 기관의 장은 소속 공무원으로 하여금 교섭 및 단체협약 체결을 하게 할 수 있음

    * 정부교섭대표 및 행정기관의 장이 교섭 및 체결 권한을 행사하는 것이 원칙이나, 예외적으로 그 권한을 위임하고자 할 경우에는 차 하급자(부기관장)에게 위임하는 것이 바람직

  - 다만, 이 경우 그 사실을 노동조합에 통보하여야 하며, 관련 정부교섭대표 및 관계기관의 장 등의 성명과 위임내용 등을 구체적으로 명시하여야 함 (공무원노조법 시행령 제5조)

> **관련 행정해석**
>
> ▷ 공무원노조법 제8조의 규정에 따라 정부교섭대표는 법령 등에 의하여 스스로 관리하거나 결정할 수 있는 권한을 가진 사항에 대하여 노동조합의 교섭요구가 있는 때에는 정당한 사유가 없는 한 이에 응하여야 하는 것이 원칙이나, 효율적인 교섭을 위하여 필요한 경우에는 교섭하고 단체협약을 체결할 권한을 다른 정부교섭대표 등에게 위임할 수 있는 것이며, 이 경우 "위임"의 범위는 정부교섭대표(위임자)가 "법령 등에 의하여 스스로 관리하거나 결정할 수 있는 권한을 가진 사항"에 한하여 가능하다 할 것임.(공공노사관계팀-92, 2008.1.15)

노동조합 측

- 노동조합측의 교섭권한 위임에 대하여는 관련 법령에 별도의 규정을 두고 있지 않으나, 일반 위임의 법리에 따라 위임 가능

    ① 연합단체인 노동조합의 경우, 구성원인 소속 단위노조로부터 교섭권한의 위임을 받아 교섭을 할 수 있고

    ② 노동조합의 하부조직인 지부·분회 등의 경우도 독자적인 사항에 대해 본조 대표자로부터 교섭권한의 위임이 있는 경우 교섭 가능

- 다만, 노조는 공무원노조법상 설립된 노동조합의 대표자 또는 조합원으로만 교섭위원을 구성하거나 교섭권한 위임이 가능

    → 소속 상급단체 조합원이라 하더라도 공무원노조법상 조합원 자격을 가지지 아니한 자는 교섭위원이 될 수 없음 (공무원노조법 제9조제1항)

    * 상급단체가 민간 노동조합인 경우 교섭권한 위임 불가

관련 판례 및 행정해석

▷ 구 노동조합법(1996.12.31 법률 제5244호로 폐지) 제33조제1항에서 규정하고 있는 단체교섭 권한의 '위임'이라고 함은 노동조합이 조직상의 대표자 이외의 자에게 조합 또는 조합원을 위하여, 조합의 입장에서 사용자측과의 사이에 단체교섭을 하는 사무처리를 맡기는 것을 뜻하고, 그 위임 후 이를 해지하는 등의 별개의 의사표시가 없더라도 노동조합의 단체교섭 권한은 여전히 수임자의 단체교섭권한과 중복하여 경합적으로 남아 있다고 할 것이며, 같은 조 제2항의 규정에 따라 단위노동조합이 당해노동조합이 가입한 상부단체인 연합단체에 그러한 권한을 위임한 경우에 있어서도 달리 볼 것은 아니다.(대법원 1998.11.13, 98다20790)

▷ 공무원 노동조합의 단체교섭 및 협약 체결에 관한 권한(이하 '교섭권한'이라 함)의 위임에 관하여는 공무원노조법에 별도의 규정을 두고 있지 않으나, 일반 위임의 법리 및 노동조합의 규약 등이 정하는 바에 따라 교섭권한을 위임할 수 있는 것임. 다만, 공무원노조법 제9조제1항에서 노동조합은 단체교섭을 위하여 노동조합의 대표자와 조합원으로 교섭위원을 구성하여야 한다고 규정하고 있으므로, 공무원노조법에 의해 설립된 노동조합의 대표자 또는 조합원에게만 교섭권한을 위임할 수 있는 것임.
(공공노사관계팀-148, 2008.1.22)

관련 행정해석

▷ 도 의회 의장이 도 의회 소속 일부 공무원에 대한 임용권 등의 결정권을 가지고 있는 경우라 하더라도 공무원노조법 제8조제1항의 규정에 의한 정부교섭대표가 아니므로 노동조합 대표자는 도 의회 의장에게 단체교섭을 요구할 수는 없는 것임. 다만, 이 경우 노동조합 대표자는 법상 정부교섭대표(도지사)에게 단체교섭을 요구하고, 정부교섭대표가 공무원노조법 제8조제4항의 규정에 따라 다른 기관의 장(도 의회 의장)이 관리하거나 결정할 권한을 가진 사항에 대하여는 당해 기관의 장에게 교섭하고 단체협약을 체결할 권한을 위임할 수는 있다고 사료됨(공공노사관계팀-2150, 2006.11.3)

▷ 공무원노조법 제8조제4항에서 규정하고 있는 "관계 기관"은 해당 정부교섭대표가 대표하는 범위내의 기관 중에서 교섭사항과 관련이 있는 기관을 의미하는 것이며, "다른 기관"은 정부교섭대표가 대표하는 범위내의 기관으로서 교섭사항 중 그 기관의 장이 관리하거나 결정할 권한을 가진 사항이 있는 기관을 의미하는 것임. 따라서, ○○도청 소속의 직속기관 및 사업소의 장은 정부교섭대표인 도지사의 소속 공무원에 해당하므로 공무원노조법 제8조제4항의 "관계기관" 또는 "다른 기관"으로 볼 수 없음(공공노사관계과-145, 2009.1.28.)

▷ 공무원 노사의 교섭위원 구성 관련 공무원노조법의 입법 취지는 공무원노사관계의 특수성에 따라 단체교섭은 공무원 노사 당사자와 소속 조합원으로 교섭위원을 구성하여 수행하여야 함. 따라서 정부교섭대표의 교섭권한 위임은 공무원노조법 제8조제3항 내지 제5항에서 정하고 있는 교섭권한 위임이 가능한 경우를 제외하고는 공무원이 아닌 제3자에게 단체교섭 및 협약 체결 권한을 위임하는 것은 제한되는 것으로 해석함이 타당함(공무원노사관계과-330, 2010.4.13.)

라. 수임자의 의무

● 단체교섭 권한의 위임을 받은 수임자는 교섭권한 행사에 있어 일정한 재량이 인정되나, 단체교섭 당사자인 위임자에 대해 '선량한 관리자로서의 주의'로써 위임의 본지(本旨)에 따라 교섭을 수행하여야 하는 의무 부담

◉ 수임자는 교섭당사자인 위임자에 대하여 교섭의 진행상황 및 결과에 대하여 보고하여야 하는 보고 의무를 지며, 위임자의 동의 없이는 교섭 권한을 다시 타인에게 위임할 수 없음

마. 단체협약 체결 방식

◉ 교섭권한의 위임에 따라 교섭을 진행, 단체협약을 체결할 경우에는
- 교섭당사자(위임자)를 먼저 기재한 후, 수임자의 소속, 직위·성명을 기재하고 서명날인
    * 단체협약서에 위임사실을 확인할 수 있는 위임장 첨부

<위임에 의한 단체협약 체결 예시>

○○년도 단체협약서

○○(이하 '기관'이라 한다)와 ○○노동조합(이하 '조합'이라 한다)은 헌법과 노동관계법의 기본정신에 따라 상호 이해와 신의성실의 원칙하에 정책결정권과 노동권을 존중하며 공정한 자주적 규범을 확립함으로써 기관의 발전과 조합원의 권익증진을 위해 본 협약을 체결하고 상호 성실히 준수할 것을 다짐한다.

― 이하 내용 생략 ―

년   월   일

○○○○○장	○○○노동조합
○○○로부터 권한의 위임을 받아	대표자 ○○○로부터 권한의 위임을 받아

○○○○○장	○○노동조합대표자(지부장)
○○○	○○○
교섭위원 ○○○	교섭위원 ○○○
○○○	○○○
○○○	○○○

Ⅳ 단체교섭의 절차

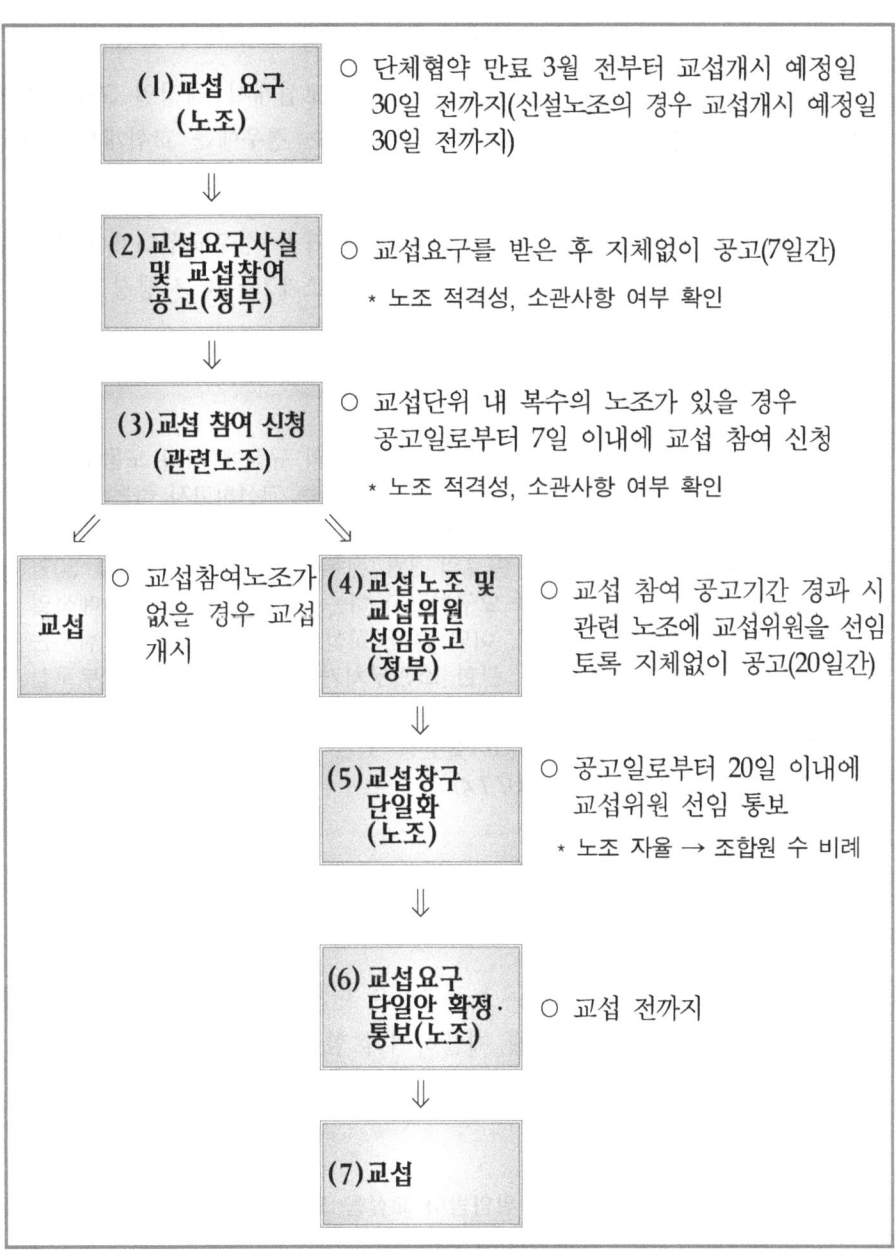

1 단체교섭 요구

가. 요구 시기

- 노동조합 대표자가 정부교섭대표에게 교섭을 요구하기 위하여는
  - 단체협약의 유효기간 만료일 3월전부터 교섭개시 예정일 30일전까지(최초의 단체협약의 체결을 요구하고자 하는 경우에는 교섭개시 예정일 30일 전까지)
  - 교섭하고자 하는 사항에 대하여 권한을 가진 정부교섭대표에게 교섭요구서를 제출하여야 함(공무원노조법 제9조제2항 및 시행령 제6조)

관련 행정해석

▶ 공무원노조법 제9조제2항 및 동법 시행령 제6조의 규정에 따라 노동조합의 대표자는 정부교섭대표와 교섭하고자 하는 경우에는 교섭하고자 하는 사항에 대하여 권한을 가진 정부교섭대표에게 서면으로 요구하여야 하며, 교섭요구는 단체협약의 유효기간 만료일 3월 전부터 교섭개시 예정일 30일 전까지(최초의 단체협약 체결을 요구하고자 하는 경우에는 교섭개시 예정일 30일 전까지) 하여야 하는 것임. 이와 같이, 교섭요구 기간을 설정한 취지는 공무원의 근무조건 결정 등에 관한 소관부처가 분산되어 있어, 정부교섭대표에게 교섭사항에 대한 부처 간 사전협의 등에 필요한 최소한의 준비기간을 부여함으로써 효율적이고 실효성 있는 교섭이 되도록 하기 위한 것임.(공공노사관계팀-1416, 2007.7.4)

나. 요구 방법

- 단체교섭을 요구하고자 하는 노동조합은 단체교섭 요구서에 다음 서류를 첨부하여 정부교섭대표에게 제출하여야 함
  ① 노동조합 설립신고증 사본(지부·분회 등의 경우 교섭권이 있음을 증명하는 서류 포함)
    * 연합단체가 교섭권한을 위임받아 교섭을 요구하는 경우, 위임받은 사실을 증명할 수 있는 서류(위임장) 첨부

② 교섭요구사항

* 단체교섭 요구사항은 정부교섭대표가 법령 등에 의하여 관리·결정 권한을 가진 사항인지 여부, 교섭대상에 해당하는지 여부 등의 판단이 가능하도록 가능한 구체적으로 적시 필요

관련 행정해석

▷ 노동조합이 공무원노조법 제9조제2항에 따라 정부교섭대표와 교섭하고자 하는 사항에 대하여 서면으로 교섭을 요구하는 경우, 당해 정부교섭대표가 동 교섭요구사항이 법령 등에 의하여 스스로 관리하거나 결정할 수 있는 권한을 가진 사항인지, 교섭사항에 해당하는지 여부 등의 확인이 가능하도록 교섭요구내용을 가능한 구체적으로 명시하여야 할 것이며, 노동조합의 교섭 요구사항 중 일부가 관리·결정할 권한을 가진 사항이고 교섭사항에 해당하는 것이 확인되는 경우라면, 정부교섭대표는 교섭절차를 진행하는 등 교섭에 응하는 것이 타당할 것임. 다만, 교섭요구 내용 전체가 불명확하여 법령 등에 의하여 스스로 관리하거나 결정할 수 있는 권한을 가진 사항인지, 교섭사항에 해당하는지 여부의 확인이 곤란한 경우에는 해당 노조에게 교섭요구 내용을 구체화하도록 요구할 수 있을 것임 (공공노사관계과-1249, 2008.9.19)

2 교섭참여 공고

가. 공고절차 및 내용

- 정부교섭대표는 노동조합으로부터 단체교섭의 요구가 있는 경우, 지체 없이 교섭요구 사실을 공고하여야 함
  - 공고내용은 교섭요구 노동조합 개요, 교섭요구서 제출 기한·방법, 제출부서, 담당자 연락처, 주의사항 등임

나. 공고 방법

- 공고방법은 교섭단위 내 복수의 노동조합이 동시에 모두 알 수 있도록 적절한 방법으로 하여야 함
  * (예시) 홈페이지, 내부 전자통신망, 게시판 게시, 문서 시달 등
  - 공고는 기관단위로 조직된 복수의 단위노조는 물론 교섭단위 내 조합원이 있는 전국 규모의 단위노조(지부 등 설치 여부 불문)도 알 수 있도록 하여야 함

<교섭참여 공고 예시>

○○○○공고 제○○○-○○○호

단체교섭 요구사실 및 교섭참여 공고

「공무원의 노동조합 설립 및 운영 등에 관한 법률」제9조 제3항 및 동법 시행령 제7조제1항에 의거, 다음과 같이 단체교섭 요구사실을 공고합니다.

○○○○년 ○월 ○일

○ ○ ○ ○ ○ 장

- 다 음 -

☐ 교섭요구 노동조합

○○○○공무원노동조합(대표자 ○○○)

☐ 단체교섭 참여

○ 참여방법 : 단체교섭 요구사실의 공고일로부터 7일 이내 단체교섭 요구서 제출(○○월○○일한)

○ 제출방법 : 직접제출, 우편, 팩스 중 택일(우편의 경우 당일 도달 기준)

○ 제 출 처 : ○○○과(주소), Fax. ○○-○○○○-○○○○

☐ 주의사항

○ 단체교섭 요구기간 내에 교섭요구를 하지 아니한 노동조합의 교섭요구에 대하여는 교섭을 거부할 수 있습니다.

○ 기타 자세한 사항은 ○○○과로 문의(☎○○○-○○○-○○○○)하시기 바랍니다.

3 교섭 참여

● 교섭에 참여하고자 하는 노동조합은 공고일부터 7일 이내에 교섭요구서를 정부교섭대표에게 제출하여야 함(공무원노조법 시행령 제7조제2항)

● 정부교섭대표는 공고기간 내에 교섭에 참여하지 않은 노조의 교섭요구에 대하여는 이를 거부할 수 있음(공무원노조법 시행령 제7조제4항)
 - 교섭에 참여하지 않은 노동조합의 범위에는 교섭을 요구하지 아니한 노동조합 뿐만 아니라 신설된 노동조합도 포함

헌법재판소 결정 요지 및 관련 판례

▶ 단체교섭을 요구하는 노동조합이 2 이상인 경우 정부교섭대표에게 당해 노동조합에 대하여 교섭창구를 단일화하도록 요청할 수 있고 교섭창구가 단일화될 때까지 교섭을 거부할 수 있도록 한 공무원노조법 제9조제4항은 복수노조 허용에 따라 예상되는 단체교섭의 혼란 및 단체협약 적용상의 어려움, 과다한 교섭비용을 줄이기 위하여 단체교섭에 있어 관련된 노동조합에게 원칙적으로 단체교섭권의 행사를 보장하면서 노동조합 간의 자율적인 교섭창구 단일화를 규정한 것으로 합리적인 근거가 있으므로 위 조항이 입법재량권의 범위를 일탈하여 청구인들의 단체교섭권을 침해하는 것으로는 볼 수 없음.(헌법재판소 2008.12.26. 선고, 2005헌마971)

▶ 교섭창구가 단일화된 이후 노동조합이 신설된 경우에도, 정부교섭대표에게 노동조합이 신설될때마다 교섭에 응할 의무를 부과할 경우 창구단일화 제도를 정한 공무원노조법의 취지가 몰각될 우려가 있는 점에서, 진행되고 있는 교섭에 참여하지 못함으로써 신설된 노동조합의 단체교섭권의 본질적 내용이 침해되는 특별한 사정이 없는 이상, 신설된 노동조합의 현실적 단체교섭권은 차회 단체교섭 단계가 도래할 때까지는 잠정적으로 그 권리 행사가 제한되는 것으로 해석함이 상당함.(서울중앙지방법원 2009.10.20. 2009카합2569)

> ### 관련 판례 및 행정해석
>
> ▷ 공무원노조법 제9조제5항의 '단체협약의 체결에 참여하지 아니한 노동조합'이라 함은 그 문언내용 그대로 단체협약 체결에 참여하지 아니한 모든 노동조합을 가리키는 것으로, 단체협약이 체결된 이후 설립된 신설 노동조합도 당연히 포함된다 할 것임(서울행정법원 2009.8.28, 2009구합10574)
>
> ▷ 공무원노조법 시행령 제7조제2항에 규정된 "그 공고일로부터 7일 이내"의 기간을 계산함에 있어서는 민법 제157조 및 제161조의 규정을 준용하여 초일을 산입하지 아니하고 공고일의 다음날을 기산일로 하며, 기간 중 공휴일 등을 포함하여 계산하되 기간의 말일이 토요일 또는 공휴일에 해당한 때에는 그 익일로 만료되는 것으로 해석함이 타당할 것임.(공공노사관계과-614, 2008.6.26)
>
> ▷ 공무원노조법 제9조 및 동법 시행령 제7조의 규정에 의한 단체교섭창구 단일화 관련 규정은 복수의 노동조합과 정부교섭대표간의 교섭절차 및 협약체결을 일원화하여 안정적이고 효율적인 교섭체계를 확립하는데 그 취지가 있는 것임. 따라서, 공무원노조법 시행령 제7조제2항의 규정에 의해 교섭단위내 복수의 노동조합 교섭참여가 완료되는 공고기간 이후에는, 동 기간내에 교섭을 요구하지 아니한 노동조합이나 신설되는 노동조합의 경우에는 교섭에 참여할 수 없는 것임.(공공노사관계팀-1563, 2006.8.7)

4 교섭노조 및 교섭위원 선임공고

- 정부교섭대표는 교섭요구서 제출기간 만료 후, 교섭 요구를 한 노동조합(이하 "교섭 노동조합"이라 함)을 지체 없이 공고하고 교섭노동조합에게 통보하여야 함(공무원노조법 시행령 제7조제3항)

<교섭위원 선임요구 공고 예시>

○○○○공고 제○○○-○○○호

교섭노동조합 및 교섭위원 선임요구 공고

「공무원의 노동조합 설립 및 운영 등에 관한 법률」제9조제4항 및 동법 시행령 제7조제3항에 의거, 다음과 같이 교섭노동조합 및 교섭위원 선임요구를 공고합니다.

○○○○년 ○월 ○일

○ ○ ○ ○ ○ ○ 장

- 다 음 -

□ 교섭노동조합

연번	노동조합명	대표자	비 고
1	○○○○공무원노동조합	○○○	단위노조
2	○○○○공무원노동조합	○○○	단위노조

□ 교섭위원 선임 요구

○ 선임기간 : 공고일로부터 20일 이내

○ 선임내용 및 방법 : 교섭노동조합간 합의를 통해 10인 이내의 교섭위원 선임후 서면으로 통보

  * 교섭노동조합(교섭권한 위임 노동조합 제외) 대표자의 서명 또는 날인, 교섭위원 연락처·인적사항 및 소속 노동조합, 통보일자 포함

○ 통보방법 : 직접제출, 우편, 팩스 중 택일(우편의 경우 당일 도달 기준)

○ 제 출 처 : ○○○과(주소), Fax. ○○○-○○○○-○○○○

□ 주의사항

○ 위 교섭위원 선임 기간 내 교섭 노동조합 간 합의하지 못하는 때에는 교섭노동조합의 조합원수에 비례하여 교섭위원을 선임하여야 합니다.

○ 교섭노동조합간 교섭창구단일화가 이루어지지 않을 경우 법 제9조제4항에 의거, 교섭창구가 단일화될 때까지 교섭을 거부할 수 있습니다.

○ 교섭위원 선임 후 교섭 노동조합은 조속히 교섭요구안을 단일화하여 통보하여야 합니다.

○ 기타 자세한 사항은 ○○○과로 문의(☎ ○○○-○○○-○○○○)하시기 바랍니다.

5 교섭창구 단일화

▷ "교섭노동조합"은 공고일로부터 20일 이내에 자율적인 합의로 교섭위원을 선임, 교섭노동조합의 대표자가 각각 서명 또는 날인한 서면으로 정부교섭대표에게 통보(공무원노조법 시행령 제8조제1항)

가. 교섭위원 구성

- 교섭위원의 수는 교섭노동조합의 조직규모 등을 고려하여 10인 이내로 구성하여야 하며
  - 효율적인 교섭을 위하여 교섭위원에는 교섭 노동조합의 대표자가 포함되도록 함

관련 행정해석

▷ 공무원노동조합 간(A노조가 B노조에 위임) 또는 공무원노동조합 연합단체(C연합노조)에 교섭권한을 위임하는 것은 가능하다 할 것이며, 이 경우 교섭당사자인 A노조 측 교섭위원을 구성함에 있어 B, C노조 소속 조합원이 일부 포함되어 있다고 하여 이를 위법한 것으로 보기는 어려울 것임. 다만, 위와 같은 경우 A노조 측 교섭위원은, 위임의 취지 및 수임자의 교섭권한 범위와 한계, 교섭의 효율성 등을 감안하여 수임자와 A노조 소속 조합원으로 구성하는 것이 바람직하다고 사료됨.(공공노사관계과-20, 2008.3.6)

▷ 특정 공무원이 공무원노조법에 의한 노동조합 가입 제한 대상에 해당하는 경우라면 동 공무원이 노동조합으로부터 교섭권한을 위임받았다고 하더라도 교섭위원으로 교섭에 참여하는 등의 노조활동을 할 수 없는 것이며, 동 공무원이 교섭위원에 포함되어 있는 경우에는 정부교섭대표는 노동조합에 대하여 해당 교섭위원의 교체를 요구할 수 있을 것임.(공공노사관계과-128, 2008.3.27)

나. 비례대표제에 의한 선임

- 공고일로부터 20일 이내에 교섭 노동조합 간 자율적 합의가 이루어지지 않을 경우에는
  - 교섭 노동조합의 조합원수에 비례하여 교섭위원을 선임(공무원노조법 시행령 제8조제2항)

- 조합원 수 확인은 교섭 노동조합간에 자율적으로 하는 것을 원칙으로 함
  - check-off 협정이 체결되어 있는 경우 조합비 공제 인원수로, 그 이외에는 조합원 명부 등으로 상호 확인
    * 연합단체인 노동조합이 소속 단위노조로부터 교섭권한을 위임받아 교섭에 참여한 경우, 조합원 수 계산은 교섭권한을 위임한 단위노조의 조합원 수를 기준으로 함

관련 행정해석

▶ 교섭 노동조합간에 자율적인 창구단일화가 이루어지지 않을 경우 공무원노조법 시행령 제8조 제1항 및 제2항에서 규정한 바와 같이 조합원수에 비례하여 교섭단을 구성하여야 할 것임. 그러나 교섭단 구성에 참여하고자 하는 노동조합이 교섭단 구성의 근거가 되는 조합원 수 확인을 위해 다양한 노력을 했음에도 불구하고, 일부 노조가 합리적인 이유없이 조합원 수 확인에 필요한 자료제시를 거부하는 등 창구단일화 절차에 협조하지 않아 교섭단 구성이 사실상 불가능하게 되어 장기간 교섭이 이루어지지 못할 경우, 관련 노동조합은 조합원 수와 관련된 객관적인 자료를 근거로 교섭단을 구성하고 조합원 수 확인에 필요한 관련 자료 등을 첨부하여 정부 교섭대표에게 통보할 수 있다고 보아야 할 것임.

- 이 경우, 정부교섭대표는 창구단일화가 노노간에 자율적인 합의에 의해 이루어져야 함에도 불구하고, 부득이 교섭을 희망하는 관련 노동조합의 요청에 의하여 조합원 수 확인의 필요성 및 관련 노동조합이 제출한 조합원 수 관련 자료 등을 확인·검토하고 합리성이 있다고 인정하는 경우, 교섭단 구성에 동의하지 않은 노조에 그 사실을 통보하고, 일정기간 소명의 기회를 부여할 수 있을 것임. 소명의 기회를 부여했음에도 불구하고 합리적인 이유없이 소명을 하지 않을 경우, 교섭단 구성을 요청한 관련 노동조합의 교섭단과 교섭을 할 수 있을 것임.(공공노사관계팀- 2104, 2006.10.26)

> **관련 행정해석**
>
> ▷ 공무원노조법 시행령 제8조제2항의 규정에 따른 비례대표제에 의한 교섭위원 선임과 관련, 조합원 수 산정 기준시점 및 확인 방법은 원칙적으로 교섭노동조합간의 자율적인 합의로 정할 수 있는 것이나, 합의에 의하지 않는 경우에는 공무원노조법 시행령 제7조제3항의 규정에 의한 정부교섭대표의 교섭요구 노동조합 공고일을 기준으로 하여, 당해 노동조합의 조합원 명부에 등재되고 조합비를 납부(조합비 일괄공제 내역 대조)한 조합원수(연합단체의 경우 교섭권한을 위임한 조합의 조합원 수)로 산정하는 것이 타당하다고 사료됨.(공공노사관계팀-286, 2007.2.6.)
>
> ▷ 교섭 참여 노동조합간에 창구단일화가 이루어지지 않는 경우에는 공무원노조법 시행령 제8조제2항에서 규정한 바와 같이 조합원 수에 비례하여 교섭위원을 선임하여야 할 것이며, 이 경우 조합원 수는 교섭단위를 기준으로 산정하여야 하는 것임. 따라서, 지방자치단체(○○시)별 기관단위의 교섭의 경우라면 조합원 수 계산은 연합단체 소속 단위노조 중 ○○시 소속 공무원으로 구성된 ○○공무원노조 조합원을 기준으로 산정하여야 함.(공무원노사관계과-294, 2010.2.12)

6 교섭 노동조합의 교섭요구 단일안 확정·통보

- 교섭 노동조합은 교섭위원 선임 후, 교섭위원간의 협의를 통해 교섭요구안건(단일안)을 확정하고
  - 정부교섭대표에게 교섭위원 선임사실 통보 시 가능하면 함께 통보하되, 늦어도 교섭 전까지 통보 필요

- 정부교섭대표는 노조측의 교섭요구안을 검토하고
  - 다른 정부교섭대표 소관사항이 일부 포함되어 있는 경우에는 해당 사항을 제외하고 교섭함을 통보
  - 일부 비교섭 사항이 포함되어 있는 경우에는 해당 사항을 제외하고 교섭함을 통보

7 교섭위원 구성

- 정부 측 교섭위원은 정부교섭대표와 정부교섭대표가 지명하는 자로 구성

- 노동조합의 경우, 노동조합 대표자와 규약 등에 정한 방법에 따라 교섭위원 구성

- 교섭위원수는 별도로 정한 바가 없다면 노사가 협의를 통해 정하나, 통상 노사 동수로 구성하는 것이 일반적이며, 노사 각 5~10명이 바람직

관련 행정해석

▶ 공무원노조법 제8조 및 제9조에서는 교섭위원의 구성 등 단체교섭의 절차와 방법에 대하여 규정하고 있으나, 단체교섭의 참관인(배석자)에 대해서는 별도의 규정을 두고 있지 않음. 따라서, 단체교섭 시 배석자의 구체적인 범위 및 역할, 인원 등에 대해서는 노사 당사자 간 협의를 통해 결정할 수 있을 것이며, 이에 대하여 노사가 합의를 하였다면 당사자는 합의취지에 따라 성실히 이행하는 것이 타당하다고 사료됨.(공공노사관계팀-359, 2008.2.25)

공무원노사관계 업무매뉴얼

>> V 단체교섭의 대상

1 의의 및 판단기준

- 단체교섭 사항은 관계 법령이 정하는 범위 내에서 노사 당사자간의 합의에 의하여 단체교섭의 주제 또는 목적으로 부의된 사항을 의미

일반적 판단기준

① 정부교섭대표가 처리 또는 처분할 수 있는 사항이어야 하고
② 집단적 성격을 띠어야 하며
  * 개별 조합원의 면직·파면 또는 해임의 취소·철회 및 복직요구 등은 원칙적으로 개별적 권리분쟁 사항으로 교섭대상이 되지 않음
③ 공무원의 근무조건 등과 관련이 있어야 함

2 교섭 사항

가. 해당 노동조합에 관한 사항

- 조합비 일괄 공제(check-off)에 관한 사항
- 단체교섭 절차·방법에 관한 사항
- 청사 내 조합 활동에 관한 사항
- 노조 전임자에 관한 사항
- 노동쟁의 조정, 중재에 관한 사항
- 조합사무실 등 시설 편의 제공, 기관의 시설물 이용 및 홍보에 관한 사항 등

나. 조합원의 보수·복지 그 밖의 근무조건에 관한 사항

- 공무원 보수에 관한 사항
- 교육·훈련에 관한 사항
- 공무원연금, 재해보상 등에 관한 사항
- 정년에 관한 사항
- 근로시간·휴게·휴일·휴가에 관한 사항
- 안전보건·복지시설 등의 복지 후생제도에 관한 사항
- 표창과 제재에 관한 사항

헌법재판소 결정 요지 및 관련 판례

▷ 공무원노조법 제8조제1항 본문에서는 단체교섭 사항으로 노동조합에 관한 사항, 조합원의 보수·복지, 그 밖의 근무조건에 관한 사항을 규정하고 있다. 교섭대상 중 노동조합에 관한 사항은 주로 조합활동에 관련된 사항으로서 노조 전임자, 조합비 공제, 조합 게시판 제공 등 조합 활동을 위한 편의제공에 관한 사항, 단체교섭 절차에 관한 사항 등이 여기에 속한다. 그리고 조합원의 보수, 복지에 관한 사항이 단체교섭 대상에 포함되는 것은 물론이고, 그 밖의 근무조건에 관한 사항으로서 근로시간, 휴가, 휴일, 보수의 결정 및 지급에 관한 사항, 수당의 종류와 지급조건, 정년제도, 안전 보건 관리, 재해보상, 공무원 교육, 표창과 제재, 복지후생제도 등도 공무원노조의 단체교섭 대상이 된다.(헌법재판소 2013.6.27. 선고, 2012헌바169)

▷ 단체교섭의 대상사항에는 좁은 의미의 노동쟁의에 포함되는 근로조건에 관한 사항뿐 아니라 전임자·유니언샵·조합비 공제제도·노동조합 사무실과 게시판 제공·취업시간중 근로활동 등 노동조합활동을 위한 편의제공에 관한 사항, 단체교섭 절차에 관한 사항, 조정·중재에 관한 사항 등 집단적 근로관계의 운영에 관한 사항이 널리 포함된다.(대법원 2003.7.25, 2001두4818)

> **관련 판례**
>
> ▷ 공무원의 근무조건이 어떤 사항을 의미하는 것인지는 공무원노조법이나 노동조합법 등에 명시되어 있지 않으므로, 근로기준법에 의하여 판단할 수밖에 없다 할 것인바, 근로기준법 제17조는 "사용자는 근로계약을 체결할 때에 근로자에게 임금, 소정근로시간, 휴일, 연차유급휴가, 그 밖에 대통령령으로 정하는 근로조건을 명시하여야 한다"고 규정하고 있고, 위 법 시행령 제8조는 "그 밖의 근로조건"을 "취업의 장소와 종사하여야 할 업무에 관한 사항, 근로기준법 제93조제1호 내지 제12호에 규정한 사항, 사업장의 부속 기숙사에 근로자를 기숙하게 하는 경우에는 기숙사규칙에 정한 사항"이라고 규정하고 있음. 위 규정들을 종합하여 보면, 공무원의 근무조건이란 ㉮ 업무의 시작과 종료시각, 휴게시간, 휴일, 휴가, 교대근무에 관한 사항, ㉯ 보수·수당·퇴직금·상여·식비 등의 결정·계산·지급방법 및 승급에 관한 사항, ㉰ 근무자를 위한 교육시설에 관한 사항, ㉱ 근로자의 산전후 휴가·육아휴직 등에 관한 사항, ㉲ 근무장소의 안전·보건·환경에 관한 사항, ㉳ 업무상·업무외 재해부조에 관한 사항, ㉴ 표창과 제재, 퇴직에 관한 사항 등이라 할 것이므로 이와 직접 관련되는 사항은 단체교섭의 대상이 된다 할 것임(서울고등법원 2011.5.19, 2010누14192 ; 서울고등법원 2012.4.18. 2011누25113)

다. 근무조건과 직접 관련되는 정책결정에 관한 사항, 임용권의 행사 등 기관의 관리·운영에 관한 사항

- 근무조건과 "직접" 관련된 사항이란 정책결정 및 임용권의 행사 등 기관의 관리·운영에 관한 사항 그 자체가 근무조건의 변화를 내포하고 있어 근무조건에 영향을 주는 경우를 의미
  - 근무체제 변경에 따른 근무시간표의 작성
  - 공무원연금에 관한 사항
  - 정원축소에 수반하는 시간외 근무에 관한 사항
  - 인사이동에 따른 직원 주택이나 통근버스의 제공 등에 관한 사항
  - 근무장소 변경이 수반되는 전보의 일반적 기준에 관한 사항

헌법재판소 결정 요지

▶ 공무원노조법 제8조제1항 단서는 공무원노조의 비교섭대상으로 '법령 등에 따라 국가나 지방자치단체가 그 권한으로 행하는 정책결정에 관한 사항, 임용권의 행사 등 그 기관의 관리·운영에 관한 사항으로서 근무조건과 직접 관련되지 아니하는 사항'을 규정하고 있으므로 비교섭대상은 정책결정에 관한 사항과 기관의 관리·운영에 관한 사항 중 근무조건과 직접 관련이 없는 사항이 될 것이다.

- 먼저, 정책결정에 관한 사항은 일정한 목적 실현을 위해 국가 또는 지방자치단체가 법령 등에 근거하여 자신의 권한과 책임으로 행하여야 할 사항이기 때문에 정부교섭대표가 공무원노조와 단체교섭을 통해 그러한 정책을 결정하게 되면 행정책임원칙이나 법치행정원칙에 반하는 결과를 초래할 수 있는 사항이다. 정책의 기획·입안, 예산의 편성·집행, 법령 및 조례의 기획·입안·제안이 이에 속할 것이다.

- 그리고 기관의 관리·운영에 관한 사항은 법령 등에 근거하여 설치 조직된 기관이 그 목적 달성을 위하여 해당 기관의 판단과 책임에 따라 업무를 처리하도록 정해져 있는 사항으로서 공무원의 채용, 승진 및 전보 등 임용권의 행사에 관한 사항이나 기관의 조직 및 정원에 관한 사항 등이 대표적인 예라 할 수 있다. 위 사항들에 대해서는 원칙적으로 교섭대상으로 삼을 수 없고, 비교적 그 의미도 명확하다.

- 한편, 위 사항들 중에서도 근무조건과 '직접' 관련이 있는 사항은 교섭대상이 되므로 근무조건과 '직접' 관련이 있는 사항이 무엇인지를 살펴보아야 할 것이다. 근무조건은 공무원이 공무를 제공하는 조건이 되는 사항을 의미하고, '직접'이란 '중간에 제3자나 매개물이 없이 바로 연결되는 관계' 또는 '중간에 아무것도 개재시키지 않은 바로 그 자체'를 의미한다 할 것이므로 근무조건과 '직접' 관련되어 교섭대상이 되는 사항은 공무원이 공무를 제공하는 조건이 되는 사항 그 자체, 즉 전형적으로 어떤 근무조건의 변화를 내포하고 있어 근무조건에 영향을 주지 아니할 여지가 거의 없는 사항을 의미한다 할 것이다(헌법재판소 2013.6.27. 선고, 2012헌바169)

3 교섭금지 사항

● 교섭금지 사항에는 위법사항과 비교섭사항이 있음
  - 위법사항: 노동관계법(공무원노조법 등)과 다른 법률(국가공무원법, 지방공무원법 등)을 위반하는 경우
  - 비교섭사항: 근무조건과 직접 관련이 없는 정책결정 및 기관의 관리·운영에 관한 사항(공무원노조법 제8조제1항 단서)

> **헌법재판소 결정 요지**
>
> ▶ 공무원노조법 제8조제1항은 정책결정 및 관리운영사항 일체를 교섭대상에서 제외시킨 것이 아니고 단체교섭에서 교섭대상을 둘러싼 교섭상의 혼선을 방지하기 위하여 근무조건과 직접 관련되지 아니하는 정책결정에 관한 사항과 임용권의 행사 등 국가 또는 지방자치단체가 그 권한으로 행하는 관리·운영에 관한 사항을 **단체교섭의 금지대상**으로 규정한 것으로, 정부의 정책결정 및 관리운영사항 중에서도 근무조건과 직접 관련되는 사항에 대하여는 단체교섭을 허용하고 있으므로 공무원노조법 제8조제1항 단서가 합리적 근거 없이 입법 형성권의 범위를 일탈하여 청구인들의 단체교섭권을 침해하는 것으로는 보이지 아니한다.(헌법재판소 2008.12.26 선고, 2005헌마971)

3-1. 위법 사항

● 교섭의제의 내용이 '공무원노조법', '노조법' 등 노동관계법을 위반하거나, 그 이외에도 단체협약의 성질상 또는 내용상 관련이 있는 법률(국가공무원법, 지방공무원법 등)을 위반하는 경우를 의미

가. 노동관계법 위반 유형

① 법령·예산·조례 등에 반하는 협약내용의 규범적·우선적 효력 인정

● 단체협약의 내용 중 법령·조례 또는 예산에 의하여 규정되는 내용과 법령 또는 조례에 의한 위임을 받아 규정되는 내용은 단체협약으로서의 효력이 인정되지 않음(공무원노조법 제10조제1항)

- 따라서, 법령·조례 또는 예산에 규정되는 내용에 대하여 노사가 단체협약을 체결하고 규범적·우선적 효력을 인정하기로 하더라도 그 부분은 효력이 없으며, 공무원노조법 제10조 제1항에 위반됨
  - 아울러, 법령 또는 조례의 위임을 받아 규정된 내용(자치단체 규칙, 규정 등)도 단체협약보다 그 효력이 우선하므로, 노사가 법령 또는 조례의 위임을 받아 제정된 규칙, 규정보다 단체협약의 효력을 우선한다고 정한 경우에도 공무원노조법 제10조 제1항에 위반됨

관련 판례

▷ 법령 또는 조례의 위임을 받아 제정한 자치단체 규칙이나 규정은 당연히 단체협약에 우선하는 것이고, 단체협약이 시·구가 정한 규칙, 규정에 우선한다고 하는 것은 공무원노조법 제10조제1항과 지방자치법령에 위배됨이 명백하다. 따라서 위 협약 규정은 시·구가 정한 규칙·규정이 법령·조례의 위임을 받아 제정된 것인지 여부를 불문하고 일률적으로 각 협약이 정한 기준에 의하여 규칙·규정의 효력이 배제됨을 규정한 것이므로 관계법령 등에 반하여 위법하다고 할 것이다.(서울고등법원 2011.5.19, 2010누14192)

- 단체협약 내용: 본 협약이 정한 기준은 구가 정한 제 규칙, 규정보다 우선한다.

주요 위법 사례

▷ 단체협약이 시가 정한 조례, 규칙, 규정 등과 상충하는 경우에는 조합원에게 유리한 조항을 적용한다.

▷ 단체협약이 정한 기준은 시가 정한 모든 규칙, 규정보다 우선한다.

② 유급 노조 전임자 인정

- 노조 전임자에 대해서는 국가공무원법 및 지방공무원법에 따라 휴직명령을 하여야 하며, 전임기간 중 보수 지급은 금지됨(공무원노조법 제7조제2항 및 제3항)
- 따라서, 노사가 단체협약을 통해 유급 전임자(사실상 유급 전임 포함)를 인정하기로 합의한 경우에는 그 부분은 효력이 없으며, 공무원노조법 제7조에 위반됨
- 특히, '업무부담을 최소화하여 노동조합 활동에 전념'하도록 정한 단체협약의 경우도 사실상의 전임자에 대해 휴직명령 없이 보수를 지급받을 수 있도록 하는 내용이므로 위법하다고 볼 수 있음

관련 판례

▷ 공무원노조법 제7조는 임용권자의 동의를 얻어 노동조합의 업무에만 종사하는 전임자에 대하여는 휴직명령을 하고 그 전임기간 중 보수를 지급하여서는 안된다고 규정하고 있다. 단체협약 내용은 임용권자의 동의를 얻지 않고서 조합활동에 전념하는 사실상의 전임자에 대하여 휴직명령 없이 보수를 지급받을 수 있도록 하는 내용이므로 위 규정의 적용을 회피하고자 하는 협약으로서 위 규정에 어긋나 위법하다.(서울행정법원 2010. 8.12, 2009구합42083 ; 서울행정법원 2010.10.29. 2009구합42090)

- 단체협약 내용: ①구는 노조의 임원, 간부 또는 조합원 중에서 노조가 추천하는 노조 간부에 대하여 노조활동에 전념할 수 있도록 보장한다.
②구는 지부의 임원, 간부 또는 조합원 중에서 지부가 추천하는 자에 대하여 업무부담을 최소화하는 등 조합활동에 전념할 수 있도록 보장한다.

주요 위법 사례

▷ 기관은 노동조합이 추천하는 자 노조 간부에 대하여 업무부담을 최소화 하여 노동조합 활동에 전념할 수 있도록 한다.
▷ 조합원이 상급조직이나 연합단체의 간부로 피선되거나 피임되는 경우에는 상급단체의 조합 활동에 전념할 수 있도록 한다.

③ 노조 운영비 원조 (부당노동행위)

- 사용자가 노동조합의 운영비를 원조하는 행위를 부당노동행위로 규정하여 금지(노조법 제81조제4호)
  - 다만, 최소한 규모의 노동조합 사무소의 제공은 예외로 인정
- 따라서, 노사가 단체협약을 통해 기관측이 노조의 운영에 필요한 경비를 제공하기로 합의한 경우에는 위법하며 시정명령 대상에 해당
  - * 노조 주관 각종 행사나 사업 추진 시 기관측이 재정적으로 지원하기로 하는 경우도 노조 운영비 등을 지원하는 결과가 되므로 위법

관련 판례

▷ 노조법 제81조제4호는 사용자가 노동조합 운영비를 원조하는 행위를 금하고 있으므로 단체협약에 사용자가 노동조합 운영비를 원조하는 내용이 포함되어 있으면 그 부분은 위법하여 시정명령 대상이 된다.

- 단체협약에서 규정하는 '조합활동에 필요한 시설부대비 지원'은 문언상 노동조합 사무소 내외를 막론하고 노동조합 활동에 필요한 물적, 공간적 시설과 그 공간적 시설을 유지, 관리하는데 필요한 비용을 포괄하는 의미로서 '최소한 규모의 노동조합 사무소' 제공과 동일시 할 수 없다.
- 단체협약에서 규정하는 '○○교원노조○○지부 사무실 임차료, 비품구입비 및 사무실 이전비(부대시설비 포함)' 중 '비품구입비'는 문언 자체로 사무실에 통상 비치되는 물품에 한정되지 않고 조합활동에 일상적으로 필요한 물품 구입비를 포괄하는 의미로 해석되므로 '최소한 규모의 노동조합 사무소'에 포함되지 않는다.(서울고등법원 2011.12.7, 2011누12520)

주요 위법 사례

▷ 기관은 노동조합의 요청이 있을 경우 조합이 주관하는 행사 등에 대하여 재정적 지원을 한다

▷ 기관은 노조가 요청할 경우 안정적인 조합 활동을 위해 재정적으로 적극 지원한다.

▷ 조합원이 조합활동 관계로 기관과 협의하여 국내외 출장을 갈 때에는 공무 출장으로 인정하고 출장비를 지급한다.

④ 공무원노조 가입 제한범위 완화

- 공무원노조법 제6조제2항 및 동법 시행령 제3조에서는 노조 가입이 금지되는 공무원의 범위를 구체적으로 규정
  - 만일, 노동조합 가입이 금지된 공무원의 가입을 허용할 경우, 노동조합의 결격요건에 해당
- 따라서, 노사가 단체협약으로 공무원노조법상 가입이 금지된 공무원의 노조 가입을 허용하거나 단체협약 내용이 노조가입 금지 대상 공무원의 가입을 허용하는 것으로 해석될 수 있는 경우에는 공무원노조법 제6조 제2항 위반됨
  - * 예컨대, 지휘·감독자, 업무총괄자나 노조와의 관계에 있어 행정기관의 입장에 서는 자 등의 노조 가입을 허용하는 것으로 해석될 경우 위법으로 판단

주요 위법 사례

▷ 공무원노조법 제6조 및 시행령 제3조를 적용함에 있어, 인사, 예산, 감사, 보안, 청사방호, 비서, 운전업무에 주로 종사하는 자에 한하여만 노조 가입을 제한한다.
  * 위 단체협약 사례는 공무원노조법 제6조에서 노조 가입을 금지하고 있는 지휘·감독자, 업무총괄자 등의 노조 가입을 허용하는 것으로 해석됨

▷ 조합 임원이 임기 중 5급으로 승진한 경우에도 후임자 선출시까지는 임원으로 활동하는 것을 인정한다.

⑤ 노동조합 대표자의 단체협약 체결권 제한

- 노동조합 대표자는 교섭권과 단체협약 체결권을 가지고 있고(공무원노조법 제8조제1항), 단체협약은 서면으로 작성하여 당사자 쌍방이 서명 또는 날인한 경우 효력이 발생(노조법 제31조제1항)
- 따라서, 노동조합 대표자의 단체협약 체결 권한을 전면적, 포괄적으로 제한하는 경우에는 공무원노조법 제8조 제1항에 위반됨

관련 판례

▷ 조합 대표자가 조합원 총회의 결의에 따라 단체협약을 체결하거나 추후 조합원 총회의 승인을 받아야 한다는 규정은 대표자 또는 수임자의 단체협약 체결권한을 전면적·포괄적으로 제한함으로써 사실상 단체협약 체결권한을 형해화하여 명목에 불과한 것으로 만드는 것이어서 조합 대표자 또는 수임자의 단체협약 체결 권한을 규정한 동법 제33조제1항(현행법 제29조제1항)에 위배됨(대법원 1993.5.11, 91누10787 ; 대법원 1993.4.27, 91누12257))

주요 위법 사례

▷ 본 단체협약은 조합원 찬반투표결과 가결될 경우 최종적으로 효력이 발생한다.

⑥ 해고자의 조합원 자격 인정

- 공무원노조법 제2조, 제6조의 규정에 따라 공무원노조 조합원은 국가공무원법, 지방공무원법상의 공무원 신분을 가진 자만이 자격이 있으며,
  - 노조법 제2조제4호 '라'목의 규정에 따라 근로자(공무원)가 아닌 자의 노조 가입을 허용한 경우 노조 결격사유 및 설립신고 반려사유에 해당
- 다만, 공무원이 면직·파면 또는 해임되어 노동위원회에 부당노동행위 구제신청을 한 때에는 중앙노동위원회 재심판정이 있을 때 까지 조합원 지위가 유지됨(공무원노조법 제6조제3항)
- 따라서, 공무원노조법상 조합원 자격이 없는 자를 단체협약을 통해 조합원 지위를 유지 할 수 있도록 하는 경우 공무원노조법 제6조제3항에 위반

주요 위법 사례

▷ 기관은 조합원이 해고의 효력을 다투고 있는 경우에는 법원의 최종 확정판결이 있을 때 까지 조합원으로 인정한다.

▷ 조합원이 해고의 효력을 다투고 있는 경우 조합원의 자격을 유지한다

⑦ 기타 노동관계법 위반 유형

- 법상 공무원의 정의를 임의로 확대하여 단체협약 적용대상 확대

  * 공무원노조는 공무원법상 공무원만 가입할 수 있고, 단체협약은 조합원(공무원)에게 적용되므로 공무원이 아닌 자에 대한 협약 적용 불가

- 직장협의회 합의사항에 대해 단체협약 효력 인정

  * 직장협의회는 그 구성범위가 공무원노조 가입범위와 다르고, 합의사항도 단체교섭 사항과는 다르므로 직장협의회 합의사항 전체에 대해 단체협약으로서 효력을 인정하는 것은 허용되지 않음

나. 국가공무원법·지방공무원법 등 다른 법률 위반 유형

① 공무원의 신분상·복무상 의무 위반

- 국가공무원법, 지방공무원법에는 공무원의 성실한 직무수행의무(국가공무원법 제56조, 지방공무원법 제48조), 품위유지의무(국가공무원법 제63조, 지방공무원법 제55조) 등을 규정

  - 또한, 국가공무원복무규정 제8조의 2(지방공무원복무규정 제1조의 3)에서는 "공무원은 근무 중 그 품위를 유지할 수 있는 단정한 복장을 착용하여야 하며", "직무를 수행할 때 근무기강을 해치는 정치적 주장을 표시 또는 상징하는 복장을 하거나 관련 물품을 착용해서는 안된다"고 규정

- 따라서, 단체협약으로 근무시간중에 조합활동과 관련 단체복(조끼·리본) 등을 착용할 수 있도록 하는 것은 국가공무원법 및 지방공무원법상 성실한 직무수행의무 및 품위유지의무 위반이 됨

관련 판례

▶ 노동기본권의 주체가 되는 공무원노조 및 그 조합원에 대하여 단결권, 단체교섭권 외에 단체행동권까지 보장할 것인지를 정함에 있어서는 공무원의 지위 및 특성, 단체행동권까지 인정할 경우에 예상되는 부작용 등을 종합적으로 고려하여야 할 것인데, 공무원노조법 제11조는 노동조합과 그 조합원은 파업·태업 그 밖에 업무의 정상적인 운영을 저해하는 일체의 행위를 하여서는 아니된다고 규정하여 공무원의 단체행동을 금지하고 있고, 공무원이 단체행동을 통하여 공무원 집단의 이익을 대변하는 것은 국민 전체에 대한 봉사자로서의 공무원 지위와 특성에 반하여 공무원의 성실한 직무수행의무, 품위유지의무 등을 위반하는 것이라 할 것이고, 지방공무원 복무규정 제1조의3은 공무원은 근무 중 그 품위를 유지할 수 있는 단정한 복장을 착용하여야 하며, 직무를 수행할 때 근무기강을 해치는 정치적 주장을 표시 또는 상징하는 복장을 하거나 관련 물품을 착용해서는 아니된다고 규정하고 있다. 위 규정들의 내용 및 취지 등에 비추어 볼 때, 공무원의 근무시간 중의 노조활동과 관련하여 단체복 등을 착용할 수 있도록 하는 내용의 위 단체협약 조항은 공무원노조법 제11조가 금지하고 있는 공무원의 단체행동에 해당할 여지가 있으며 공무원 집단의 이익을 대변하기 위한 행동으로서 공무원의 성실한 직무수행의무, 품위유지의무 등에 어긋나 위법하다 할 것이다.(서울행정법원 2010.8.12, 2009구합42083 ; 서울행정법원 2010.10.29, 2009구합42090)

■ 단체협약 내용: 기관은 조합 활동과 관련하여 단체복이나 리본 등을 착용할 수 있도록 한다.

주요 위법 사례

▶ 기관은 근무시간 중 노동조합 활동과 관련하여 단체복이나 리본 등을 착용할 수 있도록 허용한다.

▶ 기관은 근무시간 중 조합이 행하는 모든 행사에서 단체복(조끼, 리본 등) 착용을 허용한다.

* 단체협약 내용이 근무시간 중에도 단체복 착용이 가능한 것으로 해석될 경우에는 위법

② 파면(해임)된 후 법원 등 판결로 복직된 자에 대한 재징계 철회

- 공무원에 대한 파면·해임 등 징계처분이 징계양정의 이유로 소청심사위원회 또는 법원에서 징계처분의 무효 또는 취소(취소명령 포함)의 결정이나 판결을 있는 경우
    - 처분권자는 소청심사위원회의 결정 또는 법원의 판결이 확정된 날부터 3개월 이내에 관할 징계위원회에 재징계 의결을 요구하여야 함(국가공무원법 78조의 3, 지방공무원법 제69조의 3)
- 따라서, 노사가 단체협약으로 재징계를 하지 않기로 단체협약을 합의한 경우에는 국가공무원법 78조의 3, 지방공무원법 제69조의 3에 위반

주요 위법 사례

▷ 해고된 조합원에 대한 원상회복에 최대한 협조하고 복직자에 대한 재징계를 전면 철회한다

③ 비상근무(휴일근무) 등 직무명령시 노조와 합의(협의)

- 국가공무원법 제57조, 제67조 및 국가공무원복무규정 제10조, 제11조(지방공무원법 제49조, 제59조 및 지방공무원복무규정 제3조, 제4조)에 따라 기관장은 공무수행상 필요하다고 인정하는 때에는 소속 공무원에게 근무시간외의 근무를 명하거나 토요일 또는 공휴일의 근무를 명할 수 있고
    - 직무의 성질·지역 또는 기관의 특수성에 의하여 필요하다고 인정하는 때에는 근무시간 또는 근무일을 변경할 수 있음
- 따라서, 단체협약 내용이 비상사태 등의 구분없이 조합원의 인원 동원 등에 대하여 노동조합과 합의(협의)하도록 하는 것은 기관장의 직무명령권에 대한 제한으로 허용되지 않음

관련 판례

▷ 지방공무원법 제49조, 제59조, 지방공무원법 복무규정 제3조, 제4조에 의하면 지방자치단체장 또는 기관장은 공무수행상 필요하다고 인정하는 때에는 소속 공무원에게 근무시간 외의 근무를 명하거나 토요일 또는 공휴일의 근무를 명할 수 있고, 직무의 성질·지역 또는 기관의 특수성에 의하여 필요하다고 인정하는 때에는 근무시간 또는 근무일을 변경할 수 있으며, 소속 공무원은 직무를 수행할때 소속 상관의 직무상 명령에 복종하고 준수하여야 할 의무가 있으므로, 지방자치단체장은 소속 공무원에 대하여 직무명령으로써 외부기관 주관의 행사의 참석, 인원동원 및 차출 등을 명할 수 있다. 이 부분 협약 규정은 비상사태 등의 구분없이 조합원의 인원동원 및 차출시에 반드시 사전에 노동조합과 협의하도록 하고 있는 바, 이는 위 관계법령상 지방자치단체장의 직무명령 발동권 및 소속 공무원의 직무명령 복종의무에 반할 뿐 아니라 직무명령 발령권에 대한 본질적인 제한에 해당하고, 그와 같은 협의 자체가 공무원의 근무조건과 직접 관련된 것이라고 보기도 어렵다.(서울고등법원 2011.5.19, 2010누14192)

■ 단체협약 내용: 구는 조합원에 대한 인원동원 및 차출 등은 반드시 조합과 협의한다.

주요 위법 사례

▷ 시는 행정업무 수행을 위하여 휴일에 비상근무를 하게 할 경우 조합과 사전에 합의하여 실시한다.

3-2. 비교섭 사항

■ 입법 취지

- 공무원노조법은 공무원 노사관계의 특수성을 고려, 공무원의 근무조건과 직접 관련이 없는 정책결정 및 기관의 관리·운영에 관한 사항을 '비교섭 사항'으로 규정하여 교섭을 금지

- '비교섭 사항'은 국가 또는 지방자치단체가 행정책임 및 법치주의 원칙에 따라 국민 또는 주민의 위임을 받아 자신의 권한과 책임 하에 전권적으로 행사하여야 할 사항
  - 만일, 비교섭사항을 교섭대상으로 한다면 이는 곧 헌법 및 법률 규정에 의하여 행정주체에게 주어진 일련의 권한과 책임에 대해 노조와 나누는 것이 되어 행정책임주의 및 법치주의 원칙에 반하게 됨

관련 법령

▷ 공무원노조법 제8조(교섭 및 체결권한 등) 제1항 단서
  - 법령 등에 따라 국가나 지방자치단체가 그 권한으로 행하는 정책결정에 관한 사항, 임용권의 행사 등 그 기관의 관리·운영에 관한 사항으로서 근무조건과 직접 관련되지 아니하는 사항은 교섭의 대상이 될 수 없다.

▷ 공무원노조법 시행령 제4조(비교섭 사항)
  - 법 제8조제1항 단서에 따른 법령 등에 따라 국가나 지방자치단체가 그 권한으로 행하는 정책결정에 관한 사항, 임용권의 행사 등 그 기관의 관리·운영에 관한 사항은 다음 각 호와 같다.

    1. 정책의 기획 또는 계획의 입안 등 정책결정에 관한 사항
    2. 공무원의 채용·승진 및 전보 등 임용권의 행사에 관한 사항
    3. 기관의 조직·정원에 관한 사항
    4. 예산·기금의 편성 및 집행에 관한 사항
    5. 행정기관이 당사자인 쟁송(불복신청을 포함한다)에 관한 사항
    6. 기관의 관리·운영에 관한 그 밖의 사항

제2편 단체교섭 및 단체협약

헌법재판소 결정 요지

▶ 공무원노조법 제8조제1항 단서 및 공무원노조법 시행령 제4조가 명시하고 있는 사항들은 모두 국가 또는 지방자치단체가 행정책임주의 및 법치주의 원칙에 따라 국민 또는 주민의 위임을 받아 자신의 권한과 책임하에 전권적으로 행사하여야 할 사항으로, 만일 이 사항들을 교섭대상으로 한다면 이는 곧 헌법 및 법률 규정에 의하여 행정주체에게 주어진 일련의 권한과 책임에 대해 노조와 나누는 것이 되어 행정책임주의 및 법치주의 원칙에 반하게 된다. 그리고 **이 사항들은 성질상 교섭대상이 될 수 없기 때문에 교섭대상으로 삼게 된다면 교섭에 있어 비효율이 발생할 뿐만 아니라 설령 교섭대상으로 삼아 단체협약을 체결하더라도 무효로 될 사항이어서 교섭대상으로서의 의미를 전혀 가지지 못하게 된다.**(헌법재판소 2013.6.27. 선고, 2012헌바169)

■ '비교섭 사항'에 대한 합의는 '위법'

- 공무원노조법상 "비교섭사항"은 단지 공무원노조가 교섭을 요구할 수 없고 정부교섭대표가 교섭에 응할 의무가 없는 사항에 그치는 것이 아니라, 교섭대상이 되지 않는 **교섭금지 사항**임

- 따라서, 공무원 노사가 비교섭 사항에 대해 단체협약을 체결하였다면 **'위법'**하며 시정명령 대상이 됨

헌법재판소 결정 요지

▶ 법률이 공무원 단체교섭 사항과 관련하여 비교섭사항으로 명시한 사항들은 모두 행정기관이 법률에 근거하여 스스로의 권한과 책임으로 집행해야 하는 사항으로서 노사의 단체교섭을 통해 임의로 결정할 수 없는 사항들이기 때문에 이를 임의로 처분하거나 포기할 수 없고, 따라서 단체협약을 체결하더라도 효력이 없게 된다. 또한, 고용노동부장관은 공무원노조법 제8조제1항 단서가 비교섭대상으로 규정한 사항이나 제10조제1항에서 규범적 효력을 부인하고 있는 사항에 관해 공무원노조가 단체협약을 체결하는 경우 노동위원회의 의결을 얻어 시정명령을 내릴 수 있다.(헌법재판소 2013.6.27. 선고 2012헌바169)

가. 정책결정에 관한 사항

- 정책의 기획 또는 계획의 입안 등 정책결정에 관한 사항은 정책수립·집행의 주체인 행정기관이 그 권한과 책임, 법치주의 원칙에 따라 전권적으로 행하여야 할 사항으로 원칙적으로 비교섭 사항

헌법재판소 결정 요지

▷ 정책결정에 관한 사항은 일정한 목적 실현을 위해 국가 또는 지방자치단체가 법령 등에 근거하여 자신의 권한과 책임으로 행하여야 할 사항이기 때문에 정부교섭대표가 공무원노조와 단체교섭을 통해 그러한 정책을 결정하게 되면 행정책임 원칙이나 법치행정 원칙에 반하는 결과를 초래할 수 있는 사항이다. 정책의 기획·입안, 예산의 편성·집행, 법령 및 조례의 기획·입안·제안이 이에 속할 것이다.(헌법재판소 2013.6.27. 선고 2012헌바 169)

- 다만, 정책결정에 관한 사항 중 근무조건과 직접 관련이 있는 경우에는 예외적으로 교섭대상이 될 수 있음

    * 청사 이전 여부에 대한 판단은 정책결정사항으로 비교섭 사항이나, 청사 이전에 따른 직원주택, 정착비용 지급 등은 교섭대상

관련 판례

▷ 공무원노조법 제8조제1항 단서에 따라 정책결정 사항이나 행정기관의 관리·운영사항이라 하더라도 근무조건과 직접 관련이 되는 사항은 단체교섭의 대상이 될 수 있는데, …(중략)…, 예산의 편성, 행정청사의 이전, 근무체제의 변경(다만, 근무체제의 변경에 따른 근무시간표의 작성은 직접 관련성이 있다), 기관의 정원 배치, 조직개편, 사업계획, 근무평정 기준, 개개의 직원에 대한 인사이동(다만, 인사이동에 따른 직원주택이나 통근버스의 제공은 직접 관련성이 있다), 구체적인 징계명령 등은 근무조건과 직접 관련이 없어 단체교섭의 대상이 되지 않는다.(서울고등법원 2011. 5.19, 2010누14192)

- 법령·조례·규칙 제·개정 여부, 제·개정 절차 및 방법 등에 관한 사항은 입법정책에 관한 사항으로 비교섭 사항이나, 법령·조례·규칙의 내용 중 근무조건과 직접 관련이 있는 경우는 교섭사항

    * 공무원복무규정 내용 중 휴가일수, 근무시간 등은 교섭대상이나 관련 법령 제·개정에 관한 사항 그 자체는 교섭사항으로 볼 수 없음

    * 또한, 법령·조례·규칙의 제·개정에 대해 노조와 사전에 포괄적 협의를 의무화 하는 것은 입법정책에 관한 권한을 사전적으로 제한하는 결과가 되므로 허용될 수 없음

관련 판례

▷ 지방자치단체는 지방자치단체 소속 공무원의 근무조건이나 사회·경제적인 지위, 조직·직제개편 사항을 조례 또는 규칙으로 제·개정할 수 있는데, 비록 조례의 제·개정 대상이 공무원의 근무조건이나 사회·경제적인 지위에 관련된 사항이라고 하더라도 조례의 제·개정이 법령의 위임이나 제약에 따른 것일 경우에는 그 제·개정사항 자체가 근무조건에 관한 것이라고 할 수 없을 뿐 아니라 조례·규칙의 제·개정 절차 또는 그 제·개정을 위한 심의 절차 자체는 정책결정사항 또는 기관의 관리·운영에 관한 사항으로서 공무원의 근무조건과 직접 관련된 것은 아니므로 교섭대상이 아니라고 할 것임(서울고등법원 2011.5.19, 2010누14192)

- 단체협약 내용: ①구는 조합원이 적용받게 될 근무조건과 관련된 조정위원회·조례규칙 심의위원회에 조합의 참관을 보장하여야 한다.
②구는 조합원의 근로조건 및 정치·사회·경제적 지위 및 사기와 관련이 있는 조직· 직제 개편 등의 사항이 발생하여 조례 및 규칙의 제·개정시에는 조합과 사전협의하여야 한다.

비교섭 사항 사례

▷ 기관의 중요 정책 수립시에 반드시 노동조합의 의견을 반영한다.

▷ 시는 조직·직제 개편 등의 사항이 발생하여 조례 및 규칙을 제·개정할 경우에는 노동조합과 사전에 협의(합의)하여야 한다.

나. 기관의 관리·운영에 관한 사항

- 정부조직법, 행정부서의 직제와 관련한 대통령령·시행규칙 또는 지방자치법, 관련 조례에 의하여 각 부서 또는 지방자치단체에 배당된 사무·업무 중에서 행정주체로서의 각 기관이 스스로의 판단과 책임에 따라 처리하도록 정해져 있는 사항을 의미

> **헌법재판소 결정 요지 및 관련 판례**
>
> ▷ 기관의 관리·운영에 관한 사항은 법령 등에 근거하여 설치 조직된 기관이 그 목적 달성을 위하여 해당 기관의 판단과 책임에 따라 업무를 처리하도록 정해져 있는 사항으로서 공무원의 채용, 승진 및 전보 등 임용권의 행사에 관한 사항이나 기관의 조직 및 정원에 관한 사항 등이 대표적인 예라 할 수 있다.(헌법재판소 2013.6.27. 선고, 2012헌바169)
>
> ▷ '행정기관의 관리·운영에 관한 사항'에는 정부조직법, 행정부서의 직제와 관련한 대통령령·시행규칙 또는 지방자치법, 관련 조례에 의하여 각 부서 또는 지방자치단체에 배당된 사무·업무 중에서 행정주체로서의 각 기관이 자신의 판단과 책임에 따라 처리하도록 정해져 있는 사항을 의미하는데, 구체적으로는 국가 또는 지방자치단체의 임무·예산·조직에 관한 사항, 행정의 집행에 관한 사항, 공무원의 정원 및 그 배치에 관한 사항, 국세·지방세·사용료·수수료 등의 부과·징수에 관한 사항, 국가 또는 지방자치단체가 당사자인 소송 등에 관한 사항, 재산 또는 공공시설의 취득·관리 및 처분에 관한 사항, 징계처분·직권면직·휴직·직위해제·채용·직위의 정급·승진·전직·전입·퇴직 등 구체적인 임용권의 행사에 관한 사항, 근무성적 평정제도의 기획·입안·실시에 관한 사항, 감독직공무원 등의 범위결정에 관한 사항, 직위분류제·직위공모제 등에 관한 사항, 비상조치 등 직무명령에 관한 사항, 내부보안지침 등이 이에 해당한다.(서울고등법원 2011.5.19, 2010누14192)

1 임용권의 행사에 관한 사항

- 채용, 승진, 전직, 전입, 퇴직, 징계처분, 직권면직, 휴직, 직위해제 등 관련법령 등에 따라 임용권자가 그 권한과 책임 하에 행사되어야 할 사항으로 원칙적으로 비교섭 사항

① 채용(임용) 관련

- 공무원 채용에 관한 사항은 관계법령 등이 정하는 바에 따라 행사하는 임용권에 관한 사항으로 근무조건과 직접 관련이 없는 비교섭 사항
  - * 채용 인원 및 대상, 채용 방법, 채용 시기, 채용 절차, 채용 면접위원 노조 추천 의무화, 특별 채용 등

관련 판례

▶ 소속 공무원에 대한 임용·승진·전보 등은 지방자치단체의 장이 법령에 의하여 부여받은 인사권의 내용에 속하는 것으로 지방공무원법 등 관계법령에서 정한 기준에 따라 위임을 받아 제정한 보직관리 기준에 의하여 실시되어야 할 것이다. …(중략)… 기능직 공무원을 일반직 공무원으로 채용하도록 노력하며, 노조의 인사제도 개선에 관한 의견을 검토하여 그 결과를 반영하도록 하는 등의 내용인 위 각 협약 조항은 법령 또는 법령의 위임을 받아 규정되어야 할 인사권을 근거없이 제한할 뿐 아니라 위 사항들은 구체적인 임용권 행사에 관한 것으로서 공무원의 근무조건과 직접 관련된 것이라 볼 수도 없어 단체교섭의 대상이 될 수 없다.(서울행정법원 2010.6.4, 2009구합42076 ; 서울행정법원 2010.10.29, 2009구합42090)

- 단체협약 내용: ①인사적체 해소를 위해 특별임용제를 제반 여건을 고려하여 적극적으로 시행하도록 한다.
  ②시는 일반직 신규채용 요인이 발생할 경우 시에 재직중인 기능직 공무원 중에 관련법령에 의거 일반직 공무원으로 채용될 수 있도록 노력한다.

비교섭 사항 사례

▶ 기관은 일반직 신규채용 요인이 발생할 경우 구에 재직중인 계약직, 별정직 공무원 중 자격이 있는 자가 특별임용될 수 있도록 한다.

▶ 신규 채용은 제한특별경쟁 시험으로 한다.

▶ 기관은 임용예정 인력을 충분히 확보하기 위하여 임용 시험은 년 1회 이상 실시한다.

② **승진 관련**

- 승진에 관한 사항은 임용권자가 관계 법령 등에 의해 부여 받은 인사권의 내용에 속하는 사항으로 근무조건과 직접 관련이 없는 비교섭 사항

  * 승진기준, 승진 비율(고시·비고시 비율 등), 승진 대상, 승진심사위 구성, 특별승진, 승진 방법(시험 또는 심사), 승진소요 년수, 근속승진 기준, 승진 시기, 여성승진 할당제, 특별승진 방법 등

> **관련 판례**
>
> ▷ 임용권자는 관련 법령 또는 규칙, 조례, 인사관리규정에 따라 신규임용, 전입임용, 승진임용, 근무성적 평정 등을 실시하여야 할 것이고, 5급 이하 공무원 중 그 소관업무가 성과계약 등의 평가에 적합하다고 인정하는 공무원에 대해서도 성과계약에 의한 목표달성도의 평가, 부서 운영에 대한 평가나 그 밖에 직무수행과 관련된 평가를 할 수 있으며, 그 경우 공무원 성과평가 등에 관한 규정에 따른 성과계약 체결 및 평가방법 등을 실시하도록 규정하고 있으므로, 단체협약 규정이 신규임용, 전입임용, 근무성적 평정 또는 승진임용, 직무성과제의 대상, 방법, 기준을 정한 것은 위와 같은 법령 또는 법령의 위임에 따른 임용권자의 인사권한을 부당하게 제한하는 것일 뿐 아니라 공무원의 승진, 임용, 근무평정 등에 관한 사항으로서 공무원의 근무조건과 직접 관련된 것이라 보기도 어려워 단체교섭의 대상이 될 수 없음(서울고등법원 2011.5.19, 2010누14192 ; 서울고등법원 2012.4.18. 2011누25113)
>
> ■ 단체협약 내용: ①다면평가에 의한 승진임용은 4급 이하 전직급에 적용한다. 다만, 근속·우대승진 및 승진후보자가 승진예정인원수 이내에는 제외한다.
>
> ②기관은 다면평가 최소 7일 전 피평가자 명단을 공개하여야 하며, 근무평정과 다면평가에 의한 평점을 7:3으로 합산하여 종합순위명부를 작성한다.
>
> ③기관은 종합승진 명부 순위에 의거 신의·성실의 자세로 승진임용하여야 하며, 다면평가의 세부운영사항은 노사협의회에서 협의하여 더욱 공정하게 실시한다.
>
> ④기관은 승진적체 해소를 위하여 지속적으로 노력한다.
>
> ⑤기관은 특정 기관·지역·보직 등을 이유로 승진기간에 편차가 나지 않도록 노력한다.

> **비교섭 사항 사례**

▷ 승진심사위원회에는 노조가 추천한 2명 이상이 위원으로 참여할 수 있도록 한다.

▷ 기관은 조직 활력을 도모하기 위하여 특별승진을 시행하되, 시행시기 및 기준 등은 노조와 협의하여 결정한다.

▷ 기관은 인력관리업무 담당 및 인사업무 담당 직원에 대하여 현직은 물론 보직 변경후 6개월이 경과 할 때까지 승진 임용을 제한한다.

③ 근무성적평정 관련

● 근무성적평정 등에 관한 사항은 관련 법령 등에 정하는 바에 따라 평정권자가 그 권한으로 행하는 재량권이 존중되어야 할 사항으로서 근무조건과 직접 관련이 없는 비교섭 사항

 * 근무평정위원회 구성, 근무평정 방법 및 절차 등

> **관련 판례**

▷ ○○시 단체협약이 신규임용, 전입임용, 근무성적 평정 또는 승진임용, 직무성과제의 대상, 방법, 기준을 정한 것은 법령 또는 법령의 위임에 따른 임용권자의 인사권한을 부당하게 제한하는 것일 뿐 아니라 공무원의 승진, 임용, 근무평정 등에 관한 사항으로서 공무원의 근무조건과 직접 관련된 것이라 보기도 어려워 단체교섭의 대상이 될 수 없음(서울행정법원 2010. 4.16, 2009구합42069)

  ■ 단체협약 내용: 시는 지원부서 근무직원과 사업부서 직원간의 근무평정 및 인사를 차별 없이 공평하고 합리적으로 운영하되, 신규 및 전입 조합원의 경우 사업부서에 먼저 배치함을 원칙으로 한다.

> **비교섭 사항 사례**

▷ 기관은 근무평정위원회에 노조가 추천한 사람을 위원으로 위촉 한다

▷ 기관은 직원들의 근무평정시 국별 과장들이 참석하는 근무평정소위원회를 구성하여 합의에 의한 평정관리제를 실시한다.

④ 다면평가 및 직위공모 관련

- 다면평가 및 직위공무제의 실시 여부 및 방법 등에 관한 사항은 관련 규정에 따라 임용권자가 그 권한으로 결정할 사항으로 근무조건과 직접 관련이 없는 비교섭 사항

  * 다면평가 및 직위공모 실시 여부, 다면평가 및 직위공모 대상·인원, 위원 선정, 다면평가 및 직위공모 기준, 반영 방법·비율 등

관련 판례

▶ 인사의 평정은 관련 법령 규정에 따리 실시되어야 할 것이므로 다면평가제를 실시, 운영하여 인사에 반영하도록 하는 내용의 단체협약 조항은 관계 법령에 위배될 뿐 아니라 임용권의 행사에 관한 사항으로서 공무원의 근무조건과 직접 관련된 것이라 보기도 어렵다.(서울행정법원 2010.10.29, 2009구합42090 ; 서울행정법원 2010.8.12. 2009구합42083)

- 단체협약 내용: ①다면평가 대상은 모든 승진대상자와 지도직 담당 보직 대상자로 한다.
  ②다면평가의 방법 및 세부 운영사항은 시와 노동조합이 협의하여 추진한다.
  ③근평 및 다면평가 점수 비율은 70:30으로 한다.
  ④다면평가위원은 직급별로 안배하여 40명 이상으로 하되, 평가위원의 50%를 노동조합에 추천하여 구성한다.

▶ 단체협약 규정이 직위공모제를 시행하고, 그 세부운영사항을 조합과 반드시 협의하여 정하도록 한 것은 법령 또는 법령의 위임을 받아 규정되어야 할 내용에 해당하여 단체협약으로서의 효력을 가지지 않을 뿐 아니라 위 사항은 임용권의 행사에 관한 본질적 침해에 해당하는 것으로 공무원의 근무조건과 직접 관련된 것이라 볼 수 없다(서울고등법원 2011.5.19, 2010누14192)

- 단체협약 내용: ①직위공모제의 범위 및 방법 등의 변경과 운영에 관련된 사항은 노동조합과 협의하여야 한다.

비교섭 사항 사례

▷ 다면평가위원은 피 평가자를 제외한 직급별로 안배하여 40명 이상으로 하되, 평가위원의 50%를 노조에서 추천하여 구성한다.

▷ 기관은 다면평가 최소 7일 전 피평가자 명단을 공개하여야 하며 근무 성적 평정과 다면평가에 의한 평점을 7:3으로 합산하여 종합순위명부를 작성한다.

▷ 다면평가 위원 선정 방법 및 인원은 조합과 협의하여 결정한다.

▷ 구는 공정하고 노사대등의 원칙에 의하여 전체 평가위원 30%를 지부에서 추천하는 자로 위촉한다.

▷ 다면평가 위원은 상급자, 동급자, 하급자 비율을 30:40:30으로 하고 기타 선정 방법 및 인원은 노조와 협의하여 결정한다.

▷ 기관은 효율적인 행정운영을 위해 선호부서 직위와 현안업무 추진에 필요한 직위에 대하여는 직위공모제를 실시한다.

▷ 직위공모제 운영에 관한 세부사항은 기관과 노동조합의 협의하여 결정한다.

⑤ 전보·전직 관련

- 전보·전직 등에 관한 사항은 관련 법령 등에 근거하여 임용권자가 행사하는 임용권에 관한 사항으로 원칙적으로 근무조건과 직접 관련 없는 비교섭 사항

  * 전보 대상, 전직 대상·기준, 인사교류에 관한 사항(실시여부, 구체적대상 등), 조합 가입대상이 아닌 직급·직위에 대한 전보 등 인사, 전보 심의위원회 구성, 특정 업무 담당자에 대한 전보 등

- 다만, 근무장소의 변경이 수반되는 전보기준의 경우, 근무조건과 직접 관련되는 사항으로 볼 수 있으므로 임용권의 본질적인 내용을 침해하지 않는 범위 내에서 교섭대상이 될 수 있음

  - **교섭대상으로 볼 수 있는 경우**: 근무장소(생활근거지)의 변경이 수반되는 전보기준
    (예시) 도서·벽지근무 3년 이상 자는 생활근거지로 전보하는 것을 원칙으로 한다.
  - **교섭대상으로 볼 수 없는 경우**: 보직관리 차원의 전보 관련 사항
    (예시) 정기인사시 동일부서에 5년 이상 장기근무자가 발생하지 않도록 순환전보를 실시한다.

공무원노사관계 업무매뉴얼

관련 판례

▷ 단체협약 규정은 자치단체장의 인사권 행사에 있어 순환인사의 원칙을 준수하도록 하면서 일정한 경우 조합과의 사전협의 또는 사전합의를 하도록 규정하고 있는 바, 이는 법령에 의하여 부여받은 자치단체장의 임용권의 행사와 관련된 것으로 전보 임용, 민원인과 다툰 공무원의 전보 임용, 미 전보자에 대한 전보 임용, 승진자에 대한 전보임용 등의 권한을 행사함에 있어 관련법령의 절차나 방식에 우선하여 이 부분 단체협약 규정과 같이 조합과 협의 또는 합의하거나 동사무소에 먼저 배치하여야 한다는 등의 제한을 둔 것은 법령 또는 법령의 위임을 받아 규정되어야 할 인사권을 근거없이 제한할 뿐 아니라 위 사항들은 구체적인 임용권의 행사에 관한 사항으로 공무원의 근무조건과 직접 관련된 것이라 볼 수도 없어 단체교섭의 대상이 될 수 없음(서울고등법원 2011.5.19, 2010누14192)

- 단체협약 내용: ①순환전보는 부서간의 형평성 있는 순환근무가 이루어지도록 한다. 단, 미순환시 조합과 사전협의한다.

  ②순환전보 대상자 중 미전보된 자는 반드시 차기 인사시 전보하되 특별한 사유가 있는 경우 사전에 조합과 협의한다.

  ③승진자는 동사무소로 전보하여야 한다. 다만, 특별한 사유로 미전보시 조합과 사전에 협의하여야 한다.

  ④민원인과의 다툼에 대하여 조사활동하거나 인사조치가 필요하다고 판단된 경우 조합과 협의하여야 한다.

비교섭 사항 사례

▷ 노사 동수로 전보심의위원회를 구성하며, 전보심의 기준을 구와 노조가 별도로 협의하여 정한다.

▷ 노동조합과 원만한 업무 협조를 위하여 공무원 복지노무팀장과 담당자 인사는 노조와 사전 합의하여 결정한다.

▷ 감사담당관, 총무과, 기획예산과, 구의회 사무국의 부서간 인사이동을 제한한다.

▷ 6급 이하 타 기관 전출의 경우 1:1교류로 하고, 직렬별 정원의 결원 비율이 5%를 초과할 경우 일방 전출은 중단한다.

⑥ 징계 관련

- 징계에 관한 사항은 국가·지방공무원법 등 관련 규정을 근거로 징계사유가 발생한 경우 해당 공무원에 대하여 임용권자가 그 권한으로 행사하는 임용권으로 근무조건과 직접 관련이 없는 비교섭 사항
  * 징계위원회 구성, 징계 양정, 해고자 복직 등

비교섭 사항 사례

▷ 기관은 징계위원회를 구성할 경우 노동조합이 추천한 사람을 위원으로 위촉하여야 한다.

⑦ 기타 임용권 행사 관련 사항

- 기타 근무조건과 직접 관련이 없는 임용권에 관한 사항의 경우도 관련 법령 등에 따라 임용권자가 그 권한과 책임하에 행사하는 근무조건과 직접 관련 없는 비교섭 사항
  * 인사위원회 구성 비율 및 운영, 노조의 위원 추천권 보장 등

관련 판례

▷ 단체협약 규정이 인사위원회 위원의 위촉에 관한 규정을 둔 것은 관계 법령 또는 그 위임을 받은 조례 등에 규정되어야 할 내용이거나 관계 규정상 인사위원회의 권한을 침해하는 규정이어서 위 사항은 임용권자의 인사권 행사의 절차에 관한 사항이고 근무조건과 직접 관련된 것이라고 보기 어려움 (서울고등법원 2011.5.19, 2010누14192)

- 단체협약 내용: ①구는 공정하고 합리적인 인사위원회 운영을 위하여 민간 인사위원 중 1명을 조합이 추천한 사람으로 위촉하여야 한다.
  ②조합은 위촉대상자의 2배수 이상 인원을 복수로 추천하며 최초 위촉은 현 위촉위원 임기만료 또는 중도해촉시 위촉한다.

비교섭 사항 사례

▷ 구는 인사위원회 구성시 노조가 추천하는 전문가 1인을 위원으로 위촉한다.
▷ 기관은 인사 기준 및 원칙을 변경하고자 할 경우 노동조합과 사전에 합의하여야 한다

2 조직 및 정원에 관한 사항

- 기관의 조직 및 정원에 관한 사항은 관련 법령, 조례·규칙 등에 의해 행정기관이 그 권한과 책임하에 전권적으로 행사하여야 할 사항으로 근무조건과 직접 관련이 없는 비교섭 사항
  * 조직개편, 조직진단, 정원조정 등

관련 판례

▷ ○○구의 직급별·직렬별 공무원의 정원은 관계법령과 그 위임을 받아 제정된 ○○구 지방공무원 정원조례, ○○구 지방공무원 정원규칙에 규정되어야 할 내용이므로, 이 부분 협약 규정이 자치단체의 공무원 정원을 노사 간 협의 하에 조정하도록 하는 등의 규정을 둔 것은 공무원의 조직과 정원, 공무원의 임용에 관한 사항으로서 공무원의 근무조건과 직접 관련된 것이라 보기도 어려워 단체교섭의 대상이 될 수 없다고 할 것임.(서울고등법원 2011.5.19, 2010누14192)

■ 단체협약 내용: ①구는 구조조정을 이유로 일방적으로 정원을 축소하여서는 아니되며 불가피한 경우에는 조합과 합의하여 정원을 조정한다.
②조합은 노동강도 강화 등으로 정원을 늘릴 필요가 생겼을 때에는 정원의 확대조정을 요구할 수 있으며 구는 정당한 이유없이 거부하지 못한다.

▷ 사용자의 재량적 판단이 존중되어야 할 기구 통·폐합에 따른 조직변경 및 업무분장 등에 관한 결정권은 사용자의 경영권에 속하는 사항으로서 단체교섭 사항이 될 수 없음.(대법원 2002.1.11, 2001도1687)

비교섭 사항 사례

▷ 기관은 구조조정 등을 이유로 일방적으로 정원을 축소해서는 아니되며, 불가피한 경우에는 노사 합의하에 정원을 조정하여야 한다.

▷ 조합원의 근무조건과 사회경제적 지위와 관련이 있는 조직개편 등 사항이 발생하여 조례·규칙 제·개정 시 노조와 사전합의 하여야 한다.

③ 예산·기금의 편성 및 집행에 관한 사항

◉ 예산(기금)의 편성·집행에 관한 사항은 기관이 관련 법령 등에 따라 그 권한과 책임하에 행사되어야 할 사항으로 원칙적으로 비교섭 사항

- 예산의 내용 중 근무조건은 교섭사항이나 예산(기금)편성 및 집행에 관한 사항 그 자체는 비교섭 사항

    * 보수·상여금(성과상여금 포함), 공무원연금 관련 사항은 근무조건

관련 판례

▷ 지방자치법 제9조제2항제1호 마·사목, 지방재정법 제33조 내지 제50조, 지방자치단체 예산편성 운용에 관한 규칙에 의하면, 지방자치단체는 소속 공무원의 인사·후생복지사무, 예산의 편성·집행사무를 담당하는데, 지방자치단체의 장이 예산을 편성할 때에는 지방재정법 규정과 위 규칙에 정한 바에 따라 예산을 편성하여야 함. 따라서, 일정한 사항에 관한 예산을 편성하는 경우 조합과 협의해야 한다는 내용의 단체협약 조항은 지방자치단체의 장과 지방의회의 예산에 관한 법령상의 권한과 책임을 제한하는 것으로 위 관계법령에 반할 뿐만 아니라, 비록 그 예산의 내용이 공무원의 보수와 복리후생에 관련된 것이라 하더라도 예산편성 자체는 정책결정에 관한 사항 또는 기관의 관리·운영사항으로서 공무원의 근무조건과 직접 관련된 것이라고 볼 수 없음(서울행정법원 2010.8.12, 2009구합42083 ; 서울행정법원 2010.6.4., 2009구합42076)

■ 단체협약 내용: 시는 조합원의 보수 및 복지후생에 대한 예산을 편성하는 경우 사전에 노조와 충분히 협의하여야 한다.

비교섭 사항 사례

▷ 구는 조합원의 복리후생에 대한 예산을 편성하는 경우 사전에 조합과 합의한다.
▷ 교육청은 학교회계 예산편성시 각급 학교 행정실의 부서 운영 업무추진비가 반영되도록 한다.

4 기관의 관리·운영에 관한 그 밖의 사항

① 정책협의기구 등 설치·운영

- 근무조건과 관련이 없는 정책협의기구(위원회 등) 구성·운영 등에 관한 사항은 원칙적으로 비교섭사항

  * 다만, 근무조건 개선을 위한 노사협의 기구 설치·운영은 교섭사항

② 포상 관련

- 포상에 관한 사항은 관련 법령 및 법령의 위임을 받은 조례 등의 규정에 따라 포상권자가 행사하여야 하는 사항으로 근무조건과 직접 관련이 없는 비교섭 사항

  * 포상 대상, 포상 기준, 포상 종류, 포상 인원 등

③ 감사 관련

- 감사에 관한 사항은 관계 법령, 조례·규칙 등에 따라 행사되어져야 할 근무조건과 직접 관련이 없는 기관의 관리·운영에 관한 사항으로 비교섭 사항

  * 감사제도, 감사 실시여부 및 방침·방법, 감사 범위, 중복감사의 방지 등

④ 평가 관련

- 직무평가 등 각종 평가에 관한 사항은 근무조건과 직접 관련이 없는 기관의 관리·운영에 관한 사항으로 비교섭사항

  * 평가제도, 평가 대상, 평가실시 여부 및 방법, 직무성과계약제 등

⑤ 직무 관련

- 사무분장, 직무명령, 직무 수행방법 등에 관한 사항은 국가공무원법 등 관련 규정에 근거하여 기관의 장 또는 그 위임을 받은 자가 그 권한으로 행사하여야 할 사항으로 근무조건과 직접 관련 없는 비교섭 사항

  * 사무(업무)분장, 업무이관, 비상근무 등 직무명령에 관한 사항 등

⑥ 기타 기관의 관리·운영 사항

- 인사자료 공개, 업무 민간위탁, 업무추진비 공개, 교육원 설치·운영, 청사 건립 및 시설 운영, 간부회의 운영, 소청심사위원회 구성, 각종 행사 개최 등 근무조건과 직접 관련이 없는 기관의 관리·운영에 관한 사항은 비교섭 사항

관련 판례

▷ 단체협약 규정이 감사의 방침, 방법, 중복감사의 방지 등에 관한 규정을 둔 것은 관계법령에 규정되어야 할 감사권한을 제한하는 것일 뿐 아니라 기관의 관리·운영에 관한 사항으로서 근무조건과 직접 관련된 것이라 볼 수 없어 단체교섭의 대상이 될 수 없음(서울고등법원 2011.5.19, 2010누14192)

- 단체협약 내용: ①감사는 처벌 위주의 잘못된 관행을 탈피하여 예방·우수사례 전파 및 업무 연찬 중심으로 실시하여야 한다
  ②감사실명제를 정착시키고, 상급기관에서 실시한 감사내용에 대하여 중복감사를 하지 아니한다.

▷ 업무보고 회의나 각종 간부회의 시 구내방송 통신망을 통하여 실시간 방영하도록 하거나 언론 보도자료 제공 및 취재요구에 대한 창구를 공보감사담당관실로 일환하는 규정은 주민의 대표자로 선출된 지방자치단체장의 권한을 근거없이 침해하는 것이고, 근무조건과 직접 관련된 것이라고 보기도 어려워 교섭대상이 될 수 없음(서울행정법원 2010.6.4, 2009구합42076)

- 단체협약 내용: ①기관은 업무보고회나 각종 간부회의 시 특별한 경우를 제외하고는 구내방송 통신망을 통해 실시간 방영한다.
  ②언론의 보도자료 제공 및 취재요구에 대한 창구를 공보담당부서로 일원화하여 운영하도록 한다.

비교섭 사항 사례

▷ 인사제도: 인사제도개선위원회 설치 및 노사 동수로 구성

▷ 각종협의기구 등 : △정책협의기구 구성 및 노조 참여, △노사협의회를 구성하여 인사제도 개선, 정원조정, 인력 재배치 협의

▷ 포상 관련: △노조에 포상 추천권 부여, △포상심의위원회 노조 추천 위원 참여

▷ 감사관련: 하부 기관에 대한 감사 지양 또는 중복 감사 폐지

▷ 평가관련: 6급 이하 직원에 대한 직무성과제 폐지

▷ 업무관련: 비상근무 등에 있어 노조와 사전 협의

▷ 각종위원회: △소청심사위원회 위원 노조 추천, △각종 근무조건 관련 위원회 노조 참여

▷ 기타: △업무추진비 사용내역 공개, △간부회의 등에 노조 참관 의무화, △공무원이 아닌 청원경찰·상근 인력 등에 대한 채용 관련

Ⅵ 교섭유형 및 교섭단위별 교섭사항

▷ 현행법상 교섭·비교섭 사항을 규정하고 있고, **교섭단위는 근무조건에 대한 관리·결정권을 가진 정부교섭대표별로 구성하도록 규정**(공무원노조법 제8조 제1항 및 제2항)

▷ 따라서, 각 교섭단위별로 해당 정부교섭대표는 소관 교섭의제(관리·결정권을 가진 교섭사항)에 대해 교섭을 하여야 함

　＊ 안전행정부장관, 국회사무총장, 법원행정처장, 자치단체장, 시·도교육감 등

1 교섭유형

가. 전국 단위 교섭

- **교섭당사자** : 안전행정부장관(관계기관의 장 참여) ⇔ 연합단체(단위노조 위임) ＋단위노조(전국규모 단위노조, 헌법기관 노조 포함)
- **교섭 사항** : 공무원의 보수 등 국가·지방공무원에게 공통적으로 적용되는 사항

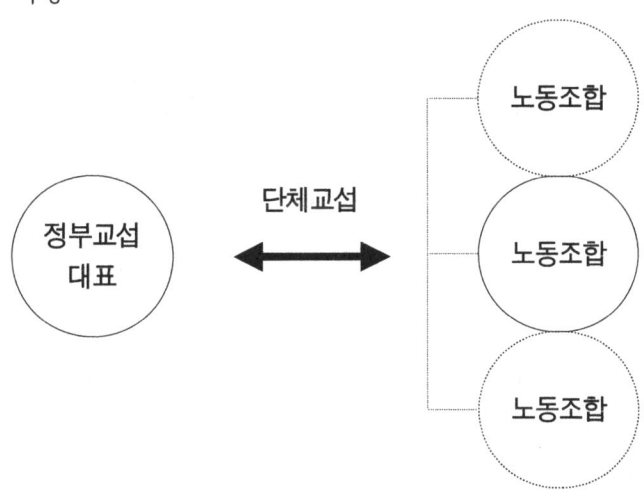

나. 기관단위 교섭

- ◉ 교섭당사자
  - 국회·법원·중앙선거관리위원회 등 헌법기관별 정부교섭대표 ⇔ 기관별 단위노조 + 전국규모 단위노조
  - 안전행정부장관 ⇔ 행정부 단위 노조(+전국규모 단위노조)
  - 자치단체장, 시·도 교육감 ⇔ 자치단체별 단위노조, 시·도 교육청별 단위노조 (+전국규모 단위노조)
- ◉ 교섭 사항 : 소속 공무원의 근무조건 등에 관한 사항 중 해당 정부교섭대표가 관리·결정할 권한을 가진 사항

2 유형별 교섭방법

가. 기본적 교섭구도

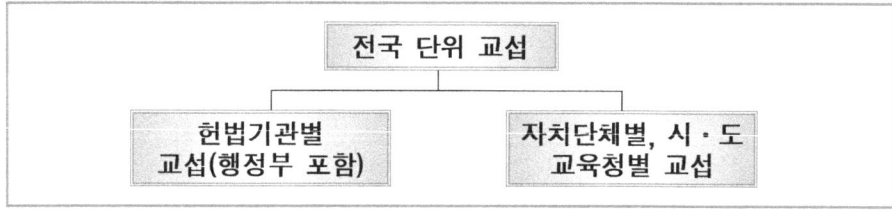

- ◉ 단체교섭은 공무원의 근무조건이 결정되는 구조를 고려할 때
  - 전국 단위 교섭을 통해 보수 등 전체 공무원의 공통적 근무조건에 관한 사항에 대한 교섭을 진행하고
  - 헌법기관(행정부 포함), 자치단체별, 시·도 교육청별로 결정될 수 있는 사항에 대하여는 각 교섭단위별로 교섭
    * 교섭단위별로 복수의 노조가 결성되어 있을 경우 교섭창구단일화

나. 전국 단위 교섭

- ◎ 정부교섭대표(안전행정부장관)는 공무원의 주요 근무조건 결정과 관련한 권한이 각 부처에 분산되어 있는 점을 감안, 효율적인 교섭진행을 위해 관계부처가 참여하는 '교섭단'을 구성·운영
  - 이와 함께, 교섭사항의 특성에 따라 부문별로 실무교섭팀을 구성하여 운영하되, 교섭사항 중 특정 부처의 소관사항에 대하여는 해당 부처의 장에게 교섭권한 위임이 가능

다. 기관 단위 교섭

〈행정부〉

- ◎ 행정부 단위 단체교섭의 경우 안전행정부장관이 정부교섭대표
- ◎ 효율적인 교섭을 위하여 필요한 경우 관계 기관의 장을 교섭에 참여하게 하거나, 다른 기관의 장이 관리·결정 권한을 가진 사항에 대하여는 해당 기관의 장에게 교섭권한 위임이 가능

〈헌법기관, 자치단체 등〉

- ◎ 헌법기관별, 자치단체별, 시·도 교육청별 단체교섭의 경우 헌법기관별 정부교섭대표, 자치단체장, 시·도 교육감이 정부교섭대표
- ◎ 소속 공무원의 근무조건 등에 관한 사항 중 헌법기관별 정부교섭대표, 자치단체장, 시·도 교육감이 관리·결정할 권한을 가진 사항에 대하여 교섭

3 기타 교섭 유형

가. 집단교섭

▷ 최소설립단위로 조직된 수개의 노조와 각 정부교섭대표와의 교섭을 동일 장소에서 동시에 집단적으로 진행하는 교섭형태(복수 공무원노조 vs 복수 정부교섭대표)

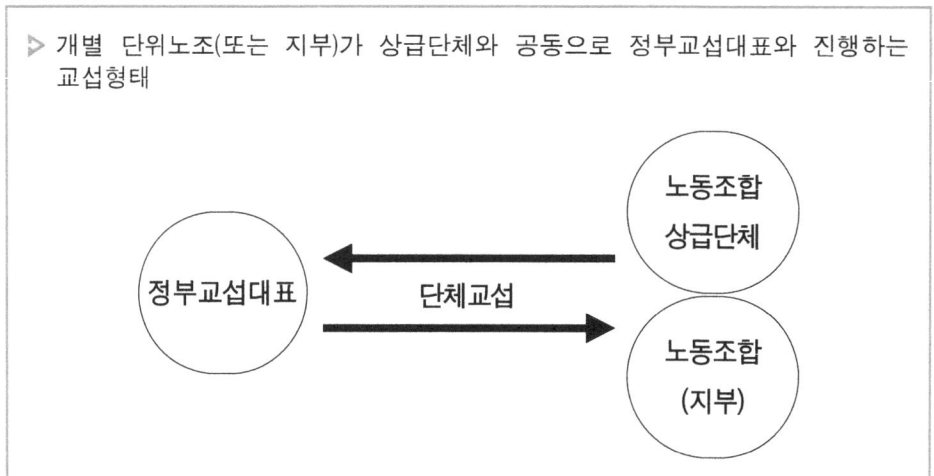

나. 공동 교섭

▷ 개별 단위노조(또는 지부)가 상급단체와 공동으로 정부교섭대표와 진행하는 교섭형태

다. 대각선 교섭

▷ 상부 단체(전국단위 노조 등)가 단독으로 개별 정부교섭대표와 직접 교섭하는 방식
  - 당해 설립단위 공무원 노·사가 교섭권한 위임을 하였을 경우, 위임받은 당사자간 진행되는 단체교섭

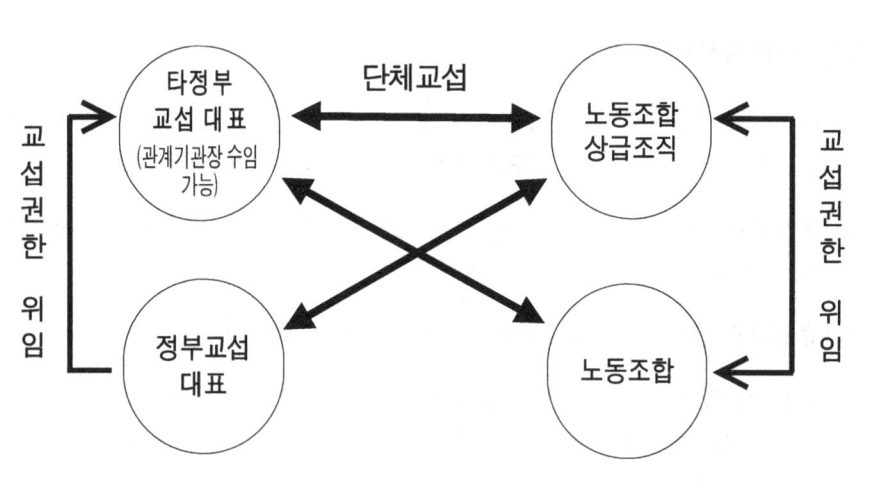

4 교섭단위별 교섭사항(예시)

가. 전국 단위 교섭

① 단체교섭, 조합활동 등에 관한 사항

교섭사항(예시)

① **(자료 협조 등)**정부는 노동조합이 단체교섭에 필요한 자료의 열람이나 정보의 제공을 요구 할 경우 관련법규에 위반되지 않는 범위 내에서 협조할 수 있다.

② **(교섭위원 구성)**교섭위원은 노사 각각 10인 이내로 하되 노사 동수로 구성하며, 노사양측 대표자가 대표 교섭위원이 된다.

③ **(유효기간)**단체협약의 유효기간은 협약 체결일로부터 2년으로 한다.

④ **(보충교섭)**단체협약 당사자는 협약을 성실히 이행하여야 하며 그 유효기간 중에 원칙적으로 새로운 교섭을 요구할 수 없다. 다만, 법령의 개정, 급격한 사회·경제적 변화 등으로 사회통념상 협약의 유지가 어려운 경우 등 사정변경의 사유가 있을 경우 당사자간 협의로 보충협약을 체결할 수 있다.

⑤ **(노동쟁의 조정·중재 등)**교섭 당사자는 단체교섭이 결렬되어 더 이상 자율적인 합의의 가능성이 없다고 판단하는 경우, 일방 또는 쌍방의 합의로 중앙노동위원회(공무원노동관계조정위원회)에 조정을 신청할 수 있다. 다만, 중재는 당사자 양쪽이 함께 신청하여야 한다.

⑥ **(협약의 해석·적용 등)**본 협약의 해석 및 운영상의 이의가 있는 경우에는 노사 간 협의를 통해 결정하며, 의견일치가 이루어지지 않은 경우에는 노동위원회에 해석 또는 이행방법에 관한 견해의 제시를 요청할 수 있다.

⑦ **(협약의 이행 등)**기관과 조합은 본 협약을 성실히 이행하며, 정부는 협약내용 중 단체협약으로서의 효력을 가지지 아니하는 협약의 내용에 대한 이행결과를 유효기간 만료일 3월 전까지 조합에 통보한다.

② 공무원의 공통 근무조건에 관한 사항

교섭사항(예시)

① 보수 및 상여금, 각종 수당 신설·인상 등에 관한 사항
② 근무시간(근무시간 단축, 유연근무제 등)에 관한 사항
③ 정년 연장 등에 관한 사항
④ 휴일·휴가(신설 및 기간·일수 연장 등), 병가에 관한 사항
⑤ 산전후 휴가 및 유아휴직 등에 관한 사항(기간 연장 등)
⑥ 재해 보상에 관한 사항
⑦ 안전·보건에 관한 사항
⑧ 기타 복지 후생에 관한 사항

나. 기관 단위 교섭

① 단체교섭·단체협약, 조합활동 등에 관한 사항

교섭사항(예시)

① **(자료 협조 등)** 기관은 노동조합이 단체교섭에 필요한 자료의 열람이나 정보의 제공을 요구 할 경우 관련법규에 위반되지 않는 범위 내에서 협조할 수 있다.

② **(교섭위원 구성)** 교섭위원은 노사 각각 10인 이내로 하되 노사 동수로 구성하며, 노사양측 대표자가 대표 교섭위원이 된다.

③ **(유효기간)** 단체협약의 유효기간은 협약 체결일로부터 2년으로 한다.

④ **(보충교섭)** 단체협약 당사자는 협약을 성실히 이행하여야 하며 그 유효기간 중에 원칙적으로 새로운 교섭을 요구할 수 없다. 다만, 법령의 개정·급격한 사회 경제적 변화 등으로 사회통념상 협약의 유지가 어려운 경우 등 사정 변경의 사유가 있을 경우 당사자간 협의로 보충협약을 체결할 수 있다.

⑤ **(노동쟁의 조정·중재 등)** 교섭 당사자는 단체교섭이 결렬되어 더 이상 자율적인 합의의 가능성이 없다고 판단하는 경우, 일방 또는 쌍방의 합의로 중앙노동위원회(공무원노동관계조정위원회)에 조정을 신청할 수 있다. 다만, 중재는 당사자 양쪽이 함께 신청하여야 한다.

공무원노사관계 업무매뉴얼

교섭사항(예시)

⑥ **(협약의 해석·적용 등)** 본 협약의 해석 및 운영상의 이의가 있는 경우에는 노사간 협의를 통해 결정하며, 의견일치가 이루어지지 않은 경우에는 노동위원회에 해석 또는 이행방법에 관한 견해의 제시를 요청할 수 있다.

⑦ **(협약의 이행 등)** 기관과 조합은 본 협약을 성실히 이행하며, 정부는 협약 내용 중 단체협약으로서의 효력을 가지지 아니하는 협약의 내용에 대한 이행 결과를 유효기간 만료일 3월 전까지 조합에 통보한다.

⑧ **(전임자)** ①조합은 공무원노조법 등 관계법령이 정한 범위 내에서 임용권자의 동의를 얻어 노동조합 대표자 등 전임자 ○명을 둘 수 있으며, 전임자임을 이유로 신분에 관한 부당한 처우를 하여서는 아니 된다.
②기관은 전임해지와 동시에 전임자를 복직시키는 것을 원칙으로 하며, 복직을 시키는 경우에는 노조 전임자인 것을 이유로 불이익한 처우를 하여서는 아니 된다.

⑨ **(조합비 일괄공제)** 기관은 조합원에 대한 임금지급 시 조합에서 통보한 조합비를 매월 일괄공제하여 조합명의로 개설된 통장에 이체 지급하고 그 명세서는 조합에 통보한다.

② 근무조건 등에 관한 사항(기관별 고유사항)

교섭사항(예시)

① **(당직 수당)** 일·숙직 당직자에 대한 근무수당은 예산의 범위 내에서 지급하되, 단계적으로 상향 조정하여 예산에 반영될 수 있도록 노력한다.

② **(이주비)** 기관은 소속 공무원이 인사이동으로 인해 거주지가 변경되는 경우 관련 규정에 따라 이주비가 지급되도록 한다.

③ **(특수업무 수당)** 기관은 소속 공무원중 ○○업무에 종사하는 공무원에 대해 지급되는 ○○수당이 인상될 수 있도록 노력한다.

④ **(유연근무제)** 기관의 여건과 실정, 직무 성격 등을 감안하여 유연근무시간제를 도입할 수 있도록 노력한다.

교섭사항(예시)

⑤ **(시간 외 수당)** 특별한 사유가 있는 경우를 제외하고는 정시 출·퇴근을 준수하며 시간외 근무자에 대해서는 예산을 확보하여 시간외 근무수당 전액을 지급하도록 한다.

⑥ **(휴가)** 조합원이 사전에 연가신청 시 특별한 사유가 없는 한 허가한다. 다만, 연가를 불허하는 경우 구체적인 사유를 설명하고 대체 연가일을 지정한다.

⑦ **(휴일 근무)** 휴일에 각종행사 및 비상근무를 할 경우 관련 규정에 따라 수당을 지급한다.

⑧ **(교육 훈련)** 기관은 소속기관에 관계없이 전직원에게 교육기회를 균등하게 부여하며, 교육대상자 선발기준에 대해 조합의 의견을 수렴한다.

⑨ **(국내외 연수 등)** 기관은 해외연수 및 국내 교육기관 등에 연수기회가 확대되도록 하며 선발 기준 마련시 노조의 의견을 수렴한다.

⑩ **(선택적 복지포인트)** 기관은 조합원의 선택적 복지포인트 상향조정을 위해 적극 노력한다.

⑪ **(퇴직예정자 교육)** 기관은 퇴직예정 공무원을 대상으로 한 사회적응 교육을 위해 교육프로그램을 마련한다.

⑫ **(건강 검진)** 기관은 조합원의 건강증진을 위하여 시행하는 건강검진이 보다 실질적으로 운영될 수 있도록 합리적인 방안을 마련한다.

⑬ **(근무복)** 기관은 부서 및 담당업무 등에 따른 근무여건을 감안하여 근무복을 지급한다.

⑭ **(기숙사)** 기관은 직원들의 안정적으로 근무할 수 있도록 주거안정을 위해 노력하며, 원거리 통근직원을 위한 기숙사 확보를 위해 노력한다.

⑮ **(통근버스 운행)** 기관은 직원 출퇴근 편의를 위해 통근버스를 운행하며, 운행노선 변경시에는 사전에 조합과 협의한다.

⑯ **(휴양 시설)** 기관은 조합원이 이용할 수 있는 휴양시설을 확대하고 선정·관리에 조합의 의견을 반영한다.

⑰ **(보육 시설)** 기관은 직장내 보육시설을 청사내에 설치할 수 있도록 노력하며, 구체적인 계획 수립 시 조합의 의견을 반영하여 추진한다.

교섭사항(예시)

⑱ **(모성 보호)** 기관은 임신중이거나 생후 1년 미만의 유아가 있는 여성조합원에게 1일 1시간의 모성보호시간을 보장한다.

⑲ **(수유 시간)** 기관은 직장 내에 모유 수유실을 설치하도록 한다.

⑳ **(재해 예방)** 기관은 근골격계 질환 등 업무상 재해 발생 예방을 위해 관련 조치를 마련하고 노조는 업무상 재해 및 질병예방을 위한 활동에 협조한다.

㉑ **(안전 조치)** 조합이 청사내 재해요인 및 안전조사 실시 등을 요구할 경우 전문 기관에 의뢰하여 관련 조치를 취한다.

㉒ **(청사이전 시 주거 대책)** 기관은 청사 이전에 따라 조합원 거주지의 이전이 불가피한 경우 이전 대상 지역에서 분양하는 아파트의 특별분양 등 이주 대책을 마련한다.

제 2 장 단체협약

>> I 단체협약의 의의

◉ 단체협약은 노동조합과 사용자가 임금 등 근무조건, 기타의 사항에 대하여 단체교섭 과정을 거쳐 합의한 사항을 서면으로 작성하여 당사자 쌍방이 서명 또는 날인한 것을 말하며

- 근로조건 등에 대한 노사간의 합의사항이지만 원칙적으로 규범적 효력이 인정되어 노사관계에 미치는 영향이 큼

- 민간부문의 경우 단체협약의 내용 가운데 근로조건, 기타 근로자의 대우에 관한 기준에 위반한 취업규칙이나 근로계약은 무효가 되고 그 무효가 된 부분은 개별 근로계약과 관계없이 일률적으로 단체협약에 의해 규율(노조법 제33조)

◉ 그러나, 공무원의 임금 등 근무조건은 법령·예산·조례 등에 의하여 결정되고 있는 점을 고려하여

- 공무원노조법에서는 단체협약의 내용 중 법령·조례 및 예산에 의하여 규정되는 내용과 법령 또는 조례에 의하여 위임을 받아 규정되는 내용은 단체협약으로서의 효력을 인정하지 않음(공무원노조법 제10조제1항)

- 다만, 정부교섭대표는 단체협약으로서의 효력을 가지지 아니하는 내용이 이행될 수 있도록 성실히 노력하도록 규정하고 있음(공무원노조법 제10조제2항)

  * 이 경우 정부교섭대표는 법 제10조제1항의 규정에 의하여 단체협약으로서의 효력을 가지지 아니하는 단체협약 내용에 대한 이행결과를 당해 단체협약의 유효기간 만료일 3월 전까지 상대방에게 서면으로 통보하여야 함(공무원노조법 시행령 제10조)

>> Ⅱ 단체협약의 체결

1 서면 작성

- 단체협약은 이를 서면으로 작성하여야 함(노조법 제31조제1항)
  - 서면으로 작성되지 않은 단체협약은 법상 단체협약으로 인정할 수 없고, 따라서 법상의 단체협약으로서의 효력이 없음
- 단체협약은 그 체결당사자, 절차, 실제적 내용 등에 따라서 단체협약으로 인정되는지의 여부가 결정되는 것이므로
  - "협정", "확인서", "각서" 등 그 명칭 여하에 관계없이 실질적으로 노사 쌍방이 정상적인 단체교섭을 통하여 합의한 내용을 문서화한 것이면 단체협약으로 인정됨

> **관련 판례**
>
> ▷ 단체협약은 노동조합이 사용자 또는 사용자단체와 근로조건 기타 노사관계에서 발생하는 사항에 관한 협정(합의)을 문서로 작성하여 당사자 쌍방이 서명날인 함으로써 성립하는 것이고, 그 협정(합의)이 반드시 정식의 단체교섭 절차를 거쳐서 이루어져야만 하는 것은 아니라고 할 것이므로 노동조합과 사용자 사이에 근로조건 기타 노사관계에 관한 합의가 노사협의회의 협의를 거쳐서 성립되었더라도, 당사자 쌍방이 이를 단체협약으로 할 의사로 문서로 작성하여 당사자 쌍방의 대표자가 각 노동조합과 사용자를 대표하여 서명날인 하는 등 단체협약의 실질적·형식적 요건을 갖추었다면 이는 단체협약이라고 보아야 할 것이다.(대법원 2005.3.11, 2003다27429)

2 서명 또는 날인

- 단체협약은 이를 문서화한 후에 당사자의 서명 또는 날인이 있어야 함(노조법 제31조제1항)
  - 노동조합은 그 대표자, 즉 노조 위원장이 서명 또는 날인하여야 함
  - 사용자측은 정부교섭대표가 서명 또는 날인하여야 함

관련 판례 및 행정해석

▶ 단체협약을 문서화하고 당사자 쌍방이 서명날인을 하도록 규정한 노조법 제31조제1항의 취지는 단체협약이 규율대상으로 하고 있는 노사관계가 집단적·계속적이라는 점을 고려하여 체결당사자를 명확히 함과 동시에 당사자의 최종적인 의사를 확인함으로써 단체협약의 진정성과 명확성을 담보하려는데 있다고 할 것임.(대법원 2002.8.27. 2001다79457)

▶ 판례는 서명날인이 아니라도 단체협약의 진정성과 명확성이 담보된다면 서명무인이나 기명날인의 경우라도 그 효력을 인정함.(대법원 2005.3.11. 2003다27429 등)

▶ 노동조합과 사이에 체결한 단체협약이 유효하게 성립하려면 단체협약을 체결할 능력이 있는 사용자가 그 상대방 당사자로서 체결하여야 하고 나아가 서면으로 작성하여 당사자 쌍방이 서명날인 함으로써 노조법 제31조제1항 소정의 방식을 갖추어야 하고 이러한 요건을 갖추지 못한 단체협약은 조합원 등에 대하여 그 규범적 효력을 미치지 아니한다.(대법원 2001.1.19, 99다72422)

▶ 조합원의 직접·비밀·무기명 투표로 선출되지 아니하여 자격없는 노조대표자가 사용자와 교섭하여 단체협약을 체결하였더라도 해당 노조의 설립신고증에 노조대표자로 기재되어 있고 대표자 자격과 관련하여 다툼이 없는 등 교섭 및 협약체결 당시에 사용자가 노조대표자의 자격에 하자가 있다는 사실을 알지 못하는 등 선의의 제3자에 해당하는 경우 이러한 상황에서 체결된 단체협약의 효력을 부인하기 어려울 것임.(노사관계법제팀-516, 2006.2.27)

▶ 단체협약이라 함은 공무원노조법 제8조제1항 및 노조법 제31조제1항의 규정에 의거 노동조합과 정부교섭대표가 적법한 절차와 방법에 따라 체결한 협약을 말하는 것으로서, 이때 "노동조합"이라 함은 노조법 제2조제4호에 의한 노동조합으로서의 실질적 요건을 갖추고, 노조법 제12조에 의해 노동부장관으로부터 설립신고증을 발급받은 합법적인 노동조합을 의미하는 것임. 따라서, 공무원노조법상 노동조합이 아닌 단체와 체결한 협약서나 공무원직장협의회의 합의서는 노조법 제31조제1항의 규정에 의한 단체협약으로 볼 수 없음.(공공노사관계팀-115, 2008.1.17)

3 단체협약의 신고

- 단체협약을 체결한 당사자는 단체협약 체결일로부터 15일 이내에 쌍방이 연명으로 고용노동부장관 또는 관할 지방고용노동관서장에 신고(공무원노조법 시행규칙 별지 제14호 서식)하여야 함

- 단체협약의 신고는 행정관청(고용노동부장관, 지방고용노동관서장)의 인가를 얻기 위한 요식행위가 아니므로 단체협약의 효력발생과는 아무런 관계가 없음

- 단체협약을 신고하지 않는 경우에는 근로감독관집무규정 별표4(집단노사관계법 위반사항 조치기준)에 따라 즉시 신고하도록 명하며, 미시정시 300만 원 이하의 과태료 부과(노조법 제96조제2항)

4 단체협약 체결권 제한 관련

- 노동조합 대표자는 교섭권과 단체협약 체결권도 가지고 있으므로(공무원노조법 제8조제1항, 노조법 제29조제1항) 노동조합 대표자의 단체협약 체결권한을 전면적, 포괄적으로 제한하는 경우에는 공무원노조법 제8조 제1항 위반에 해당됨
  - 이와 같은 위법사항이 규정된 노동조합 규약이나 단체협약은 규약 시정명령(노조법 제21조 제1항), 단체협약 시정명령(노조법 제31조 제3항)의 대상이 됨

- 따라서, 노동조합이 규약이나 총회(대의원회) 결의 등으로 노동조합 대표자의 단체협약 체결권을 제한하는 것은 허용되지 않으며
  - 노사 대표자간의 합의에도 불구하고 조합원 총회의 인준투표 결과 부결을 이유로 재교섭을 요구하는 경우 정부교섭대표는 이를 거부할 수 있음

관련 판례

▷ 조합규약에서 조합대표자가 조합원 총회의 결의에 따라 단체협약을 체결하거나 추후 조합원 총회의 승인을 받아야 한다는 규정은 대표자 또는 수임자의 단체협약 체결권한을 전면적·포괄적으로 제한함으로써 사실상 단체협약 체결권한을 형해화하여 명목에 불과한 것으로 만드는 것이어서 조합 대표자 또는 수임자의 단체협약 체결권한을 규정한 같은법 제33조제1항(현행 노조법 제29조제1항)에 위배됨.(대법원 1993.5.11, 91누10787 ; 1993.4.27, 91누12257)

>> Ⅲ 단체협약의 효력

1 일반론

- 단체협약은 노동조합과 사용자가 체결하는 집단적 계약으로서 일반적으로 근무조건, 기타 대우에 관한 내용으로
  - 개별적 근로관계에 관한 사항(규범적 부분)과 노동조합의 유지·활동을 위한 내용으로 집단적 노동관계에 관한 사항(채무적 부분)으로 구성

가. 규범적 부분과 효력

- 단체협약의 내용 중에서 「근로조건 기타 근로자의 대우에 관한 사항」에 관하여 정한 부분에 대하여는 법상 규범적 효력이 부여되고 있음 (노조법 제33조제1항)

    * ①임금, 제수당 ②근로시간, 휴일, 휴가 ③재해보상의 종류와 산정방법 ④안전·보건에 관한 사항 ⑤후생·복리에 관한 사항 등이 이에 해당됨

- 단체협약의 유효기간이 만료되고 새로운 단체협약이 체결되지 아니한 경우라도 규범적 부분은 근로계약의 내용이 되어 그대로 적용됨

> **관련 판례**
>
> ▷ 단체협약이 실효되었더라도 임금, 근로시간 등 개별적 근로조건에 관한 부분은 그 단체협약의 적용을 받고 있던 근로자의 근로계약의 내용이 되어 그것을 변경하는 새로운 단체협약의 체결, 취업규칙이 작성되거나 또는 개별적인 근로자의 동의를 얻지 아니하는 한 개별적인 근로자의 근로계약의 내용으로서 여전히 남아 있어 사용자와 근로자를 규율한다고 할 것임.
> (대법원 2000.6.9. 98다13747 등)

나. 채무적 부분과 효력

- 단체협약의 내용 중에서 협약 당사자 상호간의 권리·의무를 규율하는 사항들은 노동조합과 사용자간에 채권·채무적 효력이 미치는 부분으로
  - 평화조항, 단체교섭조항, 조합원의 범위조항, 조합활동조항, 노동쟁의조항 등이 이에 해당

- 이와 같은 채무적 부분은 사용자와 노동조합, 즉 협약당사자가 상대방에 대하여 어떤 의무를 부담하게 하는 채권법적 효력을 바탕으로 하며
  - 노동조합은 채무적 부분에 관한 제반 의무를 스스로 준수해야 하며(자기의무), 조합원 등이 단체협약에 규정된 준수사항을 지키도록 노력해야 함(영향의무)

2 단체협약 효력 제한

- 공무원 노사가 체결한 단체협약의 내용 중 법령·조례 및 예산에 의하여 규정되는 내용과 법령 또는 조례에 의한 위임을 받아 규정되는 내용은 단체협약으로서의 효력을 가지지 아니함(공무원노조법 제10조제1항)
  * 법령의 의미는 동 조항의 취지를 생각할 때 법률, 시행령, 시행규칙까지 포함되는 것으로 해석됨
  * 지방자치단체의 장이 법령 또는 조례가 위임한 범위 내에서 그 권한에 속하는 사무에 관하여 제정한 규칙(지방자치법 제23조)은 법령 또는 조례에 의한 위임을 받아 규정되는 내용에 해당

- 정부교섭대표는 단체협약으로서의 효력을 가지지 아니하는 내용에 대하여는 그 내용이 이행될 수 있도록 성실히 노력하여야 하며(공무원노조법 제10조제2항),
  - 그 이행결과를 당해 단체협약의 유효기간 만료일 3월 전까지 상대방에게 서면으로 통보하여야 함(공무원노조법 시행령 제10조)

> **관련 행정해석**
>
> ▷ 공무원노조법 제10조에 따라 단체협약의 내용 중 법령·조례 또는 예산에 의하여 규정되는 내용과 법령 또는 조례에 의한 위임을 받아 규정되는 내용은 단체협약으로서의 효력을 가지지 아니하는 것이므로, 단체협약의 내용이 법령·조례보다 유리하다고 하더라도 동 내용이 법령·조례보다 우선하여 인정될 수는 없는 것임.(공공노사관계팀-2221, 2007.11.8.)
>
> ▷ '근무시간 및 시간외 근무수당'에 관한 사항은 조합원의 근무조건에 해당하여 단체교섭의 대상이 될 수는 있을 것이나, 단체협약 내용이 "지방공무원 수당 등에 관한 규정"과 같이 법령에 의하여 규정되어 있는 경우에는 단체 협약으로서 효력을 가지지 아니하므로 당해 법령에 따라야 할 것임.(공무원노사관계과-2180, 2012.11.18)

3 단체협약의 효력 확장

가. 일반적 구속력의 의의

- 단체협약의 규범적 효력이 미치는 범위는 그 당사자인 정부교섭대표와 노동조합의 조합원에 한정되는 것이 원칙이나
  - 사용자가 상대적으로 근로조건이 높은 조합원보다 비조합원을 선호하여 노동조합을 약화시키는 것을 예방하기 위하여 단체협약의 효력이 적용되는 범위가 확장되도록 제도화하고 있음(노조법 제35조)
  - 이는 비조합원의 근로조건을 통일적으로 규제함으로써 조합원을 보호하고 협약당사자인 노동조합의 규제력을 강화하기 위한 것임

나. 성립요건

- 하나의 교섭단위에 상시 사용되는 동종의 공무원 반수 이상이 하나의 단체협약의 적용을 받게 된 때에는 당해 교섭단위에 사용되는 다른 동종의 공무원에 대하여도 당해 단체협약이 적용됨(노조법 제35조)

- 동종의 공무원이라 함은 공무원노조법에 의해 공무원노조에 가입할 수 있는 공무원을 말함

    ① 공무원노조법 제6조제2항에 해당하는 공무원은 법상 단체협약 적용이 예정되어 있지 않으므로 「동종 공무원」에 포함되지 않음

    ② 교원은 교원노조법의 적용을, 현업 공무원은 일반 노조법의 적용을 받으므로 「동종 공무원」에 포함되지 않음

관련 판례

▶ 노동조합 및 노동관계조정법 제35조는 하나의 사업 또는 사업장에 상시 사용되는 동종의 근로자 반수 이상이 하나의 단체협약의 적용을 받게 된 때에는 당해 사업 또는 사업장에 사용되는 다른 동종의 근로자에 대하여도 당해 단체협약이 적용된다고 규정하는바, 이에 따라 단체협약의 적용을 받게 되는 동종의 근로자라 함은 당해 단체협약의 규정에 의하여 그 협약의 적용이 예상되는 자를 가리키며, 한편 단체협약 등의 규정에 의하여 조합원의 자격이 없는 자는 단체협약의 적용이 예상된다고 할 수 없어 단체협약의 일반적 구속력이 미치는 동종의 근로자라고 할 수 없다(대법원 1997.10.28, 96다13415 ; 2003.6.27, 2002다 23611)

- 하나의 교섭단위라 함은 단체협약의 적용을 받는 반수 이상의 공무원을 산출하는 단위를 의미하고 통상적으로는 단체협약의 적용을 받는 단위를 말함

    ① 행정부 단위의 공무원노조가 안전행정부장관과 단체협약을 체결한 경우 교섭단위는 전체 행정부이므로 이 단체협약은 공무원노조법상 공무원노조에 가입할 수 있는 전체 행정부 공무원의 반수 이상에 적용될 경우 동종 공무원에 확장 적용

    ② 행정부 단위의 공무원노조로부터 교섭권을 위임받은 개별 부처(소속 기관)에 설립된 지부(분회)가 단체협약을 체결한 경우 교섭단위는 개별 부처(소속 기관)이므로 그 개별 부처(소속 기관)의 공무원노조법상 공무원노조에 가입할 수 있는 공무원의 반수 이상에 적용될 경우 같은 부처(소속 기관) 내의 동종 공무원에 확장 적용

- 단체협약의 효력이 발생된 이후에 신규 공무원의 채용 또는 조합원의 탈퇴 등으로 『반수 이상의 공무원』이라는 요건을 갖추지 못하면 일반적 구속력의 효력은 자동적으로 상실됨

> **관련 행정해석**
>
> ▷ ○○광역시공무원노동조합(A노조)이 2007.4.2 ○○광역시와 단체협약을 체결하여 그 효력이 유지되고 있는 상태에서, 동 단체협약이 2007.10.17 설립된 전국단위노동조합의 ○○광역시지부(B노조) 소속 공무원에게도 확장·적용되는지 여부는,
>
> - ○○광역시가 노조법 제35조 소정의 일반적 구속력이 적용되는 사업장이고, B노조 소속 공무원이 A노조의 단체협약을 적용받고 있는 공무원과 업무 내용이나 근무형태 등이 같거나 유사하여 당해 단체협약의 적용이 예상 되는 경우라면, A노조의 단체협약 내용 중 규범적 부분은 B노조 소속 공무원에게도 확장·적용된다 할 것임.
>
> - 다만, "조합비 일괄공제" 등과 같이 단체협약 내용 중 협약 당사자 상호간의 권리·의무를 규율하는 소위 채무적 부분은 B노조 소속 공무원에게 확장· 적용된다고 보기는 어려울 것임.(공공노사관계팀-2583, 2007.12.21)

4 법적효과

- 단체협약의 일반적 구속력은 단체협약의 당사자인 노동조합과 정부교섭대표가 별도의 조치를 할 필요가 없이 해당 요건이 충족되면 자동적으로 비조합원인 공무원에게도 단체협약이 적용됨
  - 이 경우, 단체협약의 내용 중 규범적 부분만이 확장 적용됨

IV 단체협약의 종료

1 유효기간의 만료

● 단체협약은 그 유효기간이 만료되면 효력이 상실되는 것이나

- 그 유효기간이 만료되는 때를 전후하여 노사 쌍방이 새로운 단체협약을 체결하기 위하여 단체교섭을 계속하였음에도 불구하고 단체협약이 체결되지 아니한 경우에는 종전의 단체협약(규범적 부분과 채무적 부분 포함)은 그 효력 만료일부터 3월까지 계속 효력을 가짐 (노조법 제32조제3항)

● 단체협약의 유효기간은 노사 당사자가 2년의 범위 내에서 자유롭게 정할 수 있으나

- 그 유효기간을 정하지 않거나, 2년 이상을 초과하는 기간을 정한 경우에는 그 유효기간은 2년으로 됨(노조법 제32조제1항)

관련 판례

▶ 노동조합 및 노동관계조정법 제32조제3항은 단체협약의 유효기간이 만료된 후라도 유효기간 만료시를 전후하여 쌍방이 새로운 단체협약을 체결하고자 단체교섭을 계속하였음에도 불구하고 새로운 단체협약이 체결되지 아니할 때에는 종전의 단체협약은 그 만료일로부터 3월까지 계속 효력을 갖는다고 규정하고 있는바, 위 제3항의 취지는 노사 쌍방이 단체협약을 폐기하지 아니하고 단체협약을 가지고자하는 의사가 있을 때에는 이를 존중하여 가급적 단체협약갱신 교섭중의 무협약 상태의 출현을 방지하고자 함에 있다. (대법원 1997.10.28, 96다13415 ; 2003.6.27, 2002다 23611)

2 자동연장협정과 자동갱신협정

가. 자동연장협정

- 자동연장협정이란 유효기간 만료 후의 무협약 상태를 피하기 위하여 「이 협약은 새 협약이 성립할 때까지 유효하다」는 내용의 협정을 말함

- 이는 협약 당사자가 새 협약이 성립할 때까지 일단 현재의 단체협약에 의하여 공무원 노사관계를 안정시킨 가운데 단체교섭을 계속하자는데 그 취지가 있으므로 당사자의 의사에 반하여 협약의 효력을 연장하는 것은 아님

- 다만, 당사자 일방이 자동연장협정을 해지하고자 하는 경우에는 단체협약이 만료된 다음날부터 상대방에게 종전 단체협약의 해지를 통고할 수 있으며,
  - 단체협약 해지통보 후 6개월이 지나면 단체협약이 해지됨(노조법 제32조 제3항)

나. 자동갱신협정

- 자동갱신협정이란 예를 들어 『이 협약의 기간만료 30일 전까지 당사자의 일방이 단체협약의 개폐의 의사표시 또는 변경안의 제시가 없는 경우에는 기간 만료일로부터 다시 2년간 유효한 것으로 본다』라고 하는 협정을 의미함

- 이는 단체협약 개폐의 의사표시를 할 수 있음에도 불구하고 이를 행하지 않는 것은 종전의 단체협약의 계속적인 존속을 묵시적으로 인정하는 것이므로
  - 구 협약과 동일한 내용의 신 협약을 체결하는 절차를 생략한 것이라고 볼 수 있음

>> V 단체협약의 해석

- 단체협약의 해석 또는 이행방법에 관하여 관계 당사자간에 의견의 불일치가 있는 때에는 당사자 쌍방 또는 단체협약에 정하는 바에 의하여 어느 일방이 노동위원회에 그 해석 또는 이행방법에 관한 견해의 제시를 요청할 수 있음(노조법 제34조제1항)

  - 견해제시의 요청은 해당 단체협약의 내용과 당사자의 의견 등을 기재한 서면으로 하여야 함(노조법 시행령 제16조)

- 노동위원회는 위 요청을 받은 때에는 그 날부터 30일 이내에 명확한 견해를 제시(노조법 제34조제2항)

  - 노동위원회의 견해는 중재 재정과 동일한 효력(노조법 제34조제3항)

- 노동위원회가 제시한 견해가 "위법·월권"에 해당하는 경우 당사자 일방은 10일 이내에 중앙노동위원회에 재심을 신청할 수 있으며, 중노위의 재심 결정이 "위법·월권"에 해당하는 경우 15일 이내에 행정소송을 제기할 수 있음

  - 만약 재심신청 또는 행정소송을 제기하지 하지 아니한 경우 노동위원회에서 제시한 견해는 확정되는 것이므로 노사 당사자는 이에 따라야 함

관련 판례

▶ 노조법 제34조제3항은 단체협약의 해석 또는 이행방법에 관하여 단체협약 당사자의 견해제시의 요청에 응하여 노동위원회가 제시한 견해는 중재재정과 동일한 효력을 가진다고 정하고 있으므로, 단체협약의 해석 또는 이행방법에 관한 노동위원회의 제시된 견해의 효력을 다투고자 할 때에는 노동위원회가 행한 중재재정의 효력을 다투는 절차를 정한 위 법 제69조에 의하여야 할 것이고, 노동위원회가 단체협약의 의미를 오해하여 그 해석 또는 이행방법에 관하여 잘못된 견해를 제시하였다면 이는 법률행위인 단체협약의 해석에 관한 법리를 오해한 위법을 범한 것으로 위 법 제69조에서 정한 불복사유인 위법 사유가 있는 경우에 해당된다.(대법원 2005. 9. 9, 2003두896)

공무원노사관계 업무매뉴얼

제3장 단체협약 시정명령

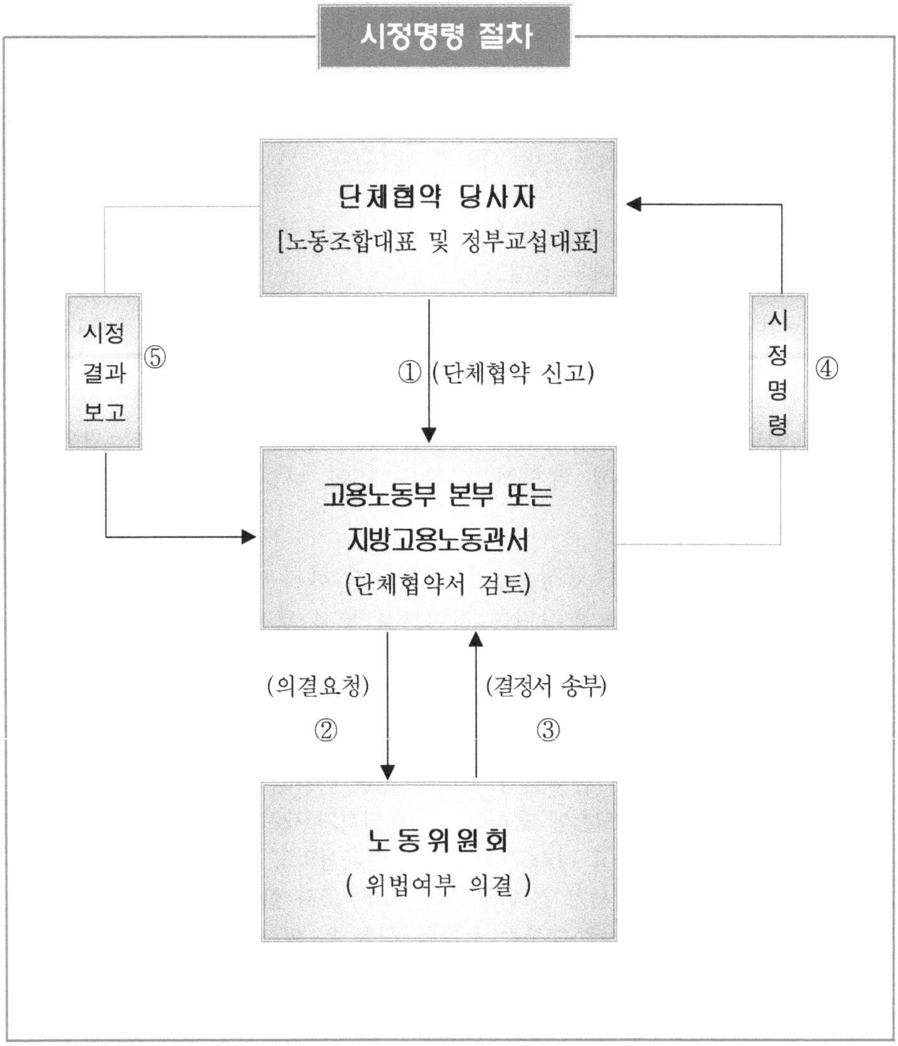

시정명령 절차

```
        단체협약 당사자
    [노동조합대표 및 정부교섭대표]
              │                    ▲
              │ ① (단체협약 신고)   │ ④ 시정명령
  ⑤ 시정      ▼                    │
  결과    고용노동부 본부 또는
  보고    지방고용노동관서
          (단체협약서 검토)
              │         ▲
     ② (의결요청)   ③ (결정서 송부)
              ▼         │
            노동위원회
          ( 위법여부 의결 )
```

I. 요건

● 단체협약 중 위법한 내용이 있어야 함(노조법 제31조제3항)
  - 이 경우 '위법'이라 함은 노동관계법령 외에도 단체협약의 성질 또는 내용과 관련된 모든 법을 지칭하는 것임

● 단체협약 신고, 지도 점검, 민원 제기 등이 있는 경우 단체협약의 위법여부를 검토하고, 위법한 내용이 있는 경우 시정명령 절차에 따라 시정조치

관련 판례

▶ 노조법 제31조제3항에 의한 시정명령은 그 내용이 법령에 위반되는 단체협약에 대하여 할 수 있는데, 여기서 위법이란 노동관계 법령에 위반된 것에 한정되지 않고, 노동관계 법령 이외에도 단체협약의 성질상 또는 내용상 관련이 있는 모든 법령이 그 기준이 된다.(서울고등법원 2011.5.19, 2010누14192)

II. 시정명령 절차

● 단체협약에 위법이 있는지 여부는 다음과 같은 경우에 검토
  - 단체협약이 새로이 체결되어 신고된 경우
  - 지도점검 결과 단체협약에 위법한 내용이 있는 경우
    * 단체협약은 2년마다 반복 갱신되고 있음을 고려하여 행정관청은 단체협약 검토계획을 수립하여 단계적 개선조치
  - 단체협약 시정명령 요청 등 민원이 제기된 경우
    * 고용노동부 또는 지방고용노동관서의 단체협약 시정명령 요청 거부는 행정쟁송법상 처분에 해당하지 않음

● 단체협약의 위법여부를 검토한 결과, 위법한 사항이 없을 경우에는 노동위원회 의결 없이 행정 종결처리

- 단체협약 중 위법한 내용이 있다고 판단되는 경우에는 그 위법한 내용을 구체적으로 적시하여 관할 노동위원회에 의결을 요청

- 관할 노동위원회에서 단체협약의 내용이 위법하다고 의결한 경우 공무원 노조법 시행규칙 별지 제11호 서식에 의한 단체협약 시정명령서를 작성, 단체협약 당사자(노동조합 대표자, 정부교섭대표)에게 송부
  - 시정명령 사항(공무원노조법 시행규칙 별지 제11호 서식)은 위법내용을 구체적으로 명시하고 기재란이 부족할 경우 별지로 작성하여 첨부
  - 시정기한은 2월 이내에서 행정관청이 시정에 필요하다고 인정하는 상당 기간을 부여
  - 단체협약 당사자에게 기한 내에 시정결과를 보고하도록 시정명령서 하단 여백에 명시

>> Ⅲ 시정명령의 이행 확보

- 노동위원회에서 단체협약이 위법하다고 의결하여 시정명령을 내렸으나 노사 당사자가 이를 이행하지 않을 경우에는 노조법 제93조제2항에 따라 사법조치 절차를 집행하여야 함
  - 관할 지방고용노동관서는 근로감독관집무규정 별표4(집단노사관계법 위반 사항 조치기준)에 따라 처리
  - 노동위원회에서 시정의결을 하면 2월 이내에 시정하도록 명령한 후 기한 내에 시정하지 아니하면 범죄인지 보고 후 수사에 착수
    * 시정명령 불이행시 벌칙(노조법 제93조제2호) : 500만원 이하의 벌금

> **헌법재판소 결정 요지**
>
> ▷ 단체협약에 대한 행정관청의 시정명령을 위반한 자를 500만원 이하의 벌금으로 처벌하고 있는 '노동조합 및 노동관계조정법'(1998.2.20. 법률 제5511호로 개정된 것) 제93조제2호 중 "제31조제3항의 규정에 의한 명령에 위반한 자" 부분은 헌법에 위반되지 아니함(헌법재판소 2012.8.23. 선고, 2011헌가22)

· 제 **3** 편 ·
노동쟁의의 조정과 중재

제3편 노동쟁의의 조정과 중재

Ⅰ 개 요

1 의 의

- 일반 노동조합의 경우 쟁의행위가 보장되고 있으나,
  - 공무원노조에 대하여는 파업·태업 기타 업무의 정상적 운영을 저해하는 일체의 쟁의행위를 금지하였음(공무원노조법 제11조)
    * 위반 시 5년 이하의 징역 또는 5천만 원 이하의 벌금
- 쟁의행위에 대한 대상조치로 중앙노동위원회에 공무원노동관계조정위원회를 설치하여 공무원의 노동쟁의를 조정·중재하도록 함

2 노동쟁의의 개념

- "노동쟁의"라 함은 노동조합과 사용자간에 임금·근로시간·복지·해고 기타 대우 등 근로조건의 결정에 관한 주장의 불일치로 인하여 발생한 분쟁상태를 말함(노조법 제2조제5호)

> **관련 판례**
>
> ▶ 노조법 제2조제5호에서는 노동쟁의를 '노동조합과 사용자 또는 사용자단체 간에 임금·근로시간·복지·해고 기타 대우 등 근로조건의 결정에 관한 주장의 불일치로 인하여 발생한 분쟁상태'라고 규정하고 있으므로 근로조건 이외의 사항에 관한 노동관계 당사자 사이의 주장의 불일치로 인한 분쟁상태는 근로조건의 결정에 관한 분쟁이 아니어서 현행법상의 노동쟁의라고 할 수 없다.(대법원 2003.7.25, 2001두4818)

쟁의행위와의 구별

- '쟁의행위'라 함은 파업·태업·직장폐쇄 기타 노동관계 당사자가 그 주장을 관철할 목적으로 행하는 행위와 이에 대항하는 행위로서 업무의 정상적인 운영을 저해하는 행위를 말함
- '노동쟁의'는 근로조건의 결정에 관한 사항에 대한 이견으로 다툼이 있는 상태이며, '쟁의행위'는 이러한 분쟁상태(노동쟁의)를 해결하기 위하여 업무의 정상적인 운영을 저해하는 실력행위임

단체행동과의 구별

- '단체행동'(헌법 제33조제1항)이라 함은 집단적 행위를 의미하는 것으로, 근로자 측의 경우 동일한 목적을 추구하는 다수 근로자의 의식적인 공동행위를 말함. 예컨대 쟁의행의인 파업·태업 등은 물론, 그 이외의 가두시위·집회·완장착용 등이 모두 이에 속함
- 집단적인 행위인 단체행동은 반드시 업무의 정상적인 운영의 저해를 수반하지 않는다는 점에서 쟁의행위보다 그 개념이 넓음
  - 쟁의행위는 헌법에 의하여 보장된 단체행동권에 기하여 행할 수 있는 단체행동 중 가장 대표적·전형적인 유형의 행위이며,
  - 쟁의행위와 그 밖의 단체행동을 구별하는 징표는 '노무제공을 거부함으로써 업무의 정상적인 운영을 저해'하는지 여부임

- 이때 "근로조건의 결정"이란 조합원 전체에 해당하는 집단적 성격을 가진 것으로서 근로조건의 기준에 관한 권리의 형성·유지·변경 등을 의미하므로 노동쟁의 대상은 이익분쟁에 한정됨
  - 따라서, 해고자 복직, 단체협약 이행, 부당노동행위 구제 등 권리분쟁에 관한 사항은 사법절차를 통하여 해결할 사항이므로 노동쟁의 대상에 해당되지 아니함
  - 또한, 개인적 불만처리, 이익침해 등 직장협의회, 고충심사위원회 등을 통해 해결하여야 할 개별적 사항은 노동쟁의라 할 수 없음

관련 행정해석

▷ "이익분쟁"이라 함은 근로조건의 기준에 관한 권리의 형성·유지·변경 등을 둘러싼 분쟁으로 임금인상이나 단협 갱신·체결 등이 이에 해당하며, "권리분쟁"은 법령·단체협약·취업규칙 등에 의하여 이미 확정된 권리에 관한 노사간 해석·적용·준수 등을 둘러싼 분쟁으로 체불임금 청산, 해고자 복직, 단체협약 이행, 부당노동행위 구제 등이 이에 해당됨.(협력 68140-151, 1997.4.19)

노조법 제2조제5호 규정의 근로조건

▷ '임금'이란 임금협정의 체결·갱신과 관련하여 전체 조합원에게 적용되는 임금체계의 조정, 임금·상여금 등의 인상률·지급기준, 수당의 신설·인상·지급기준 등을 의미

▷ '근로시간'이란 시업·종업시각 등 근로시간 변경, 근로시간의 단축, 탄력적·선택적 근로시간제 도입, 연장·야간·휴일근로에 필요한 합의절차 등을 의미

▷ '복지'란 식당·기숙사·휴양시설, 장학제도 및 해외연수제도, 의료지원제도, 사내복지기금 출연, 우리사주제도 등에 대한 수혜 대상·방법 등 제반사항을 규정 내지 설정하는 것과 관련된 사항을 의미

▷ '해고'란 해고의 사유·기순 등 대상자 선성방법, 그 범위 및 설자 등과 같이 전체 조합원에게 적용되는 일반적인 기준 또는 조건을 의미

▷ '기타 대우'란 임금·근로시간·복지·해고 이외에 휴식·휴일·휴가, 징계, 포상, 안전보건 등을 의미

- "주장의 불일치"(분쟁상태)는 단순한 노동관계 당사자의 견해 차이를 의미하는 것이 아니라 더 이상 교섭을 하더라도 합의의 여지가 없는 상태를 의미함. 예컨대, 임금협약 또는 단체협약의 체결이나 갱신을 위한 단체교섭 결과 나타나는 당사자간의 현저한 견해의 차이를 말함

  - 또한, 근로조건의 결정에 관한 사항에 대한 주장의 불일치를 의미하는 것이므로, 근로조건의 결정과 관련된 사항에 대해 교섭을 하지 아니한 경우에는 "주장의 불일치로 인한 분쟁상태"로 볼 수 없음

  - 이러한 "분쟁상태"가 발생하는 시점은 당사자간의 주장내용, 그간의 교섭 경위, 자율타결 가능성 등 제반사정을 종합적으로 고려하여 판단하여야 함

공무원노사관계 업무매뉴얼

>> Ⅱ 노동쟁의의 조정

1 조정제도의 의의

- 공무원노동관계 당사자는 단체교섭을 통하여 이해대립사항에 대하여 교섭하지만, 단체교섭으로 해결될 수 없을 때에는 노동쟁의라는 분쟁상태에 돌입하게 되는 바
  - 조정제도는 노동위원회라는 공적기구가 노동쟁의를 신속·공정하게 해결하여 공무원노동관계 당사자간의 분쟁악화를 방지하기 위해 행하는 일련의 절차를 의미함

2 조정의 진행절차

- 단체교섭이 결렬된 경우에는 당사자 어느 한쪽 또는 양쪽은 중앙노동위원회에 조정을 신청할 수 있음(공무원노조법 제12조제1항)
  - 이 경우 조정을 신청하고자 하는 자는 단체교섭 경위, 당사자간 의견의 불일치 사항 및 이에 대한 당사자의 주장내용, 기타 당사자의 주장내용과 관련되는 사항으로서 조정에 참고가 될 수 있는 사항을 기재한 서류를 첨부하여야 함(공무원노조법 시행규칙 제4조제1항)
- 중앙노동위원회는 노동쟁의 조정신청이 있는 경우 지체 없이 조정을 시작하고(공무원노조법 제12조제2항)
  - 조정안을 작성하여 관계 당사자에 제시하고 수락을 권고하는 동시에 조정안에 이유를 붙여 공표할 수 있음(공무원노조법 제12조제3항)
  - 조정은 신청을 받은 날부터 30일 이내에 종료하여야 하며, 당사자 간 합의가 있는 경우에는 30일 이내의 범위에서 조정기간 연장이 가능(공무원노조법 제12조제4항)

- 중앙노동위원회는 조정신청 내용이 공무원노조법 제12조 또는 제13조의 규정에 의한 조정 대상이 아니라고 인정할 때에는 신청인에게 그 사유와 다른 해결 방법을 알려주어야 함(공무원노조법 시행령 제11조제2항)
  * 중앙노동위원회는 조정신청을 받은 경우와 조정 또는 중재를 종료한 경우에는 그 내용을 고용노동부장관 또는 관할 지방고용노동관서의 장에게 지체 없이 통보하여야 함(공무원노조법 시행규칙 제4조제2항)

3 조정의 효력

- 중앙노동위원회는 공무원노동관계 당사자의 의견을 확인한 후 조정안을 만들어 당사자에게 권고하게 되는 바
  - 조정안 수락 여부는 노사 당사자의 자율이므로, 조정안을 거부할 수 있음
- 조정안을 당사자가 수락할 경우 조정 내용은 단체협약과 동일한 효력을 가짐

>> Ⅲ 노동쟁의의 중재

1 중재제도의 의의

- 중재제도는 조정과는 달리 노사 당사자를 구속하는 법률상 효력이 있는 처분으로서 노동쟁의 조정절차의 한 유형임

2 중재 개시 요건

- 단체교섭이 결렬되어 관계당사자 양쪽이 함께 중재를 신청한 경우(공무원노조법 제13조제1호)
- 공무원노조법 제12조에 따른 조정이 이루어지지 아니하여 공무원노동관계조정위원회 전원회의에서 중재 회부를 결정한 경우(공무원노조법 제13조제2호)

3 중재의 효과

- 중재는 조정과 달리 그 중재안의 수락여부가 당사자의 의사에 맡겨지는 것이 아니므로 당사자는 당연히 이를 수용하여야 함
  - 다만, 관계당사자는 중재재정이 위법하거나 월권에 의한 것이라고 인정하는 경우에는 그 중재재정서의 송달을 받은 날부터 15일 이내에 행정소송을 제기할 수 있음(공무원노조법 제16조제1항)
- 행정소송을 제기하지 않으면 중재재정은 확정되며(공무원노조법 제16조제2항), 중재재정이 확정되면 당사자는 이에 따라야 함(공무원노조법 제16조제3항)
- 중재재정은 행정소송 제기에 의해 효력이 정지되지 아니함(공무원노조법 제16조제4항)
- 중재재정의 내용은 단체협약과 동일한 효력을 가짐(공무원노조법 제16조제5항)

Ⅳ. 공무원노동관계조정위원회

1. 위원회 기능

- 단체교섭이 결렬된 경우 이를 조정·중재하기 위하여 중앙노동위원회에 공무원노동관계조정위원회 구성·운영(공무원노조법 제14조제1항)
  - 공무원의 노동쟁의 조정을 중앙노동위원회에서 관장하도록 한 이유는 공무원의 노동쟁의의 사회적 중요도를 감안하여 공무원의 노동쟁의 조정의 전문성을 기하고 분쟁의 조기해결을 위한 것임

2. 위원회 구성

- 공무원노동관계조정위원회의 위원은 공무원노동관계의 조정·중재를 전담하는 7인 이내(상근 1명, 비상근 6명)의 공익위원으로 구성(공무원노조법 제14조제2항)
  - 공무원노동관계조정위원회 공익위원은 공무원 문제 또는 노동문제에 관한 지식과 경험을 갖춘 자 또는 사회적 덕망이 있는 자 중에서 중앙 노동위원회 위원장의 추천과 고용노동부장관의 제청으로 대통령이 위촉 (공무원노조법 제14조제3항)
  - 중앙노동위원회 위원장은 공익위원을 추천할때 관련 기관 또는 단체의 의견을 들을 수 있음(공무원노조법 시행령 제12조제2항)

3. 위원회 운영

- 공무원노동관계조정위원회는 전원회의와 소위원회를 두며
  - 전원회의는 공익위원 전원으로 구성하고, 전국에 걸친 노동쟁의 조정사건, 중재회부의 결정, 중재재정을 담당함
  - 소위원회는 공무원노동관계조정위원회 위원장이 중노위 위원장과 협의하여 지명하는 위원 3인으로 구성(소위원회 위원장도 동일한 절차에 의해 지명)하며, 전원회의에서 담당하지 아니하는 조정사건을 담당함

노동쟁의 조정·중재 절차도

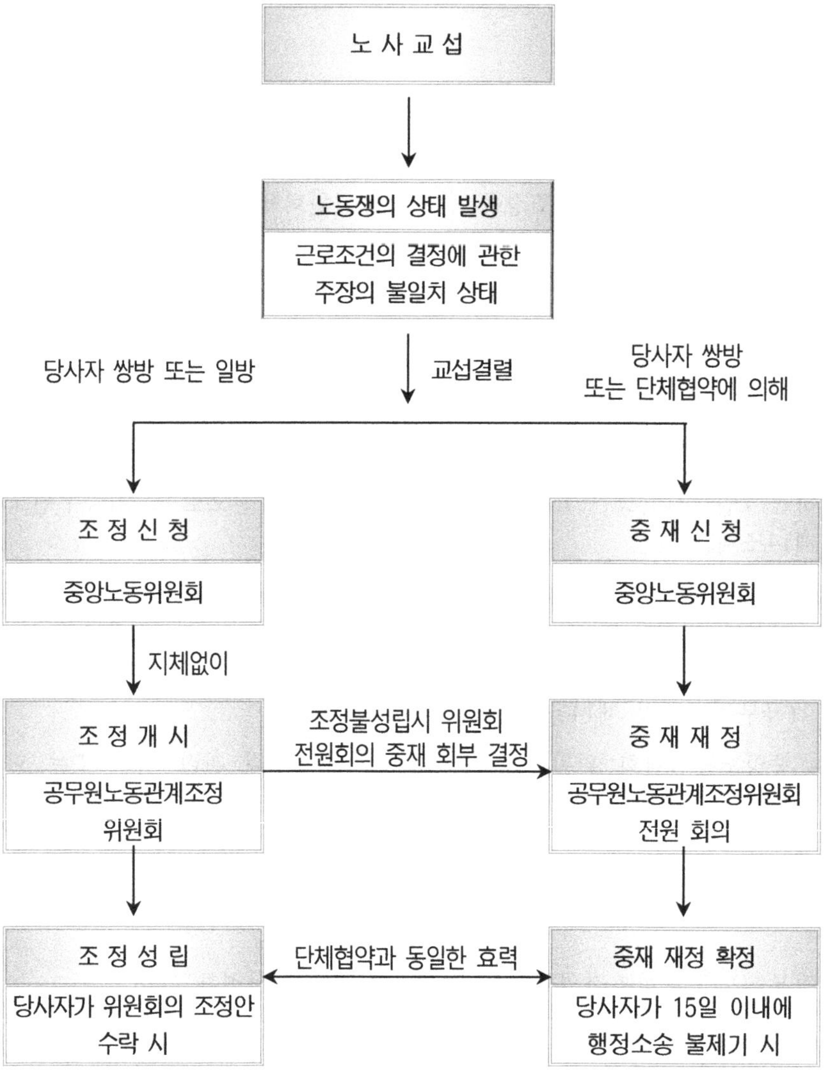

```
                    ┌─────────────┐
                    │  노 사 교 섭  │
                    └──────┬──────┘
                           ↓
                    ┌─────────────┐
                    │ 노동쟁의 상태 발생 │
                    │  근로조건의 결정에 관한 │
                    │   주장의 불일치 상태  │
                    └──────┬──────┘
       당사자 쌍방 또는 일방    │ 교섭결렬   당사자 쌍방
    ┌──────────────────┤              또는 단체협약에 의해
    ↓                  ↓                         ↓
┌─────────┐                          ┌─────────┐
│ 조 정 신 청 │                          │ 중 재 신 청 │
│ 중앙노동위원회 │                          │ 중앙노동위원회 │
└────┬────┘                          └────┬────┘
     │ 지체없이                              │
     ↓        조정불성립시 위원회              ↓
┌─────────┐   전원회의 중재 회부 결정        ┌─────────┐
│ 조 정 개 시 │ ─────────────────────→    │ 중 재 재 정 │
│ 공무원노동관계조정 │                       │ 공무원노동관계조정위원회 │
│    위원회    │                       │    전원 회의    │
└────┬────┘                          └────┬────┘
     ↓                                    ↓
┌─────────┐   단체협약과 동일한 효력        ┌─────────┐
│ 조 정 성 립 │ ←─────────────────────   │ 중재 재정 확정 │
│ 당사자가 위원회의 조정안 │               │ 당사자가 15일 이내에 │
│     수락 시     │                   │   행정소송 불제기 시  │
└─────────┘                          └─────────┘
```

· 제**4**편 ·
부당노동행위 구제제도

I. 제도의 의의

1. 의의

- 노동조합운동의 초기단계부터 사용자는 노동조합의 세력이 강화되는 것을 경계하여 조합운동의 약화를 도모하여 왔음
    - 그 방법으로는 노동조합 설립 또는 정상적 활동을 방해하기 위한 해고 및 차별적 대우 등 불이익 취급과 반조합적 선전, 노동조합의 설립 등에 개입, 단체교섭의 거부, 지배·개입 등이 있음
- 이와같은 사용자의 노동기본권 침해는 원래 노동조합이 스스로 방어하여야 할 것이지만 노동조합에 의한 자주적 방위가 어려운 경우에는 국가기관의 개입에 의하여 사용자의 행위를 배제할 것이 요청됨
- 부당노동행위 제도란 이와 같은 취지에서 사용자에 의한 노동기본권의 부당한 침해행위를 저지하여 개개의 근로자 또는 노동조합을 보호함으로써 공정한 '룰'에 의한 노사관계 질서를 형성·정립하는데 그 의의가 있음

2. 법적 근거

- 법상 부당노동행위에 관한 관련규정은 다음과 같음
    - 부당노동행위의 유형(노조법 제81조제2호 단서 제외)
        * 일반 사업장의 노조에게 인정되고 있는 유니온숍 제도를 공무원노조에 적용할 경우 공무원은 그 의사에 반하여 면직되지 않도록 규정하고 있는 국가공무원법 제68조 및 지방공무원법 제60조와 배치되므로 공무원노조에 대하여는 유니온숍 규정의 적용을 배제
    - 구제신청 및 구제명령, 구제명령의 확정(노조법 제82조, 제84조, 제85조)
    - 법원의 구제명령 이행명령(노조법 제85조제5항)
    - 구제명령의 효력(노조법 제86조)

Ⅱ. 부당노동행위의 성립요건

1. 부당노동행위 주체

- 부당노동행위 제도는 사용자에 대하여 금지되는 행위임
- 행위의 주체로서 사용자란 "기관의 장, 공무원에 관한 사항에 대하여 기관의 장을 위하여 행동하는 자"를 말함(공무원노조법 제17조제2항)

2. 부당노동행위 의사

- 부당노동행위제도의 규제대상은 기관의 장 등의 의사에 기초를 둔 행위라고 할 수 있으므로 기관의 장 등의 부당노동행위 의사가 있어야 부당노동행위가 성립됨
  - 다만, 그 의사는 고의·과실의 차원이 아니고 객관적·외형적 사실로부터 추정되는 의사만으로 충분
  - 부당노동행위 의사 추정기준은 아래와 같음
    - 기관의 장 등의 조합에 대한 종래의 태도(회의, 직원교육 및 평소 언행)
    - 과거 부당노동행위 사건 유무
    - 피해자의 조합활동 적극성 유무
    - 불이익 취급시기(조합결성 직후, 단체교섭 직전·교섭 중 등)
    - 기관의 장 등의 처분과 종래 관행의 균형여부
    - 타 공무원과의 형평성(동일사안에 있어서의 차별대우)
    - 이후 조합조직 및 활동의 추이
    - 기관의 장 등이 제시한 처분이유의 명료성, 합리성, 일관성
    - 기관의 장 등의 처분이 단체협약, 인사규정 소정의 절차 이행 여부

관련 판례

▷ 사용자가 연설, 사내방송, 게시문, 서한 등을 통하여 의견을 표명할 수 있는 언론의 자유를 가지고 있음은 당연하나, 그 표명된 의견의 내용과 함께 그것이 행하여진 상황, 시점, 장소, 방법 및 그것이 노동조합의 운영이나 활동에 미치거나 미칠 수 있는 영향 등을 종합하여 노동조합의 조직이나 운영 및 활동을 지배하거나 이에 개입하는 의사가 인정되는 경우에는 '지배·개입' 행위로서 부당노동행위가 성립하고, 또 그 지배·개입으로서의 부당노동행위의 성립에 반드시 근로자의 단결권의 침해라는 결과의 발생까지 요하는 것은 아니다.(대법원 2006.9.8, 2006도388)

- 부당노동행위제도는 민법상의 불법행위와 같이 손해배상을 위주로 하는 제도가 아니므로 그 결과발생을 필요로 하는 위법행위와는 다른 것임
  - 따라서, 단결권 침해 등의 결과를 발생시킬 우려가 있는 행위에 대하여도 구제명령이 가능함

관련 판례

▷ 해고의 효력을 다투는 조합장이 회사에 조합장 복귀 통지문을 보내고 단체협약에 따라 조합장 명의로 조합비 등의 일괄공제를 요청하였으나, 회사는 통지문을 반려하고 다른 조합원 명의로 조합비 등의 일괄공제를 요청한 것은 조합장의 노동조합 활동을 방해하려는 의도에서 이루어진 것으로서 비록 근로자의 단결권 침해라는 결과가 발생하지 아니하였다고 하더라도 지배·개입으로서의 부당노동행위에 해당한다.(대법원 1997.5.7, 96누2057)

>> Ⅲ 부당노동행위의 유형 및 사례

● 부당노동행위의 유형으로는 ①불이익 취급 ②불공정 고용계약의 체결 ③단체교섭의 거부, 해태 ④지배·개입 ⑤보복적 불이익 대우 등이 있음 (노조법 제81조)

1 불이익 취급(제1호, 제5호)

가. 의 의

● 노조법 제81조제1호의 불이익 취급은 정당한 노동조합 활동을 이유로 근로자에게 불이익을 주는 유형의 부당노동행위임

노조법 제81조제1호

▷ 근로자(공무원)이 노동조합에 가입 또는 가입하려고 하였거나 노동조합을 조직하려고 하였거나 기타 노동조합의 업무를 위한 정당한 행위를 한 것을 이유로 그 근로자(공무원)을 해고하거나 그 공무원에게 불이익을 주는 행위

● 『노동조합에 가입 또는 가입하려고 한 것』은 기존 노동조합의 조합원이 된 것 또는 될 것을 의미하고
  - 『노동조합을 조직하려고 한 것』은 노동조합이 없는 경우에 조합을 조직하려는 준비 행위를 말함
  - 또한 『노동조합의 업무를 위한 행위』는 노동조합의 목적인 근로조건의 개선·유지 기타 공무원의 경제적 지위향상을 도모하기 위한 필요행위 및 기타 관련되는 행위를 말함

◉ 이 경우 부당노동행위 성립 여부는

- 공무원이 정당한 노동조합 활동에 참여하고(원인), 기관의 장 등이 이를 이유로 하여(인과관계), 공무원에게 불이익 취급을 하여야(행위결과) 하는 바,
- 해당 노동관계의 전체적인 상황, 공무원 및 기관의 장 등의 태도, 불이익 취급의 종류와 정도 등 제반사항과 부당노동행위 의사의 유무를 종합하여 판단하여야 함
- 따라서, 조합활동에 대한 기관의 장 등의 제재가 지나친 것이라면 불이익 취급에 해당될 수 있을 것임

◉ 사용자의 불이익 취급의 정당한 사유가 인정되면 비록 부당노동행위 의사가 추정되더라도 부당노동행위로 보기 어려움

관련 판례 및 행정해석

▶ 노동조합법 제39조제1호(현행법 제81조)의 소정의 "노동조합의 업무를 위한 정당한 행위"란 일반적으로는 정당한 노동조합의 활동을 가리킨다고 할 것이나, 조합원이 조합의 결의나 조합의 구체적인 지시에 따라서 한 노동조합의 조직적인 활동 그 자체가 아닐지라도 그 행위의 성질상 노동조합이 활동으로 볼 수 있거나, 노동조합의 묵시적인 수권 혹은 승인을 받았다고 볼 수 있을 때에는 노동조합의 업무를 위한 행위로 보아야 할 것임
(대법원 1991.11.12, 91누4164)

▶ 근로자에 대한 징계처분에 정당한 이유가 있는 것으로 인정되는 경우에는 비록 사용자가 근로자의 조합활동을 못마땅하게 여긴 흔적이 있다거나 사용자에게 반조합 의사가 추정된다고 하더라도 당해 불이익 처분의 사유가 단순히 표면상의 구실에 불과하다고 할 수는 없어 그와 같은 불이익 처분은 부당노동행위에 해당되지 아니한다.(대법원 2004.6.10, 2004두2882)

▶ 노동조합 지부장에 대한 전보 인사가 부당노동행위에 해당하는지 여부는 당해 전보 인사의 합리성 여부, 인사 조치의 시기 및 노동조합 활동과 관련이 있는지 여부, 기관과 노동조합과의 관계, 전보 인사의 기준 및 그간의 인사 관행, 전보 인사가 조합활동에 미치는 영향 등을 종합적으로 고려하여 당해 전보 인사가 노동조합 활동을 약화시키고 단결력을 저하시킬 의도로 이루어졌는지 여부에 따라 판단되어야 할 것임.(공무원노사관계과-1505, 2011.10.19.)

- 노조법 제81조제5호에 따른 불이익 취급은 넓은 의미에서 조합의 정당한 행위에 포함된 행위를 이유로 한 부당노동행위를 규정한 것으로 일종의 보복적 차별대우를 금지한 것임

노조법 제81조제5호

▷ 근로자(공무원)가 정당한 단체행동에 참가한 것을 이유로 하거나 또는 노동위원회에 대하여 사용자(기관의 장, 공무원에 관한 사항에 대하여 기관의 장을 위하여 행동하는 자)가 이 조의 규정에 위반한 것을 신고하거나 그에 관한 증언을 하거나 기타 행정관청에 증거를 제출한 것을 이유로 그 근로자(공무원)를 해고하거나 그 근로자(공무원)에게 불이익을 주는 행위

나. 불이익 취급의 유형

- 신분적 불이익 대우 : 파면, 해임, 직위해제, 퇴직의 강요, 전근·배치전환, 출근정지, 휴직명령, 대기명령, 복직거부 등
- 경제적 불이익 대우 : 차별적 승급·강등, 각종 수당의 차별적 지급 등
- 정신적 불이익 대우 : 정직, 시말서 요구, 견책, 복리후생 시설의 차별대우 등
- 노동조합 활동상의 불이익 대우 : 노동조합 활동방해, 조합 임원 또는 대의원 선출기반 박탈, 승진 등

다. 판단기준(예시)

- 부당노동행위가 성립되기 위해서는 정당한 조합활동과 기관의 장 등의 불이익 취급 사이에 인과관계가 인정되어야 함

인과관계의 판단요소

- 대상 공무원이 조합활동의 중추적 역할을 담당하였거나 조합활동에 적극적이었는지 여부
- 조합활동과 불이익 취급 시기의 관련여부(예컨대 단체교섭시의 처분)
- 처분결과가 조합조직·활동에 미친 영향
- 처분이유의 명확성, 정당성 유무
- 종래의 관행 등

관련 판례

▶ 사용자가 근로자를 해고함에 있어서 표면적으로 내세우는 해고사유와는 달리 실질적으로는 근로자의 정당한 노동조합 활동을 이유로 해고한 것으로 인정되는 경우에 있어서는 그 해고는 부당노동행위라고 보아야 할 것이고, 근로자의 노동조합 업무를 위한 정당한 행위를 실질적인 해고사유로 한 것인지의 여부는 사용자측이 내세우는 해고사유와 근로자가 한 노동조합 업무를 위한 정당한 행위의 내용, 해고를 한 시기, 사용자와 노동조합과의 관계, 동종 사례에 있어서 조합원과 비조합원에 대한 제재의 불균형 여부, 종래의 관행에 부합 여부, 사용자의 조합원에 대한 언동이나 태도 기타 부당노동행위 의사의 존재를 추정할 수 있는 제반사정 등을 비교 검토하여 종합적으로 판단하여야 함 (대법원 1999.11.9, 99두4273 ; 대법원 1991.4.23, 90누7685)

▶ 노조법 제81조제1호의 '불이익을 주는 행위'란 해고 이외에 그 근로자에게 휴직·전직·배치전환·감봉 등 법률적·경제적으로 불이익한 대우를 하는 것을 의미하는 것으로서 어느 것이나 현실적인 행위나 조치로 나타날 것을 요한다고 할 것이므로, 단순히 그 근로자에게 향후 불이익한 대우를 하겠다는 의사를 말로써 표시하는 것만으로는 위 법 소정의 불이익을 주는 행위에 해당한다고 볼 수 없음(대법원 2004.8.30, 2004도3891)

- 해고 등 불이익 취급처분에 있어 공무원에게도 불이익 취급을 당할만한 원인이나 사유가 있는 경우에는
  - 정당한 조합활동 사실이 없었더라면 불이익 취급이 없었을 것이라고 판단되는 경우에는 부당노동행위가 성립됨
- 업무상 필요에 따른 전보, 배치전환은 원칙적으로 불이익 취급에 해당하지 아니하나
  - 외형상으로 내세우는 전보, 배치전환 사유와는 달리 실질적으로는 정당한 조합활동을 이유로 한 것으로 인정되는 경우에 불이익 취급에 해당
- 조합활동을 저지·곤란하게 할 목적으로 조합 임원을 노동조합 가입 대상이 아닌 직급으로 승진시키는 행위는 조합활동상의 불이익 처분에 해당될 수 있음

관련 판례 및 행정해석

▷ 사용자가 근로자의 정당한 노동조합 활동을 실질적인 이유로 삼으면서도 표면적으로는 업무상 필요성을 들어 배치전환한 것으로 인정되는 경우에는 부당노동행위라고 보아야 할 것이고, 배치전환이 부당노동행위에 해당되는지 여부는, 배치전환의 동기, 목적, 배치전환에 관한 업무상의 필요성이나 합리성의 존부, 전보에 따른 근로자의 생활상의 불이익과의 비교형량, 배치전환의 시기, 사용자와 노동조합과의 관계, 배치전환을 하기에까지 이른 과정이나 사용자가 취한 절차, 그밖에 배치전환 당시의 외형적 객관적인 사정에 의하여 추정되는 부당노동행위 의사의 존재 유무 등을 종합적으로 검토하여 판단하여야 함 (대법원 1998.12.23, 97누18035)

▷ 특정 공무원에 대한 인사조치(전보, 보직배치 등)는 사용자(기관의 장 등)가 그 권한으로 행하는 관리·운영에 관한 사항으로서 그 권한의 본질적인 내용에 관련되는 사항이므로 교섭대상으로 보기는 어려울 것이며, 따라서 노동조합이 사용자(기관의 장 등)의 구체적인 임용권의 행사(전보, 보직배치 등)에 관여하거나 그 시정을 요구하는 등의 행위를 할 수는 없다고 사료됨. 다만, 사용자(기관의 장 등)가 노동조합을 혐오하거나 노동조합의 단결력을 저해할 목적으로 특정 공무원에 대하여 공무원노조법 제6조제2항에 의한 노조 가입제한 업무에 종사하도록 인사조치를 행하는 경우라면 노조법 제81조의 규정에 의한 부당노동행위에 해당될 수도 있을 것임.(공공노사관계과-572, 2008.6.20)

부당노동행위로 본 사례

▷ 근로자들을 해고하여 조합설립이 좌절된 후 회사의 방침에 순응하는 자들만 다시 재고용한 정황에 비추어 참가 회사의 원고에 대한 해고 조치는 근로자가 조합을 설립하였음을 실질적 이유로 한 노동조합법 제39조제1호 소정의 부당노동행위에 해당함(대법원 1990.10.23, 88누7729)

▷ 적극적인 노동조합 활동을 하여 온 근로자에 대하여 야간근무 중 24시간 정도 무단이탈한 것을 이유로 한 징계해고를 하였다면 노조활동을 방해하기 위한 의도로 한 부당노동행위에 해당함(대법원 1990.11.27. 90누3683)

▷ 징계사유가 발생한지 4개월 내지 8개월이 지나서 문제삼은 점 등을 비추어 징계사유가 위 해고의 결정적 동기가 된 것이 아니라 노동조합 활동을 혐오하여 징계사유를 핑계삼아 해고하였다고 봄(대법원 1991.5.28, 90누6392)

▷ 원고회사 노동조합의 재결성 경위와 그 후의 활동상황, 원고회사 간부의 평소 노동조합에 대하여 보여온 태도와 언동, 참가인이 위 노사분규와 관련하여 원고회사로부터 경고를 받은 적이 있는 점, 참가인이 노동조합에 가입하려고 시도하는 시점에 때맞추어 그에 대하 전보발령이 이루어졌고 그 밖의 근로자도 노동조합에 가입한 직후에 전보조치된 점에 비추어 표면상 해고 이유와는 달리 근로자가 노동조합 업무를 위한 정당한 행위를 한 것을 이유로 해고한 경우로 부당노동행위에 해당함(대법원 1992.6.9, 91누9633 ; 대법원 1992.11.3, 92누9425 ; 대법원 1992..11.13, 92누12032)

▷ 조합 대의원 입후보 등록용으로 재직증명서 발급을 신청하였으나 등록마감 시한까지 발급을 거부한 것은 부당노동행위에 해당함(대법원 1992.6.28, 91누3496)

▷ 근로자에 대한 전보발령이 표면적 사유는 결원충원일지라도 근로자의 노동조합 가입 및 활동을 사전에 봉쇄하려는 의도에서 행하여진 것이라면 부당노동행위에 해당함(대법원 1992.11.13, 92누9425)

부당노동행위로 보지 아니한 사례

▷ 사용자가 근로자에 대해서 한 해고가 취업규칙과 단체협약상의 징계조항에 해당하는 업무방해, 근무태만 등을 그 사유로 삼고 있고, 근로자의 농성에 의한 업무방해행위가 노동조합의 결의를 거쳤다거나 조합의사에 따른 것이 아닌 조합원으로서의 자발적인 활동에 불과한 것이며, 노동조합법 제39조(현행법 제81조)에 규정된 소정의 노동조합의 업무를 위한 정당한 행위 또는 단체행동으로 보여지지 아니하므로 부당노동행위라고 할 수 없음(대법원 1990.11.13, 89누5102)

▷ 갑 회사가 노사분규 훨씬 이전에 주식회사를 설립한 바 있고 그 후 갑 회사가 노사분규로 인한 생산성의 급격한 저하 등으로 경영의욕을 상실하는 등 이로 인해 회사를 폐업한 바 있으나 갑 회사의 자금으로 을 회사를 설립하였다고 인정되지도 아니하고 또한 갑 회사의 노사대립이 격화되어 직장폐쇄까지 된 상태에서 일부 기술직 사원이 일방적으로 퇴사하여 별도의 하청업체 병을 설립 운영한 바 있으나, 을 또는 병이 갑 회사와 동일한 기업이라고 보기 어려우므로 갑 회사가 해산을 하고 폐업한 것이 위장폐업이라고 볼 수 없음(대법원 1991.12.24, 91누2762)

▷ 집단월차휴가가 형식적으로는 월차휴가를 행사하려는 것이었다고 하더라도, 실질적으로는 의료보험조합들의 업무의 정상한 운영을 저해함으로써 그들의 주장을 관철할 목적으로 하는 것으로서 쟁의행위에 해당하고 이와 같은 쟁의행위가 노조원들의 직접·비밀·무기명투표에 의한 과반수의 찬성으로 결정하지 않음은 물론, 노동쟁의의 신고 및 절차면에서도 위법하는 등 정당성이 인정되지 않으므로 이를 이유로 한 징계처분은 부당노동행위를 구성하지 않음(대법원 1992.3.13, 91누10473)

▷ 근로자에 대한 전근명령은 참가인 회사가 매년 행하는 정기인사 이동의 일환으로서 회사의 업무상 필요에 따라 근로자의 경력과 능력, 연고지 등을 참작하여 직원 직무이동 규정에 정한 절차와 인사이동 기준에 의하여 이루어진 것으로 특별히 근로자에 대하여 부당하게 이루어진 것으로 인정되지 아니하므로 비록 근로자에 대한 전근명령이 노사협의 기간 중 이루어졌고 근로자가 노동조합 측 단체교섭 위원으로 활동하였다 하더라도 그 점만으로 회사가 근로자의 노동조합 활동을 이유로 전근시킨 것으로 단정할 수 없음(대법원 1992.12.8, 91누11025)

2 불공정 고용계약(비열계약)

가. 의 의

- 노조법 제81조제2호에 따른 불공정 고용계약은 종업원이 되기 전의 상태에서 단결활동을 봉쇄하려는 성격의 부당노동행위임

노조법 제81조제2호
> 근로자가 어느 노동조합에 가입하지 아니할 것 또는 탈퇴할 것을 고용조건으로 하거나 특정한 노동조합의 조합원이 될 것을 고용조건으로 하는 행위

- 법문상은 『조합에 가입하지 아니할 것이나 탈퇴할 것』의 2가지를 불공정 고용계약의 내용으로 하고 있으나
  - 불공정 고용계약의 금지취지가 단결권을 저해하는 사용자 등의 행위를 배제하려는데 있으므로 조합에 가입하더라도 조합활동을 하지 않는다든가 특정조합에의 가입을 고용조건으로 하는 것도 불공정고용계약에 해당될 수 있음
  - 그 계약이 반드시 문서로 작성되어야 불공정고용계약이 성립되는 것은 아님
- 그러나, 공무원의 경우 국가공무원법 등 관련 법령에서 채용 절차 등을 규정하고 있는 점을 고려할 때 동 규정이 적용될 가능성은 없음

나. 유니온숍 조항의 적용배제

- 노조법 제81조제2호 단서는 노동조합이 당해 사업장에 종사하는 근로자의 3분의 2이상을 대표하고 있을 때에는 근로자가 그 노동조합의 조합원이 될 것을 고용조건으로 하는 단체협약의 체결은 부당노동행위의 예외로 하며,
  - 이 경우 사용자는 근로자가 당해 노동조합에서 제명된 것을 이유로 신분상 불이익한 행위를 할 수 없다고 규정하여 일반 사업장의 노동조합에 대하여 유니온숍 제도를 제한적으로 인정하고 있음

- 그러나 공무원노조에 대하여 유니온숍 제도를 적용할 경우 공무원은 그 의사에 반하여 면직되지 않도록 규정하고 있는 국가공무원법 제68조 및 지방공무원법 제60조에 배치되므로
  - 공무원노조에 대하여는 유니온숍 규정의 적용을 배제하였음

3 단체교섭 거부·해태

가. 의의

- 노조법 제81조제3호에는 단체교섭을 거부하거나 해태하는 경우의 부당노동행위를 규정하고 있음

노조법 제81조제3호

▷ 노동조합의 대표자 또는 노동조합으로부터 위임을 받은 자와의 단체협약체결 기타의 단체교섭을 정당한 이유 없이 거부하거나 해태하는 행위

- 『노동조합의 대표자』라 함은 조합규약에 의한 대표 임원을 의미하고 『위임을 받은 자』라 함은 조합으로부터 교섭권 위임을 받은 자를 의미하나
  - 공무원노조법 제17조제3항은 교섭권 위임을 규정하고 있는 노조법 제29조의 적용을 배제하고 있으므로 노동조합 조직 내부에서 위임받은 자(지부장·지회장 등)를 의미함

- 이 경우 단체교섭은 사용자가 성의 있게 교섭에 임하는 것을 의미하는 것이지 교섭사항을 반드시 타결하여야 한다는 의무를 말하는 것은 아니므로 정당한 이유가 있는 단체교섭의 거부는 부당노동행위가 아님

- 단체교섭 거부의 정당한 이유에 대하여는 여러가지 사정을 종합하여 개별적·구체적으로 판단하여야 함

- 단체교섭 권한을 위임받은 자가 정당한 이유없이 교섭을 거부하거나 해태하는 경우

- 부당노동행위 주체로서의 구제명령의 수규자는 교섭권한을 위임받은 자가 아니라 위임자에게 있음

◉ 노동조합이 상급단체에 교섭권을 위임한 경우 이를 해지하는 별개의 의사표시가 없더라도 노동조합의 교섭권한은 여전히 수임자의 교섭권한과 중복하여 경합적으로 남아있음(대법원 1998.11.13, 98다20790)

나. 판단기준(예시)

◉ 단체교섭의 거부·해태로서 부당노동행위에 해당하는 경우

- 정부교섭대표가 단체교섭에 응하지 않는 것(교섭불응) 또는 노동조합의 교섭신청을 무시하고 개개 공무원과 근무조건을 협상하는 경우
- 교섭은 하되 노동조합의 요구에 대하여 대안을 제시하지 아니하고 무조건 반대만 하거나 정당한 사유없이 고의적으로 교섭을 중단 또는 지연시키는 경우
- 교섭 전·후 노동조합 측 교섭위원을 배치·전환시키거나 노동조합 측 교섭위원을 지정하여 교섭에 응하겠다고 하는 경우
- 교섭결과 협약체결을 거부하거나 교섭권한이 없는 자가 정부교섭대표 측 교섭위원으로 나와서 정당한 이유없이 상부의 지시만 따르겠다고 하는 경우

◉ 단체교섭 요구를 거부할 수 있는 정당한 사유가 있는 경우

교섭 당사자 자격 관련

◉ 교섭권한이 없는 자가 교섭을 요구하는 경우나 교섭권한이 명확하지 아니한 때

◉ 노동조합측에 대하여 단체교섭 담당자 자격 확정을 요구하고 확정시까지 단체교섭을 연기하는 경우

◉ 단체교섭 결과 합의된 내용에 대해 조합원의 찬반투표를 실시하지 않는 것을 조건으로 거부하는 경우 등은 거부의 정당성이 인정됨

단체교섭 대상 관련

- 단체교섭은 근로조건 등 공무원의 대우에 관한 노사간의 합의성립을 목적으로 하므로 교섭사항은 정부교섭대표가 처분가능한 사항에 국한됨
  - 따라서, 순수한 정치문제 등을 교섭사항으로 할 때 이를 거부하는 것은 정당한 단체교섭 거부에 해당함
- 기관의 관리·운영에 관한 사항은 관련 법령에 의거하여 행정기관이 권한과 책임을 가지고 집행하는 사항이므로 원칙적으로 비교섭대상에 해당하나 공무원의 근무조건과 직접 관련이 있는 사항은 교섭대상이 될 수 있음
- 노동조합측이 제시한 요구가 과다하다는 이유만으로 교섭을 거부하는 것은 정당성이 인정되지 아니함

단체교섭 시기·장소 관련

- 통상적인 근무시간을 정상 이상으로 초과하여, 장시간에 걸친 협의로 인해 심신이 피로하여 그 이상의 정상적인 협의를 기대할 수 없는 경우에는 단체교섭을 거부한 것은 정당한 이유에 해당
- 정부 측 교섭담당자의 사택침입, 심야의 교섭 또는 정부 측 교섭담당자에게 불안을 줄 수 있는 장소에서의 교섭 등은 단체교섭 거부의 정당한 이유에 해당
- 단체협약 만료에 대비하여 노동조합이 합리적인 시기에 요구한 단체교섭을 거부한 경우는 정당성이 인정되지 아니함
- 교섭시기·장소 등에 대하여 정부 측과 노조 측의 의견이 대립될 때에는 협약이나 관행이 있으면 그에 의하면 될 것이나, 협약이나 관행이 없는 경우에는 정부 측이 제시하는 일시·장소에 노조 측이 따르지 않는 것을 이유로 단체교섭을 거부하는 것은 정당한 이유가 있다고 볼 수 없음

단체교섭 진행 관련

- 노동조합 측에서 폭력을 사용하거나 협박적인 언동을 할 때 단체교섭을 거부함은 부당노동행위가 성립되지 아니함
- 노동조합이 위임한 교섭 담당자가 부당하게 많아서 원활한 교섭이 기대되기 어려울 경우 단체교섭 거부는 정당한 이유가 인정됨

관련 판례 및 행정해석

▷ 구 노동조합법 제39조제3호(현행법 제81조제3호)가 정하는 부당노동행위는 사용자가 아무런 이유없이 단체교섭을 거부 또는 해태하는 경우는 물론이고, 사용자가 단체교섭을 거부할 정당한 이유가 있다거나 단체교섭에 성실히 응하였다고 믿었더라도 객관적으로 정당한 이유가 없고 불성실한 단체교섭으로 판정되는 경우에도 성립한다고 할 것이고, 한편 정당한 이유인지의 여부는 노동조합측의 교섭권자, 노동조합측이 요구하는 교섭시간, 교섭장소, 교섭사항 및 그의 교섭태도 등을 종합하여 사회통념상 사용자에게 단체교섭 의무의 이행을 기대하는 것이 어렵다고 인정되는지 여부에 따라 판단할 것이다.(대법원 1998.5.22. 97누8076)

▷ 노동조합 대의원회에서 단체교섭 권한을 상급단체에 위임하기로 결의하였으나 그 결의가 '노조법' 및 규약 등 위반으로 효력을 인정받지 못하게 되었다면, 그 결의에 따라 당해 노동조합으로부터 단체교섭 권한을 위임받은 상급단체의 교섭요구를 정부교섭대표가 거부하더라도 이는 노조법 제81조제3호의 부당 노동행위에 해당하지 않는 것으로 사료됨.(공공노사관계팀-1223, 2007.6.12)

▷ 노조법 제12조에 의해 노동부장관으로부터 설립신고증을 발급받은 노동 조합이 적법한 절차에 따라 정부교섭대표에게 단체교섭을 요구하는 경우, 당해 기관에 지부·분회 등 노동조합 산하조직이 설치되어 있는지 여부와 관계없이 동 노동조합의 조합원이 있다면, 정부교섭대표는 교섭요구를 거부할 정당한 이유가 없는 한 이에 응해야 할 것으로 사료됨. 다만, 당해 기관 소속 공무원이 그 노동조합에 가입되어 있는지 여부를 객관적으로 확인하기 어려운 경우에는 조합원 존재 유무의 확인을 노동조합에 요구할 수 있는 것이며, 그 과정에서 교섭이 다소 지연된다 하더라도 이를 정당한 이유 없는 교섭거부나 해태 행위로 보기 어려울 것으로 사료됨.(공공노사 관계팀-2242, 2007.11.9)

관련 판례 및 행정해석

▷ 사용자의 단체교섭 거부행위가 원인과 목적, 과정과 행위태양, 그로 인한 결과 등에 비추어 건전한 사회통념이나 사회상규상 용인될 수 없다고 인정되는 경우에는 부당노동행위로서 단체교섭권을 침해하는 위법한 행위로 평가되어 불법행위의 요건을 충족하는 바, 사용자가 노동조합과의 단체교섭을 정당한 이유없이 거부하다가 법원으로부터 노동조합과의 단체교섭을 거부하여서는 아니된다는 취지의 집행력 있는 판결이나 가처분결정을 받고도 이를 위반하여 노동조합과의 단체교섭을 거부하였다면, 그 단체교섭 거부행위는 건전한 사회통념이나 사회상규상 용인할 수 없는 행위로서 헌법이 보장하고 있는 노동조합의 단체교섭권을 침해하는 위법한 행위이므로 노동조합에 대하여 불법행위가 된다.(대법원 2006.10.26., 2004다11070)

▷ 대법원의 판결에 의해 징계(해임)가 최종 확정된 해직자의 경우에는 공무원노조법 제6조제3항에 의한 보호대상이 될 수 없으며, 당해 노동조합의 규약에 조합원 자격 유지 관련 규정을 두고 있다고 하더라도 노동관계법에 반하는 경우에는 그 효력을 인정할 수 없는 것임. 또한, 위 해직자가 공무원노조법 제9조제1항에 의한 교섭위원에 포함되어 있는 경우에는 정부교섭대표는 당해 교섭위원의 교체를 요구할 수 있고 이를 이유로 한 교섭의 잠정적 거부는 정당한 교섭거부 사유로 볼 수 있을 것으로 사료됨.(공공노사관계팀-393, 2008.2.28.)

▷ 노동조합이 제출한 단체교섭 요구사항 중 공무원노조법 제8조제1항 및 동법 시행령 제4조 각호에 해당하는 비교섭 사항이 포함되어 있는 경우에는 비교섭 사항에 대해서 교섭을 거부한다 하더라도 정당한 교섭거부 사유에 해당한다 할 것이므로, 이 경우에는 그 사유를 명시하여 비교섭 사항을 제외하고 교섭할 것임을 통보하는 것이 바람직하다고 사료됨(공무원노사관계과-2392, 2009.6.23.)

4 지배·개입

가. 의의

- 노조법 제81조제4호의 부당노동행위 유형은 노동조합 활동에 영향을 미치기 위해 행하는 사용자의 제반 지배·개입 행위임

노조법 제81조제4호

> 근로자(공무원)가 노동조합을 조직 또는 운영하는 것을 지배하거나 이에 개입하는 행위와 노동조합의 전임자에게 급여를 지원하거나 노동조합의 운영비를 원조하는 행위. 다만, 근로자(공무원)가 근로시간 중에 사용자(기관의 장, 공무원에 관한 사항에 대하여 기관의 장을 위하여 행동하는 자)와 협의 또는 교섭하는 것을 사용자(기관의 장, 공무원에 관한 사항에 대하여 기관의 장을 위하여 행동하는 자)가 허용함은 무방하며, 또한 근로자(공무원)의 후생자금 또는 경제상의 불행 기타의 재액의 방지와 구제 등을 위한 기금의 기부와 최소한의 규모의 노동조합사무소의 제공은 예외로 함

- 노동조합의 '조직'은 조직 준비행위 등 노동조합 결성을 지향하는 공무원의 일체의 행위를 모두 포함

- 노동조합의 '운영'은 조합의 내부적 운영뿐만 아니라, 단체교섭, 고충처리 등의 대정부 활동, 선전, 계몽, 교육활동 등의 대내적 활동과 각종 문화활동 등의 대외적 활동도 포함

- '지배'라 함은 기관의 장 등이 노동조합의 조직·운영에 관하여 주도권을 가지고 그 의사결정을 좌우하는 것을 말함

- '개입'이라 함은 지배에까지 이르지는 못하지만 기관의 장 등이 노동조합의 조직·운영에 간섭하여 그 의사결정에 영향력을 미치는 것을 말함

- '운영비 지원'이란 기관의 장 등이 노동조합의 운영비를 원조하는 행위로 조합 설립·운영비의 제공, 전임자에 대한 급여지급, 조합활동을 위한 출장비 지급 등이 이에 해당되며
  - 지배·개입의 수단이 될 수 있어 조합의 자주성이 침해되는 것을 방지하기 위한 것임

나. 예외사유(노조법 제81조제4호 단서)

- 공무원이 근무시간 중에 정부교섭대표와 협의 또는 교섭하는 것을 기관의 장 등이 허용하는 경우
- 공무원의 후생자금 또는 경제상의 불행 기타의 재액의 방지와 구제 등을 위한 기금의 기부
- 최소한의 규모의 노동조합사무소 제공은 부당노동행위에 해당되지 아니함
  - 노조법 제81조제4호 단서의 최소한 규모의 노동조합 사무소 제공이라 함은 노조사무소와 필요적 부대시설(책상, 의자, 전기시설, 통신시설 등)은 포함된다고 볼 수 있음

관련 판례 및 행정해석

▷ 정부교섭대표(기관의 장 등)는 청사의 공간, 예산사정 등을 고려하여 노동조합에 최소한 규모의 노조사무소를 제공할 수는 있을 것이나, 이를 반드시 제공해야 할 의무가 있는 것은 아니므로 노조사무소 제공과 관련해서는 노사가 협의를 통해 결정하는 것이 바람직할 것이며, 이 경우 노조사무소 제공은 사회통념상 사무실에 비치되어야 하는 책상, 의자, 전기시설 등 필요적 부대시설을 포함하는 것으로 보는 것이 타당할 것임(공공노사관계팀-93, 2008.1.15.)

▷ '지부 사무실 임차료, 비품구입비 및 사무실 이전비' 중 '비품구입비'는 문언 자체로 사무실에 통상 비치되는 물품에 한정되지 않고 조합활동에 일상적으로 필요한 물품구입비를 포괄하는 의미로 해석되므로 '최소한 규모의 노동조합 사무소'에 포함되지 않음(서울고등법원 2011.12.7, 2011누12520)

다. 지배·개입 사례(예시)

- 노동조합의 결성방해 또는 조합원의 노조탈퇴를 종용하거나 제2단체를 통한 조직의 와해 및 조합활동의 방해

> **관련 판례**
>
> ▷ 원고가 참가인에게 인원 또는 시간 조정의 통보 없이 행사 예정일 하루 전날 대상자 전원의 근무시간 중 참석을 불허한 것은 오히려 원고가 사전 협의 없이 이를 불허함으로써 참가인으로 하여금 상급단체에서 활동하는데 지장을 초래한 것으로서 근로자가 노동조합을 조직 또는 운영하는 것을 지배하거나 이에 개입하는 부당노동행위에 해당함(대법원 2003.8.2, 2001두5767)

- 금전으로 조합간부 매수, 향응을 통한 노동조합 운영에의 개입, 조합행사에 대한 간섭 및 교란
- 조합활동 방해 목적의 부서 배치전환, 조합임원 선거에 출마하려는 후보자에 대한 재직증명서 발급을 거부하여 출마를 방해하는 행위

> **관련 판례**
>
> ▷ 노동조합 대의원 입후보 등록용으로 재직증명서의 발급을 신청하였음에도 대표이사가 직인을 소지한 채 부재중이라는 이유로 입후보 등록 마감시한까지 재직증명서를 발급하지 아니한 행위는 노동조합 대의원 선거에 입후보하는 것을 막으려는 의도하에 이루어진 것으로서 부당노동행위에 해당됨 (대법원 1992.6.23, 92누3496)

- 조합에 가입할 수 없는 직급으로의 승진시키는 행위(이 경우 조합 활동상의 불이익 대우가 되는 경우가 있음)
- 조합비 일괄공제(Check-off)의 일방적인 중단·폐지
- 정직, 출근정지 등 징계에 의해 사업장 출입이 금지된 기간이라도 정당한 조합활동을 위한 사업장내 노조사무실 출입을 금지하는 행위

노사 합의로 노조운영비를 지원하는 행위

① 인건비 등 노조 사무실 운영비 지원

- 전기료, 수도료, 통신비 등 등 노조 운영에 필요한 비용 지원
- 노조 채용 직원의 인건비를 지원하거나, 기관에서 채용한 직원을 노조에 파견시켜 근무하게 하고 인건비를 기관에서 지급하는 행위

관련 행정해석

▶ 사용자가 노조 사무실 직원 인건비를 지원하는 행위는 부당노동행위에 해당함 (노사관계법제과-292, 2010.3.26.)

▶ 노조 사무실을 제공하면서 그에 따른 필요적 시설(책상, 의자, 전기시설, 통신시설 등)을 지원하는 것은 가능할 것이지만 소모성 집기나 비품 또는 그 비용을 지속적·반복적으로 지원하거나 전기료, 통신비 등을 지원하는 행위는 동법 제81조제4호 단서에서 정하고 있는 예외사항으로 볼 수 없어 부당노동행위에 해당된다 할 것임(노사관계법제과-842, 2010.9.17)

② 노조 활동에 필요한 경비 및 물품 지원

- 자동차 및 유류비 제공, 노조 자체 행사를 위한 금품 지원 등 노조 활동 지원은 운영비 원조에 해당

관련 행정해석

▶ 노동조합의 운영에 필요한 경비라 함은 노동조합의 존립·활동을 위해 소요되는 모든 경비를 포함한다고 보아야 할 것이므로, 단체교섭시 출장비 등 조합활동에 필요한 경비는 조합비에서 충당해야 할 것임. 특히, 공무원의 경우 공무원노조법 제7조에서 노동조합 전임자에 대하여 휴직명령을 하도록 하고 전임기간중 보수지급을 금지하고 있는 점도 함께 고려되어야 할 것임. 교섭기간중 노동조합측 교섭위원에 대한 출장처리(출장비 지급)가 부당노동행위에 해당하는지 여부는 위와 같은 법 취지 등을 종합적으로 고려하여 구체적으로 판단되어져야 할 것이나, 출장비 등 단체교섭에 필요한 각종 경비를 지원하는 것은 노조법 제81조제4호 단서에서 규정한 운영비 원조의 예외 사항에 해당한다고 보기는 어려울 것임.(공공노사관계팀-1642, 2007.8.6)

관련 행정해석

▷ 노동조합의 전임자가 개인적인 능력 계발 또는 조합활동의 일환으로 교육에 참가하는 경우라면, 그 교육비를 지원하는 행위는 노조법 제81조제4호 단서에서 규정한 운영비 원조의 예외 사항에 해당한다고 보기 어려울 것임. (공공노사관계과-22, 2008.3.6)

▷ 노동조합이 주관하는 행사(체육행사 등)에 소요되는 경비를 기관측이 지원하는 것은 노조법 제81조제4호 단서 규정의 경비원조의 예외사항에 해당한다고 보기 어려울 것이므로 "노동조합이 주관하는 체육대회에 예산의 범위 내에서 재정적 지원"을 하도록 정한 단체협약 내용은 노동조합 활동에 소요되는 경비를 지원하는 결과가 되어 위법에 해당함(공무원노사관계과-2258, 2009.6.15)

▷ 노동조합이 수행하는 정책연구에 대해 소요되는 경비를 기관측이 지원하는 것은 노조법 제81조제4호 단서 규정의 경비원조의 예외사항에 해당한다고 보기 어려울 것이며, 이와 관련 "노동조합의 교육행정 관련 정책개발을 위해 예산의 범위 내에서 재정적 지원"을 하도록 정한 협약 내용은 노동조합 활동에 소요되는 운영비를 원조하는 결과가 될 수 있을 것임(공무원노사관계과-40, 2009.11.18.)

▷ 단체협약에 따라 노동조합에 차량 관련 지원(차량 제공, 유류비, 세차비), 아파트 지원(전세금, 관리비)을 하는 것은 노조 운영비 원조의 예외사유로 보기 어려움(노사관계법제과-1101, 2010.6.14.)

라. 노조 전임자 관련 부당노동행위

- 노조 전임자의 정당한 조합활동을 이유로 불이익 취급을 하거나, 조합활동을 방해하는 경우

- 정당한 이유 없이 노조 전임자 선정을 방해하거나 그 활동을 어렵게 하는 경우

- 노동조합 전임자 활동을 이유로 승진 등 인사에 있어서 불합리하게 차별하는 경우

- 노동조합 전임자에게 보수를 지원하는 경우

- 노동조합 간부에 대하여 업무를 부여하지 않고, 사실상 노동조합 전임자로 활동을 하게 하면서 보수를 지원하는 경우

> **관련 판례**
>
> ▷ 노동조합의 새로운 노조 위원장이 당선에 기여한 자를 노조 사무국장으로 내정하여 전임자로 인정해 줄 것을 요청하고 노조업무 인계인수 작업을 담당하게 함으로써 회사에서는 노조 사무국장으로 전임할 것이라고 충분히 예상할 수 있는 상태에서, 업무상 필요성을 내세워 참가인을 조합원 자격이 없어 조합활동을 할 수 없는 업무부 업무과로 전보명령을 한 것은 노조활동을 적극적으로 하게 될 것을 혐오하여 이루어진 것이므로 **부당노동행위임**
> (대법원 1995.11.7, 95누9792)

>> IV 구제절차

1 노동위원회 구제신청

- 기관의 장 등의 부당노동행위로 인하여 그 권리를 침해당한 공무원 또는 노동조합은 노동위원회에 그 구제를 신청할 수 있음 (노조법 제82조제1항)
  - 노조설립 과정의 부당노동행위에 대해서는 설립된 후에 그 노동조합에도 신청자격이 인정됨
  - 단체교섭 거부 및 지배개입의 경우에는 원칙적으로 노동조합이 신청인이 되는 것이나, 조합 임원 또는 개별 공무원도 이해관계자로서 신청할 수 있음

- 구제신청은 부당노동행위가 있는 날(계속하는 행위는 그 종료일)부터 3월 이내에 하여야 함 (노조법 제82조제2항)
  - 이때 「계속하는 행위」란 동일한 부당노동행위 의사에 근거하여 계속적으로 반복되는 행위를 말하며, 기관의 장 등이 한 행위의 효과가 계속된다는 의미는 아님

> **관련 판례**
>
> ▷ 사용자의 부당노동행위에 대한 3월 이내의 권리구제 신청기간은 '제척기간'이므로 그 기간이 경과하면 그로써 행정적 권리구제를 신청할 권리는 소멸하고, 신청인이 책임질 수 없는 사유로 그 기간을 준수하지 못하였다는 등 그 기간을 해태함에 정당한 사유가 있다고 하여 그 결론을 달리할 수 없다.(대법원 1997.2.14, 96누5926)

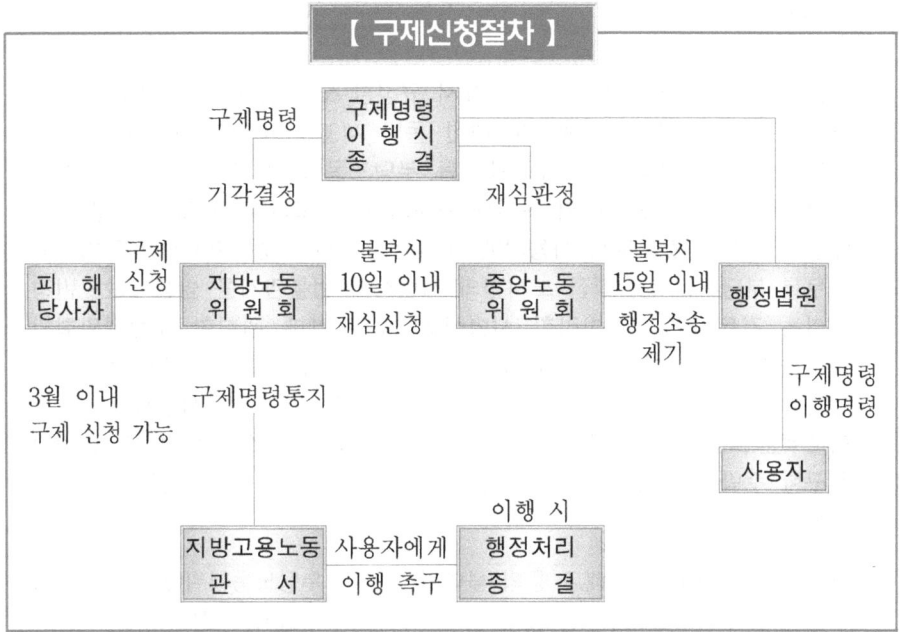

2. 기타 쟁송절차에 의한 구제

가. 소 청

- 부당노동행위로 징계처분 기타 그 의사에 반하는 불이익처분을 받은 자는 그 처분에 불복이 있는 경우에 관할 소청심사위원회에 그 심사를 청구할 수 있음(국가공무원법 제76조, 지방공무원법 제67조 등)

나. 행정소송

- 부당노동행위로 징계처분 기타 그 의사에 반하는 불이익처분을 받아 소청을 제기한 자가 소청심사위원회의 결정에 불복이 있는 때에는 위법 사유에 한하여, 결정서의 송달을 받은 날로부터 90일 이내에 행정소송을 제기할 수 있음

다. 손해배상청구

- 국가 또는 지방자치단체의 불법행위로 인한 배상청구를 단독으로 혹은 행정소송에 병합하여 제기할 수 있음

관련 판례

▷ 노동조합법 제42조(현행법 제84조)에서 규정한 노동위원회의 사용자에 대한 구제명령은 사용자의 노동자에 대한 동법 제39조(현행법 제81조) 각호의 해고, 차별대우 기타 불이익 처분 등 부당노동행위를 시정하고 노동자를 원직 또는 원직 상당직에의 복귀를 명하거나 그 불이익취급을 해제할 것을 내용으로 하는 것으로서 사용자에 대하여는 이에 복종하여야 할 공법상의 의무를 부담시킬 뿐, 직접 노사간의 사법상의 법률관계를 발생 또는 변경시키는 것은 아니고, 이러한 사법상의 법률관계에 관한 노동위원회의 권한 밖의 사항이며 노동자가 종국적으로 사용자의 해고 등 부당노동행위에 대하여 사법상의 지위의 확보, 권리의 구제를 받기 위하여는 사용자를 상대로 해고무효 또는 종업원 지위의 확인을 구하는 등의 민사소송을 별도로 법원에 청구할 수밖에 없다.(대법원 1976.2.11, 자75마496 ; 대법원 1996.4.23, 95다53102 등)

▷ 근로자가 자신에 대한 해고 등의 불이익 처분이 부당노동행위에 해당한다고 주장하여 부당노동행위 구제신청을 하여 그 구제절차가 진행중에 자신이 별도로 사용자를 상대로 제기한 '해고등무효확인청구의 소'에서 청구기각 판결이 확정된 경우에는 사용자의 근로자에 대한 해고 등의 불이익 처분이 정당한 것으로 인정되었다 할 것이어서 노동위원회로서는 그 불이익 처분이 부당노동행위에 해당한다고 하여 구제명령을 발할 수 없게 되었으므로 구제이익은 소멸한다.(대법원 1996.4.23, 95누6151)

▷ 노조법 제81조에서 규정하고 있는 부당노동행위의 유형 중 제1호, 제2호, 제5호의 경우에는 법외 노동조합의 경우라도 그 소속근로자가 직접 구제신청을 할 수 있지만, 제3호, 제4호의 경우에는 법내 노동조합과 그 소속 근로자만이 구제신청권을 갖는 취지로 봄이 상당하다.(대법원 2002.10.11, 2002두5535)

· 제 5 편 ·
정당한 노조활동의 범위

제5편 정당한 노조활동의 범위

>> I 정당한 노조활동과 위법한 집단행동의 구분 기준

● 공무원노조법상 정당한 노동조합 활동과 위법한 집단행동을 구분하고 있어 노동조합이 합법적인 범위 내에서 활동할 수 있도록 「정당한 노동조합 활동」에 대한 판단기준 필요

관련 법 조항

▶ 공무원노조법 제3조(노조활동의 보장과 한계) : ①이 법에 의한 공무원의 노동조합의 조직 및 가입과 노동조합과 관련된 정당한 활동에 대하여는 국가공무원법 제66조제1항 본문 및 지방공무원법 제58조제1항 본문의 규정을 적용하지 아니한다.

②공무원은 노동조합 활동을 함에 있어서 다른 법령이 규정하는 공무원의 의무에 반하는 행위를 하여서는 아니 된다.

▶ 공무원노조법 제11조(쟁의행위의 금지) : 노동조합과 그 조합원은 파업·태업 그 밖에 업무의 정상적인 운영을 저해하는 일체의 행위를 하여서는 아니 된다.

▶ 국가공무원법 제66조(집단 행위의 금지) : 공무원은 노동운동이나 그 밖에 공무 외의 일을 위한 집단행위를 하여서는 아니 된다. 다만, 사실상 노무에 종사하는 공무원은 예외로 한다.

▶ 지방공무원법 제58조(집단 행위의 금지) : 공무원은 노동운동이나 그 밖에 공무 외의 일을 위한 집단행위를 하여서는 아니 된다. 다만, 사실상 노무에 종사하는 공무원은 예외로 한다.

공무원노사관계 업무매뉴얼

1 정당한 노동조합 활동의 보장과 한계

- 공무원노조와 관련된 정당한 활동에 대하여는 국가공무원법 제66조 및 지방공무원법 제58조의 집단행위 금지 규정 적용을 배제(공무원노조법 제3조)
  - 공무원노조법이 허용하고 있는 정당한 노동조합 활동의 범위를 벗어나는 행위는 국가공무원법 등 관련 법령이 적용되며 민형사상 책임 및 징계 가능
  - 정당한 조합활동을 이유로 기관의 장 등이 공무원에게 징계 등 불이익을 주는 행위를 할 경우 부당노동행위로 노동위원회에 구제신청을 통한 구제

- 공무원노조법상 보호되는 정당한 조합활동에 대하여 법령상 명시적인 규정은 없으나,
  - 판례는 공무원의 근무조건의 유지·개선과 사회·경제적 지위 향상을 위한 활동으로서, 다른 법령에서 규정하는 공무원의 의무에 위반되지 않아야 한다고 판시

> **관련 판례**
>
> ▷ 공무원노조법 제1조, 제3조제1항, 제8조제1항, 노동조합법 제2조제4호의 각 규정을 종합하여 볼 때, 공무원노조법 제3조제1항의 '공무원의 노동조합과 관련된 정당한 조합활동'이라 함은 근로조건의 유지·개선 기타 공무원의 경제적·사회적 지위의 향상을 도모하기 위한 활동을 뜻한다고 보이고 이에는 공무원노조법 제8조제1항 단서의 법령 등에 따라 국가 또는 지방자치단체가 그 권한으로 행하는 정책결정에 관한 사항, 임용권의 행사 등 그 기관의 관리·운영에 관한 사항으로서 근무조건과 직접 관련되지 않은 사항은 포함되지 않는다 할 것이다.(대법원 2013.1.24, 2012두22362)
>
> ▷ 공무원노조법 제3조제1항에서 정한 '노동조합과 관련된 정당한 활동'이란 공무원의 근무조건의 유지·개선과 사회·경제적 지위의 향상을 도모하기 위한 활동으로서, 다른 법령상 규정된 공무원의 의무에 위반되지 않고, 공무원노조법 제4조에서 금지하는 정치활동에 해당되지 않는 활동을 의미하는 것으로 해석함이 상당함(대법원 2013.12.26, 2012도8004)

2 민간부문의 정당한 노동조합 활동의 판단기준

- 노조법은 정당한 노조활동의 범위에 대한 명시적 규정을 두고 있지 않으므로 부당노동행위 성립 여부를 둘러싼 판례 등을 통해 정립

- 노조활동이 근로자의 근로의무나 사용자의 노무지휘권·시설관리권과 충돌하는 경우에는 아래의 기준에 따라 정당한 노조활동 여부를 판단

    ① 근무시간 중의 노조활동은 원칙적으로 이를 허용하는 단체협약·취업규칙 등이 있거나 사용자의 승낙이 있어야 가능

    ② 사업장내의 노조활동에 대하여는 사용자의 시설관리권에 바탕을 둔 합리적인 규율이나 제약에 따라야 함

    ③ 노조활동이 취업시간 외에 사업장 밖에서 이루어졌을 경우에는 자유롭게 할 수 있는 것이 원칙이나, 근로계약상 성실의무에 위반하지는 않아야 함

> **판례상 정당한 노동조합 활동의 기준(대법원 1992.4.10. 91도3044)**
>
> ▶ 노조활동이 근무시간 중 또는 기업시설 내에서 이루어지는 경우에 정당한 활동으로 인정받기 위해서는
> - 그 행위가 우선 노동조합의 활동으로 볼 수 있어야 하고
> - 그 목적이 근로조건의 유지·개선, 단결강화를 위한 것이어야 하며,
> - 단체협약·취업규칙에 별도의 허용규정이 있거나, 사용자의 승낙이 없는 한 취업시간 외에 하여야 하고,
> - 사용자의 노무지휘권이나 시설관리권에 바탕을 둔 합리적인 규율이나 제약에 따라야 하며, 사회상규상 반하지 않아야 함

3. 공무원 신분의 특수성에 따른 판단기준

가. 복무상 의무

- 헌법은 공무원을 국민전체에 대한 봉사자로 규정, 이에 따라 공무원에게 공공의 이익을 위한 각종 법률상의 의무를 규정

국가(지방)공무원법상의 제반 의무규정

① 신분상 의무
  - 선서의무(국가공무원법 제55조·지방공무원법 제47조)
  - 외국정부의 영예 등을 받을 경우(국가공무원법 제62조·지방공무원법 제54조)
  - 품위유지의무(국가공무원법 제63조, 지방공무원법 제55조)
  - 영리업무 및 겸직금지(국가공무원법 제64조·지방공무원법 제56조)
  - 정치운동의 금지(국가공무원법 제65조·지방공무원법 제57조)
  - 집단행위의 금지(국가공무원법 제66조·지방공무원법 제58조)

② 직무상 의무
  - 성실의무(국가공무원법 제56조·지방공무원법 제48조)
  - 복종의무(국가공무원법 제57조·지방공무원법 제49조)
  - 직장이탈금지(국가공무원법 제58조·지방공무원법 제50조)
  - 친절공정의무(국가공무원법 제59조·지방공무원법 제51조)
  - 비밀엄수의무(국가공무원법 제60조·지방공무원법 제52조)
  - 청렴의무(국가공무원법 제61조·지방공무원법 제53조)

나. 청사관리상의 의무

- 청사 관리자는 청사의 출입·이용을 관리·규제하고 청사내의 질서를 유지할 권한과 책임 보유
  - 근무자(공무원), 외부인은 관리자의 합리적 규율에 따라야 할 의무

❖ 이러한 복무상, 청사관리상의 의무들은 공무원이 노조활동을 하는 경우에도 반드시 준수해야 하며 이에 위반되는 경우는 정당한 노조활동으로 볼 수 없음

공무원노조 활동의 정당성 판단기준

▷ 원칙적으로 근무시간 중에는 직무수행에 전념하여야 하며 단체협약 또는 기관장의 허가 등이 없는 한 근무시간 외에 하여야 함

▷ 청사 내에서 노조활동을 하는 경우에도 청사 관리권자의 합리적인 규율과 지시에 따라야 함

▷ 노조활동을 함에 있어서 국가(지방)공무원법 기타 관계법령에 규정된 의무를 위반하는 방법으로 할 수 없음

▷ 특히, 파업·태업 등 공무의 정상적인 운영을 저해하는 일체의 쟁의행위는 금지됨

관련 판례 및 행정해석

▷ 집회의 목적, 개최 경위, 준비과정, 집회에서의 연설 내용 및 구호 등을 종합하여 볼 때, 이 사건 규탄대회 및 이 사건 범국민대회 모두 특정 정당 및 시민단체 등 정치적 파당성이 뚜렷한 정치세력과 연계하여 정부를 압박하면서 정부정책 결정과정에 영향력을 행사하기 위한 정치적 의사를 집단적으로 표현하는 집회로서, 집단적으로 집회에 참가한 행위는 공무원의 근무조건의 유지·개선 기타 공무원의 경제적·사회적 지위의 향상을 도모하기 위한 활동으로 보기 어려우므로 공무원노조법 제3조제1항의 '노동조합과 관련된 정당한 활동'이라 할 수 없음(대법원 2013.12.26. 2012도8004)

▷ 공무원노조법에서는 정당한 노동조합의 활동에 대해 명시적인 규정을 두고 있지 아니하나, 노동조합 활동이 정당하기 위해서는 그 목적이 근무조건의 유지·개선 등을 위해 필요한 행위이어야 하고, 단체협약 등에 별도의 허용 규정이 있거나, 기관장의 승인이 있는 경우 외에는 근무시간 이외에 행해져야 하며, 근무시간 외 조합활동의 경우에도 공무원의 본분에 반하지 않도록 성실의무를 준수하여야 하고, 청사 내에서는 관리청의 시설관리권에 바탕을 둔 합리적인 규율이나 제약에 따라야 하는 것임.(공공노사관계팀-2498, 2007.12.11.)

▷ ○○노조가 청사 앞에서 집회 등을 통해 징계 의결의 중단을 요구하는 경우, 인사위원회의 징계 의결은 임용권에 관한 사항으로서 공무원의 근무조건과 직접 관련이 없고, 공무원노조법 제8조제1항 단서에서는 이러한 사항에 대하여 교섭대상이 될 수 없다고 규정하고 있는 점을 감안할 때, 공무원노조법 제3조제1항에서 규정하고 있는 "노동조합과 관련된 정당할 활동"으로 보기 어려울 것임.(공무원노사관계과-424, 2014.3.10)

>> Ⅱ 유형별 정당성 판단기준

1 근무시간 중 노조활동 관련

가. 근무시간 중 노조대표 선출, 회의 개최, 교육활동 등

- 노동조합 활동은 공무수행에 지장이 없도록 근무시간 외에 하는 것이 원칙이므로 근무시간 중 노조활동에 관하여는 단체협약에 관련 규정을 두거나, 기관장의 허가가 필요
  - 단체협약에 관련 규정이 없거나 기관장의 허가가 없는 경우 정당한 노조활동으로 볼 수 없음
    * 근무시간 중 조합활동을 허가하는 경우에는 사전에 정해진 구체적인 조건과 절차에 따라 일자, 시간, 횟수, 장소, 참가자 등을 특정하여야 할 필요가 있고 절차와 내용은 사전에 정할 필요

> **관련 행정해석**
>
> ▷ 특정 조합원이 연가를 내거나 개인 휴무시간을 이용하여 근무중인 타 부서를 순회하면서 연금법개정반대 및 결의대회 참석을 호소하는 등 조합활동을 하는 경우, 동 활동에 대하여 기관장의 사전 허가(청사 시설·공간 등 사용시 청사관리권자와 기관장이 다른 경우에는 청사관리권자의 허가 포함)를 받지 않았다면 단체협약 등에 별도의 허용규정이 있는 등 특별한 사정이 없는 한 정당한 조합활동으로 볼 수 없다고 사료됨. 또한, 청사 내 조합활동에 대하여 기관장의 사전 허가를 받았거나 단체협약 등에 허용규정이 있다고 하더라도 조합활동으로 인하여 다른 공무원의 업무에 지장을 초래하거나 청사관리·직장질서를 문란하게 하는 경우에는 그 정당성을 인정받기 어려울 것임. (공공노사관계과-504, 2008.6.5.)
>
> ▷ ○○공무원노조와 ○○시가 체결한 단체협약에는 근무시간 중 허용되는 조합활동을 정기총회, 대의원대회, 운영위원회 및 단체교섭, 노사협의회 참석, 시의 동의를 얻은 경우로 명시하고 있는 바, ○○공무원노조가 단체협약을 위반하여 근무시간 중에 임시총회를 개최하는 것은 정당한 조합활동으로 볼 수 없으며, 이와 같은 정당하지 않는 조합활동을 방지하기 위하여 하는 조치는 부당노동행위에 해당한다고 보기 어려울 것임(공무원노사관계과-86, 2014.1.15.)

나. 근무시간 중 투쟁복·리본 등 착용

- 공무원은 근무시간 중에 성실히 직무를 수행하고 품위를 유지해야 하는 국가공무원법 및 지방공무원법상의 의무를 준수하여야 함
  - 공무원이 근무시간 중에 투쟁복을 착용하거나 리본을 패용하는 행위는 공무원의 성실한 직무수행 의무 및 품위유지 의무 위반이 될 수 있음
  - 특히, 투쟁복·리본의 내용이 사실과 무관하거나 기관장 등에 대해 근거 없는 비방·명예훼손 등을 내용으로 하는 경우는 일반 국민에게 위화감을 조성하고 공무원으로서 품위와 신뢰를 실추시킬 위험이 있으므로 정당한 노조활동으로 볼 수 없음
    * 민간부문도 직종이나 직무내용 등을 고려, 업무수행에 지장을 줄 경우 정당한 노조활동으로 보지 않음

관련 행정해석

▷ 근무시간 중에 집단적으로 조끼를 착용하고 부서를 방문하여 유인물을 배포하는 등 노조활동을 하는 것은 지방공무원법 제48조 및 복무상 조례 등에서 규정하는 공무원의 의무를 위반하는 행위로 정당한 조합활동으로 볼 수 없음(공무원노사관계과-2259, 2009.6.16.)

2 청사 내 노조활동 관련 판단기준

청사 사용허가의 원칙

▷ 공무원노조가 활동하는 청사는 국유재산법 등에 의해 취득·유지·보존 및 운용 등 관리권이 관리청에 있고 "정당한 사유 없이 사용"하지 못하는 등 법률에 의한 제약이 따름(국유재산법 제7조제1항)

  * 청사 내 회의실 사용, 유인물 등의 게시·배포, 확성기 사용, 외부인의 청사 출입 등

  ⇒ 노조활동을 위해 회의실 사용, 유인물 게시·배포 등 청사 사용 신청 시 관리자는 사용목적, 과거의 사용행태 등을 감안, 청사 본래의 사용에 지장이 없는 한도 내에서 허가

가. 조합 사무실 등 기관 시설물 대여

- 국유재산법 제30조에 "행정재산은 그 용도 또는 목적에 장애가 되지 아니하는 범위 안에서 그 사용을 허가할 수 있다"고 규정
  - 재산목적 외의 사용을 전제로 하고 있기 때문에 조합사무실 등 조합활동을 위한 최소한 규모의 시설물 사용은 가능
  - 이 경우에도 청사 관리권자의 허가가 있어야 하며, 이 허가는 허가권자의 재량에 속함
    * 청사 공간의 여유, 관리상의 지장 여부, 다른 단체와의 균형, 인사관리 측면 등을 고려하여 허가 여부 결정, 이 경우 사무실 내에서 위법행위를 하지 않을 것 등의 조건(사용조건 위반 시 취소 능) 명시 가능

나. 외부인의 청사 출입

- 다수 외부 조합원이 청사에 출입하고자 하는 경우 시위 등으로 청사 내의 질서가 훼손될 우려가 있으면, 출입자의 수·시간·장소 등을 제한하거나 이를 금지할 수 있음

다. 청사 내 조합원 총회 등 회의

- 노조 회의를 위한 회의실·강당 등의 사용 등에 관한 사항은 청사 관리권자의 재량에 속하는 사항이므로 참가인원, 주위의 사용에 미칠 영향 등을 감안하여 허가 여부를 결정
  - 허가시 시간 엄수, 위법한 언동, 소음 방지 등의 조건 명시 가능

관련 판례

▶ 노동조합의 기업시설 이용은 그 시설이용의 목적, 필요성, 이용된 시설의 성격, 시간, 횟수, 양태, 영향 등을 종합하여 사용자의 기업시설 관리권의 행사 또는 업무의 수행에 지장을 주지 아니하는 합리적인 범위 내에서 허용되고, (중략) 노동조합 결성보고 대회장소로 합당하다고 보여지는 의료원 당국 지정의 지하 직원식당을 마다하고 굳이 의료원 당국의 허가 없이 위 병원 1층 로비에서 노동조합 결성 보고대회를 개최하여 내원자 등에게 불편을 끼치고 의료원의 정상적인 수납 및 진료업무를 방해함으로써 **노동조합에 허용되는 기업시설 이용의 범위를 일탈함**(서울고법 1997.9.4, 96나35424)

라. 노동조합 게시판 설치

- 조합 게시판의 설치도 청사관리권자 허가(허가권자의 재량행위)가 있어야 함
  - 허가권자는 청사의 상황이나 게시판의 이용형태, 게시판의 크기, 설치장소, 다른 단체와의 균형 등을 종합적으로 고려하여 허가 여부 결정
- 또한, 허가시에 사용 조건을 정할 수 있고, 이를 위반한 경우에는 당해 허가를 취소할 수 있다는 취지를 사전에 명확히 할 필요
- 게시판 설치를 허가한 경우에도 게시물 게시에 있어서 청사내에 설치되어 있다는 점에서 일정한 제약이 따름

마. 유인물 게시 및 현수막 설치 등

- 청사 그 자체만이 아니라 청사의 부지는 모두 행정재산의 일부이기 때문에 관리청의 허가 없이 유인물을 부착할 수 없음
  - 유인물, 포스터, 스티커 등의 무단 부착, 현수막의 무단설치 등은 청사 관리권을 침해
  - 청사 시설관리 책임자는 허락을 받지 아니하고 부착한 유인물은 제거 가능
- 다만, 단체협약으로 정하거나 청사관리권자의 사전허가를 얻은 경우에는 정당한 노조활동으로 인정할 수 있음
  * 관리청의 허가를 받지 아니하고 노조가 청사 구내에 유인물을 부착할 경우에는 우선, 노조에 대해 청사관리권은 관리청에 있고 허가를 받지 않은 유인물 부착은 위법하다는 점을 명확히 통지하고 해당 행위의 중지 요구 가능

관련 행정해석

▶ 학교 내 플랭카드, 대자보 부착의 적법성 여부에 대하여 노동조합이 조합활동과 관련하여 사용자의 시설물을 사용할 때에는 단체협약에 별도의 정함이 있는 경우에는 그에 따르되, 그렇지 아니한 경우에는 사용자의 승인을 얻어 사용하여야 하는 바, 단체협약이나 사용자의 승인없이 임의로 학교 시설물에 플랭카드 및 대자보를 부착하였다면 이는 사용자의 시설관리권을 침해하는 것으로 그 정당성을 인정받기 어려울 것임(노조01254-390, 2000.5.12.)

공무원노사관계 업무매뉴얼

바. 유인물 배포

- 청사 내 유인물 배포는 사전 허가를 받아야 하고, 직무와 관계없는 위법·부당한 내용을 포함한 경우 배포금지 요구 가능
- 근무시간 중의 유인물 배포행위는 성실의무에 위반

> **관련 판례**
>
> ▷ 유인물 배포행위가 근로조건의 개선을 목적으로 하더라도, 그 내용이 왜곡 또는 과장된 것으로 경영진에 대한 극도의 불신 내지 증오심을 유발케 하여 직장 질서를 문란케 할 위험성이 있는 경우 정당한 조합활동으로 볼 수 없음 (대판 1993.2.9 92다20880)

3 옥외 노조활동(집회 등)의 정당성 충족 요건

> **기 본 원 칙**
>
> ▷ 노조가 근로조건 유지·개선 등 목적달성을 위하여 하는 정당한 노조활동은 단결권의 일환으로 보호
> - 노조활동이 개인 의사가 아니라 대부분 집단적인 의사 표출의 형태로 나타날 수 밖에 없다는 점 등을 고려할 때
> - 업무의 정상적인 운영을 방해하지 않는 범위 내에서 조합의 의사를 집단적으로 표현하기 위한 조합활동으로서 평화적인 집회는 허용
>   ⇒ 합법적인 공무원노조의 노조활동이 목적이나 수단·방법·절차가 정당하고 다른 법률에 저촉되지 않는 범위 내에서 근무시간외에 평화적인 옥외 집회 가능

가. 주체

- 공무원노조법에 의한 실질적·형식적 요건을 갖춘 합법적 노동조합이어야 함
- 공무원노조법에 의한 설립신고를 하지 않은 공무원단체가 옥외 집회를 할 경우
  - 공무원노조법에 의해 보호되지 않기 때문에 국가공무원법, 지방공무원법상 '집단행위금지' 및 '성실의무' 위반에 해당

나. 목적

- 노조의 옥외 집회 등이 정당한 노조활동에 해당하기 위해서는 목적이 근무조건과 직접적으로 관련되어야 함
  - 현행 공무원노조법에서는 요구내용이 교섭대상에 해당할 경우, 근무조건과의 관련성을 인정
    * 공무원노조법 제8조제1항에서는 "조합원의 보수·복지 그 밖의 근무조건에 관한 사항"을 교섭대상으로 규정

> ❖ 목적상 정당한 노조활동이 아닌 경우
> ① 노조의 활동목적과는 무관한 정치적 요구를 내세우거나, 요구내용 중 정치적 사항과 근무조건 관련 사항이 혼재되어 있는 경우
> ② 민간 노조의 파업을 지원할 목적의 옥외 집회나 시민단체 등과 연대 집회 또는 이에 참가하는 경우
> ③ 근무조건과 무관한 정책결정사항 등에 대한 지지·반대를 목적으로 한 집회나 시위 등

다. 근무시간 외 노조활동

- 근무시간 중에는 단체협약 또는 기관장의 승낙이 있는 경우를 제외하고는 근무시간 외(휴일 포함)에 노조활동을 하는 것이 원칙
  - 근무시간 중 요구사항 관철을 위한 집회(옥·내외)로 업무의 정상적 운영을 방해할 경우에는 쟁의행위에 해당
- 근무시간외 노조활동의 경우에도 공무원의 본분에 반하지 않도록 하는 성실의무 부담

라. 다른 법률을 준수하는 등 평화적 집회

- 근무시간외의 노조활동에 대해 노동관계법에는 별도의 제한규정을 두고 있지 않으나
  - 공무원의 경우, 민간부문 근로자와 달리 공무원법 등에서 정하는 신분상·직무상의 의무를 준수해야 함
- 또한, '집회 및 시위에 관한 법률' 등 다른 법률을 준수해야 하며, 평화적으로 집단적 의사를 표현하는 방법이어야 함

4 기타 노동조합 활동 관련

가. 미조직 공무원의 단체활동

- 원칙적으로 정당한 조합활동으로 볼 수 없으나 합법적인 노조결성을 목적으로 하는 근무시간외 설립총회 등 준비행위는 허용

나. 읍·면·동이나 부처 단위에서 단체교섭 요구

- 노조 최소설립단위 미만의 부처 단위나 읍·면·동 단위의 경우, 단체교섭 당사자가 아니므로 별도의 교섭권한의 위임 등이 없는 한 독자적으로 교섭요구를 할 수 없음

다. 인사결과에 대한 불만 등 교섭대상이 아닌 사항에 대한 교섭 요구 또는 교섭 상대방이 아닌 기관에 대한 교섭 요구 등

- 노동조합 대표자는 정부교섭대표와 교섭을 하고자하는 경우, 교섭하고자 하는 사항에 대하여 권한을 가진 정부교섭대표에게 교섭을 요구
  - 단체교섭 사항이 되기 위하여는 근무조건과 관련이 있고 집단적 성격을 가져야 함
- 정부교섭대표는 교섭대상이 아니거나 교섭권한이 없는 사항에 대하여는 교섭 거부 가능

III 쟁의행위 금지

1 쟁의행위 금지 개요

> **관련 법조항**
>
> ▷ 노동조합과 그 조합원은 파업·태업 또는 그밖에 업무의 정상적인 운영을 방해하는 일체의 행위를 하여서는 아니 된다(공무원노조법 제11조)

- 쟁의행위는 파업·태업 기타 노동관계 당사자가 그 주장을 관철할 목적으로 행하는 행위와 이에 대항하는 행위로서 업무의 정상적인 운영을 저해하는 행위

- 현행법상 공무원노조는 쟁의행위를 행할 수 없고,
  - 쟁의행위에 참가한 자는 민형사상 면책이 이루어지지 않기 때문에 처벌 또는 징계나 손해배상의 대상
    * "업무의 정상적인 운영을 저해"하는 행위에는 소극적으로 노무제공을 거부·정지하는 행위 뿐만 아니라 적극적으로 업무의 정상적 운영을 저해하는 행위도 포함

> **공무원에 대해 쟁의행위가 금지되는 이유**
>
> - 공무원의 쟁의행위는 국민 또는 주민 전체의 봉사자로서 근무제공 의무를 부담한다는 지위의 특수성과 직무의 공공성과 부합하지 않음
> - 쟁의행위로 인한 공무의 정지 또는 폐쇄는 국민 전체 또는 주민 전체에 중대한 영향을 미침
> - 공무원의 근무조건은 법령이나 조례에 의한 민주적인 절차에 따라 정해져야 하지만 쟁의행위에 의한 실력행사는 근무조건의 결정에 대하여 부당한 압력을 가하고 이를 왜곡시킬 우려가 있기 때문임

> **헌법재판소 결정 요지**
>
> ▷ 공무원이 쟁의행위를 통하여 공무원 집단의 이익을 대변하는 것은 국민전체에 대한 봉사자로서의 공무원의 지위와 특성에 반하고, 공무원의 보수 등 근무조건은 국회에서 결정되고 그 비용은 최종적으로 국민이 부담하는바, 공무원이 자기 요구를 관철하고자 국민을 상대로 파업하는 것은 허용되기 어려운 점이 있음. 또한, 공무원의 파업으로 행정서비스가 중단되면 국가기능이 마비될 우려가 크며 공공업무의 속성상 공무원의 파업에 대한 정부의 대응수단을 찾기 어려워 노사간 힘의 균형을 확보하기 어려움
> 아울러, 공무원은 헌법 제7조의 규정 및 그에 따른 공무원의 기본적인 성실의무, 직무전념의무 등을 고려할 때, 공무원에 대하여 일체의 쟁의행위를 금지한 공무원노조법 제11조는 헌법 제33조제2항에 따른 입법형성권의 범위 내에 있어 헌법에 위배되지 아니함(헌법재판소 2008.12.26. 결정 2005헌마971·1193, 2006헌마198 병합)

2 쟁의행위 유형

가. 근무시간 중 집회

- 근무시간 중 적법절차에 따른 허가를 받지 않고 집단적·조직적으로 직장을 이탈하여 집회를 개최하는 등 업무의 정상적 운영을 방해하는 경우 쟁의행위에 해당(통상 집단적인 연가 신청 등을 수반)

나. 집단연가 및 집단결근 등

- 공무원이 연가를 신청하였을 때에는 행정기관의 장은 공무수행상 특별한 지장이 없는 한 이를 허가하여야 하는 것이 원칙임(국가공무원복무규정 제16조제4항)
  - 그러나, 업무의 정상적 운영을 방해할 목적으로 다수의 공무원이 일시에 연가를 사용하거나 무단결근하여 업무에 지장을 초래하는 경우에는 쟁의행위에 해당하는 것으로 볼 수 있음

관련 판례

▶ 원고 조합원(교원)들이 집단적으로 각급 학교에 연가를 내고 연가 투쟁 집회에 참석하는 것은 교원노조법상 허용되는 정당한 단결권 행사의 범위를 벗어나 교원노조법 제8조에 따라 금지되는 쟁의행위에 해당한다 할 것이다. 또 1만여명 이상 참석이 예상되는 집회를 준비하는 과정에서 피해를 최소화하기 위해 노력한다 할지라도 수업에 지장을 가져올 것이 명백함으로 참가인이 공문 및 서한문을 배포하고 각 시·도 교육감에 연가신청 불허를 지시하는 등의 행위는 정당한 지시·감독권의 행사로 노조 운영에 대한 지배·개입의 부당노동행위로 볼 수 없다.(서울행정법원 2008.7.8, 2007구합35753)

다. 시간외 근무 및 당직근무 거부 등

- 시간외 근무는 "행정기관의 장은 민원 편의 등 공무 수행을 위하여 필요하다고 인정할 때" 행정기관의 장이 명하는 것으로서 정당한 직무명령에 해당(국가공무원 복무규정 제11조제1항)

- 당직근무는 관련 규정 등에 의해 화재·도난 또는 그 밖의 사고의 경계와 문서 처리 및 업무 연락을 목적으로 하여 직무상 명해진 것임

    * 국가공무원 복무규정, 국가공무원 당직 및 비상근무규칙 등

- 공무원노조가 주장을 관철할 목적으로 정당한 시간외 근무명령이나 당직근무 명령을 조직적으로 거부하는 경우, 복종의무에 위반할 뿐 아니라 쟁의행위에 해당하는 것으로 볼 수 있음

라. 준법 투쟁 등

- 소위 "준법투쟁"의 경우, ①공무원노조가 자신의 주장을 관철할 목적을 가지고 ②집단적으로 ③업무의 정상적인 운영을 저해하는 결과를 초래하는 경우에는 쟁의행위에 해당함

- "업무의 정상적인 운영"이란 엄격한 의미에서의 "적법한 운영"을 의미하는 것이 아니라 사실상 또는 관행상 행해지고 있는 "평상의 운영"을 의미함
  - 다만, 사실상 행해지고 있는 노사관행이 강행법규를 명백히 위반하고 있는 경우에 이를 법에 따라 시정토록 요구하는 것은 쟁의행위로 볼 수 없을 것임

> **관련 판례**
>
> ▷ 노사간에 체결된 단체협약에 작업상 부득이한 사정이 있거나 생산계획상 차질이 있는 등 업무상 필요가 있을 때에는 사용자인 회사가 휴일근로를 시킬 수 있도록 정하여져 있어서, 회사가 이에 따라 관행적으로 휴일근로를 시켜 왔음에도 불구하고, 근로자들이 자신들의 주장을 관철할 목적으로 정당한 이유도 없이 집단적으로 회사가 지시한 휴일근로를 거부한 것은, 회사업무의 정상적인 운영을 저해하는 것으로서 노동쟁의조정법 제3조 소정의 쟁의행위에 해당함.(대법원 1991.7.9, 91도1051 판결)
>
> ▷ ○○공사의 직원들의 경우 단체협약에 따른 공사 사장의 지시로 09:00 이전에 출근하여 업무준비를 한 후 09:00부터 근무를 하도록 되어 있음에도 피고인이 쟁의행위의 적법한 절차를 거치지도 아니한 채 조합원들로 하여금 집단으로 09:00 정각에 출근하도록 지시를 하여 이에 따라 수백, 수천명의 조합원들이 집단적으로 09:00 정각에 출근함으로써 전화고장수리가 지연되는 등으로 위 공사의 업무수행에 지장을 초래하였다면 이는 실질적으로 피고인 등이 위 공사의 정상적인 업무수행을 저해함으로써 그들의 주장을 관철시키기 위하여 한 쟁의행위임.(대법원 1996 5.10, 96도419 판결)

마. 청사 내 농성 및 시위

- 노동조합이 청사 내에서 집회를 하기 위해서는 관리청의 허가를 받고, 허가 조건을 준수하면서 집회를 하여야 함
  - 적법절차에 따른 허가를 받지 아니한 노동조합 집회·농성 등으로 청사 내 질서를 저해하고 통행 방해, 시설 훼손 등의 우려가 있는 경우,
  - 청사관리 기타 업무의 정상적인 운영을 방해하는 위법행위로서 근무시간 중일 경우에는 쟁의행위에 해당하는 것으로 볼 수 있음

제5편 정당한 노조활동의 범위

관련 행정해석

▷ 노동조합의 활동은 업무의 정상적 운영을 저해하지 않는 근무시간 외에 실시하는 것이 원칙이므로 일과시간 중에 노조 관련 모임이나 활동을 하는 것은 바람직하지 않으며, 교원의 경우 비록 수업이 없는 시간이라 할지라도 그 시간이 근무시간 중이라면 학교측의 지휘·통제의 범위 내에 있는 것이므로 노조활동을 할 수 없다고 보아야 할 것임. 또한, 일과시간 내외를 불문하고 노동조합의 조합활동과 관련하여 사용자의 시설물을 사용할 때에는 시설물 사용에 대한 별도의 승인이 없는 한 학교시설물을 임의로 사용할 수 없는 것임(노조 01254-474, 1999.6.29)

● 기관장실 무단난입과 폭언, 조끼착용 및 패찰착용, 직원조회 불참 등은 통상적인 조합활동이 아닌 기관장의 기관운영에 대항하는 행위로서 쟁의행위에 해당

관련 판례

▷ 교원노조법 제8조는 교원의 쟁의행위를 금지하고 있는바, 원고들의 부장회의 불참, 직원조회 불참, 교직원 연수에서 휘색 마스크 착용, 견고장 발급에 대한 해명 및 철회 요구, 교장실의 무단난입과 폭언, 전교조 조끼착용 및 패찰착용 등은 그 동기와 행태에 있어 통상적인 노동조합 활동이라고 하기 보다는 학교장의 학사운영에 대항하여 이루어진 것으로서 쟁의행위의 성격을 갖는 것으로 판단됨.(서울행법 2006.5.18, 2005구합15250)

>> Ⅳ 노동조합과 조합원의 정치활동 금지

1 개 요

- 헌법 제7조에 규정된 공무원의 정치적 중립성을 보장하기 위하여 국가(지방)공무원법 및 정치 관련법에서 정치운동 등을 금지하고 있으며, 공무원노조법에서는 노동조합과 조합원의 정치활동 금지를 규정하고 있음
  - 이는 정치와 행정의 관계가 밀접한 현대 국가에 있어서 공무원을 정당·압력단체 등 정치세력의 부당한 영향과 간섭으로부터 보호하고 행정의 일관성과 계속성을 유지함으로써 공익을 증진하기 위함임

> **헌법재판소 결정 요지**
>
> ▶ 헌법 제7조제1항은 "공무원은 국민 전체에 대한 봉사자이며, 국민에 대하여 책임을 진다."고 규정하고 있다. 즉, 공무원은 국민 전체의 이익을 위해 봉사해야 하는 지위에 있으며 일부의 국민이나 특정 정파 혹은 정당의 이익을 위해 봉사하는 것이 아님을 분명히 밝히고 있다. 한편, 헌법 제7조제2항은 "공무원의 정치적 중립성은 법률이 정하는 바에 의하여 보장된다."고 명시하고 있다. 이와 같은 공무원의 정치적 중립성의 요청은 정권교체로 인하여 행정의 일관성과 계속성이 상실되지 않도록 하고, 공무원의 정치적 신조에 따라서 행정이 좌우되지 않도록 함으로써 공무집행에서의 혼란의 초래를 예방하고 국민의 신뢰를 확보하기 위함이다.(헌법재판소 2012.7.26. 선고, 2009헌바298)

2 금지되는 정치활동의 범위

- 공무원노조법 제4조에서 금지하고 있는 '정치활동'은 국가공무원법, 지방공무원법에서 규정하는 '정치운동' 보다 범위가 넓은 개념임

- 즉, 공무원노조법 제4조의 '정치활동'에는 정치운동이나 선거운동 외에 「특정단체 또는 정치세력과 연계하여 정부를 압박하면서 정부정책 결정 과정에 영향력을 행사하기 위한 정치적 의사를 표현하는 행위」도 포함

관련 판례

▷ 공무원노조법 제4조에서 금지하고 있는 '노동조합 및 조합원의 정치활동'이 개별 법률인 정당법, 정치자금법, 공직선거법 등에 의하여 구체적으로 제한된 정당 가입, 선거운동, 정당이나 공직선거 후보자에 대한 자금의 지원 등 행위에 한정된다고 보기 어렵고, 모든 정치세력으로부터 공무원의 정치적 중립성을 해할 우려가 있는 노동조합 및 조합원의 조합활동으로서의 정치활동을 의미한다고 봄이 상당하다. 따라서 그 정치세력이 정부정책에 찬성하는 세력인지 반대하는 세력인지 관계없이, '특정정당 또는 정치세력과 연계하여 정부를 압박하면서 정부정책 결정과정에 영향력을 행사하기 위한 정치적 의사를 표현하는 행위'도 이에 포함되는 것으로 해석함이 상당하다. (대법원 2013.12.26. 선고, 2012도8004)

3 국가공무원법 등 관련 법령에서 금지되는 정치운동

● 국가공무원법, 지방공무원법 및 공직선거법, 정당법, 정치자금법 등 정치관련법에서는 공무원의 정치운동, 선거운동 금지를 규정

- 정당이나 그 밖의 정치단체의 결성에 관여하거나 가입하는 행위 금지

    * 정당의 발기인이나 당원이 될 수 없음

- 선거에 있어서 특정 정당 또는 특정인을 지지하거나 반대하는 행위 금지

    * 투표 또는 투표거부 권유, 서명운동 기도·주재·권유, 문서 또는 도서를 공공시설 등에 게시하는 행위, 기부금 모집 또는 공공자금 이용행위, 타인에게 정당·정치단체 가입 또는 가입거부 권유 운동 등을 금지

- 공직선거에 입후보하거나 지위를 이용하여 선거운동을 하는 행위, 선거에 영향을 미치는 행위 등 금지

    * 선거운동 기획 참여, 정당 또는 후보자에 대한 지지도 조사 발표행위, 선거기간 중 휴가기간에 업무와 관련된 기관·시설 방문행위 등 금지

관 련 법 률

▷ **국가공무원법 제65조(정치운동의 금지), 지방공무원법 제57조(정치운동의 금지)**
  - 정당이나 그 밖의 정치단체 결성에 관여 및 가입 금지
  - 선거에 있어서 특정 정당 또는 특정인의 지지나 반대를 위한 행위 금지

▷ **공직선거법 제9조(공무원의 중립의무 등)**
  - 공무원 기타 정치적 중립을 지켜야 하는 자는 선거에 대한 부당한 영향력의 행사 기타 선거결과에 영향을 미치는 행위 금지

▷ **공직선거법 제60조(선거운동을 할 수 없는 자)제1항제4호**
  - 국가공무원법 제2조, 지방공무원법 제2조에 규정된 공무원은 선거운동이 금지됨(공무원이 선거 후보자의 배우자 또는 직계존비속인 경우에는 가능)

▷ **공직선거법 제85조(공무원 등의 선거관여 등 금지)**
  - 직무 관련 또는 지위를 이용하여 선거에 부당한 영향력을 행사하는 등 선거에 영향을 미치는 행위, 지위를 이용하여 선거운동을 하는 행위 등 금지

▷ **공직선거법 제86조(공무원 등의 선거운동에 영향을 미치는 행위 금지)**
  - 공무원은 지위를 이용한 선거운동 기획 및 실시행위, 정당 또는 후보자에 대한 지지도 조사 발표행위, 선거기간 중 휴가기간에 업무와 관련된 기관·시설 방문행위 등이 금지됨

▷ **공직선거법 제87조(단체의 선거운동 금지)**
  - 국가·지방자치단체는 기관·단체 명의 또는 그 대표 명의의 선거운동이 금지됨

▷ **정당법 제22조(발기인 및 당원의 자격)제1항**
  - 국가공무원법 제2조·지방공무원법 제2조에 규정된 공무원은 정당의 발기인·당원이 될 수 없음

▷ **정치자금법 제8조(후원회의 회원) 등**
  - 정당법 제22조에 따라 정당의 당원이 될 수 없는 자는 후원회의 회원이 될 수 없음

● 공무원의 경우 국가공무원법, 지방공무원법 및 정치 관련법 위반에 대한 벌칙 이외에 국가공무원 복무규정, 지방공무원 복무규정 등에서 정한 공무원의 복무상 의무를 위반할 경우 징계대상이 됨

관련법령

국가공무원 복무규정 제27조(정치적 행위) ①법 제65조의 정치적 행위는 다음 각 호의 어느 하나에 해당하는 정치적 목적을 가진 것을 말한다.

1. 정당의 조직·조직의 확장, 그 밖에 그 목적달성을 위한 것
2. 특정 정당이나 정치단체를 지지하거나 반대하는 것
3. 법률에 따른 공직선거에서 특정 후보자를 당선하게 하거나 낙선하게 하기 위한 것

②제1항에 규정된 정치적 행위의 한계는 제1항에 따른 정치적 목적을 가지고 다음 각호의 어느 하나에 해당하는 행위를 하는 것을 말한다.

1. 시위운동을 기획·조직·지휘하거나 이에 참가 또는 원조하는 행위
2. 정당이나 그 밖의 정치단체의 기관지인 신문과 간행물을 발행·편집·배부 하거나 이와 같은 행위를 원조하거나 방해하는 행위
3. 특정 정당 또는 정치단체를 지지 또는 반대하거나 공직선거에서 특정후보자를 지지 또는 반대하는 의견을 집회나 그 밖에 여럿이 모인 장소에서 발표하거나 문서·도서·신문 또는 그 밖의 간행물에 싣는 행위
4. 정당이나 그 밖의 정치단체의 표지로 사용되는 기·완장·복식 등을 제작· 배부·착용하거나 착용을 권유 또는 방해하는 행위
5. 그 밖에 어떠한 명목으로든 금전이나 물질로 특정 정당 또는 정치단체를 지지하거나 반대하는 행위

· 제 **6** 편 ·
참고자료

관련서식

목 차

[별지1호서식] 노동조합 산하조직 설치통보서 ················ 263

[별지2호서식] 단체교섭요구서 ································ 264

[별지3호서식] 노동쟁의 조정신청서 ··························· 265

[별지4호서식] 노동쟁의 중재신청서 ··························· 267

[별지5호서식] 노동조합 설립, 설립신고사항 변경신고서 ········ 269

[별지6호서식] 노동조합 설립신고증 ··························· 271

[별지7호서식] 노동조합 설립신고사항 보완요구서 ·············· 272

[별지8호서식] 노동조합 현황 정기 통보서 ···················· 273

[별지9호서식] 총회, 대의원회 소집권자 지명요구서 ············ 274

[별지10호서식] 총회, 대의원회 소집권자 지명서 ··············· 276

[별지11호서식] 노동조합 규약, 결의·처분, 단체협약의 시정명령서 ······ 277

[별지12호서식] 자료제출요구서 ······························· 278

[별지13호서식] 노동조합 해산신고서 ·························· 279

[별지14호서식] 단체협약 신고서 ······························ 280

[별지15호서식] 시정요구서 ·································· 282

[별지16호서식] 시정결과보고서 ······························· 283

[별지17호서식] 노동조합 설립신고사항 변경신고증 ············· 284

[별지18호서식] 노동조합 설립신고증 재발급신청서 ············· 285

[별지19호서식] 노동단체카드 ································· 287

■ 공무원의 노동조합 설립 및 운영 등에 관한 법률 시행규칙 [별지 제1호서식] 〈개정 2011.12.14〉

노동조합 산하조직 설치통보서

노동조합의 명칭		노동조합의 형태	단위노조(전국, 기관, 지역, 기타), 연합단체
대표자 성명		노조 설립일	
주된 사무소의 소재지			
설립 단위 내 공무원 수	(여: 명) 명	조합원 수	(여: 명) 명

산하조직 현황(기재란이 부족할 경우 별지에 작성합니다)

명칭	소재지	대표자	설치일	기관명	기관 소속 공무원 수			조합원 수			전화번호
					계	남	여	계	남	여	

「공무원의 노동조합 설립 및 운영 등에 관한 법률 시행령」 제2조 및 같은 법 시행규칙 제2조에 따라 위와 같이 산하조직 설치사실을 통보합니다.

년   월   일

노동조합 대표자   (서명 또는 인)

고용노동부장관(지방고용노동관서의 장)   귀하

첨부서류	노동조합의 규약 또는 지부·분회 등의 운영규정 1부	수수료 없음

210mm×297mm[일반용지 70g/㎡(재활용품)]

공무원노사관계 업무매뉴얼

■ 공무원의 노동조합 설립 및 운영 등에 관한 법률 시행규칙 [별지 제2호서식] 〈개정 2011.12.14.〉

단체교섭요구서

① 노동조합의 명칭		② 노동조합의 형태 단위노조(전국,기관, 지역, 기타), 연합단체	
③ 주된 사무소의 소재지			
노동조합대표자 (또는 위임을 받은 사람)	④ 성명	⑤ 조합원 수	
	⑥ 주소	⑦ 전화번호	
⑧ 교섭 시작 예정일		⑨ 구분 최초, 갱신	
⑩ 정부교섭 대표자			

「공무원의 노동조합 설립 및 운영 등에 관한 법률」 제9조제2항·제3항 및 같은 법 시행규칙 제3조에 따라 위와 같이 단체교섭을 요구합니다.

년   월   일

대표자   (서명 또는 날인)

귀하

첨부서류	1. 노동조합 설립신고증 사본(지부·분회 등의 경우 교섭권이 있음을 증명하는 서류를 포함합니다) 2. 교섭 요구사항

※ 교섭 요구 노동조합이 여러 개일 경우 ①~⑥항까지를 별지에 작성합니다.

210mm×297mm[일반용지 70g/㎡(재활용품)]

■ 공무원의 노동조합 설립 및 운영 등에 관한 법률 시행규칙 [별지 제3호서식] 〈개정 2012.12.27〉

노동쟁의 조정신청서

※ 색상이 어두운 란은 신청인이 적지 않습니다. (앞쪽)

접수번호	접수일	처리기간: 30일
당사자	노동조합	정부교섭대표(기관)
명칭		
대표자		
소재지		

위 당사자 간에 발생한 노동쟁의를 조정하여 줄 것을 「공무원의 노동조합 설립 및 운영 등에 관한 법률」 제12조제1항, 같은 법 시행령 제11조제3항 및 같은 법 시행규칙 제4조제1항에 따라 신청합니다.

년   월   일

신청인(노동조합)   (서명 또는 인)

신청인(정부교섭 대표)   (서명 또는 인)

중앙노동위원회 귀중

첨부서류	다음 각 호의 사항을 적은 서류 1. 단체교섭의 경위 2. 당사자 간의 의견이 일치하지 않는 사항과 이에 대한 당사자의 주장 내용 3. 그 밖에 당사자의 주장 내용과 관련되는 사항으로서 조정에 참고가 될 수 있는 사항	수수료 없음

210mm×297mm(백상지 80g/㎡)

(뒤쪽)

처리절차

이 신청서는 아래와 같이 처리됩니다.

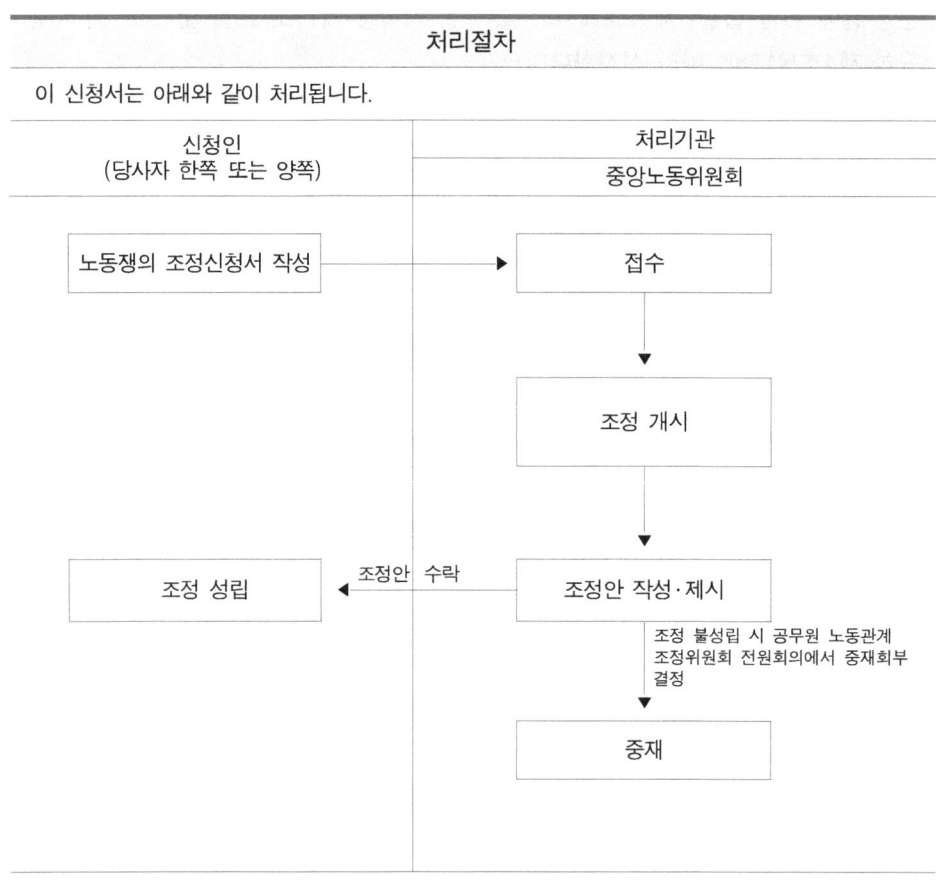

| 신청인
(당사자 한쪽 또는 양쪽) | 처리기관
중앙노동위원회 |

노동쟁의 조정신청서 작성 → 접수 → 조정 개시 → 조정안 작성·제시 → (조정안 수락) → 조정 성립

조정 불성립 시 공무원 노동관계 조정위원회 전원회의에서 중재회부 결정 → 중재

■ 공무원의 노동조합 설립 및 운영 등에 관한 법률 시행규칙 [별지 제4호서식] 〈개정 2012.12.27〉

노동쟁의 중재신청서

(앞쪽)

당사자	노동조합	정부교섭 대표(기관)
명칭		
대표자		
소재지		

위 당사자 간에 발생한 노동쟁의를 중재하여 줄 것을 「공무원의 노동조합 설립 및 운영 등에 관한 법률」제13조제1호, 같은 법 시행령 제11조제3항 및 같은 법 시행규칙 제4조제1항에 따라 신청합니다.

년   월   일

신청인(노동조합)   (서명 또는 인)

신청인(정부교섭 대표)   (서명 또는 인)

중앙노동위원회 귀중

첨부서류	다음 각 호의 사항을 적은 서류 1. 단체교섭의 경위 2. 당사자 간의 의견이 일치하지 않는 사항과 이에 대한 당사자의 주장 내용 3. 그 밖에 당사자의 주장 내용과 관련되는 사항으로서 중재에 참고가 될 수 있는 사항	수수료 없음

210mm×297mm(백상지 80g/㎡)

(뒤쪽)

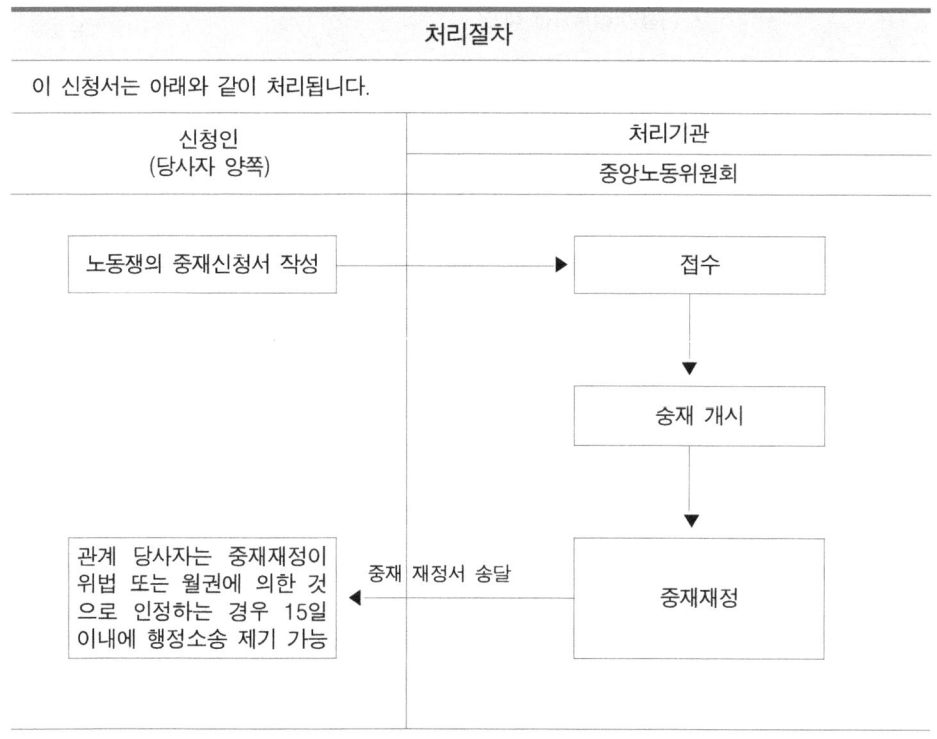

■ 공무원의 노동조합 설립 및 운영 등에 관한 법률 시행규칙 [별지 제5호서식] 〈개정 2011.12.14〉

노동조합 [ ] 설립
[ ] 설립신고사항 변경 신고서

※ [ ]에는 해당되는 곳에 √ 표시를 합니다. (앞쪽)

접수번호		접수일		처리기간 3일	
명 칭			노동조합의 형태	단위노조(전국, 기관, 지역, 기타), 연합단체	
주된 사무소의 소재지 (전화번호)			조합원 수		
소속된 연합단체의 명칭					
대표자	성명		생년월일(남/여)		
	주소		전화번호		
	소속 기관		소속 부서 및 직급		
임원	직책	성명	소속 기관	주소	
	직책	성명	소속 기관	주소	

연합단체인 경우 그 구성원인 노동조합 관련 사항

명 칭	조합원 수	주된 사무소의 소재지	임 원		
			성 명	소속 기관	주 소

둘 이상의 기관의 공무원으로 구성된 단위노동조합의 경우에는 아래의 기재사항을 작성하시기 바랍니다.

기관별 명칭	대표자 성명	소 재 지	조합원 수

<설립신고사항 변경신고 시 작성 사항>

변경사항	변경 전	변경 후
변경 연월일		
변경 사유		

[ ] 설립신고
　　　년　　월　　일 본인 외　　명은　　　에서 노동조합 설립총회를 개최하고 「공무원의 노동조합 설립 및 운영 등에 관한 법률」 제5조제2항·제17조제2항 및 같은 법 시행규칙 제5조제1호에 따라 위와 같이 노동조합의 설립을 신고합니다.

년　　월　　일
대표자　　　　　(서명 또는 인)

고용노동부장관(지방고용노동관서의 장) 귀하

[ ] 설립신고사항 변경신고
「공무원의 노동조합 설립 및 운영 등에 관한 법률」 제17조제2항 및 같은 법 시행규칙 제5조제4호에 따라 위와 같이 노동조합 설립신고사항 중 변경사항을 신고합니다.

년　　월　　일
신고인　　　　　(서명 또는 인)

고용노동부장관(지방고용노동관서의 장) 귀하

첨부서류	설립	규약 1부	수수료 없음
	변경	1. 변경사항을 증명할 수 있는 총회 또는 대의원회의 회의록이나 규약 등의 서류 1부 2. 설립신고증(변경신고증을 발급받은 사실이 있는 경우에는 변경신고증)	

비고: 기재란이 부족한 경우에는 별지에 작성하시기 바랍니다.

210mm×297mm[일반용지 70g/㎡(재활용품)]

(뒤 쪽)

※ 이 신고서는 아래와 같이 처리됩니다.

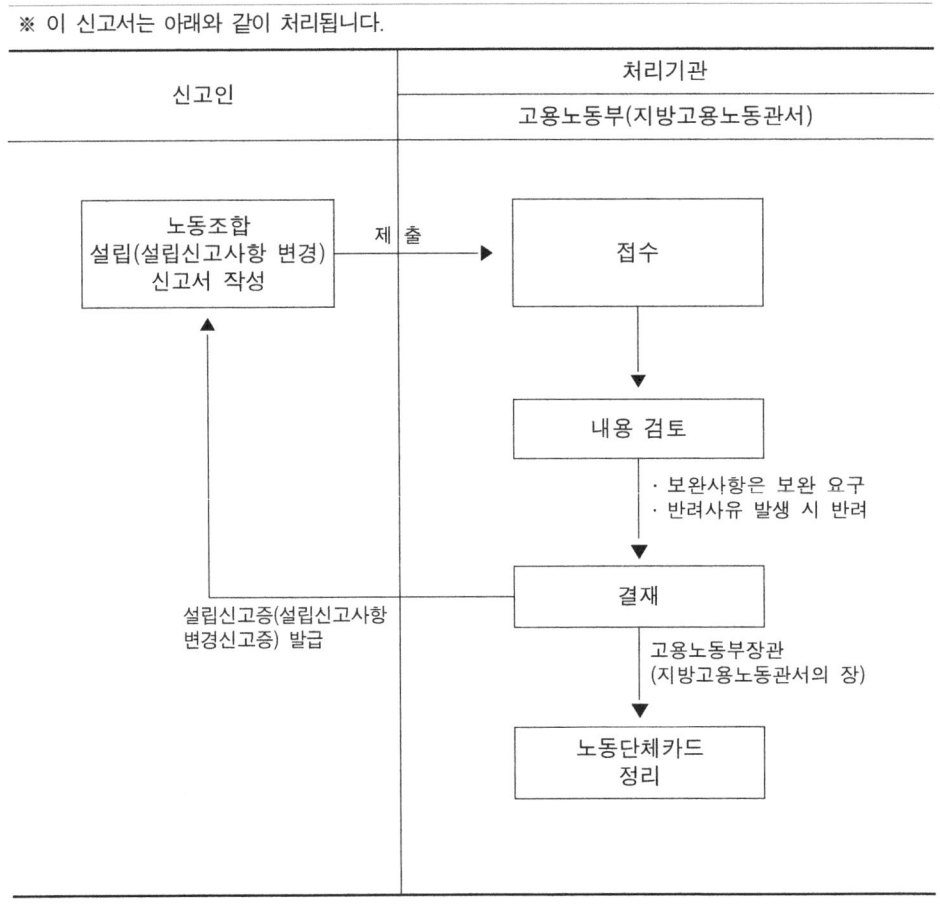

■ 공무원의 노동조합 설립 및 운영 등에 관한 법률 시행규칙 [별지 제6호서식] 〈개정 2011.12.14〉

제   호

노동조합 설립신고증

노동조합의 명칭		노동조합의 형태	단위노조(전국, 기관, 지역, 기타), 연합단체
주된 사무소의 소재지			
설립신고 연월일			
대표자	성명		
	생년월일(남/여)		
	소속 기관		
	주소		
소속된 연합단체의 명칭			

「공무원의 노동조합 설립 및 운영 등에 관한 법률」 제17조제2항 및 같은 법 시행규칙 제5조제2호에 따라 위와 같이 노동조합의 설립을 신고하였음을 증명합니다.

년   월   일

고용노동부장관(지방고용노동관서의 장)   [직인]

210mm×297mm[일반용지 70g/㎡(재활용품)]

■ 공무원의 노동조합 설립 및 운영 등에 관한 법률 시행규칙 [별지 제7호서식] 〈개정 2011.12.14〉

노동조합 설립신고사항 보완요구서

노동조합의 명칭		노동조합의 형태	단위노조(전국, 기관, 지역, 기타), 연합단체
주된 사무소의 소재지			
대표자	성 명		
	주 소		
보완 요구사항		보완기한	

「공무원의 노동조합 설립 및 운영 등에 관한 법률」 제17조제2항 및 같은 법 시행규칙 제5조제3호에 따라 위와 같이 노동조합 설립신고사항의 보완을 요구합니다.

년   월   일

고용노동부장관(지방고용노동관서의 장) [직인]

※ 비고: 보완 요구사항 기재란이 부족한 경우에는 별지에 작성합니다.
※ 만약 위 기한까지 보완을 하지 않을 경우에는 「노동조합 및 노동관계조정법」 제12조제3항에 따라 설립신고서를 반려하게 됨을 알려드립니다.

210mm×297mm[일반용지 70g/㎡(재활용품)]

■ 공무원의 노동조합 설립 및 운영 등에 관한 법률 시행규칙 [별지 제8호서식] 〈개정 2011.12.14〉

노동조합 현황 정기 통보서

노동조합의 명칭		노동조합의 형태	단위노조(전국, 기관, 지역, 기타), 연합단체
대표자 성명		노조 설립일	
주된 사무소의 소재지			
전체 공무원 수	명 (남: 명 여: 명)	조합원 수	명 (남: 명 여: 명)

임원 현황

직책	소속기관	직급	성명	생년월일 (남/여)	선출일	선출기관	임기 만료일	근속 연수	임원 재임연수

산하조직 현황

명칭	소재지	대표자	기관명	기관 소속 공무원 수			조합원 수		
				계	남	여	계	남	여

「공무원의 노동조합 설립 및 운영 등에 관한 법률」 제17조제2항 및 같은 법 시행규칙 제5조제5호에 따라 위와 같이 노동조합 현황을 통보합니다.

년   월   일

노동조합 대표자   (서명 또는 날인)

고용노동부장관(지방고용노동관서의 장) 귀하

첨부서류	규약 변경 내용 1부(규약이 변경된 경우에만 제출합니다)

210mm×297mm[일반용지 70g/㎡(재활용품)]

공무원노사관계 업무매뉴얼

■ 공무원의 노동조합 설립 및 운영 등에 관한 법률 시행규칙 [별지 제9호서식] 〈개정 2011.12.14〉

[ ] 총회
[ ] 대의원회   **소집권자 지명요구서**

※ [　]에는 해당되는 곳에 √ 표시를 합니다. (앞 쪽)

접수번호			접수일		처리기간 15일	
노동조합의 명칭						
주된 사무소의 소재지						
노동조합 대표자	성 명			생년월일(남/여)		
	주 소			전화번호 (휴대전화)		
지명 희망 소집권자	성 명		노동조합 직책	생년월일(남/여)		소속 기관
	주 소			전화번호 (휴대전화)		
조합원 수				소집 요구 서명자 수		
회의에 부칠 사항						
소집권자의 지명 요구 사유						

「공무원의 노동조합 설립 및 운영 등에 관한 법률」 제17조제2항 및 같은 법 시행규칙 제5조제6호에 따라
[ ] 총회
[ ] 대의원회   소집권자 지명을 요구합니다.

년　　월　　일

소집권자 지명요구자 대표　　　　　(서명 또는 날인)

고용노동부장관(지방고용노동관서의 장)　귀하

구비서류	총회(대의원회) 소집권자 지명요구자 명단

210mm×297mm[일반용지 70g/㎡(재활용품)]

제6편 참고자료

이 요구서는 아래와 같이 처리됩니다.

(뒤쪽)

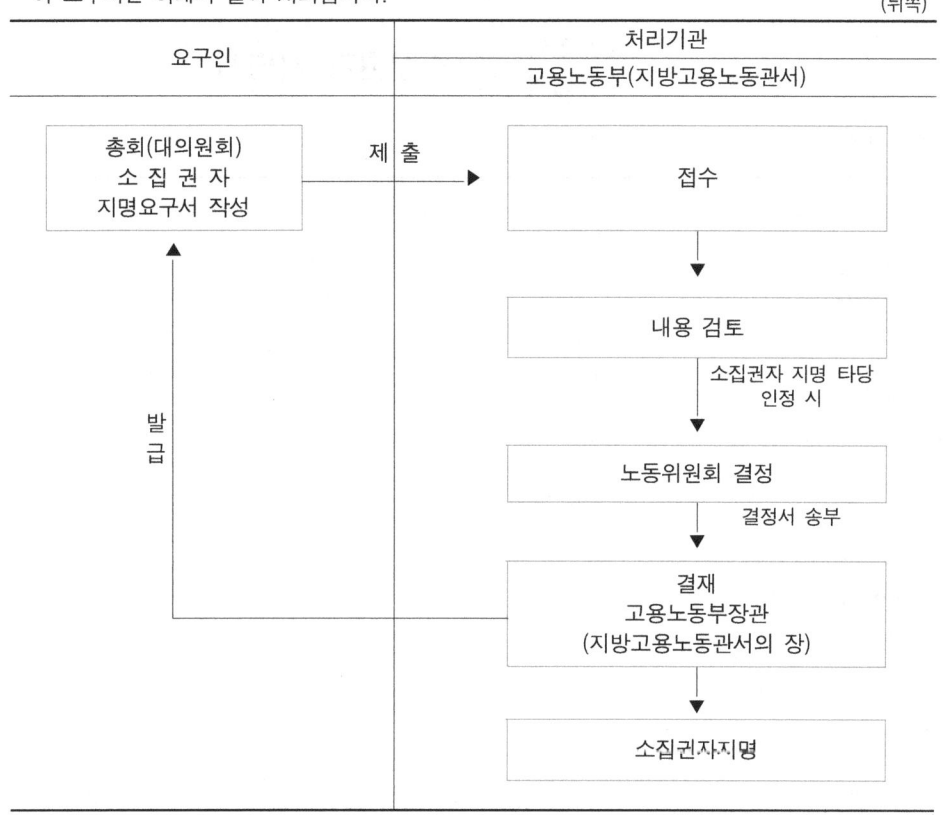

[ ] 총회
[ ] 대의원회   소집 요구 또는 소집권자지명 요구자 명단

「공무원의 노동조합 설립 및 운영 등에 관한 법률」 제17조제2항 및 같은 법 시행규칙 제5조제6호에 따라 총회(대의원회)의 소집 또는 소집권자 지명을 요구합니다.

총회(대의원회) 소집 요구 사유:

연월일	소속	직급	성명	생년월일(남/여)	서명날인	비고

※ 공지사항: 이 민원의 처리결과에 대한 만족도 조사 및 관련 제도 개선에 필요한 의견조사를 위해 귀하의 전화번호(휴대전화)로 전화조사를 실시할 수 있습니다.

275

공무원노사관계 업무매뉴얼

■ 공무원의 노동조합 설립 및 운영 등에 관한 법률 시행규칙 [별지 제10호서식] 〈개정 2011.12.14〉

[ ] 총회
[ ] 대의원회 소집권자 지명서

※ [ ]에는 해당되는 곳에 √ 표시를 합니다.

노동조합의 명칭						
주된 사무소의 소재지						
소집권자	성 명		소속 기관		노동조합 직 책		생년월일 (남/여)	
	주 소				전화번호	
회의에 부칠 사항						

「공무원의 노동조합 설립 및 운영 등에 관한 법률」 제17조제2항 및 같은 법 시행규칙 제5조제7호에 따라 위와 같이 [ ] 총회 [ ] 대의원회 소집권자를 지명합니다.

년   월   일

고용노동부장관(지방고용노동관서의 장)   [직인]

210mm×297mm[일반용지 70g/㎡(재활용품)]

■ 공무원의 노동조합 설립 및 운영 등에 관한 법률 시행규칙 [별지 제11호서식] 〈개정 2011.12.14〉

제   호

[ ] 규약
노동조합 [ ] 결의·처분 의 시정명령서
[ ] 단체협약

※ [ ]에는 해당되는 곳에 √ 표시를 합니다.

노동조합의 명칭		노동조합의 형태	단위노조(전국, 기관, 지역, 기타), 연합단체
주된 사무소의 소재지		전화번호	
대표자	성 명		생년월일(남/여)	
	주 소		전화번호	
시정명령				

「공무원의 노동조합 설립 및 운영 등에 관한 법률」 제17조제2항 및 같은 법 시행규칙 제5조제8호에 따라

　　　　　　　　　[ ] 규약
위와 같이 노동조합　[ ] 결의·처분 의 시정을 명합니다.
　　　　　　　　　[ ] 단체협약

년   월   일

고용노동부장관(지방고용노동관서의 장)　[직인]

※ 비고: 시정명령 기재란이 부족한 경우에는 별지에 작성합니다.

210mm×297mm[일반용지 70g/㎡(재활용품)]

■ 공무원의 노동조합 설립 및 운영 등에 관한 법률 시행규칙 [별지 제12호서식] 〈개정 2011.12.14〉

자료제출요구서

노동조합의 명칭		노동조합의 형태	단위노조(전국, 기관, 지역, 기타), 연합단체
대표자 성명		노조 설립일	
주된 사무소의 소재지			
요구자료			
요구사유			

「공무원의 노동조합 설립 및 운영 등에 관한 법률」 제17조제2항 및 같은 법 시행규칙 제5조 제9호에 따라 위와 같이 자료의 제출을 요구합니다.

년   월   일

고용노동부장관(지방고용노동관서의 장) [직인]

210mm×297mm[일반용지 70g/㎡(재활용품)]

■ 공무원의 노동조합 설립 및 운영 등에 관한 법률 시행규칙 [별지 제13호서식] 〈개정 2011.12.14〉

노동조합 해산신고서

접수번호		접수일		처리기간	3일

신고인	성명		생년월일 (남/여)	
	노동조합 직책		전화번호 (휴대전화)	
	주소			

신고내용	노동조합의 명칭	노동조합의 형태 　　　단위노조(전국, 기관, 지역, 기타), 연합단체
	소재지	전화번호
	설립신고 연월일	해산일

해산사유	

「공무원의 노동조합 설립 및 운영 등에 관한 법률」제17조제2항 및 같은 법 시행규칙 제5조제10호에 따라 위와 같이 노동조합의 해산을 신고합니다.

년　　　　월　　　　일

신고인　　　　　　　　　　(서명 또는 날인)

고용노동부장관(지방고용노동관서의 장) 귀하

구비서류	회의록 1부	수수료 없음

처 리 절 차

노동조합 해산신고서 작성 (신고인) → 접 수 (고용노동부(지방고용노동관서)) → 내용 검토 (고용노동부(지방고용노동관서)) → 결 재 (고용노동부장관(지방고용노동관서의 장)) → 노동단체카드 정리 (고용노동부(지방고용노동관서))

210mm×297mm[일반용지 70g/㎡(재활용품)]

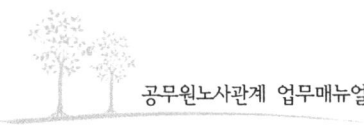

■ 공무원의 노동조합 설립 및 운영 등에 관한 법률 시행규칙 [별지 제14호서식] 〈개정 2012.12.27〉

단체협약신고서

(앞쪽)

당사자	노동조합		정부교섭 대표(기관)	
명칭				
대표자				
소재지				
기관 개요	공무원 수		조합원 수	
단체협약 체결일			단체협약 유효기간	

「공무원의 노동조합 설립 및 운영 등에 관한 법률」 제17조제2항 및 같은 법 시행규칙 제5조제11호에 따라 위와 같이 단체협약을 신고합니다.

년   월   일

신고인   (노동조합) 대표   (서명 또는 날인)

신고인   [정부교섭 대표(기관)] 대표   (서명 또는 날인)

고용노동부장관(지방고용노동관서의 장) 귀하

첨부서류	단체협약서 사본	수수료 없음

210mm×297mm(백상지 80g/㎡)

(뒤쪽)

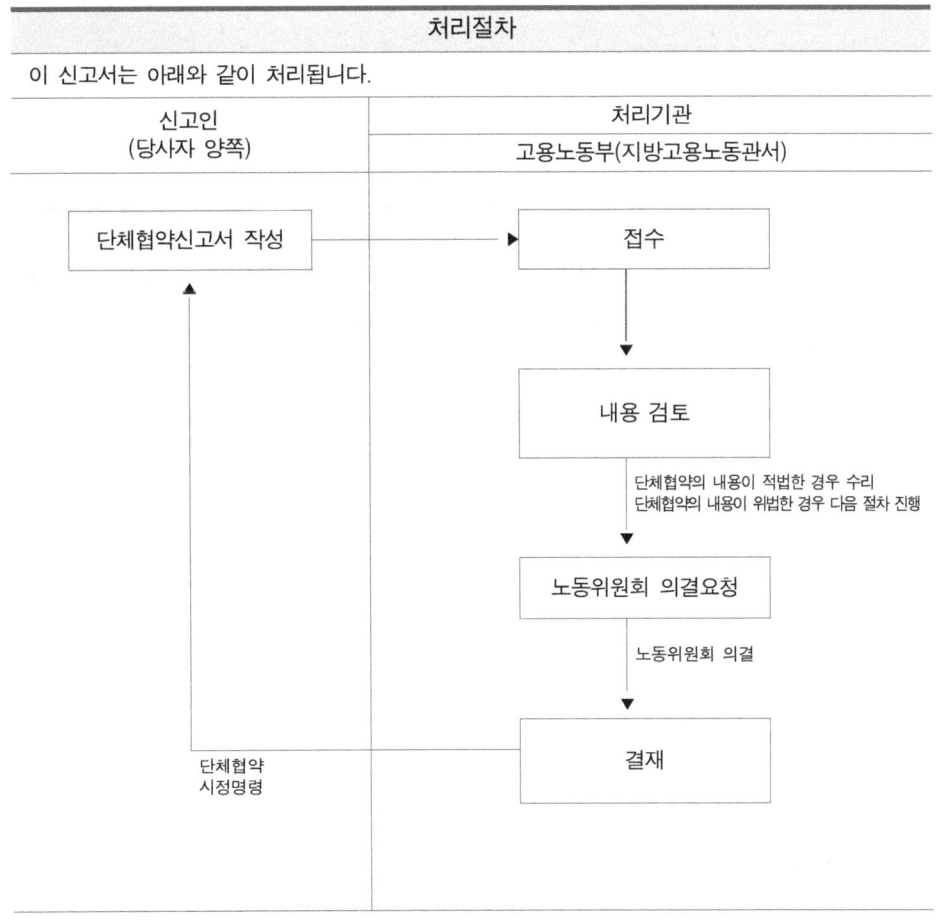

■ 공무원의 노동조합 설립 및 운영 등에 관한 법률 시행규칙 [별지 제15호서식] 〈개정 2011.12.14〉

시정요구서

대표자	성명		생년월일(남/여)	
	주소			
시정 요구 내용	노동조합의 명칭		노동조합의 형태 단위노조(전국, 기관, 지역, 기타), 연합단체	
	주된 사무소의 소재지			
	신고증 발급일		시정기한	
시정 요구 사유				

「공무원의 노동조합 설립 및 운영 등에 관한 법률 시행령」제14조제1항 및 같은 법 시행규칙 제5조제12호에 따라 위와 같이 시정을 요구합니다.

년   월   일

고용노동부장관(지방고용노동관서의 장)   [직인]

※ 만약 위 시정기한 내에 시정결과를 보고하지 않을 경우에는 「공무원의 노동조합 설립 및 운영에 관한 법률」에 따른 노동조합으로 보지 아니함을 알려드립니다.

210mm×297mm[일반용지 70g/㎡(재활용품)]

■ 공무원의 노동조합 설립 및 운영 등에 관한 법률 시행규칙 [별지 제16호서식] 〈개정 2011.12.14〉

시정결과보고서

대표자	성 명		생년월일(남/여)
	주 소		

시정 내용	노동조합의 명칭		노동조합의 형태 단위노조(전국, 기관, 지역, 기타), 연합단체
	주된 사무소의 소재지		
	시정결과		

「공무원의 노동조합 설립 및 운영 등에 관한 법률 시행령」 제14조제1항 및 같은 법 시행규칙 제5조제13호에 따라 위와 같이 시정결과를 보고합니다.

년   월   일

노동조합 대표자   (서명 또는 날인)

고용노동부장관(지방고용노동관서의 장) 귀하

※ 비고: 시정결과 기재란이 부족한 경우에는 별지에 작성합니다.

210mm×297mm[일반용지 70g/㎡(재활용품)]

공무원노사관계 업무매뉴얼

■ 공무원의 노동조합 설립 및 운영 등에 관한 법률 시행규칙 [별지 제17호서식] 〈개정 2011.12.14〉

제   호

노동조합 설립신고사항 변경신고증

대표자	성 명		생년월일 (남/여)
	소속 기관		
	주 소		
	소속된 연합단체의 명칭		
신고내용	노동조합의 명칭		노동조합의 형태 단위노조(전국, 기관, 지역, 기타), 연합단체
	주된 사무소의 소재지		
	설립신고 연월일		변경신고 연월일

「공무원의 노동조합 설립 및 운영 등에 관한 법률 시행령」제14조제1항 및 같은 법 시행규칙 제5조제14호에 따라 노동조합의 설립신고사항 변경을 신고하였음을 위와 같이 증명합니다.

년   월   일

고용노동부장관(지방고용노동관서의 장)　[직인]

210mm×297mm[일반용지 70g/㎡(재활용품)]

■ 공무원의 노동조합 설립 및 운영 등에 관한 법률 시행규칙 [별지 제18호서식] 〈개정 2012.12.27〉

노동조합 설립신고증 재발급신청서

※ 색상이 어두운 란은 신청인이 적지 않습니다. (앞쪽)

접수번호		접수일	처리기간: 3일
대표자	성명		생년월일(남/여)
	주소		전화번호 (휴대전화번호)
신청 내용	노동조합의 명칭		노동조합의형태 단위노조(전국, 기관, 지역, 기타), 연합단체
	주된 사무소의 소재지		전화번호
	신고증 발급 연월일		신고증 번호
	신청사유		

「공무원의 노동조합 설립 및 운영 등에 관한 법률 시행규칙」 제5조제15호 및 제6조제1항에 따라 위와 같이 노동조합의 설립신고증 재발급을 신청합니다.

년   월   일

노동조합 대표자   (서명 또는 날인)

고용노동부장관(지방고용노동관서의 장) 귀하

첨부서류	없음	수수료 없음

※ 비고: 신청 사유 기재란이 부족한 경우에는 별지에 작성합니다.

210mm×297mm(백상지 80g/㎡)

(뒤쪽)

처리절차

이 신청서는 아래와 같이 처리됩니다.

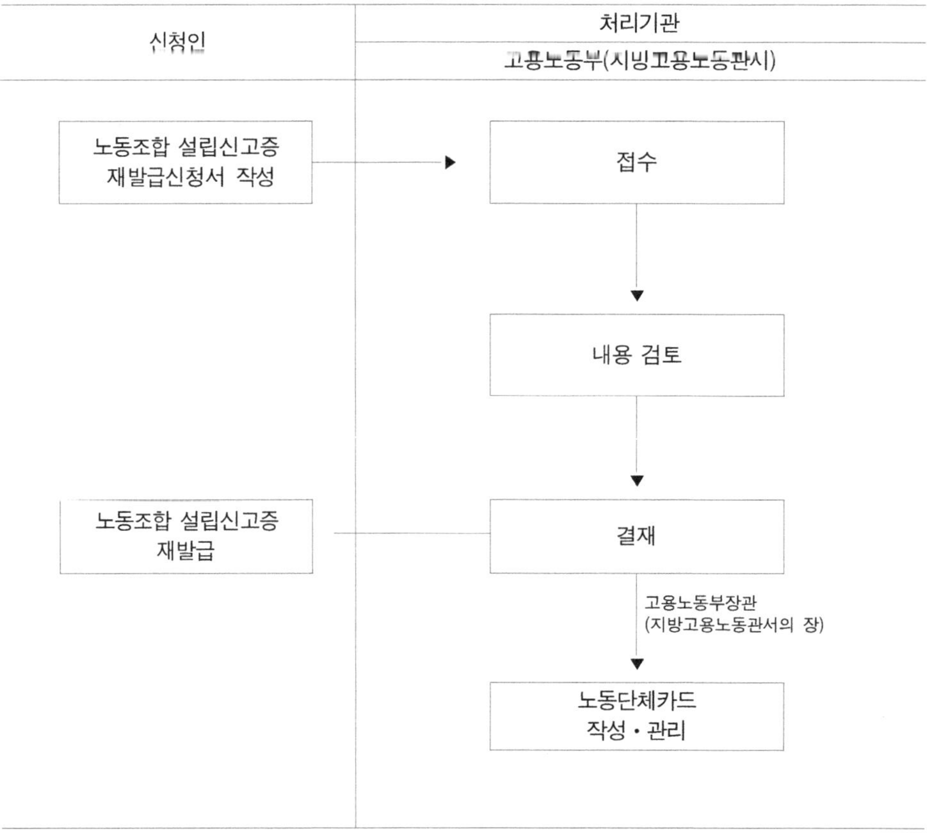

신청인	처리기관 고용노동부(지방고용노동관서)
노동조합 설립신고증 재발급신청서 작성 →	접수
	↓
	내용 검토
	↓
노동조합 설립신고증 재발급 ─	결재
	고용노동부장관 (지방고용노동관서의 장) ↓
	노동단체카드 작성·관리

■ 공무원의 노동조합 설립 및 운영 등에 관한 법률 시행규칙 [별지 제19호서식] 〈개정 2011.12.14〉

노동단체카드

(앞쪽)

(1) 카드 구분	1. 설립 2. 변경 3. 해산		(2) 관할 행정관청			
(3) 명칭	노동조합		(4) 전체 공무원 수	총: 명 (여: 명)	(5) 조합원 수	총: 명 (여: 명)
(6) 주된 사무소 소재지	시 도	시 군 구	읍 면 동	번지	(7) 전화번호	
(8) 설립일	20 . .	(9) 기관명	(10) 산업 종류 코드번호		(11) 소속 연합단체 약칭, 코드번호	
(12) 조직형태	① 조직 단위 ② 조합 형태	㉮ 최소 기관 단위 ㉯ 특정지역 ㉰ 전국 ㉱ 기타 ㉮ 단위노조 ㉯ 지역단위노조 ㉰ 전국 규모 단위노조 ㉱ 연합단체 ㉲ 총연합단체				
(13) 대표자의 임기			년	(14) 대의원 수	명	(15) 조합비 징수기준
(16) 규약상 정기회의 개최시기	① 총회: 월 ② 대의원회: 월	(17) 해산일	20 . . .	(18) 해산 사유	① 결의 ② 합병 ③ 분할 ④ 노동위원회 의결(휴면노조) ⑤ 폐업 ⑥ 조합원 수 ⑦ 기타	
(19) 단체협약 유효기간	20 . . ~ 20 . .		(20) 임금협약 유효기간	20 . . ~ 20 . .		
(21) 단체협약 교섭방식	① 조직 단위별 ② 통일 ③ 대각선 ④ 공동 ⑤ 집단		(22) 임금협약 교섭방식	① 조직 단위별 ② 통일 ③ 대각선 ④ 공동 ⑤ 집단		
(23) 전임자 수		명	(24) 전임자 월 평균 보수(조합비로 지급)		천원	

(25) 임원 현황

직책	소속기관	직급	성명	생년월일 (남/여)	선출일	선출기관	임기 만료일	근속 연수	임원 재임 연수

(26) 산하조직 현황

명칭	소재지	대표자	전화번호	설치일	기관명	기관 소속 공무원 수			조합원 수		
						계	남	여	계	남	여

※ 작성요령 뒷면 참조

257㎜×364㎜(보존용지(1종) 120g/㎡)

(뒤쪽)

작 성 방 법

(2)항: 코드번호를 적습니다. 노동조합에서 작성하는 경우에는 관할 지방고용노동관서에 문의하여 적거나 기재를 생략할 수 있습니다.
(4)항: 조직대상을 설립 최소 단위 이상으로 정한 경우에는 기관별 공무원 수를 적습니다.
(10)항: 조직대상 사업장의 주된 산업 종류에 따라 한국표준산업분류표상의 소단위 분류를 적습니다.
(11)항: 소속 연합단체의 약칭과 코드를 적습니다.
(15)항: 조합비 징수기준을 적습니다.
(21), (22)항: ① 조직 단위별 교섭: 설립 최소 단위 기관과 그 소속 공무원으로 구성된 노동조합이 당사자가 되어 교섭하는 경우를 말합니다.
② 통일교섭: 전국적(지역적) 규모의 단위노조 또는 교섭권을 위임받은 상급단체와 이에 대응하는 정부교섭대표 또는 교섭권을 위임받은 정부교섭대표가 교섭하는 경우를 말합니다.
③ 대각선교섭: 전국 단위의 노동조합 또는 교섭권을 위임받은 상급단체가 개별 기관과 교섭하는 경우를 말합니다.
④ 공동교섭: 개별 노동조합과 상급단체가 공동으로 개별 기관의 정부교섭대표와 교섭하는 경우를 말합니다.
(23)항: 전임자 수를 적습니다.
(24)항: 조합비로 전임자에게 보수를 지급하는 경우 전임기간 동안의 연간 보수 총액을 12로 나눈 금액을 적습니다.
(25)항: 다음 사항에 대해서는 해당 번호를 적습니다.
○ 선출기관: 1. 총회 2. 대의원회
○ 근속연수: 1. 1년 미만, 2. 1년 이상 2년 미만, 3. 2년 이상 3년 미만, 4. 3년 이상 5년 미만,
5. 5년 이상 10년 미만, 6. 10년 이상
(26)항: 산하조직 현황은 기재란이 부족할 경우 별지에 작성합니다.

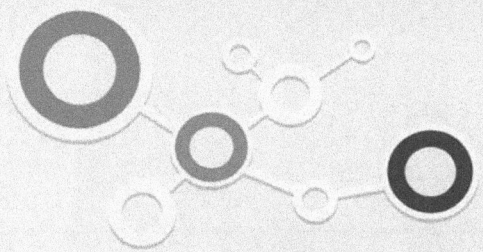

공무원의 노동조합 설립 및 운영 등에 관한 법률

제6편 참고자료

공무원의 노동조합 설립 및 운영 등에 관한 법률	공무원의 노동조합 설립 및 운영 등에 관한 법률 시행령	공무원의 노동조합 설립 및 운영 등에 관한 법률 시행규칙
공무원의 노동조합 설립 및 운영 등에 관한 법률 [법률 제 7380호 2005. 1.27. 제정] [법률 제 8852호 2008. 2.29. 타법개정] [법률 제10133호 2010. 3.17. 타법개정] [법률 제10339호 2010. 6. 4. 타법개정] [법률 제10699호 2011. 5.23. 타법개정] [법률 제11530호 2012.12.11. 타법개정] [법률 제11690호 2013. 3.23. 타법개정] [법률 제12623호 2014. 5.20. 일부개정]	공무원의 노동조합 설립 및 운영 등에 관한 법률 시행령 [대통령령 제19303호 2006. 1.27. 제정] [대통령령 제19515호 2006. 6.12. 타법개정] [대통령령 제22269호 2010. 7.12. 타법개정] [대통령령 제23376호 2011.12.14. 일부개정] [대통령령 제25000호 2013.12.16. 타법개정]	공무원의 노동조합 설립 및 운영 등에 관한 법률 시행규칙 [노동부령 제244호 2006. 1.27. 제정] [고용노동부령 제 1호 2010. 7.12 타법개정] [고용노동부령 제 39호 2011.12.14. 일부개정] [고용노동부령 제 72호 2012.12.27. 타법개정]
제1조(목적) 이 법은 「대한민국헌법」 제33조제2항에 따른 공무원의 노동기본권을 보장하기 위하여 「노동조합 및 노동관계조정법」 제5조 단서에 따라 공무원의 노동조합 설립 및 운영 등에 관한 사항을 정함을 목적으로 한다. [전문개정 2010.3.17] 제2조(정의) 이 법에서 "공무원"이란 「국가공무원법」 제2조 및 「지방공무원법」 제2조	제1조(목적) 이 영은 「공무원의 노동조합 설립 및 운영 등에 관한 법률」에서 위임된 사항과 그 시행에 필요한 사항을 규정함을 목적으로 한다. [전문개정 2011.12.14]	제1조(목적) 이 규칙은 「공무원의 노동조합 설립 및 운영 등에 관한 법률」 및 그 시행령에서 위임된 사항과 그 시행에 필요한 사항을 규정함을 목적으로 한다. [전문개정 2011.12.14]

공무원의 노동조합 설립 및 운영 등에 관한 법률	공무원의 노동조합 설립 및 운영 등에 관한 법률 시행령	공무원의 노동조합 설립 및 운영 등에 관한 법률 시행규칙
에서 규정하고 있는 공무원을 말한다. 다만, 「국가공무원법」 제66조제1항 단서 및 「지방공무원법」 제58조제1항 단서에 따른 사실상 노무에 종사하는 공무원과 「교원의 노동조합 설립 및 운영 등에 관한 법률」의 적용을 받는 교원인 공무원은 제외한다. [전문개정 2010.3.17] **제3조(노동조합 활동의 보장 및 한계)** ①이 법에 따른 공무원의 노동조합(이하 "노동조합"이라 한다)의 조직, 가입 및 노동조합과 관련된 정당한 활동에 대하여는 「국가공무원법」 제66조제1항 본문 및 「지방공무원법」 제58조제1항 본문을 적용하지 아니한다. ②공무원은 노동조합 활동을 할 때 다른 법령에서 규정하는 공무원의 의무에 반하는 행위를 하여서는 아니 된다. [전문개정 2010.3.17]		

공무원의 노동조합 설립 및 운영 등에 관한 법률	공무원의 노동조합 설립 및 운영 등에 관한 법률 시행령	공무원의 노동조합 설립 및 운영 등에 관한 법률 시행규칙
제4조(정치활동의 금지) 노동조합과 그 조합원은 정치활동을 하여서는 아니 된다. [전문개정 2010.3.17]		
제5조(노동조합의 설립) ①공무원이 노동조합을 설립하려는 경우에는 국회·법원·헌법재판소·선거관리위원회·행정부·특별시·광역시·특별자치시·도·특별자치도·시·군·구(자치구를 말한다) 및 특별시·광역시·특별자치시·도·특별자치도의 교육청을 최소 단위로 한다. <개정 2014.5.20> ②노동조합을 설립하려는 사람은 고용노동부장관에게 설립신고서를 제출하여야 한다. <개정 2010.6.4> [전문개정 2010.3.17]	**제2조(산하조직 설치사실의 통보)** ①「공무원의 노동조합 설립 및 운영 등에 관한 법률」(이하 "법"이라 한다) 제5조에 따라 설립된 공무원의 노동조합(이하 "노동조합"이라 한다)이 지부(支部)·분회(分會) 등 산하조직을 설치한 경우 노동조합의 대표자는 그 사실을 다음 각 호의 구분에 따라 고용노동부장관 또는 지방고용노동관서의 장에게 통보하여야 한다. 1. 연합단체인 노동조합, 국회·법원·헌법재판소·선거관리위원회 및 행정부의 노동조합, 그 밖의 전국 규모의 단위노동조합의 경우: 고용노동부장관 2. 제1호의 노동조합 외의 노동조합의 경우: 지방고용노동관서의 장 ②제1항에 따른 산하조직 설치사실의 통보에 필요한 사항은 고용노동부령으로	**제2조(산하조직 설치사실의 통보)** 「공무원의 노동조합 설립 및 운영 등에 관한 법률」(이하 "법"이라 한다) 제5조에 따라 설립된 공무원의 노동조합(이하 "노동조합"이라 한다)의 대표자가 「공무원의 노동조합 설립 및 운영 등에 관한 법률 시행령」(이하 "영"이라 한다) 제2조에 따라 지부(支部)·분회(分會) 등의 노동조합 산하조직 설치사실을 고용노동부장관 또는 지방고용노동관서의 장에게 통보하는 경우에는 별지 제1호서식의 노동조합 산하조직 설치통보서에 노동조합의 규약 또는 지부·분회 등의 운영규정을 첨부하여야 한다. [전문개정 2011.12.14]

공무원의 노동조합 설립 및 운영 등에 관한 법률	공무원의 노동조합 설립 및 운영 등에 관한 법률 시행령	공무원의 노동조합 설립 및 운영 등에 관한 법률 시행규칙
	정한다. [전문개정 2011.12.14]	
제6조(가입 범위) ①노동조합에 가입할 수 있는 공무원의 범위는 다음 각 호와 같다. <개정 2011.5.23, 2012.12.11> 1. 6급 이하의 일반직공무원 및 이에 상당하는 일반직공무원 2. 특정직공무원 중 6급 이하의 일반직공무원에 상당하는 외무행정·외교정보관리직 공무원 3. 삭제 <2012.12.11> 4. 6급 이하의 일반직공무원에 상당하는 별정직공무원 5. 삭제 <2011.5.23> ②제1항에도 불구하고 다음 각 호의 어느 하나에 해당하는 공무원은 노동조합에 가입할 수 없다. 1. 다른 공무원에 대하여 지휘·감독권을 행사하거나 다른 공무원의 업무를 총괄하는 업무에 종사하는 공무원	**제3조(노동조합 가입이 금지되는 공무원의 범위)** 법 제6조제2항 및 제4항에 따라 노동조합에 가입할 수 없는 공무원의 범위는 다음 각 호와 같다. <개정 2013.12.16> 1. 다른 공무원에 대하여 지휘·감독권을 행사하거나 다른 공무원의 업무를 총괄하는 업무에 종사하는 공무원으로서 다음 각 목의 어느 하나에 해당하는 공무원 가. 법령·조례 또는 규칙에 따라 다른 공무원을 지휘·감독하며 그 복무를 관리할 권한과 책임을 부여받은 공무원(직무 대리자를 포함한다) 나. 훈령 또는 사무 분장 등에 따라 부서장을 보조하여 부서 내 다른 공무원의 업무 수행을 지휘·감독하거나 총괄하는 업무에 주로 종사하는 공무원	

공무원의 노동조합 설립 및 운영 등에 관한 법률	공무원의 노동조합 설립 및 운영 등에 관한 법률 시행령	공무원의 노동조합 설립 및 운영 등에 관한 법률 시행규칙
2. 인사·보수에 관한 업무를 수행하는 공무원 등 노동조합과의 관계에서 행정기관의 입장에서 업무를 수행하는 공무원 3. 교정·수사 또는 그 밖에 이와 유사한 업무에 종사하는 공무원 4. 업무의 주된 내용이 노동관계의 조정·감독 등 노동조합의 조합원 지위를 가지고 수행하기에 적절하지 아니하다고 인정되는 업무에 종사하는 공무원 ③공무원이 면직·파면 또는 해임되어 「노동조합 및 노동관계조정법」 제82조제1항에 따라 노동위원회에 부당노동행위의 구제신청을 한 경우에는 「노동위원회법」 제2조에 따른 중앙노동위원회(이하 "중앙노동위원회"라 한다)의 재심판정이 있을 때까지는 노동조합원의 지위를 상실하는 것으로 보아서는 아니 된다. ④제2항에 따른 공무원의 범위는 대통령령으로 정한다. [전문개정 2010.3.17]	2. 인사·보수에 관한 업무를 수행하는 공무원 등 노동조합과의 관계에서 행정기관의 입장에서 업무를 수행하는 공무원으로서 다음 각 목의 어느 하나에 해당하는 업무에 주로 종사하는 공무원(자료 정리 등 단순히 업무를 보조하는 사람은 제외한다) 가. 공무원의 임용·복무·징계·소청심사·보수·연금 또는 그 밖에 후생복지에 관한 업무 나. 노동조합 및 「공무원직장협의회의 설립·운영에 관한 법률」에 따른 직장협의회에 관한 업무 다. 예산·기금의 편성 및 집행(단순 집행은 제외한다)에 관한 업무 라. 행정기관의 조직과 정원의 관리에 관한 업무 마. 감사에 관한 업무 바. 보안업무, 질서유지업무, 청사시설의 관리 및 방호(防護)에 관한 업무, 비서·운전 업무	

공무원의 노동조합 설립 및 운영 등에 관한 법률	공무원의 노동조합 설립 및 운영 등에 관한 법률 시행령	공무원의 노동조합 설립 및 운영 등에 관한 법률 시행규칙
	3. 교정·수사 또는 그 밖에 이와 유사한 업무에 종사하는 공무원으로서 다음 각 목의 어느 하나에 해당하는 공무원 가. 「공무원임용령」 별표 1의 공무원 중 교정·보호·검찰사무·마약수사·출입국관리 및 철도경찰 직렬의 공무원 나. 조세범 처벌절차 법령에 따라 검찰총장 또는 검사장의 지명을 받아 조세에 관한 범칙사건(犯則事件)의 조사를 전담하는 공무원 다. 수사업무에 주로 종사하는 공무원 라. 국가정보원에 근무하는 공무원 4. 업무의 주된 내용이 노동관계의 조정·감독 등 노동조합의 조합원 지위를 가지고 수행하기에 적절하지 아니하다고 인정되는 업무에 종사하는 공무원으로서 다음 각 목의 어느 하나에 해당하는 공무원 가. 「노동위원회법」에 따른 노동위원회의 사무국에서 조정사건이나 심	

공무원의 노동조합 설립 및 운영 등에 관한 법률	공무원의 노동조합 설립 및 운영 등에 관한 법률 시행령	공무원의 노동조합 설립 및 운영 등에 관한 법률 시행규칙
	판사건의 업무를 담당하는 공무원 나. 「근로기준법」에 따라 고용노동부 및 그 소속 기관에서 「근로기준법」, 「산업안전보건법」, 그 밖의 노동관계 법령 위반의 죄에 관하여 사법경찰관의 직무를 수행하는 근로감독관 다. 「선원법」에 따라 「선원법」, 「근로기준법」, 그 밖의 선원근로관계 법령 위반의 죄에 관하여 사법경찰관의 직무를 수행하는 선원근로감독관 라. 지방자치단체에서 「노동조합 및 노동관계조정법」에 따른 노동조합 설립신고, 단체협약 및 쟁의행위 등에 관한 업무에 주로 종사하는 공무원 [전문개정 2011.12.14]	
제7조(노동조합 전임자의 지위) ①공무원은 임용권자의 동의를 받아 노동조합의 업무에만 종사할 수 있다.		

공무원의 노동조합 설립 및 운영 등에 관한 법률	공무원의 노동조합 설립 및 운영 등에 관한 법률 시행령	공무원의 노동조합 설립 및 운영 등에 관한 법률 시행규칙
②제1항에 따른 동의를 받아 노동조합의 업무에만 종사하는 사람[이하 "전임자"(專任者)라 한다]에 대하여는 그 기간 중 「국가공무원법」 제71조 또는 「지방공무원법」 제63조에 따라 휴직명령을 하여야 한다. ③국가와 지방자치단체는 전임자에게 그 전임기간 중 보수를 지급하여서는 아니 된다. ④국가와 지방자치단체는 공무원이 전임자임을 이유로 승급이나 그 밖에 신분과 관련하여 불리한 처우를 하여서는 아니 된다. [전문개정 2010.3.17]		
제8조(교섭 및 체결 권한 등) ①노동조합의 대표자는 그 노동조합에 관한 사항 또는 조합원의 보수·복지, 그 밖의 근무조건에 관하여 국회사무총장·법원행정처장·헌법재판소사무처장·중앙선거관리위원회사무총장·안전행정부장관(행정부를 대표	제4조(비교섭 사항) 법 제8조제1항 단서에 따른 법령 등에 따라 국가나 지방자치단체가 그 권한으로 행하는 정책결정에 관한 사항, 임용권의 행사 등 그 기관의 관리·운영에 관한 사항은 다음 각 호와 같다.	

공무원의 노동조합 설립 및 운영 등에 관한 법률	공무원의 노동조합 설립 및 운영 등에 관한 법률 시행령	공무원의 노동조합 설립 및 운영 등에 관한 법률 시행규칙
한다)·특별시장·광역시장·특별자치시장·도지사·특별자치도지사·시장·군수·구청장(자치구의 구청장을 말한다) 또는 특별시·광역시·특별자치시·도·특별자치도의 교육감 중 어느 하나에 해당하는 사람(이하 "정부교섭대표"라 한다)과 각각 교섭하고 단체협약을 체결할 권한을 가진다. 다만, 법령 등에 따라 국가나 지방자치단체가 그 권한으로 행하는 정책결정에 관한 사항, 임용권의 행사 등 그 기관의 관리·운영에 관한 사항으로서 근무조건과 직접 관련되지 아니하는 사항은 교섭의 대상이 될 수 없다. <개정 2013.3.23, 2014.5.20> ②정부교섭대표는 법령 등에 따라 스스로 관리하거나 결정할 수 있는 권한을 가진 사항에 대하여 노동조합이 교섭을 요구할 때에는 정당한 사유가 없으면 이에 응하여야 한다. ③정부교섭대표는 효율적인 교섭을 위하여 필요한 경우 다른 정부교섭대표와 공	1. 정책의 기획 또는 계획의 입안 등 정책결정에 관한 사항 2. 공무원의 채용·승진 및 전보 등 임용권의 행사에 관한 사항 3. 기관의 조직 및 정원에 관한 사항 4. 예산·기금의 편성 및 집행에 관한 사항 5. 행정기관이 당사자인 쟁송(불복신청을 포함한다)에 관한 사항 6. 기관의 관리·운영에 관한 그 밖의 사항 [전문개정 2011.12.14.] **제5조(교섭권 위임사실 등의 통보)** 법 제8조제1항에 따른 정부교섭대표(이하 "정부교섭대표"라 한다)는 법 제8조제3항부터 제5항까지의 규정에 따라 공동으로 교섭하거나, 교섭 및 단체협약 체결 권한을 위임하는 등의 경우에는 그 사실을 상대방에게 알려야 한다. 이 경우 관련 정부교섭대표 및 관계 기관의 장 등의 성명	

공무원의 노동조합 설립 및 운영 등에 관한 법률	공무원의 노동조합 설립 및 운영 등에 관한 법률 시행령	공무원의 노동조합 설립 및 운영 등에 관한 법률 시행규칙
동으로 교섭하거나, 다른 정부교섭대표에게 교섭 및 단체협약 체결 권한을 위임할 수 있다. ④정부교섭대표는 효율적인 교섭을 위하여 필요한 경우 정부교섭대표가 아닌 관계 기관의 장으로 하여금 교섭에 참여하게 할 수 있고, 다른 기관의 장이 관리하거나 결정할 권한을 가진 사항에 대하여는 해당 기관의 장에게 교섭 및 단체협약 체결 권한을 위임할 수 있다. ⑤제2항부터 제4항까지의 규정에 따라 정부교섭대표 또는 다른 기관의 장이 단체교섭을 하는 경우 소속 공무원으로 하여금 교섭 및 단체협약 체결을 하게 할 수 있다. [전문개정 2010.3.17]	과 위임 내용 등을 구체적으로 밝혀야 한다. [전문개정 2011.12.14.]	
제9조(교섭의 절차) ①노동조합은 제8조에 따른 단체교섭을 위하여 노동조합의 대표자와 조합원으로 교섭위원을 구성하여야 한다.	제6조(교섭 요구의 시기) 법 제9조제2항에 따른 교섭 요구는 고용노동부령으로 정하는 바에 따라 단체협약의 유효기간 만료일 3개월 전부터 교섭 시작 예정일	제3조(교섭요구서의 제출) 영 제6조 및 제7조제2항에 따라 교섭을 요구하려는 노동조합의 대표자는 별지 제2호서식의 단체교섭요구서에 다음 각 호의 서류를 첨부하

공무원의 노동조합 설립 및 운영 등에 관한 법률	공무원의 노동조합 설립 및 운영 등에 관한 법률 시행령	공무원의 노동조합 설립 및 운영 등에 관한 법률 시행규칙
②노동조합의 대표자는 제8조에 따라 정부교섭대표와 교섭하려는 경우에는 교섭하려는 사항에 대하여 권한을 가진 정부교섭대표에게 서면으로 교섭을 요구하여야 한다. ③정부교섭대표는 제2항에 따라 노동조합으로부터 교섭을 요구받았을 때에는 교섭을 요구받은 사실을 공고하여 관련된 노동조합이 교섭에 참여할 수 있도록 하여야 한다. ④정부교섭대표는 제2항과 제3항에 따라 교섭을 요구하는 노동조합이 둘 이상인 경우에는 해당 노동조합에 교섭창구를 단일화하도록 요청할 수 있다. 이 경우 교섭창구가 단일화될 때까지 교섭을 거부할 수 있다. ⑤정부교섭대표는 제1항부터 제4항까지의 규정에 따라 관련된 노동조합과 단체협약을 체결한 경우 그 유효기간 중에는 그 단체협약의 체결에 참여하지 아니한 노동조합이 교섭을 요구하더라도 이를	30일 전까지 하여야 한다. [전문개정 2011.12.14] **제7조(교섭 요구사실의 공고와 교섭 참여)** ①법 제9조제3항에 따른 교섭 요구사실의 공고는 교섭을 요구받은 후 지체 없이 하여야 한다. ②법 제9조제3항에 따라 교섭에 참여하려는 노동조합은 제1항에 따른 공고일부터 7일 이내에 고용노동부령으로 정하는 바에 따라 정부교섭대표에게 교섭을 요구하여야 한다. ③정부교섭대표는 제2항에 따른 교섭 요구 기간이 끝난 후 지체 없이 법 제9조제2항 및 제3항에 따라 교섭 요구를 한 노동조합(이하 "교섭노동조합"이라 한다)을 공고하고, 교섭노동조합에 알려야 한다. ④정부교섭대표는 제6조와 제2항에 따른 교섭 요구 기간 안에 교섭 요구를 하지 아니한 노동조합의 교섭 요구는 거부할 수 있다.	여 법 제8조제1항에 따른 정부교섭대표에게 제출하여야 한다. 1. 노동조합 설립신고증 사본(지부·분회 등의 경우 교섭권이 있음을 증명하는 서류를 포함한다) 2. 교섭 요구사항 [전문개정 2011.12.14]

공무원의 노동조합 설립 및 운영 등에 관한 법률	공무원의 노동조합 설립 및 운영 등에 관한 법률 시행령	공무원의 노동조합 설립 및 운영 등에 관한 법률 시행규칙
거부할 수 있다. ⑥제1항부터 제5항까지의 규정에 따른 단체교섭의 절차 등에 관하여 필요한 사항은 대통령령으로 정한다. [전문개정 2010.3.17]	[전문개정 2011.12.14.] 제8조(교섭위원의 선임) ①교섭노동조합은 제7조제3항에 따른 공고일부터 20일 이내에 교섭위원을 선임하여 교섭노동조합의 대표자가 각각 서명 또는 날인한 서면으로 정부교섭대표에게 알려야 한다. 이 경우 교섭위원의 수는 조직의 규모 등을 고려하여 정하되, 10명 이내가 되도록 하여야 한다. ②제1항에 따라 교섭위원을 선임할 때 교섭노동조합이 둘 이상인 경우에는 교섭노동조합 간의 합의에 따라 교섭위원을 선임하되, 제1항 전단에 따른 기간 안에 합의하지 못하였을 때에는 교섭노동조합의 조합원 수에 비례하여 교섭위원을 선임하여야 한다. [전문개정 2011.12.14.] 제9조(교섭의 준비·시작 등) 노동관계 당사자는 제8조제1항에 따라 교섭위원의 선	

공무원의 노동조합 설립 및 운영 등에 관한 법률	공무원의 노동조합 설립 및 운영 등에 관한 법률 시행령	공무원의 노동조합 설립 및 운영 등에 관한 법률 시행규칙
제10조(단체협약의 효력) ①제9조에 따라 체결된 단체협약의 내용 중 법령·조례 또는 예산에 의하여 규정되는 내용과 법령 또는 조례에 의하여 위임을 받아 규정되는 내용은 단체협약으로서의 효력을 가지지 아니한다. ②정부교섭대표는 제1항에 따라 단체협약으로서의 효력을 가지지 아니하는 내용에 대하여는 그 내용이 이행될 수 있도록 성실하게 노력하여야 한다. [전문개정 2010.3.17] **제11조(쟁의행위의 금지)** 노동조합과 그 조합원은 파업, 태업 또는 그 밖에 업무의 정상적인 운영을 방해하는 일체의 행위	임이 통보되면 지체 없이 교섭 내용, 교섭 일시, 교섭 장소, 그 밖에 교섭에 필요한 사항을 협의하고 교섭을 시작하여야 한다. [전문개정 2011.12.14] **제10조(단체협약의 이행 통보)** 정부교섭대표는 법 제10조제1항에 따라 단체협약으로서의 효력을 가지지 아니하는 단체협약의 내용에 대한 이행 결과를 해당 단체협약의 유효기간 만료일 3개월 전까지 상대방에게 서면으로 알려야 한다. [전문개정 2011.12.14]	

공무원의 노동조합 설립 및 운영 등에 관한 법률	공무원의 노동조합 설립 및 운영 등에 관한 법률 시행령	공무원의 노동조합 설립 및 운영 등에 관한 법률 시행규칙
를 하여서는 아니 된다. [전문개정 2010.3.17] **제12조(조정신청 등)** ①제8조에 따른 단체교섭이 결렬(決裂)된 경우에는 당사자 어느 한쪽 또는 양쪽은 중앙노동위원회에 조정(調停)을 신청할 수 있다. ②중앙노동위원회는 제1항에 따라 당사자 어느 한쪽 또는 양쪽이 조정을 신청하면 지체 없이 조정을 시작하여야 한다. 이 경우 당사자 양쪽은 조정에 성실하게 임하여야 한다. ③중앙노동위원회는 조정안을 작성하여 관계 당사자에게 제시하고 수락을 권고하는 동시에 그 조정안에 이유를 붙여 공표할 수 있다. 이 경우 필요하면 신문 또는 방송에 보도 등 협조를 요청할 수 있다. ④조정은 제1항에 따른 조정신청을 받은 날부터 30일 이내에 마쳐야 한다. 다만, 당사자들이 합의한 경우에는 30일 이내의	**제11조(노동쟁의의 조정 또는 중재의 통보 등)** ①「노동위원회법」 제2조제2항에 따른 중앙노동위원회(이하 "중앙노동위원회"라 한다)는 법 제12조 또는 제13조에 따른 조정(調停) 또는 중재(仲裁)를 하게 된 경우 지체 없이 이를 서면으로 관계 당사자에게 알려야 한다. ②중앙노동위원회는 법 제12조 또는 제13조제1호에 따른 조정 또는 중재의 신청을 받은 경우 그 신청 내용이 법 제12조 또는 제13조에 따른 조정 또는 중재의 대상이 아니라고 인정할 때에는 신청인에게 그 사유와 조정 또는 중재 외의 다른 해결방법을 알려 주어야 한다. ③법 제12조 또는 제13조제1호에 따른 조정 또는 중재의 신청방법에 관하여는 고용노동부령으로 정한다. [전문개정 2011.12.14]	**제4조(조정 등의 신청)** ①영 제11조제3항에 따라 조정(調停) 또는 중재(仲裁)를 신청하려는 사람은 별지 제3호서식의 노동쟁의 조정신청서 또는 별지 제4호서식의 노동쟁의 중재신청서에 다음 각 호의 사항을 적은 서류를 첨부하여 「노동위원회법」 제2조에 따른 중앙노동위원회(이하 "중앙노동위원회"라 한다)에 제출하여야 한다. 1. 단체교섭의 경위 2. 당사자 간의 의견이 일치하지 않는 사항과 이에 대한 당사자의 주장 내용 3. 그 밖에 당사자의 주장 내용과 관련되는 사항으로서 조정 또는 중재에 참고가 될 수 있는 사항 ②중앙노동위원회는 제1항에 따라 신청을 받은 경우와 조정 또는 중재를 종료한 경우에는 그 내용을 고용노동부장관

공무원의 노동조합 설립 및 운영 등에 관한 법률	공무원의 노동조합 설립 및 운영 등에 관한 법률 시행령	공무원의 노동조합 설립 및 운영 등에 관한 법률 시행규칙
범위에서 조정기간을 연장할 수 있다. [전문개정 2010.3.17] 제13조(중재의 개시 등) 중앙노동위원회는 다음 각 호의 어느 하나에 해당하는 경우에는 지체 없이 중재(仲裁)를 한다. 1. 제8조에 따른 단체교섭이 결렬되어 관계 당사자 양쪽이 함께 중재를 신청한 경우 2. 제12조에 따른 조정이 이루어지지 아니하여 제14조에 따른 공무원 노동관계 조정위원회 전원회의에서 중재 회부를 결정한 경우 [전문개정 2010.3.17] 제14조(공무원 노동관계 조정위원회의 구성) ①제8조에 따른 단체교섭이 결렬된 경우 이를 조정·중재하기 위하여 중앙노동위원회에 공무원 노동관계 조정위원회(이하 "위원회"라 한다)를 둔다. ②위원회는 공무원 노동관계의 조정·중	제12조(공무원 노동관계 조정위원회의 구성) ①법 제14조제2항에 따른 공무원 노동관계 조정위원회(이하 "위원회"라 한다)의 공익위원 중 1명은 상근(常勤)으로 한다. ②중앙노동위원회 위원장은 법 제14조제3항에 따라 공익위원을 추천할 때 관련	또는 관할 지방고용노동관서의 장에게 지체 없이 알려야 한다. [전문개정 2011.12.14]

공무원의 노동조합 설립 및 운영 등에 관한 법률	공무원의 노동조합 설립 및 운영 등에 관한 법률 시행령	공무원의 노동조합 설립 및 운영 등에 관한 법률 시행규칙
재를 전담하는 7명 이내의 공익위원으로 구성한다. ③제2항에 따른 공익위원은 「노동위원회법」 제6조 및 같은 법 제8조에도 불구하고 공무원 문제 또는 노동 문제에 관한 지식과 경험을 갖춘 사람 또는 사회적 덕망이 있는 사람 중에서 중앙노동위원회 위원장의 추천과 고용노동부장관의 제청으로 대통령이 위촉한다. <개정 2010.6.4> ④제3항에 따라 공익위원을 위촉하는 경우에는 「노동위원회법」 제6조제2항에도 불구하고 그 공익위원에 해당하는 정원이 따로 있는 것으로 본다. [전문개정 2010.3.17.] **제15조(회의의 운영)** ①위원회에는 전원회의와 소위원회를 둔다. ②전원회의는 제14조제2항에 따른 공익위원 전원으로 구성하며, 다음 각 호의 사항을 담당한다. 1. 전국에 걸친 노동쟁의의 조정사건	기관 또는 단체의 의견을 들을 수 있다. ③법 제15조에 따른 소위원회(이하 "소위원회"라 한다)의 위원장은 소위원회의 위원 중에서 위원회의 위원장이 중앙노동위원회의 위원장과 협의하여 지명하는 사람이 되며, 소위원회의 위원장은 소위원회의 의장이 된다. [전문개정 2011.12.14]	

공무원의 노동조합 설립 및 운영 등에 관한 법률	공무원의 노동조합 설립 및 운영 등에 관한 법률 시행령	공무원의 노동조합 설립 및 운영 등에 관한 법률 시행규칙
2. 중재 회부의 결정 3. 중재재정(仲裁裁定) ③소위원회는 위원회의 위원장이 중앙노동위원회 위원장과 협의하여 지명하는 3명으로 구성하며, 전원회의에서 담당하지 아니하는 조정사건을 담당한다. [전문개정 2010.3.17.] **제16조(중재재정의 확정 등)** ①관계 당사자는 중앙노동위원회의 중재재정이 위법하거나 월권(越權)에 의한 것이라고 인정하는 경우에는 「행정소송법」 제20조에도 불구하고 중재재정서를 송달받은 날부터 15일 이내에 중앙노동위원회 위원장을 피고로 하여 행정소송을 제기할 수 있다. ②제1항의 기간 이내에 행정소송을 제기하지 아니하면 그 중재재정은 확정된다. ③제2항에 따라 중재재정이 확정되면 관계 당사자는 이에 따라야 한다. ④중앙노동위원회의 중재재정은 제1항에 따른 행정소송의 제기에 의하여 그 효력		

공무원의 노동조합 설립 및 운영 등에 관한 법률	공무원의 노동조합 설립 및 운영 등에 관한 법률 시행령	공무원의 노동조합 설립 및 운영 등에 관한 법률 시행규칙
이 정지되지 아니한다. ⑤제2항에 따라 확정된 중재재정의 내용은 제10조에 따른 단체협약과 같은 효력을 가진다. ⑥중앙노동위원회는 필요한 경우 확정된 중재재정의 내용을 국회, 지방의회, 지방자치단체의 장 등에게 통보할 수 있다. [전문개정 2010.3.17]		
	제13조(부당노동행위 구제신청의 통보) 「노동위원회법」 제2조제1항에 따른 노동위원회는 「노동조합 및 노동관계조정법」 제82조에 따라 공무원 또는 노동조합으로부터 구제신청을 받았을 때에는 지체 없이 그 사실을 상대방인 행정관청과 소관 소청심사위원회에 알려야 한다. [전문개정 2011.12.14.]	제5조(서식 등) 법 및 영의 시행을 위하여 필요한 서식은 다음 각 호와 같다. 1. 법 제5조제2항·제17조제2항 및 「노동조합 및 노동관계조정법」(이하 "노동조합법"이라 한다) 제10조제1항에 따른 노동조합 설립신고서: 별지 제5호서식 2. 법 제17조제2항 및 노동조합법 제12조제1항에 따른 노동조합 설립신고증: 별지 제6호서식 3. 법 제17조제2항, 노동조합법 제12조제2항 및 「노동조합 및 노동관계조정법 시행령」(이하 "노동조합법 시행령"이라

공무원의 노동조합 설립 및 운영 등에 관한 법률	공무원의 노동조합 설립 및 운영 등에 관한 법률 시행령	공무원의 노동조합 설립 및 운영 등에 관한 법률 시행규칙
		한다) 제9조제1항에 따른 노동조합 설립신고사항 보완요구서: 별지 제7호서식 4. 법 제17조제2항, 노동조합법 제13조제1항 및 노동조합법 시행령 제10조제1항에 따른 노동조합 설립신고사항 변경신고서: 별지 제5호서식 5. 법 제17조제2항 및 노동조합법 제13조제2항에 따른 노동조합 현황 정기 통보서: 별지 제8호서식 6. 법 제17조제2항 및 노동조합법 제18조제3항·제4항에 따른 총회 또는 대의원회 소집권자 지명요구서: 별지 제9호서식 7. 법 제17조제2항 및 노동조합법 제18조제3항·제4항에 따른 총회 또는 대의원회 소집권자 지명서: 별지 제10호서식 8. 법 제17조제2항 및 노동조합법 제21조 또는 제31조제3항에 따른 규약, 결의·처분, 단체협약의 시정명령서: 별지 제11호서식 9. 법 제17조제2항 및 노동조합법 제27조

공무원의 노동조합 설립 및 운영 등에 관한 법률	공무원의 노동조합 설립 및 운영 등에 관한 법률 시행령	공무원의 노동조합 설립 및 운영 등에 관한 법률 시행규칙
		에 따른 자료제출요구서: 별지 제12호서식 10. 법 제17조제2항 및 노동조합법 제28조제2항에 따른 노동조합 해산신고서: 별지 제13호서식 11. 법 제17조제2항 및 노동조합법 제31조제2항에 따른 단체협약신고서: 별지 제14호서식 12. 영 제14조제1항 및 노동조합법 시행령 제9조제2항에 따른 시정요구서: 별지 제15호서식 13. 영 제14조제1항 및 노동조합법 시행령 제9조제2항에 따른 시정결과보고서: 별지 제16호서식 14. 영 제14조제1항 및 노동조합법 시행령 제10조제3항에 따른 노동조합 설립신고사항 변경신고증: 별지 제17호서식 15. 제6조제1항 및 「노동조합 및 노동관계조정법 시행규칙」(이하 "노동조합법 시행규칙"이라 한다) 제4조에 따른 노

공무원의 노동조합 설립 및 운영 등에 관한 법률	공무원의 노동조합 설립 및 운영 등에 관한 법률 시행령	공무원의 노동조합 설립 및 운영 등에 관한 법률 시행규칙
		동조합 설립신고증 재발급신청서: 별지 제18호서식 16. 제6조제1항 및 노동조합법 시행규칙 제7조에 따른 노동단체카드: 별지 제19호서식 [전문개정 2011.12.14.]
제17조(다른 법률과의 관계) ①이 법의 규정은 공무원이 「공무원직장협의회의 설립·운영에 관한 법률」에 따라 직장협의회를 설립·운영하는 것을 방해하지 아니한다. ②공무원에게 적용할 노동조합 및 노동관계 조정에 관하여 이 법에서 정하지 아니한 사항에 대하여는 제3항에서 정하는 경우를 제외하고는 「노동조합 및 노동관계조정법」에서 정하는 바에 따른다. 이 경우 「노동조합 및 노동관계조정법」 제3조 중 "단체교섭 또는 쟁의행위"는 "단체교섭"으로, 제4조 본문 중 "단체교섭·쟁의행위"는 "단체교섭"으로, 제10조	제14조(다른 대통령령과의 관계) ①공무원에게 적용할 노동조합 및 노동관계 조정에 관하여 이 영에서 정하지 아니한 사항에 대해서는 제2항에서 정하는 경우를 제외하고는 「노동조합 및 노동관계조정법 시행령」에서 정하는 바에 따른다. 이 경우 「노동조합 및 노동관계조정법 시행령」 제9조제1항 각 호 외의 부분 중 "고용노동부장관, 특별시장·광역시장·도지사·특별자치도지사, 시장·군수 또는 자치구의 구청장(이하 "행정관청"이라 한다)"은 "고용노동부장관"으로, 같은 영 제9조제3항·제11조제2항 및 제13조제4항 중 "당해 사업 또는 사업장의 사용자나	제6조(다른 부령과의 관계) ①공무원에게 적용할 노동조합 및 노동관계 조정에 관하여 이 규칙에서 정하지 아니한 사항에 관하여는 제2항에서 정하는 경우를 제외하고는 노동조합법 시행규칙에서 정하는 바에 따른다. 이 경우 노동조합법 시행규칙 제2조 중 "고용노동부장관, 지방고용노동관서의 장, 특별시장·광역시장·도지사·특별자치도지사, 시장·군수 또는 자치구의 구청장"은 "고용노동부장관 또는 지방고용노동관서의 장"으로, 같은 규칙 제5조 중 "행정관청"은 각각 "지방고용노동관서의 장"으로, 제7조제2항 중 "행정관청(고용노동부장관을 제외한다)"

공무원의 노동조합 설립 및 운영 등에 관한 법률	공무원의 노동조합 설립 및 운영 등에 관한 법률 시행령	공무원의 노동조합 설립 및 운영 등에 관한 법률 시행규칙
제1항 각 호 외의 부분 중 "연합단체인 노동조합과 2 이상의 특별시·광역시·특별자치시·도·특별자치도에 걸치는 단위노동조합은 고용노동부장관에게, 2 이상의 시·군·구(자치구를 말한다)에 걸치는 단위노동조합은 특별시장·광역시장·도지사에게, 그 외의 노동조합은 특별자치시장·특별자치도지사·시장·군수·구청장(자치구의 구청장을 말한다. 이하 제12조제1항에서 같다)에게"는 "고용노동부장관에게"로, 제12조제1항 중 "고용노동부장관, 특별시장·광역시장·특별자치시장·도지사·특별자치도지사 또는 시장·군수·구청장(이하 "행정관청"이라 한다)"은 "고용노동부장관"으로, 제30조제1항 및 제2항 중 "사용자"는 "정부교섭대표"로, 제58조, 제60조제2항부터 제4항까지 및 제61조제3항 중 "조정위원회 또는 단독조정인"은 "공무원 노동관계 조정위원회"로, 제59조 중 "조정위원회의 위원장 또는 단독조정인"은 "공무원 노	사용자단체"는 각각 "해당 기관의 장"으로, 같은 영 제10조제4항 중 "사업 또는 사업장"은 각각 "기관"으로, 같은 영 제29조제1항 중 "노동위원회"는 "중앙노동위원회"로, 같은 영 제30조제1항 중 "중재위원회"는 "공무원 노동관계 조정위원회"로, 같은 영 제33조제1항 각 호 외의 부분 단서 중 "연합단체인 노동조합과 전국규모의 산업별 단위노동조합"은 "연합단체인 노동조합, 국회·법원·헌법재판소·선거관리위원회 및 행정부의 노동조합, 그 밖의 전국 규모의 단위노동조합"으로, 같은 항 제14호 중 "법 제96조"는 "법 제96조(같은 조 제1항제3호는 제외한다)"로 보고, 같은 영 중 "근로자"는 각각 "공무원"으로, "행정관청"은 각각 "고용노동부장관"으로 본다. ②노동조합에 대해서는 「노동조합 및 노동관계조정법 시행령」 제7조, 제8조, 제11조제1항제4호, 제11조의2부터 제11조의6까지, 제14조, 제14조의2부터 제14조의12까지,	은 "지방고용노동관서의 장"으로 보고, 같은 규칙 중 "행정관청"은 각각 "고용노동부장관 또는 지방고용노동관서의 장"으로 본다. ②노동조합에 대해서는 노동조합법 시행규칙 제10조의2부터 제10조의9까지, 제11조의2, 제12조, 제12조의2, 제12조의3 및 제13조부터 제16조까지의 규정은 적용하지 아니한다. [전문개정 2011.12.14]

공무원의 노동조합 설립 및 운영 등에 관한 법률	공무원의 노동조합 설립 및 운영 등에 관한 법률 시행령	공무원의 노동조합 설립 및 운영 등에 관한 법률 시행규칙
동관계 조정위원회 위원장"으로, 제60조제3항 중 "제1항의 규정에 의한 조정안"은 "조정안"으로, 제61조제1항 중 "조정위원 전원 또는 단독조정인"은 "공무원 노동관계 조정위원회 위원 전원"으로, 제66조제1항, 제67조 및 제68조제2항 중 "중재위원회"는 "공무원 노동관계 조정위원회"로, 제94조 중 "제88조 내지 제93조"는 "제93조"로 보고, 같은 법 중 "근로자"는 "공무원"으로, "사용자"(같은 법 제30조의 "사용자"는 제외한다)는 "기관의 장, 공무원에 관한 사항에 대하여 기관의 장을 위하여 행동하는 사람"으로, "행정관청"은 "고용노동부장관"으로 본다. <개정 2010.6.4, 2014.5.20> ③「노동조합 및 노동관계조정법」 제2조제4호라목 단서, 제24조, 제24조의2, 제29조, 제29조의2부터 제29조의5까지, 제36조부터 제39조까지, 제41조, 제42조, 제42조의2부터 제42조의6까지, 제43조부터 제46조까지, 제51조부터 제57조까지,	제17조, 제18조, 제20조부터 제22조까지, 제22조의2부터 제22조의4까지, 제23조부터 제26조까지, 제28조, 제29조제2항, 제31조, 제32조 및 제33조제1항제10호·제12호·제13호·제17호·제18호는 적용하지 아니한다. [전문개정 2011.12.14]	

공무원의 노동조합 설립 및 운영 등에 관한 법률	공무원의 노동조합 설립 및 운영 등에 관한 법률 시행령	공무원의 노동조합 설립 및 운영 등에 관한 법률 시행규칙
제60조제1항·제5항, 제62조부터 제65조까지, 제66조제2항, 제69조부터 제73조까지, 제76조부터 제80조까지, 제81조제2호단서, 제88조부터 제92조까지 및 제96조제1항제3호는 이 법에 따른 노동조합에 대하여는 적용하지 아니한다. [전문개정 2010.3.17] **제18조(벌칙)** 제11조를 위반하여 파업, 태업 또는 그 밖에 업무의 정상적인 운영을 방해하는 행위를 한 자는 5년 이하의 징역 또는 5천만원 이하의 벌금에 처한다. [전문개정 2010.3.17]		
부 칙 <법률 제7380호, 2005.1.27.>	부 칙 <대통령령 제19303호, 2006.1.27.>	부 칙 <노동부령 제244호, 2006.1.27.>
제1조(시행일) 이 법은 공포후 1년이 경과한 날부터 시행한다. **제2조(다른 법률의 개정)** ①국가공무원법중 다음과 같이 개정한다.	이 영은 2006년 1월 28일부터 시행한다.	이 규칙은 2006년 1월 28일부터 시행한다.

공무원의 노동조합 설립 및 운영 등에 관한 법률	공무원의 노동조합 설립 및 운영 등에 관한 법률 시행령	공무원의 노동조합 설립 및 운영 등에 관한 법률 시행규칙
제43조제1항중 "제71조제1항제3호·제5호"를 "제71조제1항제3호·제5호·제6호"로 한다. 제71조제1항에 제6호를 다음과 같이 신설한다. 　6. 공무원의노동조합설립 및운영등에관한법률 제7조의 규정에 따라 노동조합 전임자로 종사하게 된 때 제72조에 제9호를 다음과 같이 신설한다. 　9. 제71조제1항제6호의 규정에 의한 휴직기간은 그 전임기간으로 한다. ②지방공무원법중 다음과 같이 개정한다. 제41조제1항중 "제63조제1항제3호·제5호"를 "제63조제1항제3호·제5호·제6호"로 한다. 제63조제1항에 제6호를 다음과 같이 신설한다. 　6. 공무원의노동조합설립 및운영등에관한법률 제7조의 규정에 따라 노동조합 전임자로 종사하게 된 때 제64조에 제9호를 다음과 같이 신설한다.	**부　칙** <대통령령 제19515호, 2006.6.12.> (공무원임용령) **제1조(시행일)** 이 영은 2006년 7월 1일부터 시행한다. <단서 생략> **제2조** 생략 **제3조(다른 법령의 개정)** ①생략 ②공무원 노동조합 설립 및 운영 등에 관한 법률 시행령 일부를 다음과 같이 개정한다. 제3조제3호 가목중 "교정·소년보호·보호관찰·검찰사무·마약수사·출입국관리 및 철도공안직렬의 공무원"을 "교정·보호·검찰사무·마약수사·출입국관리 및 철도공안직렬의 공무원"으로 한다.	**부　칙** <고용노동부령 제1호, 2010.7.12.> (고용노동부와 그 소속기관 직제 시행규칙) **제1조(시행일)** 이 규칙은 공포한 날부터 시행한다. <단서 생략> **제2조(다른 법령의 개정)** ①부터 ⑥까지 생략 ⑦공무원의 노동조합 설립 및 운영 등에 관한 법률 시행규칙 일부를 다음과 같이 개정한다. 제2조, 제4조제2항, 제6조제1항 후단, 별지 제5호서식 뒤쪽, 별지 제6호서식, 별지 제7호서식, 별지 제8호서식 뒤쪽, 별지 제10호서식 제1쪽 뒷면, 별지 제11호서식, 별지 제12호서식, 별지 제13호서식, 별지 제14호서식 뒤쪽, 별지 제16호서식 및 별지 제18호서식 중 "노동부장관"을 각각 "고용노동부장관"으로 한다. 제2조, 제4조제2항, 제6조제1항 후단, 별지 제5호서식 뒤쪽, 별지 제6호서식, 별지 제7호서식, 별지 제8호서식 뒤쪽,

공무원의 노동조합 설립 및 운영 등에 관한 법률	공무원의 노동조합 설립 및 운영 등에 관한 법률 시행령	공무원의 노동조합 설립 및 운영 등에 관한 법률 시행규칙
9. 제63조제1항제6호의 규정에 의한 휴직기간은 그 전임기간으로 한다. ③노동위원회법중 다음과 같이 개정한다. 제15조제1항중 "중재위원회 및 교원노동관계조정위원회"를 "중재위원회(중재위원회)·교원노동관계조정위원회(교원노동관계조정위원회) 및 공무원노동관계조정위원회(공무원노동관계조정위원회)"로 하고, 동조에 제6항을 다음과 같이 신설한다. ⑥공무원노동관계조정위원회는 공무원의노동조합설립 및운영등에관한법률이 정하는 바에 따라 설치·구성하며, 동법의 규정에 의한 조정·중재 그 밖에 이와 관련된 사항을 처리한다. 부 칙 <법률 제8852호, 2008.2.29.> (정부조직법) 제1조(시행일) 이 법은 공포한 날부터 시행한다. 다만, ···<생략>···, 부칙	부 칙 <대통령령 제22269호, 2010.7.12.> (고용노동부와 그 소속기관 직제) 제1조(시행일) 이 영은 공포한 날부터 시행한다. <단서 생략> 제2조(다른 법령의 개정) ①부터 ㉓까지 생략 ㉔공무원의 노동조합 설립 및 운영 등에 관한 법률 시행령 일부를 다음과 같이 개정한다. 제2조제1항 각 호 외의 부분·제1호 및 제14조제1항 후단 중 "노동부장관"을 각각 "고용노동부장관"으로 한다. 제2조제1항 각 호 외의 부분 및 같은 항 제2호 중 "지방노동관서"를 각각 "지방고용노동관서"로 한다. 제2조제2항, 제6조, 제7조제2항 및 제11조제3항 중 "노동부령"을 각각 "고용노동부령"을 한다. 제3조제4호나목 중 "노동부"를 "고용노동부"로 한다.	별지 제10호서식제1쪽 뒷면, 별지 제11호서식, 별지 제12호서식, 별지 제13호서식, 별지 제14호서식 뒤쪽, 별지 제16호서식, 별지 제18호서식 및 별지 제20호서식 뒤쪽 중 "지방노동관서"를 각각 "지방고용노동관서"로 한다. 별지 제5호서식 뒤쪽, 별지 제8호서식 뒤쪽, 별지 제10호서식 제1쪽 뒷면 및 별지 제14호서식 뒤쪽 중 "노동부"를 각각 "고용노동부"로 한다. ⑧부터 ㊱까지 생략 부 칙 <고용노동부령 제39호, 2011.12.14.> 이 규칙은 공포한 날부터 시행한다.

공무원의 노동조합 설립 및 운영 등에 관한 법률	공무원의 노동조합 설립 및 운영 등에 관한 법률 시행령	공무원의 노동조합 설립 및 운영 등에 관한 법률 시행규칙
제6조에 따라 개정되는 법률 중 이 법의 시행 전에 공포되었으나 시행일이 도래하지 아니한 법률을 개정한 부분은 각각 해당 법률의 시행일부터 시행한다. **제2조부터 제5조까지 생략** **제6조(다른 법률의 개정)** ①부터 ㊾까지 생략 ㊿공무원의노동조합설립 및운영등에관한법률 일부를 다음과 같이 개정한다. 제8조제1항 본문 중 "행정자치부장관"을 "행정안전부장관"으로 한다. ㋔부터 ㋨까지 생략 제7조 생략 **부 칙** ＜법률 제10133호, 2010.3.17.＞ 이 법은 공포한 날부터 시행한다. **부 칙** ＜법률 제10339호, 2010.6.4.＞ (정부조직법) **제1조(시행일)** 이 법은 공포 후 1개월이	㉕부터 ㊱까지 생략 **부 칙** ＜대통령령 제23376호, 2011.12.14.＞ 이 영은 공포한 날부터 시행한다. **부 칙** ＜대통령령 제25000호, 2013.12.16.＞ (공무원임용령) **제1조(시행일)** 이 영은 공포한 날부터 시행한다. ＜단서 생략＞ **제2조부터 제7조까지 생략** **제8조(다른 법령의 개정)** ①부터 ④까지 생략 ⑤공무원의 노동조합 설립 및 운영 등에 관한 법률 시행령 일부를 다음과 같이 개정한다. 제3조제3호가목 중 "철도공안"을 "철도경찰"로 한다. ⑥부터 ⑩까지 생략	**부 칙** ＜고용노동부령 제72호, 2012.12.27.＞ (서식설계기준 변경에 따른 건설근로자의 고용개선 등에 관한 법률 시행규칙 등 일부개정령) 이 규칙은 공포한 날부터 시행한다.

공무원의 노동조합 설립 및 운영 등에 관한 법률	공무원의 노동조합 설립 및 운영 등에 관한 법률 시행령	공무원의 노동조합 설립 및 운영 등에 관한 법률 시행규칙
경과한 날부터 시행한다. <단서 생략> **제2조** 및 **제3조** 생략 **제4조(다른 법률의 개정)** ①부터 ⑯까지 생략 ⑰공무원의 노동조합 설립 및 운영 등에 관한 법률 일부를 다음과 같이 개정한다. 제5조제2항, 제14조제3항 및 제17조제2항 후단 중 "노동부장관"을 각각 "고용노동부장관"으로 한다. ⑱부터 (82)까지 생략 **제5조** 생략 **부 칙** <법률 제10699호, 2011.5.23.> (국가공무원법) **제1조(시행일)** 이 법은 공포 후 3개월이 경과한 날부터 시행한다. <단서 생략> **제2조**부터 **제5조**까지 생략 **제6조(다른 법률의 개정)** ①공무원의 노동조합 설립 및 운영 등에 관한 법률 일부를 다음과 같이 개정한다. 제6조제1항제1호 중 "이에 상당하는 연		

공무원의 노동조합 설립 및 운영 등에 관한 법률	공무원의 노동조합 설립 및 운영 등에 관한 법률 시행령	공무원의 노동조합 설립 및 운영 등에 관한 법률 시행규칙
구직렬 또는 특수기술직렬의 일반직공무원"을 "이에 상당하는 일반직공무원"으로 하고, 같은 항 제5호를 삭제한다. ②부터 ⑤까지 생략 제7조 생략 부 칙 <법률 제11530호, 2012.12.11.> (국가공무원법) 제1조(시행일) 이 법은 공포 후 1년이 경과한 날부터 시행한다. <단서 생략> 제2조부터 제5조까지 생략 제6조(다른 법률의 개정) ①부터 ③까지 생략 ④공무원의 노동조합 설립 및 운영 등에 관한 법률 일부를 다음과 같이 개정한다. 제6조제1항제3호를 삭제하고, 같은 항 제4호 중 "별정직공무원 및 계약직공무원"을 "별정직공무원"으로 한다. ⑤부터 ⑳까지 생략 제7조 생략		

공무원의 노동조합 설립 및 운영 등에 관한 법률	공무원의 노동조합 설립 및 운영 등에 관한 법률 시행령	공무원의 노동조합 설립 및 운영 등에 관한 법률 시행규칙
부 칙 <법률 제11690호, 2013.3.23.> (정부조직법) 제1조(시행일) ①이 법은 공포한 날부터 시행한다. ②생략 제2조부터 제5조까지 생략 제6조(다른 법률의 개정) ①부터 ㊾까지 생략 ㊿공무원의 노동조합 설립 및 운영 등에 관한 법률 일부를 다음과 같이 개정한다. 제8조제1항 본문 중 "행정안전부장관"을 "안전행정부장관"으로 한다. ㊾부터 ⑩까지 생략 제7조 생략 부 칙 <법률 제12623호, 2014.5.20.> 이 법은 공포한 날부터 시행한다.		

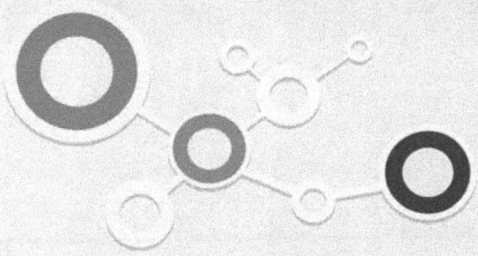

노동조합 및 노동관계조정법

노동조합 및 노동관계조정법	노동조합 및 노동관계조정법 시행령	노동조합 및 노동관계조정법 시행규칙
제1장 총 칙 제1조(목적) ······ 333 제2조(정의) ······ 334 제3조(손해배상 청구의 제한) ······ 336 제4조(정당행위) ······ 336 **제2장 노동조합** **제1절 통 칙** 제5조(노동조합의 조직·가입) ······ 337 제6조(법인격의 취득) ······ 337 제7조(노동조합의 보호요건) ······ 339 제8조(조세의 면제) ······ 339 제9조(차별대우의 금지) ······ 340	제1조(목적) ······ 333 제2조(법인등기) ······ 337 제3조(등기사항) ······ 337 제4조(등기신청) ······ 338 제5조(이전등기) ······ 338 제6조(변경등기) ······ 339	제1조(목적) ······ 333

제6편 참고자료

323

노동조합 및 노동관계조정법	노동조합 및 노동관계조정법 시행령	노동조합 및 노동관계조정법 시행규칙
제2절 노동조합의 설립		
제10조(설립의 신고) ········· 340	제7조(산하조직의 신고) ········· 340	제2조(노동조합의 설립신고) ········· 340
	제8조(노동조합의 소속연합단체와의 관계 등) ········· 340	
제11조(규약) ········· 341		
제12조(신고증의 교부) ········· 343	제9조(설립신고서의 보완요구 등) ········· 343	
제13조(변경사항의 신고 등) ········· 344	제10조(변경사항의 신고 등) ········· 344	제3조(변경사항의 신고) ········· 344
		제4조(설립신고증의 재교부신청) ········· 345
		제5조(관할행정관청의 변경) ········· 345
		제6조(정기통보) ········· 346
		제7조(노동단체카드) ········· 346
제3절 노동조합의 관리		
제14조(서류비치 등) ········· 347		제8조(재정장부와 서류) ········· 347
제15조(총회의 개최) ········· 348		
제16조(총회의 의결사항) ········· 348		
제17조(대의원회) ········· 349		
제18조(임시총회 등의 소집) ········· 350	제11조(명령 등의 통보) ········· 350	제9조(총회의 소집권자 지명요구) ········· 350
제19조(소집의 절차) ········· 351		

노동조합 및 노동관계조정법	노동조합 및 노동관계조정법 시행령	노동조합 및 노동관계조정법 시행규칙
제20조(표결권의 특례) ············ 352		
제21조(규약 및 결의처분의 시정) ········ 352		
제22조(조합원의 권리와 의무) ············ 352		
제23조(임원의 선거 등) ············ 353		
제24조(노동조합의 전임자) ············ 353		
제24조의2(근로시간면제심의위원회) ······ 354	제11조의2(근로시간 면제 한도) ············ 354	
	제11조의3(위원회 위원의 위촉) ············ 355	
	제11조의4(위원회 위원의 자격기준) ····· 355	
	제11조의5(위원회 위원의 임기) ············ 356	
	제11조의6(위원회의 운영) ············ 357	
제25조(회계감사) ············ 358		
제26조(운영상황의 공개) ············ 358		
제27조(자료의 제출) ············ 359	제12조(자료제출의 요구) ············ 359	
제4절 노동조합의 해산		
제28조(해산사유) ············ 359	제13조(노동위원회의 해산의결 등) ····· 359	제10조(해산신고) ············ 359
제3장 단체교섭 및 단체협약		
제29조(교섭 및 체결권한) ············ 360		
	제14조(교섭권한 등의 위임통보) ········ 361	

노동조합 및 노동관계조정법	노동조합 및 노동관계조정법 시행령	노동조합 및 노동관계조정법 시행규칙
제29조의2(교섭창구 단일화 절차) ……… 362	제14조의2(노동조합의 교섭 요구 시기 및 방법) ……………………………… 362	제10조의2(교섭의 요구) ……………… 362
	제14조의3(노동조합 교섭요구 사실의 공고) …………………………… 363	제10조의3(교섭요구 사실의 공고 및 시정요청) …………………… 363
	제14조의4(다른 노동조합의 교섭 요구 시기 및 방법) ………………… 364	
	제14조의5(교섭 요구 노동조합의 확정) …………………………………… 364	제10조의4(교섭요구 노동조합의 확정공고 등) ………………………………… 364
	제14조의6(자율적 교섭대표노동조합의 결정 등) ……………………… 366	
	제14조의7(과반수 노동조합의 교섭대표 노동조합 확정 등) ……………… 367	제10조의5(과반수 노동조합에 대한 이의신청) ……………………… 367
		제10조의6(서류 제출 요구 등 조사에 따르지 아니한 경우의 처리 기준) … 368
	제14조의8(자율적 공동교섭대표단 구성 및 통지) …………………………… 370	
	제14조의9(노동위원회 결정에 의한 공동교섭대표단의 구성) ………… 371	제10조의7(공동교섭대표단 구성 결정신청 등) ………………………………… 371
	제14조의10(교섭대표노동조합의 지위 유지기간 등) ……………………… 373	
제29조의3(교섭단위 결정) ……………… 375	제14조의11(교섭단위 분리의 결정) …… 375	제10조의8(교섭단위 분리 결정 신청) … 375
제29조의4(공정대표의무 등) …………… 377	제14조의12(공정대표의무 위반에 대한 시정) …………………………… 377	제10조의9(공정대표의무 위반에 대한 시정신청 등) ……………………… 377

노동조합 및 노동관계조정법	노동조합 및 노동관계조정법 시행령	노동조합 및 노동관계조정법 시행규칙
제29조의5(그 밖의 교섭창구 단일화 관련 사항) ········ 378		
제30조(교섭등의 원칙) ········ 378		
제31조(단체협약의 작성) ········ 379	제15조(단체협약의 신고) ········ 379	제11조(단체협약의 신고) ········ 379
제32조(단체협약의 유효기간) ········ 379		
제33조(기준의 효력) ········ 380		
제34조(단체협약의 해석) ········ 381	제16조(단체협약의 해석요청) ········ 381	
제35조(일반적 구속력) ········ 381		
제36조(지역적 구속력) ········ 382		
제4장 쟁의행위		
제37조(쟁의행위의 기본원칙) ········ 382	제17조(쟁의행위의 신고) ········ 382	제11조의2(쟁의행위의 신고) ········ 382
제38조(노동조합의 지도와 책임) ········ 383	제18조(폭력행위 등의 신고) ········ 383	
제39조(근로자의 구속제한) ········ 384		
제40조 삭제 ········ 384	제19조 삭제 ········ 384	제11조의3 삭제 ········ 384
제41조(쟁의행위의 제한과 금지) ········ 384	제20조(방산물자 생산업무 종사자의 범위) ········ 384	
제42조(폭력행위등의 금지) ········ 385	제21조(점거가 금지되는 시설) ········ 385	제12조(중지통보 등) ········ 385
	제22조(중지통보) ········ 386	
제42조의2(필수유지업무에 대한 쟁의행위의 제한) ········ 387	제22조의2(필수유지업무의 범위) ········ 387	

노동조합 및 노동관계조정법	노동조합 및 노동관계조정법 시행령	노동조합 및 노동관계조정법 시행규칙
제42조의3(필수유지업무협정) ·············· 387		
제42조의4(필수유지업무 유지·운영 수준 등의 결정) ·············· 388	제22조의3(필수유지업무 유지·운영 수준 등의 결정 신청 등) ·············· 388	제12조의2(필수유지업무 유지·운영 수준 등의 결정 신청) ·············· 388
제42조의5(노동위원회의 결정에 따른 쟁의행위) ·············· 389		
제42조의6(필수유지업무 근무 근로자의 지명) ·············· 389		
제43조(사용자의 채용제한) ·············· 390		
	제22조의4(파업참가자 수의 산정방법) ··· 391	
제44조(쟁의행위 기간중의 임금지급 요구의 금지) ·············· 391		
제45조(조정의 전치) ·············· 391		
제46조(직장폐쇄의 요건) ·············· 392		제12조의3(직장폐쇄의 신고) ·············· 392
제5장 노동쟁의의 조정		
제1절 통 칙		
제47조(자주적 조정의 노력) ·············· 393		
제48조(당사자의 책무) ·············· 393		
제49조(국가 등의 책무) ·············· 393		
제50조(신속한 처리) ·············· 394		

노동조합 및 노동관계조정법	노동조합 및 노동관계조정법 시행령	노동조합 및 노동관계조정법 시행규칙
제51조(공익사업 등의 우선적 취급) ····· 394		
제52조(사적 조정·중재) ···················· 394	제23조(사적 조정·중재의 신고) ·········· 394	
		제13조(사적 조정·중재결정의 신고 등) ·· 395
제2절 조 정		
제53조(조정의 개시) ························ 396	제24조(노동쟁의 조정 등의 신청) ····· 396	제14조(조정의 신청) ························ 396
	제25조(조정의 통보) ························ 396	
	제26조(조정위원회의 구성) ················ 396	
제54조(조정기간) ····························· 397		
제55조(조정위원회의 구성) ················ 397		
제56조(조정위원회의 위원장) ············· 398		
제57조(단독조정) ····························· 399		
제58조(주장의 확인 등) ···················· 399		
제59조(출석금지) ····························· 399		
제60조(조정안의 작성) ······················ 400	제27조(조정안의 해석요청) ················ 400	
제61조(조정의 효력) ·························· 401		
제61조의2(조정종료 결정 후의 조정) ··· 401		
제3절 중 재		
제62조(중재의 개시) ························ 402	제28조(중재위원회의 구성) ················ 402	제15조(중재의 신청) ························ 402

노동조합 및 노동관계조정법	노동조합 및 노동관계조정법 시행령	노동조합 및 노동관계조정법 시행규칙
		제16조(서식 등) ······ 403
제63조(중재시의 쟁의행위의 금지) ······ 404		
제64조(중재위원회의 구성) ······ 404		
제65조(중재위원회의 위원장) ······ 405		
제66조(주장의 확인 등) ······ 405		
제67조(출석금지) ······ 406		
제68조(중재재정) ······ 406	제29조(중재재정서의 송달) ······ 406	
	제30조(중재재정의 해석요청) ······ 406	
제69조(중재재정등의 확정) ······ 407		
제70조(중재재정 등의 효력) ······ 408		
제4절 공익사업등의 조정에 관한 특칙		
제71조(공익사업의 범위 등) ······ 408		
제72조(특별조정위원회의 구성) ······ 410	제31조(수당 등의 지급) ······ 410	
제73조(특별조정위원회의 위원장) ······ 410		
제74조 삭제 ······ 411		
제75조 삭제 ······ 411		
제5절 긴급조정		
제76조(긴급조정의 결정) ······ 411	제32조(긴급조정의 공표) ······ 411	

노동조합 및 노동관계조정법	노동조합 및 노동관계조정법 시행령	노동조합 및 노동관계조정법 시행규칙
제77조(긴급조정시의 쟁의행위 중지) … 412		
제78조(중앙노동위원회의 조정) ……… 412		
제79조(중앙노동위원회의 중재회부 결정권) …………………………… 412		
제80조(중앙노동위원회의 중재) ……… 413		
제6장 부당노동행위		
제81조(부당노동행위) ………………… 413		
제82조(구제신청) ……………………… 415		
제83조(조사 등) ……………………… 416		
제84조(구제명령) ……………………… 416		
제85조(구제명령의 확정) …………… 417		
제86조(구제명령등의 효력) ………… 418		
제7장 보 칙		
제87조(권한의 위임) ………………… 418	제33조(권한의 위임 등) …………… 418	
	제33조의2(고유식별정보의 처리) …… 421	

노동조합 및 노동관계조정법	노동조합 및 노동관계조정법 시행령	노동조합 및 노동관계조정법 시행규칙
제8장 벌 칙 제88조(벌칙) ·········· 422 제89조(벌칙) ·········· 422 제90조(벌칙) ·········· 423 제91조(벌칙) ·········· 423 제92조(벌칙) ·········· 423 제93조(벌칙) ·········· 424 제94조(양벌규정) ···· 424 제95조(과태료) ········ 425 제96조(과태료) ········ 425 부 칙 ················ 427	제34조(과태료의 부과기준) ········ 425 부 칙 ················ 427	제17조(과태료의 징수절차) ········ 425 부 칙 ················ 427

노동조합 및 노동관계조정법	노동조합 및 노동관계조정법 시행령	노동조합 및 노동관계조정법 시행규칙
노동조합 및 노동관계조정법 제정 1997. 3.13 법률 제 5310호 개정 1998. 2.20 법률 제 5511호 2001. 3.28 법률 제 6456호 2006. 1. 2 법률 제 7845호 2006.12.30 법률 제 8158호 2008. 3.28 법률 제 9041호 2010. 1. 1 법률 제 9930호 2010. 6. 4 법률 제10339호 2014. 5.20 법률 제12630호 **제1장 총 칙** **제1조(목적)** 이 법은 헌법에 의한 근로자의 단결권·단체교섭권 및 단체행동권을 보장하여 근로조건의 유지·개선과 근로자의 경제적·사회적 지위의 향상을 도모하고, 노동관계를 공정하게 조정하여 노동쟁의를 예방·해결함으로써 산업평화의 유지와 국민경제의 발전에 이바지함을 목적으로 한다.	노동조합 및 노동관계조정법 시행령 제정 1997. 3.27 대통령령 제15321호 개정 1998. 4.27 대통령령 제15780호 1999. 8. 6 대통령령 제16511호 2007.11.30 대통령령 제20397호 2010. 2.12 대통령령 제22030호 2010. 7.12 대통령령 제22269호 2012. 1. 6 대통령령 제23488호 **제1조(목적)** 이 영은 「노동조합 및 노동관계조정법」에서 위임된 사항과 그 시행에 관하여 필요한 사항을 규정함을 목적으로 한다.	노동조합 및 노동관계조정법 시행규칙 제정 1997. 4. 7 노동부령 제114호 개정 1998. 4.30 노동부령 제127호 2007.12.26 노동부령 제286호 2010. 7.12 고용노동부령 제 1호 2010. 8. 9 고용노동부령 제 2호 2012.12.27 고용노동부령 제 72호 **제1조(목적)** 이 규칙은 「노동조합 및 노동관계조정법」과 같은 법 시행령에서 위임된 사항과 그 시행에 필요한 사항을 규정함을 목적으로 한다.

노동조합 및 노동관계조정법	노동조합 및 노동관계조정법 시행령	노동조합 및 노동관계조정법 시행규칙
제2조(정의) 이 법에서 사용하는 용어의 정의는 다음과 같다. 1. "근로자"라 함은 직업의 종류를 불문하고 임금·급료 기타 이에 준하는 수입에 의하여 생활하는 자를 말한다. 2. "사용자"라 함은 사업주, 사업의 경영담당자 또는 그 사업의 근로자에 관한 사항에 대하여 사업주를 위하여 행동하는 자를 말한다. 3. "사용자단체"라 함은 노동관계에 관하여 그 구성원인 사용자에 대하여 조정 또는 규제할 수 있는 권한을 가진 사용자의 단체를 말한다. 4. "노동조합"이라 함은 근로자가 주체가 되어 자주적으로 단결하여 근로조건의 유지·개선 기타 근로자의 경제적·사회적 지위의 향상을 도모함을 목적으로 조직하는 단체 또는 그 연합단체를 말한다. 다만, 다음 각목의 1에 해당하는 경우에는 노동조합으로 보지 아니한다. 가. 사용자 또는 항상 그의 이익을 대표하여 행동하는 자의 참가를 허용하는		

노동조합 및 노동관계조정법	노동조합 및 노동관계조정법 시행령	노동조합 및 노동관계조정법 시행규칙
경우 나. 경비의 주된 부분을 사용자로부터 원조받는 경우 다. 공제·수양 기타 복리사업만을 목적으로 하는 경우 라. 근로자가 아닌 자의 가입을 허용하는 경우. 다만, 해고된 자가 노동위원회에 부당노동행위의 구제신청을 한 경우에는 중앙노동위원회의 재심판정이 있을 때까지는 근로자가 아닌 자로 해석하여서는 아니된다. 마. 주로 정치운동을 목적으로 하는 경우 5. "노동쟁의"라 함은 노동조합과 사용자 또는 사용자단체(이하 "노동관계 당사자"라 한다)간에 임금·근로시간·복지·해고 기타 대우 등 근로조건의 결정에 관한 주장의 불일치로 인하여 발생한 분쟁상태를 말한다. 이 경우 주장의 불일치라 함은 당사자간에 합의를 위한 노력을 계속하여도 더 이상 자주적 교섭에 의한 합의의 여지가 없는 경우를 말한다.		

노동조합 및 노동관계조정법	노동조합 및 노동관계조정법 시행령	노동조합 및 노동관계조정법 시행규칙
6. "쟁의행위"라 함은 파업·태업·직장폐쇄 기타 노동관계 당사자가 그 주장을 관철할 목적으로 행하는 행위와 이에 대항하는 행위로서 업무의 정상적인 운영을 저해하는 행위를 말한다. **제3조(손해배상 청구의 제한)** 사용자는 이 법에 의한 단체교섭 또는 쟁의행위로 인하여 손해를 입은 경우에 노동조합 또는 근로자에 대하여 그 배상을 청구할 수 없다. **제4조(정당행위)** 형법 제20조의 규정은 노동조합이 단체교섭·쟁의행위 기타의 행위로서 제1조의 목적을 달성하기 위하여 한 정당한 행위에 대하여 적용된다. 다만, 어떠한 경우에도 폭력이나 파괴행위는 정당한 행위로 해석되어서는 아니된다.		

노동조합 및 노동관계조정법	노동조합 및 노동관계조정법 시행령	노동조합 및 노동관계조정법 시행규칙
제2장 노동조합 **제1절 통 칙** **제5조(노동조합의 조직·가입)** 근로자는 자유로이 노동조합을 조직하거나 이에 가입할 수 있다. 다만, 공무원과 교원에 대하여는 따로 법률로 정한다. **제6조(법인격의 취득)** ①노동조합은 그 규약이 정하는 바에 의하여 법인으로 할 수 있다. ②노동조합은 당해 노동조합을 법인으로 하고자 할 경우에는 대통령령이 정하는 바에 의하여 등기를 하여야 한다. ③법인인 노동조합에 대하여는 이 법에 규정된 것을 제외하고는 민법중 사단법인에 관한 규정을 적용한다.	**제2조(법인등기)** 「노동조합 및 노동관계조정법」(이하 "법"이라 한다) 제6조제2항의 규정에 의하여 노동조합을 법인으로 하고자 할 때에는 그 주된 사무소의 소재지를 관할하는 등기소에 등기하여야 한다. <개정 2007.11.30> **제3조(등기사항)** 제2조의 규정에 의한 등기사항은 다음 각호와 같다. 1. 명칭	

노동조합 및 노동관계조정법	노동조합 및 노동관계조정법 시행령	노동조합 및 노동관계조정법 시행규칙
	2. 주된 사무소의 소재지 3. 목적 및 사업 4. 대표자의 성명 및 주소 5. 해산사유를 정한 때에는 그 사유 **제4조(등기신청)** ①제2조의 규정에 의한 등기는 그 노동조합의 대표자의 신청에 의하여 행한다. ②제1항의 규정에 의하여 등기신청을 하고자 할 때에는 등기신청서에 당해 노동조합의 규약과 법 제12조의 규정에 의한 신고증의 사본(이 영 제10조제3항의 규정에 의하여 변경신고증을 교부받은 경우에는 그 사본)을 첨부하여야 한다. **제5조(이전등기)** ①법인인 노동조합이 그 주된 사무소를 다른 등기소의 관할 구역으로 이전한 경우에 당해 노동조합의 대표자는 그 이전한 날부터 3주이내에 구소재지에서는 이전등기를 하여야 하며, 신소재지 에서는 제3조 각호의 사항을 등기하여야 한다.	

노동조합 및 노동관계조정법	노동조합 및 노동관계조정법 시행령	노동조합 및 노동관계조정법 시행규칙
	②동일한 등기소의 관할구역 안에서 주된 사무소를 이전한 경우에는 그 이전한 날부터 3주 이내에 이전 등기를 하여야 한다. 제6조(변경등기) 노동조합의 대표자는 제3조 각호의 사항에 변경이 있는 경우에는 그 변경이 있는 날부터 3주 이내에 변경등기를 하여야 한다.	
제7조(노동조합의 보호요건) ①이 법에 의하여 설립된 노동조합이 아니면 노동위원회에 노동쟁의의 조정 및 부당노동행위의 구제를 신청할 수 없다. ②제1항의 규정은 제81조제1호·제2호 및 제5호의 규정에 의한 근로자의 보호를 부인하는 취지로 해석되어서는 아니된다. ③이 법에 의하여 설립된 노동조합이 아니면 노동조합이라는 명칭을 사용할 수 없다. 제8조(조세의 면제) 노동조합에 대하여는 그 사업체를 제외하고는 세법이 정하는		

노동조합 및 노동관계조정법	노동조합 및 노동관계조정법 시행령	노동조합 및 노동관계조정법 시행규칙
바에 따라 조세를 부과하지 아니한다. **제9조(차별대우의 금지)** 노동조합의 조합원은 어떠한 경우에도 인종, 종교, 성별, 연령, 신체적 조건, 고용형태, 정당 또는 신분에 의하여 차별대우를 받지 아니한다. <개정 2008.3.28> 제2절 노동조합의 설립 **제10조(설립의 신고)** ①노동조합을 설립하고자 하는 자는 다음 각호의 사항을 기재한 신고서에 제11조의 규정에 의한 규약을 첨부하여 연합단체인 노동조합과 2 이상의 특별시·광역시·특별자치시·도·특별자치도에 걸치는 단위노동조합은 고용노동부장관에게, 2 이상의 시·군·구(자치구를 말한다)에 걸치는 단위노동조합은 특별시장·광역시장·도지사에게, 그 외의 노동조합은 특별자치시장·특별자치도지사·시장·군수·구청장(자치구의 구청장을 말한다. 이하 제12조제1항에서 같다)에게	**제7조(산하조직의 신고)** 근로조건의 결정권이 있는 독립된 사업 또는 사업장에 조직된 노동단체는 지부·분회 등 명칭여하에 불구하고 법 제10조제1항의 규정에 의한 노동조합의 설립신고를 할 수 있다. **제8조(노동조합의 소속연합단체와의 관계 등)** ①단위노동조합이 산업별 연합단체인 노동조합에 가입하거나, 산업별 연합단체 또는 전국규모의 산업별 노동조합이 총연합단체인 노동조합에 가입한 경우에는 당해 노동조합은 소속 산업별 연합단체인	**제2조(노동조합의 설립신고)** 「노동조합 및 노동관계조정법」(이하 "법"이라 한다) 제10조제1항에 따라 노동조합의 설립을 신고하려는 자는 별지 제1호서식의 노동조합설립신고서에 규약을 첨부하여 고용노동부장관, 지방고용노동관서의 장, 특별시장·광역시장·도지사·특별자치도지사, 시장·군수 또는 자치구의 구청장(이하 "행정관청"이라 한다)에게 제출하여야 한다. <개정 2010.8.9> 1. <삭제> <2010.8.9> 2. <삭제> <2010.8.9>

노동조합 및 노동관계조정법	노동조합 및 노동관계조정법 시행령	노동조합 및 노동관계조정법 시행규칙
제출하여야 한다. <개정 2014.5.20> 1. 명칭 2. 주된 사무소의 소재지 3. 조합원수 4. 임원의 성명과 주소 5. 소속된 연합단체가 있는 경우에는 그 명칭 6. 연합단체인 노동조합에 있어서는 그 구성노동단체의 명칭, 조합원수, 주된 사무소의 소재지 및 임원의 성명·주소 ②제1항의 규정에 의한 연합단체인 노동조합은 동종산업의 단위노동조합을 구성원으로 하는 산업별 연합단체와 산업별 연합단체 또는 전국규모의 산업별 단위노동조합을 구성원으로 하는 총연합단체를 말한다. **제11조(규약)** 노동조합은 그 조직의 자주적·민주적 운영을 보장하기 위하여 당해 노동조합의 규약에 다음 각 호의 사항을 기재하여야 한다. 1. 명칭	노동조합 또는 총연합단체인 노동조합의 규약이 정하는 의무를 성실하게 이행하여야 한다. ②총연합단체인 노동조합 또는 산업별 연합단체인 노동조합은 당해 노동조합에 가입한 노동조합의 활동에 대하여 협조·지원 또는 지도할 수 있다. ③삭제 <2007.11.30>	3. <삭제> <2010.8.9> 4. <삭제> <2010.8.9>

노동조합 및 노동관계조정법	노동조합 및 노동관계조정법 시행령	노동조합 및 노동관계조정법 시행규칙
2. 목적과 사업 3. 주된 사무소의 소재지 4. 조합원에 관한 사항(연합단체인 노동조합에 있어서는 그 구성단체에 관한 사항) 5. 소속된 연합단체가 있는 경우에는 그 명칭 6. 대의원회를 두는 경우에는 대의원회에 관한 사항 7. 회의에 관한 사항 8. 대표자와 임원에 관한 사항 9. 조합비 기타 회계에 관한 사항 10. 규약변경에 관한 사항 11. 해산에 관한 사항 12. 쟁의행위와 관련된 찬반투표 결과의 공개, 투표자 명부 및 투표용지 등의 보존·열람에 관한 사항 13. 대표자와 임원의 규약위반에 대한 탄핵에 관한 사항 14. 임원 및 대의원의 선거절차에 관한 사항 15. 규율과 통제에 관한 사항		

노동조합 및 노동관계조정법	노동조합 및 노동관계조정법 시행령	노동조합 및 노동관계조정법 시행규칙
제12조(신고증의 교부) ①고용노동부장관, 특별시장·광역시장·특별자치시장·도지사·특별자치도지사 또는 시장·군수·구청장(이하 "행정관청"이라 한다)은 제10조제1항의 규정에 의한 설립신고서를 접수한 때에는 제2항 전단 및 제3항의 경우를 제외하고는 3일 이내에 신고증을 교부하여야 한다. <개정 2014.5.20> ②행정관청은 설립신고서 또는 규약이 기재사항의 누락 등으로 보완이 필요한 경우에는 대통령령이 정하는 바에 따라 20일 이내의 기간을 정하여 보완을 요구하여야 한다. 이 경우 보완된 설립신고서 또는 규약을 접수한 때에는 3일 이내에 신고증을 교부하여야 한다. ③행정관청은 설립하고자 하는 노동조합이 다음 각 호의 1에 해당하는 경우에는 설립신고서를 반려하여야 한다. 1. 제2조제4호 각목의 1에 해당하는 경우 2. 제2항의 규정에 의하여 보완을 요구하였음에도 불구하고 그 기간내에 보완을 하지 아니하는 경우	제9조(설립신고서의 보완요구 등) ①고용노동부장관, 특별시장·광역시장·도지사·특별자치도지사, 시장·군수 또는 자치구의 구청장(이하 "행정관청"이라 한다)은 법 제12조제2항에 따라 노동조합의 설립신고가 다음 각 호의 어느 하나에 해당하는 경우에는 보완을 요구하여야 한다. <개정 2007.11.30> 1. 설립신고서에 규약이 첨부되어 있지 아니하거나 설립신고서 또는 규약의 기재사항 중 누락 또는 허위사실이 있는 경우 2. 임원의 선거 또는 규약의 제정절차가 법 제16조제2항부터 제4항까지 또는 법	

노동조합 및 노동관계조정법	노동조합 및 노동관계조정법 시행령	노동조합 및 노동관계조정법 시행규칙
④노동조합이 신고증을 교부받은 경우에는 설립신고서가 접수된 때에 설립된 것으로 본다.	제23조제1항에 위반되는 경우 <개정 2007.11.30> ②노동조합이 설립신고증을 교부받은 후 법 제12조제3항제1호에 해당하는 설립신고서의 반려사유가 발생한 경우에는 행정관청은 30일의 기간을 정하여 시정을 요구하고 그 기간 내에 이를 이행하지 아니하는 경우에는 당해 노동조합에 대하여 이 법에 의한 노동조합으로 보지 아니함을 통보하여야 한다. ③행정관청은 노동조합에 설립신고증을 교부하거나 제2항의 규정에 의한 통보를 한 때에는 지체없이 그 사실을 관할 노동위원회와 당해 사업 또는 사업장의 사용자나 사용자단체에 통보하여야 한다.	
제13조(변경사항의 신고 등) ①노동조합은 제10조제1항의 규정에 의하여 설립신고된 사항 중 다음 각호의 1에 해당하는 사항에 변경이 있는 때에는 그 날부터 30일 이내에 행정관청에게 변경신고를 하여야 한다.	제10조(변경사항의 신고 등) ①노동조합은 법 제13조제1항의 규정에 의하여 변경신고를 하는 경우에는 그 변경신고서에 신고증을 첨부하여야 한다. ②노동조합은 법 제13조제1항제2호의 규정에 의하여 주된 사무소의 소재지변경을	제3조(변경사항의 신고) 법 제13조제1항의 규정에 의하여 변경신고를 하려는 자는 별지 제1호서식의 노동조합 설립신고사항 변경신고서에 다음 각호의 서류를 첨부하여 행정관청에게 제출하여야 한다. <개정 2010.8.9>

노동조합 및 노동관계조정법	노동조합 및 노동관계조정법 시행령	노동조합 및 노동관계조정법 시행규칙
1. 명칭 2. 주된 사무소의 소재지 3. 대표자의 성명 4. 소속된 연합단체의 명칭 ②노동조합은 매년 1월 31일까지 다음 각 호의 사항을 행정관청에게 통보하여야 한다. 다만, 제1항의 규정에 의하여 전년도에 변경신고된 사항은 그러하지 아니하다. 1. 전년도에 규약의 변경이 있는 경우에는 변경된 규약내용 2. 전년도에 임원의 변경이 있는 경우에는 변경된 임원의 성명 3. 전년도 12월 31일 현재의 조합원수(연합단체인 노동조합에 있어서는 구성단체별 조합원수)	신고하는 경우로서 그 주된 사무소의 소재지를 다른 행정관청의 관할구역으로 이전하는 경우에는 새로운 소재지를 관할하는 행정관청에게 변경신고를 하여야 한다. ③행정관청은 제1항의 규정에 의하여 변경신고서를 받은 때에는 3일 이내에 변경신고증을 교부하여야 한다. ④노동조합은 행정관청에 대하여 법 제13조제2항제3호의 조합원수를 통보함에 있어서 2이상의 사업 또는 사업장의 근로자로 구성된 단위노동조합의 경우에는 사업 또는 사업장별로 구분하여 통보하여야 한다.	1. 변경사항을 증명할 수 있는 총회 또는 대의원회의 회의록이나 규약 등의 서류 1부 2. 설립신고증(변경신고증을 교부받은 사실이 있는 경우에는 변경신고증을 말한다. 이하 같다) [제목개정 2010.8.9] **제4조(설립신고증의 재교부신청)** 노동조합 설립신고증이 못쓰게 되거나 이를 잃어버려 신고증을 재교부 받고자 하는 자는 별지 제3호서식의 노동조합 설립신고증 재교부신청서를 행정관청에게 제출하여야 한다. <개정 2012.12.27> **제5조(관할행정관청의 변경)** ①행정관청은 「노동조합 및 노동관계조정법 시행령」(이하 "영"이라 한다) 제10조제2항의 규정에 의하여 주된 사무소의 소재지 변경신고를 받아 변경신고증을 교부한 경우에는 그 사실을 구소재지를 관할하는 행정관청 및 노동위원회와 신소재지를 관할하는 노동

노동조합 및 노동관계조정법	노동조합 및 노동관계조정법 시행령	노동조합 및 노동관계조정법 시행규칙
		위원회에 지체없이 통보하여야 한다. <개정 2007.12.26> ②제1항의 규정에 의하여 통보를 받은 구 소재지를 관할하는 행정관청은 다음 각호의 서류를 신소재지를 관할하는 행정관청에게 지체없이 송부하여야 한다. 1. 노동조합 설립신고시에 제출된 서류(변경신고를 한 경우에는 변경신고시에 제출된 서류를 포함한다) 2. 노동단체카드 3. 단체협약서 4. 기타 당해 노동조합에 관련된 서류 **제6조(정기통보)** 법 제13조제2항의 규정에 의하여 노동조합의 대표자는 별지 제4호서식의 노동조합현황정기통보서에 변경된 규약(규약의 변경이 있는 경우에 한한다)을 첨부하여 행정관청에게 제출하여야 한다. **제7조(노동단체카드)** ①행정관청은 별지 제5호서식의 노동단체카드를 비치하고 노동조합이 법 및 영에 의한 신고·보고

노동조합 및 노동관계조정법	노동조합 및 노동관계조정법 시행령	노동조합 및 노동관계조정법 시행규칙
제3절 노동조합의 관리 **제14조(서류비치 등)** ①노동조합은 조합설립일부터 30일 이내에 다음 각호의 서류를 작성하여 그 주된 사무소에 비치하여야 한다. 1. 조합원 명부(연합단체인 노동조합에 있어서는 그 구성단체의 명칭) 2. 규약 3. 임원의 성명·주소록 4. 회의록 5. 재정에 관한 장부와 서류 ②제1항제4호 및 제5호의 서류는 3년간 보존하여야 한다.		또는 신청을 한 경우에는 그 카드에 필요한 사항을 기록·보관하여야 한다. <개정 2007.12.26> ②행정관청(고용노동부장관을 제외한다)은 매년 2월말까지 노동단체카드 사본을 고용노동부장관에게 제출하여야 한다. <개정 2010.7.12> **제8조(재정장부와 서류)** 법 제14조제1항제5호의 규정에 의한 재정에 관한 장부와 서류는 다음 각호와 같다.

노동조합 및 노동관계조정법	노동조합 및 노동관계조정법 시행령	노동조합 및 노동관계조정법 시행규칙
		1. 예산서 2. 결산서 3. 총수입원장 및 총지출원장 4. 수입 또는 지출결의서 5. 수입관계장부 및 증빙서 6. 지출관계장부 및 증빙서 7. 자체회계감사 관계서류
제15조(총회의 개최) ①노동조합은 매년 1회 이상 총회를 개최하여야 한다. ②노동조합의 대표자는 총회의 의장이 된다. **제16조(총회의 의결사항)** ①다음 각호의 사항은 총회의 의결을 거쳐야 한다. 1. 규약의 제정과 변경에 관한 사항 2. 임원의 선거와 해임에 관한 사항 3. 단체협약에 관한 사항 4. 예산·결산에 관한 사항 5. 기금의 설치·관리 또는 처분에 관한 사항 6. 연합단체의 설립·가입 또는 탈퇴에 관		

노동조합 및 노동관계조정법	노동조합 및 노동관계조정법 시행령	노동조합 및 노동관계조정법 시행규칙
한 사항 7. 합병·분할 또는 해산에 관한 사항 8. 조직형태의 변경에 관한 사항 9. 기타 중요한 사항 ②총회는 재적조합원 과반수의 출석과 출석조합원 과반수의 찬성으로 의결한다. 다만, 규약의 제정·변경, 임원의 해임, 합병·분할·해산 및 조직형태의 변경에 관한 사항은 재적조합원 과반수의 출석과 출석조합원 3분의 2 이상의 찬성이 있어야 한다. ③임원의 선거에 있어서 출석조합원 과반수의 찬성을 얻은 자가 없는 경우에는 제2항 본문의 규정에 불구하고 규약이 정하는 바에 따라 결선투표를 실시하여 다수의 찬성을 얻은 자를 임원으로 선출할 수 있다. ④규약의 제정·변경과 임원의 선거·해임에 관한 사항은 조합원의 직접·비밀·무기명투표에 의하여야 한다. 제17조(대의원회) ①노동조합은 규약으로		

노동조합 및 노동관계조정법	노동조합 및 노동관계조정법 시행령	노동조합 및 노동관계조정법 시행규칙
총회에 갈음할 대의원회를 둘 수 있다. ②대의원은 조합원의 직접·비밀·무기명투표에 의하여 선출되어야 한다. ③대의원의 임기는 규약으로 정하되 3년을 초과할 수 없다. ④대의원회를 둔 때에는 총회에 관한 규정은 대의원회에 이를 준용한다. 제18조(임시총회 등의 소집) ①노동조합의 대표자는 필요하다고 인정할 때에는 임시총회 또는 임시대의원회를 소집할 수 있다. ②노동조합의 대표자는 조합원 또는 대의원의 3분의 1 이상(연합단체인 노동조합에 있어서는 그 구성단체의 3분의 1 이상)이 회의에 부의할 사항을 제시하고 회의의 소집을 요구한 때에는 지체없이 임시총회 또는 임시대의원회를 소집하여야 한다. ③행정관청은 노동조합의 대표자가 제2항의 규정에 의한 회의의 소집을 고의로 기피하거나 이를 해태하여 조합원 또는 대	제11조(명령 등의 통보) ①행정관청은 다음 각호의 1에 해당하는 경우에는 그 사실을 당해 노동조합의 대표자에게 서면으로 통	제9조(총회의 소집권자 지명요구) 법 제18조 제3항 및 제4항의 규정에 의하여 임시총회 또는 임시대의원회 소집권자지명을

노동조합 및 노동관계조정법	노동조합 및 노동관계조정법 시행령	노동조합 및 노동관계조정법 시행규칙
의원의 3분의 1 이상이 소집권자의 지명을 요구한 때에는 15일 이내에 노동위원회의 의결을 요청하고 노동위원회의 의결이 있는 때에는 지체없이 회의의 소집권자를 지명하여야 한다. ④행정관청은 노동조합에 총회 또는 대의원회의 소집권자가 없는 경우에 조합원 또는 대의원의 3분의 1 이상이 회의에 부의할 사항을 제시하고 소집권자의 지명을 요구한 때에는 15일 이내에 회의의 소집권자를 지명하여야 한다. **제19조(소집의 절차)** 총회 또는 대의원회는 회의개최일 7일 전까지 그 회의에 부의할 사항을 공고하고 규약에 정한 방법에 의하여 소집하여야 한다. 다만, 노동조합이 동일한 사업장내의 근로자로 구성된 경우에는 그 규약으로 공고기간을 단축할 수 있다.	보하여야 한다. 1. 법 제18조제3항 및 제4항의 규정에 의하여 소집권자를 지명하는 경우 2. 법 제21조제1항 및 제2항의 규정에 의하여 노동조합의 규약 또는 결의·처분에 대하여 시정명령을 하는 경우 3. 법 제31조제3항의 규정에 의하여 위법한 단체협약에 대하여 시정명령을 하는 경우 4. 법 제36조제1항의 규정에 의하여 지역적 구속력을 결정하는 경우 ②행정관청은 제1항제3호 및 제4호의 경우에는 당해 사업 또는 사업장의 사용자나 사용자단체에도 이를 통보하여야 한다.	요구하고자 하는 자는 별지 제6호서식의 총회 또는 대의원회 소집권자 지명 요구서에 총회 또는 대의원회 소집권자 지명 요구자 명단을 첨부하여 행정관청에게 제출하여야 한다. <개정 2012.12.27>

노동조합 및 노동관계조정법	노동조합 및 노동관계조정법 시행령	노동조합 및 노동관계조정법 시행규칙
제20조(표결권의 특례) 노동조합이 특정 조합원에 관한 사항을 의결할 경우에는 그 조합원은 표결권이 없다. 제21조(규약 및 결의처분의 시정) ①행정관청은 노동조합의 규약이 노동관계법령에 위반한 경우에는 노동위원회의 의결을 얻어 그 시정을 명할 수 있다. ②행정관청은 노동조합의 결의 또는 처분이 노동관계법령 또는 규약에 위반된다고 인정할 경우에는 노동위원회의 의결을 얻어 그 시정을 명할 수 있다. 다만, 규약위반시의 시정명령은 이해관계인의 신청이 있는 경우에 한한다. ③제1항 또는 제2항의 규정에 의하여 시정명령을 받은 노동조합은 30일 이내에 이를 이행하여야 한다. 다만, 정당한 사유가 있는 경우에는 그 기간을 연장할 수 있다. 제22조(조합원의 권리와 의무) 노동조합의 조합원은 균등하게 그 노동조합의 모든		

노동조합 및 노동관계조정법	노동조합 및 노동관계조정법 시행령	노동조합 및 노동관계조정법 시행규칙
문제에 참여할 권리와 의무를 가진다. 다만, 노동조합은 그 규약으로 조합비를 납부하지 아니하는 조합원의 권리를 제한할 수 있다. **제23조(임원의 선거 등)** ①노동조합의 임원은 그 조합원중에서 선출되어야 한다. ②임원의 임기는 규약으로 정하되 3년을 초과할 수 없다. **제24조(노동조합의 전임자)** ①근로자는 단체협약으로 정하거나 사용자의 동의가 있는 경우에는 근로계약 소정의 근로를 제공하지 아니하고 노동조합의 업무에만 종사할 수 있다. ②제1항의 규정에 의하여 노동조합의 업무에만 종사하는 자(이하 "전임자"라 한다)는 그 전임기간동안 사용자로부터 어떠한 급여도 지급받아서는 아니된다. ③사용자는 전임자의 정당한 노동조합 활동을 제한하여서는 아니 된다. <신설 2010.1.1>		

노동조합 및 노동관계조정법	노동조합 및 노동관계조정법 시행령	노동조합 및 노동관계조정법 시행규칙
④제2항에도 불구하고 단체협약으로 정하거나 사용자가 동의하는 경우에는 사업 또는 사업장별로 조합원 수 등을 고려하여 제24조의2에 따라 결정된 근로시간 면제 한도(이하 "근로시간 면제 한도"라 한다)를 초과하지 아니하는 범위에서 근로자는 임금의 손실 없이 사용자와의 협의·교섭, 고충처리, 산업안전 활동 등 이 법 또는 다른 법률에서 정하는 업무와 건전한 노사관계 발전을 위한 노동조합의 유지·관리업무를 할 수 있다. <신설 2010.1.1> ⑤노동조합은 제2항과 제4항을 위반하는 급여 지급을 요구하고 이를 관철할 목적으로 쟁의행위를 하여서는 아니 된다. <신설 2010.1.1>		
제24조의2(근로시간면제심의위원회) ①근로시간 면제 한도를 정하기 위하여 근로시간면제심의위원회(이하 이 조에서 "위원회"라 한다)를 고용노동부에 둔다. <개정 2010.6.4> ②근로시간 면제 한도는 위원회가 심의의	제11조의2(근로시간 면제 한도) 법 제24조의2제1항에 따른 근로시간면제심의위원회(이하 "위원회"라 한다)는 같은 조 제2항에 따른 근로시간 면제 한도를 정할 때 법 제24조제4항에 따라 사업 또는 사업장의 전체 조합원 수와 해당 업무의 범위등	

노동조합 및 노동관계조정법	노동조합 및 노동관계조정법 시행령	노동조합 및 노동관계조정법 시행규칙
결한 바에 따라 고용노동부장관이 고시하되, 3년마다 그 적정성 여부를 재심의하여 결정할 수 있다. <개정 2010.6.4> ③위원회는 노동계와 경영계가 추천하는 위원 각 5명, 정부가 추천하는 공익위원 5명으로 구성된다. ④위원장은 공익위원 중에서 위원회가 선출한다. ⑤위원회는 재적위원 과반수의 출석과 출석위원 과반수의 찬성으로 의결한다. ⑥위원의 자격, 위촉과 위원회의 운영 등에 필요한 사항은 대통령령으로 정한다. [본조신설 2010.1.1]	을 고려하여 시간과 이를 사용할 수 있는 인원으로 정할 수 있다. [본조신설 2010.2.12] 제11조의3(위원회 위원의 위촉) ①위원회의 위원은 고용노동부장관이 위촉한다. <개정 2010.7.12> ②위원회의 위원 중 법 제24조의2제3항에 따라 노동계가 추천하여 위촉되는 위원은 전국적 규모의 노동단체가 추천하는 사람 중에서 위촉하고, 경영계가 추천하여 위촉되는 위원은 전국적 규모의 경영자 단체가 추천하는 사람 중에서 위촉한다. [본조신설 2010.2.12] 제11조의4(위원회 위원의 자격기준) ①제11조의3제2항에 따른 단체에서 위원회의 위원으로 추천받을 수 있는 사람의 자격기준은 다음 각 호와 같다. 1. 해당 단체의 전직·현직 임원 2. 노동문제 관련 전문가 ②위원회의 위원 중 법 제24조의2제3항에	

노동조합 및 노동관계조정법	노동조합 및 노동관계조정법 시행령	노동조합 및 노동관계조정법 시행규칙
	따라 공익위원으로 추천받을 수 있는 사람의 자격기준은 다음 각 호와 같다. 1. 노동 관련 학문을 전공한 자로서 「고등교육법」 제2조제1호·제2호·제5호에 따른 학교나 공인된 연구기관에서 같은 법 제14조제2항에 따른 교원 또는 연구원으로 5년이상 근무한 경력이 있는 사람 2. 3급 또는 3급 상당 이상의 공무원으로 있었던 자로서 노동문제에 관하여 학식과 경험이 풍부한 사람 3. 그 밖에 제1호 및 제2호에 해당하는 학식과 경험이 있다고 인정되는 사람 [본조신설 2010.2.12] **제11조의5(위원회 위원의 임기)** ①위원회의 위원의 임기는 2년으로 한다. ②위원회의 위원이 궐위된 경우에 보궐위원이 임기는 전임자 임기의 남은 기간으로 한다 ③위원회의 위원은 임기가 끝나더라도 후임자가 위촉될 때까지 계속하여 그 직무를 수행한다	

노동조합 및 노동관계조정법	노동조합 및 노동관계조정법 시행령	노동조합 및 노동관계조정법 시행규칙
	[본조신설 2010.2.12] **제11조의6(위원회의 운영)** ①위원회는 고용노동부장관으로부터 근로시간 면제 한도를 정하기 위한 심의 요청을 받은 때에는 그 심의 요청을 받은 날부터 60일 이내에 심의·의결하여야 한다. <개정 2010.7.12> ②위원회의 사무를 처리하기 위하여 위원회에 고용노동부의 위원회 관련 업무 소관부서의 4급 이상 공무원 중에서 간사 1명을 둔다. <개정 2010.7.12> ③위원회의 위원에 대해서는 예산의 범위에서 그 직무 수행을 위하여 필요한 수당과 여비를 지급 할 수 있다. ④위원회의 위원장은 필요한 경우에 고용노동부 및 관계 행정기관 공무원 중 위원회 관련 업무를 수행하는 공무원으로 하여금 위원회의 회의에 출석하여 발언하게 할 수 있다. <개정 2010.7.12> ⑤위원회에 근로시간 면제 제도에 관한 전문적인 조사연구업무를 수행하기 위하여 전문위원을 둘 수 있다.	

노동조합 및 노동관계조정법	노동조합 및 노동관계조정법 시행령	노동조합 및 노동관계조정법 시행규칙
	⑥이 영에서 규정한 사항 외에 위원회의 운영에 필요한 사항은 위원회의 의견을 들어 고용노동부 장관이 정한다. <개정 2010.7.12> [본조신설 2010.2.12]	
제25조(회계감사) ①노동조합의 대표자는 그 회계감사원으로 하여금 6월에 1회 이상 당해 노동조합의 모든 재원 및 용도, 주요한 기부자의 성명, 현재의 경리 상황 등에 대한 회계감사를 실시하게 하고 그 내용과 감사결과를 전체 조합원에게 공개하여야 한다. ②노동조합의 회계감사원은 필요하다고 인정할 경우에는 당해 노동조합의 회계감사를 실시하고 그 결과를 공개할 수 있다. **제26조(운영상황의 공개)** 노동조합의 대표자는 회계연도마다 결산결과와 운영상황을 공표하여야 하며 조합원의 요구가 있을 때에는 이를 열람하게 하여야 한다.		

노동조합 및 노동관계조정법	노동조합 및 노동관계조정법 시행령	노동조합 및 노동관계조정법 시행규칙
제27조(자료의 제출) 노동조합은 행정관청이 요구하는 경우에는 결산결과와 운영상황을 보고하여야 한다.	제12조(자료제출의 요구) 행정관청은 법 제27조의 규정에 의하여 노동조합으로부터 결산결과 또는 운영상황의 보고를 받고자 하는 경우에는 그 사유와 기타 필요한 사항을 기재한 서면으로 10일 이전에 요구하여야 한다.	
제4절 노동조합의 해산		
제28조(해산사유) ①노동조합은 다음 각호의 1에 해당하는 경우에는 해산한다. 1. 규약에서 정한 해산사유가 발생한 경우 2. 합병 또는 분할로 소멸한 경우 3. 총회 또는 대의원회의 해산결의가 있는 경우 4. 노동조합의 임원이 없고 노동조합으로서의 활동을 1년 이상 하지 아니한 것으로 인정되는 경우로서 행정관청이 노동위원회의 의결을 얻은 경우 ②제1항제1호 내지 제3호의 사유로 노동조합이 해산한 때에는 그 대표자는 해산	제13조(노동위원회의 해산의결 등) ①법 제28조제1항제4호에서 "노동조합으로서의 활동을 1년 이상 하지 아니한 것으로 인정되는 경우"라 함은 계속하여 1년이상 조합원으로부터 조합비를 징수한 사실이 없거나 총회 또는 대의원회를 개최한 사실	제10조(해산신고) 법 제28조제2항의 규정에 의하여 노동조합의 해산신고를 하고자 하

노동조합 및 노동관계조정법	노동조합 및 노동관계조정법 시행령	노동조합 및 노동관계조정법 시행규칙
한 날부터 15일 이내에 행정관청에게 이를 신고하여야 한다.	이 없는 경우를 말한다. ②법 제28조제1항제4호의 규정에 의한 노동조합의 해산사유가 있는 경우에는 행정관청이 관할노동위원회의 의결을 얻은 때에 해산된 것으로 본다. ③노동위원회는 제2항의 규정에 의한 의결을 함에 있어서 법 제28조제1항제4호의 규정에 의한 해산사유 발생일 이후의 당해 노동조합의 활동을 고려하여서는 아니된다. ④행정관청은 법 제28조제1항제4호의 규정에 의한 노동위원회의 의결이 있거나 동조 제2항의 규정에 의한 해산신고를 받은 때에는 지체없이 그 사실을 관할노동위원회(법 제28조제2항의 규정에 의한 해산신고를 받은 경우에 한한다)와 당해 사업 또는 사업장의 사용자나 사용자단체에 통보하여야 한다.	는 자는 별지 제7호서식의 노동조합해산신고서에 회의록을 첨부하여 행정관청에게 제출하여야 한다.
제3장 단체교섭 및 단체협약 **제29조(교섭 및 체결권한)** ①노동조합의 대		

노동조합 및 노동관계조정법	노동조합 및 노동관계조정법 시행령	노동조합 및 노동관계조정법 시행규칙
표자는 그 노동조합 또는 조합원을 위하여 사용자나 사용자단체와 교섭하고 단체협약을 체결할 권한을 가진다. ②제29조의2에 따라 결정된 교섭대표노동조합(이하 "교섭대표노동조합"이라 한다)의 대표자는 교섭을 요구한 모든 노동조합 또는 조합원을 위하여 사용자와 교섭하고 단체협약을 체결할 권한을 가진다. <개정 2010.1.1> ③노동조합과 사용자 또는 사용자단체로부터 교섭 또는 단체협약의 체결에 관한 권한을 위임받은 자는 그 노동조합과 사용자 또는 사용자단체를 위하여 위임받은 범위안에서 그 권한을 행사할 수 있다. <개정 2010.1.1> ④노동조합과 사용자 또는 사용자단체는 제3항에 따라 교섭 또는 단체협약의 체결에 관한 권한을 위임한 때에는 그 사실을 상대방에게 통보하여야 한다. <개정 2010.1.1>	제14조(교섭권한 등의 위임통보) ①노동조합과 사용자 또는 사용자단체(이하 "노동관계당사자"라 한다)는 법 제29조제3항에 따라 교섭 또는 단체협약의 체결에 관한 권한을 위임하는 경우에는 교섭사항과 권한범위를 정하여 위임하여야 한다. <개정 2010.2.12> ②노동관계당사자는 법 제29조제4항에 따라 상대방에게 위임사실을 통보하는 경우에 다음 각호의 사항을 포함하여 통보하여야 한다. <개정 2010.2.12> 1. 위임을 받은 자의 성명(위임을 받은 자가 단체인 경우에는 그 명칭 및 대표자	

노동조합 및 노동관계조정법	노동조합 및 노동관계조정법 시행령	노동조합 및 노동관계조정법 시행규칙
	의 성명) 2. 교섭사항과 권한범위 등 위임의 내용	
제29조의2(교섭창구 단일화 절차) ①하나의 사업 또는 사업장에서 조직형태에 관계없이 근로자가 설립하거나 가입한 노동조합이 2개 이상인 경우 노동조합은 교섭대표노동조합(2개 이상의 노동조합 조합원을 구성원으로 하는 교섭대표기구를 포함한다. 이하 같다)을 정하여 교섭을 요구하여야 한다. 다만, 제2항에 따라 교섭대표노동조합을 자율적으로 결정하는 기한 내에 사용자가 이 조에서 정하는 교섭창구 단일화 절차를 거치지 아니하기로 동의한 경우에는 그러하지 아니하다. ②교섭대표노동조합 결정 절차(이하 "교섭창구 단일화 절차"라 한다)에 참여한 모든 노동조합은 대통령령으로 정하는 기한 내에 자율적으로 교섭대표노동조합을 정한다. ③제2항에 따른 기한내에 교섭대표노동조합을 정하지 못하고 제1항 단서에 따른	제14조의2(노동조합의 교섭 요구 시기 및 방법) ①노동조합은 해당 사업 또는 사업장에 단체협약이 있는 경우에는 법 제29조제1항 또는 제29조의2제1항에 따라 그 유효기간 만료일 이전 3개월이 되는 날부터 사용자에게 교섭을 요구할 수 있다. 다만, 단체협약이 2개 이상 있는 경우에는 먼저 도래하는 단체협약의 유효기간 만료일 이전 3개월이 되는 날부터 사용자에게 교섭을 요구할 수 있다. ②노동조합은 제1항에 따라 사용자에게 교섭을 요구하는 때에는 노동조합의 명칭, 그 교섭을 요구한 날 현재의 조합원 수 등 고용노동부령으로 정하는 사항을 적은 서면으로 하여야 한다. <개정 2010.7.12> [본조신설 2010.2.12]	제10조의2(교섭의 요구) 영 제14조의2제2항에서 "노동조합의 명칭, 그 교섭을 요구한 날 현재의 조합원 수 등 고용노동부령으로 정하는 사항"이란 다음 각 호의 사항을 말한다. 1. 노동조합의 명칭과 대표자의 성명 2. 사무소가 있는 경우에는 주된 사무소의 소재지 3. 교섭을 요구한 날 현재의 조합원(법 제29

노동조합 및 노동관계조정법	노동조합 및 노동관계조정법 시행령	노동조합 및 노동관계조정법 시행규칙
사용자의 동의를 얻지 못한 경우에는 교섭창구 단일화 절차에 참여한 노동조합의 전체 조합원 과반수로 조직된 노동조합(2개 이상의 노동조합이 위임 또는 연합 등의 방법으로 교섭창구 단일화 절차에 참여한 노동조합 전체 조합원의 과반수가 되는 경우를 포함한다)이 교섭대표노동조합이 된다. ④제2항과 제3항에 따라 교섭대표노동조합을 결정하지 못한 경우에는 교섭창구 단일화 절차에 참여한 모든 노동조합은 공동으로 교섭대표단(이하 이 조에서 "공동교섭대표단"이라 한다)을 구성하여 사용자와 교섭하여야 한다. 이 때 공동교섭대표단에 참여할 수 있는 노동조합은 그 조합원 수가 교섭창구 단일화 절차에 참여한 노동조합의 전체 조합원 100분의 10 이상인 노동조합으로 한다. ⑤제4항에 따른 공동교섭대표단의 구성에 합의하지 못할 경우에 노동위원회는 해당 노동조합의 신청에 따라 조합원 비율을 고려하여 이를 결정할 수 있다.	제14조의3(노동조합 교섭요구 사실의 공고) ①사용자는 노동조합으로부터 제14조의2에 따라 교섭 요구를 받은 때에는 그 요구를 받은 날부터 7일간 그 교섭을 요구한 노동조합의 명칭 등 고용노동부령으로 정하는 사항을 해당 사업 또는 사업장의 게시판 등에 공고하여 다른 노동조합과 근로자가 알 수 있도록 하여야 한다. <개정 2010.7.12> ②노동조합은 사용자가 제1항에 따른 교섭요구 사실의 공고를 하지 아니하거나 다르게 공고하는 경우에는 고용노동부령으로 정하는 바에 따라 노동위원회에 시정을 요청할 수 있다. <개정 2010.7.12> ③노동위원회는 제2항에 따라 시정 요청을 받은 때에는 그 요청을 받은 날부터 10일 이내에 그에 대한 결정을 하여야	조의2에 따른 교섭대표노동조합 결정 절차에 참여한 노동조합에 소속된 조합원을 말한다)의 수 [본조신설 2010.8.9] 제10조의3(교섭요구 사실의 공고 및 시정 요청) ①영 제14조의3제1항에서 "그 교섭을 요구한 노동조합의 명칭 등 고용노동부령으로 정하는 사항"이란 다음 각 호의 사항을 말한다. 1. 영 제14조의2에 따라 교섭을 요구한 노동조합의 명칭과 대표자의 성명 2. 교섭을 요구한 일자 3. 교섭을 하려는 다른 노동조합이 교섭을 요구할 수 있는 기한 ②영 제14조의3제2항에 따라 노동위원회에 시정을 요청하려는 노동조합은 별지 제7호의2서식의 교섭요구 사실의 공고에 대한 시정신청서에 다음 각 호의 자료를 첨부하여 관할 노동위원회에 제출하여야 한다. 1. 영 제14조의2에 따라 사용자에게 교섭을 요구한 서면 사본

노동조합 및 노동관계조정법	노동조합 및 노동관계조정법 시행령	노동조합 및 노동관계조정법 시행규칙
⑥제1항부터 제4항까지의 규정에 따른 교섭대표노동조합을 결정함에 있어 교섭요구 사실, 조합원 수 등에 대한 이의가 있는 때에는 노동위원회는 대통령령으로 정하는 바에 따라 노동조합의 신청을 받아 그 이의에 대한 결정을 할 수 있다. ⑦제5항 및 제6항에 따른 노동위원회의 결정에 대한 불복절차 및 효력은 제69조와 제70조제2항을 준용한다. ⑧노동조합의 교섭요구참여 방법, 교섭대표노동조합 결정을 위한 조합원 수 산정기준 등 교섭창구 단일화 절차와 교섭비용 증가 방지 등에 관하여 필요한 사항은 대통령령으로 정한다. [본조신설 2010.1.1]	한다. [본조신설 2010.2.12] **제14조의4(다른 노동조합의 교섭 요구 시기 및 방법)** 제14조의2에 따라 사용자에게 교섭을 요구한 노동조합이 있는 경우에 사용자와 교섭하려는 다른 노동조합은 제14조의3제1항에 따른 공고기간 내에 제14조의2제2항에 따른 사항을 적은 서면으로 사용자에게 교섭을 요구하여야 한다. [본조신설 2010.2.12] **제14조의5(교섭 요구 노동조합의 확정)** ①사용자는 제14조의3제1항에 따른 공고기간이 끝난 다음 날에 제14조의2 및 제14조의4에 따라 교섭을 요구한 노동조합을 확정하여 통지하고, 그 교섭을 요구한 노동조합의 명칭, 그 교섭을 요구한 날 현재의 조합원 수 등 고용노동부령으로 정하는 사항을 5일간 공고하여야 한다. <개정 2010.7.12> ②제14조의2 및 제14조의4에 따라 교섭을	2. 사용자가 해당 노동조합이 신청한 내용과 다르게 공고하였다는 사실을 증명할 수 있는 자료 [본조신설 2010.8.9] **제10조의4(교섭요구 노동조합의 확정공고 등)** ①영 제14조의5제1항에서 "그 교섭을 요구한 노동조합의 명칭, 그 교섭을 요구한 날 현재의 조합원 수 등 고용노동부령으로 정하는 사항"이란 다음 각 호의 사항을 말한다. 1. 영 제14조의2 및 제14조의4에 따라 교섭을 요구한 노동조합의 명칭과 대표자의 성명 2. 영 제14조의2 및 제14조의4에 따라 교섭

노동조합 및 노동관계조정법	노동조합 및 노동관계조정법 시행령	노동조합 및 노동관계조정법 시행규칙
	요구한 노동조합은 제1항에 따른 노동조합의 공고 내용이 자신이 제출한 내용과 다르게 공고되거나 공고되지 아니한 것으로 판단되는 경우에는 제1항에 따른 공고기간 중에 사용자에게 이의를 신청할 수 있다. ③사용자는 제2항에 따른 이의 신청의 내용이 타당하다고 인정되는 경우 신청한 내용대로 제1항에 따른 공고기간이 끝난 날부터 5일간 공고하고 그 이의를 제기한 노동조합에 통지하여야 한다. ④사용자가 제2항에 따른 이의 신청에 대하여 다음 각 호의 구분에 따른 조치를 한 경우에는 해당 노동조합은 해당 호에서 정한 날부터 5일 이내에 고용노동부령으로 정하는 바에 따라 노동위원회에 시정을 요청할 수 있다. <개정 2010.7.12> 1. 사용자가 제3항에 따른 공고를 하지 아니한 경우: 제1항에 따른 공고기간이 끝난 다음날 2. 사용자가 해당 노동조합이 신청한 내용과 다르게 제3항에 따른 공고를 한	을 요구한 일자 3. 교섭을 요구한 날 현재의 조합원(법 제29조의2에 따른 교섭대표노동조합 결정 절차에 참여한 노동조합에 소속된 조합원을 말한다)의 수 4. 공고 내용이 노동조합이 제출한 내용과 다르게 공고되거나 공고되지 아니한 경우에는 공고기간 중에 사용자에게 이의를 신청할 수 있다는 사실 ②영 제14조의5제4항에 따라 노동위원회에 시정을 신청하려는 노동조합은 별지 제7호의3서식의 교섭요구 노동조합 확정공고 이의신청 사실의 공고에 대한 시정신청서에 다음 각 호의 자료를 첨부하여 관할 노동위원회에 제출하여야 한다. 1. 영 제14조의5제2항에 따라 사용자에게 이의를 신청한 서류 사본 2. 사용자가 해당 노동조합이 신청한 내용과 다르게 공고하였다는 사실을 증명할 수 있는 자료 [본조신설 2010.8.9]

노동조합 및 노동관계조정법	노동조합 및 노동관계조정법 시행령	노동조합 및 노동관계조정법 시행규칙
	경우: 제3항에 따른 공고기간이 끝난 날 ⑤노동위원회는 제4항에 따른 시정 요청을 받은 때에는 그 요청을 받은 날부터 10일 이내에 그에 대한 결정을 하여야 한다. [본조신설 2010.2.12] 제14조의6(자율적 교섭대표노동조합의 결정 등) ①제14조의5에 따라 교섭을 요구한 노동조합으로 확정 또는 결정된 노동조합은 법 제29조의2제2항에 따라 자율적으로 교섭대표노동조합을 정하려는 경우에는 제14조의5에 따라 확정 또는 결정된 날부터 14일이 되는 날을 기한으로 하여 그 교섭대표노동조합의 대표자, 교섭위원 등을 연명으로 서명 또는 날인하여 사용자에게 통지하여야 한다. ②사용자에게 제1항에 따른 교섭대표노동조합의 통지가 있은 이후에는 그 교섭대표노동조합의 결정 절차에 참여한 노동조합 중 일부 노동조합이 그 이후의 절차에 참여하지 않더라도 법 제29조제2항에 따	

노동조합 및 노동관계조정법	노동조합 및 노동관계조정법 시행령	노동조합 및 노동관계조정법 시행규칙
	른 교섭대표노동조합의 지위는 유지된다. [본조신설 2010.2.12]	

	제14조의7(과반수 노동조합의 교섭대표노동조합 확정 등) ①법 제29조의2제2항 및 이 영 제14조의6에 따른 교섭대표노동조합이 결정되지 못한 경우에는, 법 제29조의2제2항에 따른 교섭창구 단일화 절차(이하 "교섭창구 단일화 절차"라 한다)에 참여한 모든 노동조합의 전체 조합원 과반수로 조직된 노동조합(2개 이상의 노동조합이 위임 또는 연합 등의 방법으로 교섭창구 단일화 절차에 참여하는 노동조합 전체 조합원의 과반수가 되는 경우를 포함한다. 이하 "과반수 노동조합"이라 한다)은 제14조의6제1항에 따른 기한이 만료된 날부터 5일 이내에 사용자에게 노동조합의 명칭, 대표자 및 과반수 노동조합이라는 사실 등을 통지하여야 한다.
	②사용자가 제1항에 따라 과반수 노동조합임을 통지받은 때에는 그 통지를 받은 날부터 5일간 그 내용을 공고하여 다른
		제10조의5(과반수 노동조합에 대한 이의신청) ①영 제14조의7제3항에 따라 노동위원회에 이의신청을 하려는 노동조합은 별지 제7호의4서식의 과반수 노동조합에 대한 이의신청서에 과반수 노동조합에 대한 이의신청 내용을 증명할 수 있는 자료를 첨부하여 관할 노동위원회에 제출하여야 한다.
		②영 제14조의7제4항에서 "조합원 명부(조합원의 서명 또는 날인이 있는 것으로 한정한다) 등 고용노동부령으로 정하는 서류"란 다음 각 호의 구분에 따른 서류를 말한다.
		1. 노동조합에게 제출 요구하는 서류
		  가. 조합원 명부(조합원 서명 또는 날인이 있는 것으로 한정한다) 또는 노동조합 가입원서
		  나. 조합비 납부 증명서
		  다. 노동조합 규약 사본
		  라. 단체협약이 있는 경우에는 단체협약

노동조합 및 노동관계조정법	노동조합 및 노동관계조정법 시행령	노동조합 및 노동관계조정법 시행규칙
	노동조합과 근로자가 알 수 있도록 하여야 한다. ③제2항에 따라 공고된 과반수 노동조합에 대하여 그 과반수 여부에 대한 이의를 제기하려는 노동조합은 제2항에 따른 공고기간 내에 고용노동부령으로 정하는 바에 따라 노동위원회에 이의 신청을 하여야 하며, 이의 신청이 없는 경우에는 그 과반수 노동조합이 교섭대표노동조합으로 확정된다. <개정 2010.7.12> ④노동위원회는 제3항에 따른 이의 신청을 받은 때에는 교섭창구 단일화 절차에 참여한 모든 노동조합과 사용자에게 통지하고, 조합원 명부(조합원의 서명 또는 날인이 있는 것으로 한정한다) 등 고용노동부령으로 정하는 서류를 제출하게 하거나 출석하게 하는 등의 방법으로 조합원 수에 대하여 조사·확인하여야 한다. <개정 2010.7.12> ⑤제4항에 따라 조합원 수를 확인하는 경우의 기준일은 제14조의5제1항에 따라 교섭을 요구한 노동조합의 명칭 등을 공고	사본 마. 그 밖에 해당 노동조합의 조합원임을 증명할 수 있는 서류 2. 사용자에게 제출 요구하는 서류 가. 근로자 명부 나. 조합비를 임금에서 공제하는 경우에 공제대상 근로자 명단과 해당 노동조합의 명칭 다. 단체협약이 있는 경우에는 단체협약 사본 라. 그 밖에 해당 교섭단위에 소속된 근로자임을 증명할 수 있는 서류 [본조신설 2010.8.9] 제10조의6(서류 제출 요구 등 조사에 따르지 아니한 경우의 처리 기준) ①노동위원회는 영 제14조의7제3항에 따라 이의를 신청한 노동조합이 서류 제출 등 필요한 조사에 따르고 그 노동조합 외에 교섭창구 단일화 절차에 참여한 다른 노동조합이 서류 제출 등 필요한 조사에 따르지 아니한 경우에는 제출된 자료를 기준으로

노동조합 및 노동관계조정법	노동조합 및 노동관계조정법 시행령	노동조합 및 노동관계조정법 시행규칙
	한 날로 한다. ⑥노동위원회는 제4항에 따라 조합원 수를 확인하는 경우 2개 이상의 노동조합에 가입한 조합원에 대해서는 그 조합원 1명별로 다음 각 호의 구분에 따른 방법으로 조합원 수를 산정한다. 1. 조합비를 납부하는 노동조합이 1개인 경우: 조합비를 납부하는 노동조합의 조합원 수에 숫자 1을 더할 것 2. 조합비를 납부하는 노동조합이 2개 이상인 경우: 숫자 1을 조합비를 납부하는 노동조합의 수로 나눈 후에 그 산출된 숫자를 그 조합비를 납부하는 노동조합의 조합원 수에 각각 더할 것 3. 조합비를 납부하는 노동조합이 하나도 없는 경우: 숫자 1을 조합원이 가입한 노동조합의 수로 나눈 후에 그 산출된 숫자를 그 가입한 노동조합의 조합원 수에 각각 더할 것 ⑦노동위원회는 노동조합 또는 사용자가 제4항에 따른 서류 제출 요구 등 필요한 조사에 따르지 아니한 경우에 고용노동부	조합원 수를 계산하여 확인하여야 한다. ②노동위원회는 영 제14조의7제3항에 따라 이의를 신청한 노동조합이 서류 제출 요구 등 필요한 조사에 따르지 아니한 경우에는 영 제14조의7제1항에 따라 과반수 노동조합임을 통보한 노동조합을 교섭대표조합으로 결정하여야 한다. [본조신설 2010.8.9]

노동조합 및 노동관계조정법	노동조합 및 노동관계조정법 시행령	노동조합 및 노동관계조정법 시행규칙
	령으로 정하는 기준에 따라 조합원 수를 계산하여 확인한다. <개정 2010.7.12> ⑧노동위원회는 제4항부터 제7항까지의 규정에 따라 조사·확인한 결과 과반수 노동조합이 있다고 인정하는 경우에는 그 이의 신청을 받은 날부터 10일 이내에 그 과반수 노동조합을 교섭대표노동조합으로 결정하여 교섭창구 단일화 절차에 참여한 모든 노동조합과 사용자에게 통지하여야 한다. 다만, 그 기간 이내에 조합원 수를 확인하기 어려운 경우에는 한 차례에 한정하여 10일의 범위에서 그 기간을 연장할 수 있다. [본조신설 2010.2.12] **제14조의8(자율적 공동교섭대표단 구성 및 통지)** ①법 제29조의2제2항 및 제3항에 따라 교섭대표노동조합이 결정되지 못한 경우에, 같은 조 제4항에 따라 공동교섭대표단에 참여할 수 있는 노동조합은 사용자와 교섭하기 위하여 다음 각 호의 구분에 따른 기간 이내에 공동교섭대표단의	

노동조합 및 노동관계조정법	노동조합 및 노동관계조정법 시행령	노동조합 및 노동관계조정법 시행규칙
	대표자, 교섭위원 등 공동교섭대표단을 구성하여 연명으로 서명 또는 날인하여 사용자에게 통지하여야 한다. 1. 과반수 노동조합이 없어서 제14조의7 제1항에 따른 통지 및 같은 조 제2항에 따른 공고가 없는 경우: 제14조의6제1항에 따른 기한이 만료된 날부터 10일간 2. 제14조의7제8항에 따라 과반수 노동조합이 없다고 노동위원회가 결정하는 경우: 제14조의7제8항에 따른 노동위원회 결정의 통지가 있은 날부터 5일간 ② 사용자에게 제1항에 따라 공동교섭대표단의 통지가 있은 이후에는 그 공동교섭대표단 결정 절차에 참여한 노동조합 중 일부 노동조합이 그 이후의 절차에 참여하지 않더라도 법 제29조제2항에 따른 교섭대표노동조합의 지위는 유지된다. [본조신설 2010.2.12] **제14조의9(노동위원회 결정에 의한 공동교섭대표단의 구성)** ① 법 제29조의2제4항 및 이 영 제14조의8제1항에 따른 공동교	**제10조의7(공동교섭대표단 구성 결정신청 등)** ① 영 제14조의9제1항에 따라 공동교섭대표단 구성에 관한 결정을 신청하려는

노동조합 및 노동관계조정법	노동조합 및 노동관계조정법 시행령	노동조합 및 노동관계조정법 시행규칙
	섭대표단의 구성에 합의하지 못한 경우에 공동교섭대표단 구성에 참여할 수 있는 노동조합의 일부 또는 전부는 노동위원회에 법 제29조의2제5항에 따라 공동교섭대표단 구성에 관한 결정 신청을 하여야 한다. ②노동위원회는 제1항에 따른 공동교섭대표단 구성에 관한 결정 신청을 받은 때에는 그 신청을 받은 날부터 10일 이내에 총 10명 이내에서 각 노동조합의 조합원 수에 따른 비율을 고려하여 노동조합별 공동교섭대표단에 참여하는 인원 수를 결정하여 그 노동조합과 사용자에게 통지하여야 한다. 다만, 그 기간 이내에 결정하기 어려운 경우에는 한 차례에 한정하여 10일의 범위에서 그 기간을 연장할 수 있다. ③제2항에 따른 공동교섭대표단 결정은 공동교섭대표단에 참여할 수 있는 모든 노동조합이 제출한 조합원 수에 따른 비율을 기준으로 하며, 조합원 수 및 비율에 대하여 그 노동조합 중 일부 또는 전	노동조합은 별지 제7호의5서식의 공동교섭대표단 구성 결정 신청서에 해당 노동조합이 교섭창구 단일화 절차에 참여한 노동조합 전체 조합원의 100분의 10 이상인 노동조합인 사실을 증명할 수 있는 자료를 첨부하여 관할 노동위원회에 제출하여야 한다. ②영 제14조의9제3항에 따라 공동교섭대표단 구성과 관련한 조합원 수 및 비율에 대하여 이의를 제기하려는 노동조합은 별지 제7호의6서식의 공동교섭대표단 구성 결정에 대한 이의신청서에 조합원 수 및 비율에 대한 이의신청 내용을 증명할 수 있는 자료를 첨부하여 관할 노동위원회에 제출하여야 한다. [본조신설 2010.8.9]

노동조합 및 노동관계조정법	노동조합 및 노동관계조정법 시행령	노동조합 및 노동관계조정법 시행규칙
	부가 이의를 제기하는 경우에는 제14조의7제4항부터 제7항까지의 규정을 준용한다. ④공동교섭대표단 구성에 참여하는 노동조합은 사용자와 교섭하기 위하여 제2항에 따라 노동위원회가 결정한 인원 수에 해당하는 교섭위원을 각각 선정하여 사용자에게 통지하여야 한다. ⑤제4항에 따라 공동교섭대표단을 구성할 때에 그 공동교섭대표단의 대표자는 공동교섭대표단에 참여하는 노동조합이 합의하여 정한다. 다만, 합의가 되지 않을 경우에는 조합원 수가 가장 많은 노동조합의 대표자로 한다. [본조신설 2010.2.12] **제14조10(교섭대표노동조합의 지위 유지기간 등)** ①법 제29조의2제2항부터 제5항까지의 규정에 따라 결정된 교섭대표노동조합은 그 결정된 때부터 다음 각 호의 구분에 따른 날까지 그 교섭대표노동조합의 지위를 유지하되, 새로운 교섭대표노동조합이 결정된 경우에는 그 결정된 때	

노동조합 및 노동관계조정법	노동조합 및 노동관계조정법 시행령	노동조합 및 노동관계조정법 시행규칙
	까지 교섭대표노동조합의 지위를 유지한다. 1. 교섭대표노동조합으로 결정된 후 사용자와 체결한 첫 번째 단체협약의 유효기간이 2년인 경우: 그 단체협약의 유효기간이 만료되는 날 2. 교섭대표노동조합으로 결정된 후 사용자와 체결한 첫 번째 단체협약의 유효기간이 2년 미만인 경우: 그 단체협약의 효력이 발생한 날을 기준으로 2년이 되는 날 ②제1항에 따른 교섭대표노동조합의 지위 유지기간이 만료되었음에도 불구하고 새로운 교섭대표노동조합이 결정되지 못할 경우 기존 교섭대표노동조합은 새로운 교섭대표노동조합이 결정될 때까지 기존 단체협약의 이행과 관련해서는 교섭대표노동조합의 지위를 유지한다. ③법 제29조의2에 따라 결정된 교섭대표노동조합이 그 결정된 날부터 1년 동안 단체협약을 체결하지 못한 경우에는 어느 노동조합이든지 사용자에게 교섭을 요구할 수 있다. 이 경우 제14조의2제2항 및	

노동조합 및 노동관계조정법	노동조합 및 노동관계조정법 시행령	노동조합 및 노동관계조정법 시행규칙
	제14조의3부터 제14조의9까지의 규정을 적용한다. [본조신설 2010.2.12]	
제29조의3(교섭단위 결정) ①제29조의2에 따라 교섭대표노동조합을 결정하여야 하는 단위(이하 "교섭단위"라 한다)는 하나의 사업 또는 사업장으로 한다. ②제1항에도 불구하고 하나의 사업 또는 사업장에서 현격한 근로조건의 차이, 고용형태, 교섭 관행 등을 고려하여 교섭단위를 분리할 필요가 있다고 인정되는 경우에 노동위원회는 노동관계 당사자의 양쪽 또는 어느 한 쪽의 신청을 받아 교섭단위를 분리하는 결정을 할 수 있다. ③제2항에 따른 노동위원회의 결정에 대한 불복절차 및 효력은 제69조와 제70조제2항을 준용한다. ④교섭단위 분리 신청 및 노동위원회의 결정 기준절차 등에 관하여 필요한 사항은 대통령령으로 정한다. [본조신설 2010.1.1]	**제14조의11(교섭단위 분리의 결정)** ①노동조합 또는 사용자는 법 제29조의3제2항에 따라 교섭단위를 분리하여 교섭하려는 경우에는 다음 각 호에 해당하는 기간에 노동위원회에 교섭단위 분리의 결정을 신청할 수 있다. 1. 제14조의3에 따라 사용자가 교섭요구 사실을 공고하기 전 2. 제14조의3에 따라 사용자가 교섭요구 사실을 공고한 경우에는 법 제29조의2에 따른 교섭대표노동조합이 결정된 날 이후 ②노동위원회는 제1항에 따라 교섭단위 분리의 결정 신청을 받은 때에는 해당 사업 또는 사업장의 모든 노동조합과 사용자에게 그 내용을 통지하여야 하며, 그 노동조합과 사용자는 노동위원회가 지정하는 기간까지 의견을 제출할 수 있다.	**제10조의8(교섭단위 분리 결정 신청)** ①법 제29조의3제2항 및 영 제14조의11제1항에 따라 교섭단위 분리의 결정을 신청하려는 노동조합 또는 사용자는 별지 제7호의7서식의 교섭단위 분리 결정 신청서에 현격한 근로조건의 차이, 고용형태, 교섭 관행 등 교섭단위를 분리할 필요가 있다는 사실을 증명할 수 있는 자료를 첨부하여 관할 노동위원회에 제출하여야 한다. ②법 제29조의3제3항에 따라 노동위원회의 결정에 대하여 중앙노동위원회에 재심을 신청하려는 자는 별지 제7호의8서식의 교섭단위 분리 결정 재심신청서를 작성하여 중앙노동위원회에 제출하여야 한다. [본조신설 2010.8.9]

노동조합 및 노동관계조정법	노동조합 및 노동관계조정법 시행령	노동조합 및 노동관계조정법 시행규칙
	③노동위원회는 제1항에 따른 신청을 받은 날부터 30일 이내에 교섭단위 분리에 관한 결정을 하고 해당 사업 또는 사업장의 모든 노동조합과 사용자에게 통지하여야 한다. ④노동위원회로부터 제3항에 따라 교섭단위 분리의 결정을 통지받은 경우에, 사용자와 교섭하려는 노동조합은 자신이 속한 교섭단위에 단체협약이 있는 때에는 그 단체협약의 유효기간 만료일 이전 3개월이 되는 날부터 제14조의2제2항에 따라 필요한 사항을 적은 서면으로 교섭을 요구할 수 있다. ⑤제1항에 따른 교섭단위 분리의 결정 신청에 대한 노동위원회의 결정이 있기 전에 제14조의2에 따른 교섭 요구가 있는 때에는 법 제29조의3제2항에 따른 교섭단위 분리에 관한 결정이 있을 때까지 제14조의3에 따른 교섭요구 사실의 공고 등 교섭창구 단일화 절차의 진행은 정지된다. ⑥제1항부터 제5항까지에서 규정한 사항외에 교섭단위 분리의 결정 신청 및 그	

노동조합 및 노동관계조정법	노동조합 및 노동관계조정법 시행령	노동조합 및 노동관계조정법 시행규칙
	신청에 대한 결정 등에 관하여 필요한 사항은 노동부령으로 정한다. <개정 2010.7.12> [본조신설 2010.2.12]	
제29조의4(공정대표의무 등) ①교섭대표노동조합과 사용자는 교섭창구 단일화 절차에 참여한 노동조합 또는 그 조합원 간에 합리적 이유 없이 차별을 하여서는 아니 된다. ②노동조합은 교섭대표노동조합과 사용자가 제1항을 위반하여 차별한 경우에는 그 행위가 있은 날(단체협약의 내용의 일부 또는 전부가 제1항에 위반되는 경우에는 단체협약 체결일을 말한다)부터 3개월 이내에 대통령령으로 정하는 방법과 절차에 따라 노동위원회에 그 시정을 요청할 수 있다. ③노동위원회는 제2항에 따른 신청에 대하여 합리적 이유 없이 차별하였다고 인정한 때에는 그 시정에 필요한 명령을 하여야 한다. ④제3항에 따른 노동위원회의 명령 또는	제14조의12(공정대표의무 위반에 대한 시정) ①노동조합은 법 제29조의2에 따라 결정된 교섭대표노동조합과 사용자가 법 제29조의4제1항을 위반하여 차별한 경우에는 고용노동부령으로 정하는 바에 따라 노동위원회에 공정대표의무 위반에 대한 시정을 신청할 수 있다. <개정 2010.7.12> ②노동위원회는 제1항에 따른 공정대표의무 위반의 시정 신청을 받은 때에는 지체 없이 필요한 조사와 관계 당사자에 대한 심문을 하여야 한다. ③노동위원회는 제2항에 따른 심문을 할 때에는 관계 당사자의 신청이나 직권으로 증인을 출석하게 하여 필요한 사항을 질문할 수 있다. ④노동위원회는 제2항에 따른 심문을 할 때에는 관계 당사자에게 증거의 제출과 증인에 대한 반대심문을 할 수 있는 충분	제10조의9(공정대표의무 위반에 대한 시정 신청 등) ①법 제29조의4제2항 및 영 제14조의12제1항에 따라 공정대표의무 위반에 대한 시정을 신청하려는 노동조합은 별지 제7호의9서식의 공정대표의무 위반 시정신청서에 공정대표의무 위반 신청 내용을 증명할 수 있는 자료를 첨부하여 관할 노동위원회에 제출하여야 한다. ②법 제29조의4제4항에 따라 노동위원회의 명령 또는 결정에 대하여 중앙노동위원회에 재심을 신청하려는 자는 별지 제7호의10서식의 공정대표의무 위반 시정 재심신청서를 작성하여 중앙노동위원회에 제출하여야 한다. [본조신설 2010.8.9]

노동조합 및 노동관계조정법	노동조합 및 노동관계조정법 시행령	노동조합 및 노동관계조정법 시행규칙
결정에 대한 불복절차 등에 관하여는 제85조 및 제86조를 준용한다. [본조신설 2010.1.1] **제29조의5(그 밖의 교섭창구 단일화 관련 사항)** 교섭대표노동조합이 있는 경우에 제2조제5호, 제29조제3항제4항, 제30조, 제37조제2항, 제38조제3항, 제42조의6제1항, 제44조제2항, 제46조제1항, 제55조제3항, 제72조제3항 및 제81조제3호 중 "노동조합"은 "교섭대표노동조합"으로 본다. [본조신설 2010.1.1] **제30조(교섭 등의 원칙)** ①노동조합과 사용	한 기회를 주어야 한다. ⑤노동위원회는 제1항에 따른 공정대표의무 위반의 시정 신청에 대한 명령이나 결정을 서면으로 하여야 하며, 그 서면을 교섭대표노동조합, 사용자 및 그 시정을 신청한 노동조합에 각각 동시하여야 한다. ⑥노동위원회의 제1항에 따른 공정대표의무 위반의 시정 신청에 대한 조사와 심문에 관한 세부절차는 중앙노동위원회가 따로 정한다. [본조신설 2010.2.12]	

노동조합 및 노동관계조정법	노동조합 및 노동관계조정법 시행령	노동조합 및 노동관계조정법 시행규칙
자 또는 사용자단체는 신의에 따라 성실히 교섭하고 단체협약을 체결하여야 하며 그 권한을 남용하여서는 아니된다. ②노동조합과 사용자 또는 사용자단체는 정당한 이유없이 교섭 또는 단체협약의 체결을 거부하거나 해태하여서는 아니된다. **제31조(단체협약의 작성)** ①단체협약은 서면으로 작성하여 당사자 쌍방이 서명 또는 날인하여야 한다. ②단체협약의 당사자는 단체협약의 체결일부터 15일 이내에 이를 행정관청에게 신고하여야 한다. ③행정관청은 단체협약 중 위법한 내용이 있는 경우에는 노동위원회의 의결을 얻어 그 시정을 명할 수 있다. **제32조(단체협약의 유효기간)** ①단체협약에는 2년을 초과하는 유효기간을 정할 수 없다. ②단체협약에 그 유효기간을 정하지 아니	**제15조(단체협약의 신고)** 법 제31조제2항의 규정에 의한 단체협약의 신고는 당사자 쌍방이 연명으로 하여야 한다.	**제11조(단체협약의 신고)** 법 제31조제2항의 규정에 의하여 단체협약의 당사자는 별지 제8호서식의 단체협약신고서에 단체협약서 사본을 첨부하여 행정관청에게 제출하여야 한다.

노동조합 및 노동관계조정법	노동조합 및 노동관계조정법 시행령	노동조합 및 노동관계조정법 시행규칙
한 경우 또는 제1항의 기간을 초과하는 유효기간을 정한 경우에 그 유효기간은 2년으로 한다. ③단체협약의 유효기간이 만료되는 때를 전후하여 당사자 쌍방이 새로운 단체협약을 체결하고자 단체교섭을 계속하였음에도 불구하고 새로운 단체협약이 체결되지 아니한 경우에는 별도의 약정이 있는 경우를 제외하고는 종전의 단체협약은 그 효력만료일부터 3월까지 계속 효력을 갖는다. 다만, 단체협약에 그 유효기간이 경과한 후에도 새로운 단체협약이 체결되지 아니한 때에는 새로운 단체협약이 체결될 때까지 종전 단체협약의 효력을 존속시킨다는 취지의 별도의 약정이 있는 경우에는 그에 따르되, 당사자 일방은 해지하고자 하는 날의 6월 전까지 상대방에게 통고함으로써 종전의 단체협약을 해지할 수 있다. **제33조(기준의 효력)** ①단체협약에 정한 근로조건 기타 근로자의 대우에 관한 기준		

노동조합 및 노동관계조정법	노동조합 및 노동관계조정법 시행령	노동조합 및 노동관계조정법 시행규칙
에 위반하는 취업규칙 또는 근로계약의 부분은 무효로 한다. ②근로계약에 규정되지 아니한 사항 또는 제1항의 규정에 의하여 무효로 된 부분은 단체협약에 정한 기준에 의한다. 제34조(단체협약의 해석) ①단체협약의 해석 또는 이행방법에 관하여 관계 당사자 간에 의견의 불일치가 있는 때에는 당사자 쌍방 또는 단체협약에 정하는 바에 의하여 어느 일방이 노동위원회에 그 해석 또는 이행방법에 관한 견해의 제시를 요청할 수 있다. ②노동위원회는 제1항의 규정에 의한 요청을 받은 때에는 그 날부터 30일 이내에 명확한 견해를 제시하여야 한다. ③제2항의 규정에 의하여 노동위원회가 제시한 해석 또는 이행방법에 관한 견해는 중재재정과 동일한 효력을 가진다. 제35조(일반적 구속력) 하나의 사업 또는 사업장에 상시 사용되는 동종의 근로자	제16조(단체협약의 해석요청) 법 제34조 제1항의 규정에 의한 단체협약의 해석 또는 이행방법에 관한 견해제시의 요청은 당해 단체협약의 내용과 당사자의 의견 등을 기재한 서면으로 하여야 한다.	

노동조합 및 노동관계조정법	노동조합 및 노동관계조정법 시행령	노동조합 및 노동관계조정법 시행규칙
반수 이상이 하나의 단체협약의 적용을 받게 된 때에는 당해 사업 또는 사업장에 사용되는 다른 동종의 근로자에 대하여도 당해 단체협약이 적용된다. **제36조(지역적 구속력)** ①하나의 지역에 있어서 종업하는 동종의 근로자 3분의 2 이상이 하나의 단체협약의 적용을 받게 된 때에는 행정관청은 당해 단체협약의 당사자의 쌍방 또는 일방의 신청에 의하거나 그 직권으로 노동위원회의 의결을 얻어 당해 지역에서 종업하는 다른 동종의 근로자와 그 사용자에 대하여도 당해 단체협약을 적용한다는 결정을 할 수 있다. ②행정관청이 제1항의 규정에 의한 결정을 한 때에는 지체없이 이를 공고하여야 한다. **제4장 쟁의행위** **제37조(쟁의행위의 기본원칙)** ①쟁의행위는 그 목적·방법 및 절차에 있어서 법령 기		
제37조(쟁의행위의 기본원칙) ①쟁의행위는 그 목적·방법 및 절차에 있어서 법령 기	**제17조(쟁의행위의 신고)** 노동조합은 쟁의행위를 하고자 할 경우에는 고용노동부령	**제11조의2(쟁의행위의 신고)** 특별시장·광역시장·도지사·특별자치도지사(이하 "시·

노동조합 및 노동관계조정법	노동조합 및 노동관계조정법 시행령	노동조합 및 노동관계조정법 시행규칙
타 사회질서에 위반되어서는 아니된다. ②조합원은 노동조합에 의하여 주도되지 아니한 쟁의행위를 하여서는 아니된다.	이 정하는 바에 따라 행정관청과 관할노동위원회에 쟁의행위의 일시·장소·참가인원 및 그 방법을 미리 서면으로 신고하여야 한다. <개정 2010.7.12>	도지사"라 한다) 또는 시장·군수·구청장(자치구의 구청장을 말한다. 이하 같다)은 영 제17조에 따라 쟁의행위의 신고를 받은 경우에는 그 사본 1부를 지체 없이 해당 노동조합의 주된 사무소의 소재지를 관할하는 지방고용노동관서의 장에게 송부하여야 한다.<개정 2010.7.12>
제38조(노동조합의 지도와 책임) ①쟁의행위는 그 쟁의행위와 관계없는 자 또는 근로를 제공하고자 하는 자의 출입·조업 기타 정상적인 업무를 방해하는 방법으로 행하여져서는 아니되며 쟁의행위의 참가를 호소하거나 설득하는 행위로서 폭행·협박을 사용하여서는 아니된다. ②작업시설의 손상이나 원료·제품의 변질 또는 부패를 방지하기 위한 작업은 쟁의행위 기간중에도 정상적으로 수행되어야 한다. ③노동조합은 쟁의행위가 적법하게 수행될 수 있도록 지도·관리·통제할 책임이 있다.	제18조(폭력행위 등의 신고) ①사용자는 쟁의행위가 법 제38조제1항·제2항, 제42조제1항 또는 제2항에 위반되는 경우에는 즉시 그 상황을 행정관청과 관할 노동위원회에 신고하여야 한다. <개정 2007.11.30> ②제1항의 규정에 의한 신고는 서면·구두 또는 전화 기타의 적당한 방법으로 하여야 한다.	

노동조합 및 노동관계조정법	노동조합 및 노동관계조정법 시행령	노동조합 및 노동관계조정법 시행규칙
제39조(근로자의 구속제한) 근로자는 쟁의행위 기간중에는 현행범 외에는 이 법 위반을 이유로 구속되지 아니한다.		
제40조 삭제 <2006.12.30>	**제19조** 삭제 <2007.11.30>	**제11조의3** 삭제 <2007.12.26>
제41조(쟁의행위의 제한과 금지) ①노동조합의 쟁의행위는 그 조합원의 직접·비밀·무기명투표에 의한 조합원 과반수의 찬성으로 결정하지 아니하면 이를 행할 수 없다. 제29조의2에 따라 교섭대표노동조합이 결정된 경우에는 그 절차에 참여한 노동조합의 전체 조합원(해당 사업 또는 사업장 소속 조합원으로 한정한다)의 직접·비밀·무기명투표에 의한 과반수의 찬성으로 결정하지 아니하면 쟁의행위를 할 수 없다. <개정 2010.1.1> ②「방위사업법」에 의하여 지정된 주요방위산업체에 종사하는 근로자중 전력, 용수 및 주로 방산물자를 생산하는 업무에 종사하는 자는 쟁의행위를 할 수 없으며 주로 방산물자를 생산하는 업무에 종사하	**제20조(방산물자 생산업무 종사자의 범위)** 법 제41조제2항에서 "주로 방산물자를 생산하는 업무에 종사하는 자"라 함은 방산물자의 완성에 필요한 제조·가공·조립·정비·재생·개량·성능검사·열처리·도장·	

노동조합 및 노동관계조정법	노동조합 및 노동관계조정법 시행령	노동조합 및 노동관계조정법 시행규칙
는 자의 범위는 대통령령으로 정한다.	가스취급 등의 업무에 종사하는 자를 말한다.	
제42조(폭력행위 등의 금지) ①쟁의행위는 폭력이나 파괴행위 또는 생산 기타 주요업무에 관련되는 시설과 이에 준하는 시설로서 대통령령이 정하는 시설을 점거하는 형태로 이를 행할 수 없다. ②사업장의 안전보호시설에 대하여 정상적인 유지·운영을 정지·폐지 또는 방해하는 행위는 쟁의행위로서 이를 행할 수 없다. ③행정관청은 쟁의행위가 제2항의 행위에 해당한다고 인정하는 경우에는 노동위원회의 의결을 얻어 그 행위를 중지할 것을 통보하여야 한다. 다만, 사태가 급박하여 노동위원회의 의결을 얻을 시간적 여유가 없을 때에는 그 의결을 얻지 아니하고 즉시 그 행위를 중지할 것을 통보할 수 있다. ④제3항 단서의 경우에 행정관청은 지체없이 노동위원회의 사후승인을 얻어야 하	제21조(점거가 금지되는 시설) 법 제42조 제1항에서 "이에 준하는 시설로서 대통령령이 정하는 시설"이라 함은 다음 각호의 1에 해당하는 시설을 말한다. 1. 전기·전산 또는 통신시설 2. 철도(도시철도를 포함한다)의 차량 또는 선로 3. 건조·수리 또는 정박중인 선박. 다만, 「선원법」에 의한 선원이 당해 선박에 승선하는 경우를 제외한다. <개정 2007.11.30> 4. 항공기·항행안전시설 또는 항공기의 이·착륙이나 여객·화물의 운송을 위한 시설 5. 화약·폭약 등 폭발위험이 있는 물질 또는 「유해화학물질 관리법」에 의한 유독물을 보관·저장하는 장소 <개정 2007.11.30> 6. 기타 점거될 경우 생산 기타 주요업무의 정지 또는 폐지를 가져오거나 공익상 중대한 위해를 초래할 우려가 있는	제12조(중지통보 등) ①행정관청은 법 제42조 제3항과 영 제22조에 따라 쟁의행위를 중지할 것을 통보한 경우에는 이를 관할 노동위원회와 쟁의행위의 당사자에게 지체없이 통지하여야 한다. <개정 2007.12.26> ②시·도지사 또는 시장·군수·구청장이 제1항에 따라 중지를 통보하는 경우에는 그 사본(영 제22조 단서에 따라 구두로 한 때에는 그 내용을 적은 서면)에 다음 각 호의 사항을 적은 서면을 첨부하여 지

노동조합 및 노동관계조정법	노동조합 및 노동관계조정법 시행령	노동조합 및 노동관계조정법 시행규칙
며 그 승인을 얻지 못한 때에는 그 통보는 그때부터 효력을 상실한다.	시설로서 고용노동부장관이 관계중앙행정기관의 장과 협의하여 정하는 시설 <개정 2010.7.12> **제22조(중지통보)** 행정관청은 법 제42조제3항에 따라 쟁의행위를 중지할 것을 통보하는 경우에는 서면으로 하여야 한다. 다만, 사태가 급박하다고 인정하는 경우에는 구두로 할 수 있다. <개정 2007.11.30>	체 없이 해당 노동조합의 주된 사무소의 소재지를 관할하는 지방고용노동관서의 장에게 송부하여야 한다. <개정 2010.7.12> 1. 쟁의행위 당사자의 성명 또는 명칭 및 주소 2. 쟁의행위의 발생장소 및 일시 3. 쟁의행위의 목적 및 요구사항 4. 쟁의행위에 참가한 인원수 5. 법 제42조제2항의 규정에 의한 안전보호시설의 종목과 그 정상적인 유지·운영을 정지·폐지 또는 방해한 정도 6. 노동위원회의 의결내용(쟁의행위의 중지통보가 법 제42조제3항 본문에 따른 것인 경우에만 해당한다) ③시·도지사 또는 시장·군수·구청장은 제1항에 따른 쟁의행위의 중지통보가 법 제42조제3항 단서에 따른 것인 경우에는 제2항에 따라 송부한 후 법 제42조제4항에 따른 노동위원회의 사후 승인 여부에 관한 사항을 해당 노동조합의 주된 사무소의 소재지를 관할하는 지방고용노동관서의 장에게 통보하여야 한다. <개정 2010.7.12>

노동조합 및 노동관계조정법	노동조합 및 노동관계조정법 시행령	노동조합 및 노동관계조정법 시행규칙
제42조의2(필수유지업무에 대한 쟁의행위의 제한) ①이 법에서 "필수유지업무"라 함은 제71조제2항의 규정에 따른 필수공익사업의 업무 중 그 업무가 정지되거나 폐지되는 경우 공중의 생명·건강 또는 신체의 안전이나 공중의 일상생활을 현저히 위태롭게 하는 업무로서 대통령령이 정하는 업무를 말한다. ②필수유지업무의 정당한 유지·운영을 정지·폐지 또는 방해하는 행위는 쟁의행위로서 이를 행할 수 없다. 제42조의3(필수유지업무협정) 노동관계 당사자는 쟁의행위기간 동안 필수유지업무의 정당한 유지·운영을 위하여 필수유지업무의 필요 최소한의 유지·운영 수준, 대상직무 및 필요인원 등을 정한 협정(이하 "필수유지업무협정"이라 한다)을 서면으로 체결하여야 한다. 이 경우 필수유지업무협정에는 노동관계 당사자 쌍방이 서명 또는 날인하여야 한다.	제22조의2(필수유지업무의 범위) 법 제42조의2제1항에 따른 필수공익사업별 필수유지업무는 별표 1과 같다. [본조신설 2007.11.30]	

노동조합 및 노동관계조정법	노동조합 및 노동관계조정법 시행령	노동조합 및 노동관계조정법 시행규칙
제42조의4(필수유지업무 유지·운영 수준 등의 결정) ①노동관계 당사자 쌍방 또는 일방은 필수유지업무협정이 체결되지 아니하는 때에는 노동위원회에 필수유지업무의 필요 최소한의 유지·운영 수준, 대상직무 및 필요인원 등의 결정을 신청하여야 한다. ②제1항의 규정에 따른 신청을 받은 노동위원회는 사업 또는 사업장별 필수유지업무의 특성 및 내용 등을 고려하여 필수유지업무의 필요 최소한의 유지·운영 수준, 대상직무 및 필요인원 등을 결정할 수 있다. ③제2항의 규정에 따른 노동위원회의 결정은 제72조의 규정에 따른 특별조정위원회가 담당한다. ④제2항의 규정에 따른 노동위원회의 결정에 대한 해석 또는 이행방법에 관하여 관계당사자간에 의견이 일치하지 아니하는 경우에는 특별조정위원회의 해석에 따른다. 이 경우 특별조정위원회의 해석은 제2항의 규정에 따른 노동위원회의 결정	제22조의3(필수유지업무 유지·운영 수준 등의 결정 신청 등) ①노동관계 당사자가 법 제42조의4제1항에 따른 필수유지업무 유지·운영 수준, 대상직무 및 필요인원 등의 결정(이하 "필수유지업무 수준 등 결정"이라 한다)을 신청하면 관할 위원회는 지체 없이 그 신청에 대한 결정을 위한 특별조정위원회를 구성하여야 한다. ②노동위원회는 법 제42조의4제2항에 따라 필수유지업무 수준 등 결정을 하면 지체 없이 이를 서면으로 노동관계 당사자에게 통보하여야 한다. ③노동관계 당사자의 쌍방 또는 일방은 제2항에 따른 결정에 대한 해석이나 이행방법에 관하여 노동관계 당사자 간 의견이 일치하지 아니하면 노동관계 당사자의 의견을 첨부하여 서면으로 관할 노동위원회에 해석을 요청할 수 있다. ④제3항에 따른 해석 요청에 대하여 법 제42조의4제4항에 따라 해당 특별조정위원회가 해석을 하면 노동위원회는 지체 없이 이를 서면으로 노동관계 당사자에게	제12조의2(필수유지업무 유지·운영 수준 등의 결정 신청) 법 제42조의4제1항에 따라 필수유지업무의 필요 최소한의 유지·운영 수준, 대상직무 및 필요인원 등의 결정을 신청하려는 자는 별지 제8호의2서식의 필수유지업부 유지·운영 수준 등 결정신청서에 다음 각 호의 내용을 적은 서류를 첨부하여 관할 노동위원회에 제출하여야 한다. 1. 사업장 개요 2. 필수유지업무 협정 미체결 경위 3. 노동관계 당사자 간 필수유지업무의 필요 최소한의 유지·운영수준, 대상직무 및 필요인원에 대한 의견의 불일치 사항 및 이에 대한 당사자의 주장 4. 그 밖의 참고사항 [본조신설 2007.12.26]

노동조합 및 노동관계조정법	노동조합 및 노동관계조정법 시행령	노동조합 및 노동관계조정법 시행규칙
과 동일한 효력이 있다. ⑤제2항의 규정에 따른 노동위원회의 결정에 대한 불복절차 및 효력에 관하여는 제69조와 제70조제2항의 규정을 준용한다. 제42조의5(노동위원회의 결정에 따른 쟁의행위) 제42조의4제2항의 규정에 따라 노동위원회의 결정이 있는 경우 그 결정에 따라 쟁의행위를 한 때에는 필수유지업무를 정당하게 유지·운영하면서 쟁의행위를 한 것으로 본다. 제42조의6(필수유지업무 근무 근로자의 지명) ①노동조합은 필수유지업무협정이 체결되거나 제42조의4제2항의 규정에 따른 노동위원회의 결정이 있는 경우 사용자에게 필수유지업무에 근무하는 조합원 중 쟁의행위기간 동안 근무하여야 할 조합원을 통보하여야 하며, 사용자는 이에 따라 근로자를 지명하고 이를 노동조합과 그 근로자에게 통보하여야 한다. 다만, 노동	통보하여야 한다. ⑤제1항에 따른 필수유지업무 수준 등 결정의 신청 절차는 고용노동부령으로 정한다. <개정 2010.7.12> [본조신설 2007.11.30]	

노동조합 및 노동관계조정법	노동조합 및 노동관계조정법 시행령	노동조합 및 노동관계조정법 시행규칙
조합이 쟁의행위 개시 전까지 이를 통보하지 아니한 경우에는 사용자가 필수유지업무에 근무하여야 할 근로자를 지명하고 이를 노동조합과 그 근로자에게 통보하여야 한다. <개정 2010.1.1> ②제1항에 따른 통보·지명시 노동조합과 사용자는 필수유지업무에 종사하는 근로자가 소속된 노동조합이 2개 이상인 경우에는 각 노동조합의 해당 필수유지업무에 종사하는 조합원 비율을 고려하여야 한다. <신설 2010.1.1> 제43조(사용자의 채용제한) ①사용자는 쟁의행위기간 중 그 쟁의행위로 중단된 업무의 수행을 위하여 당해 사업과 관계없는 자를 채용 또는 대체할 수 없다. ②사용자는 쟁의행위기간 중 그 쟁의행위로 중단된 업무를 도급 또는 하도급 줄 수 없다. ③제1항 및 제2항의 규정은 필수공익사업의 사용자가 쟁의행위기간 중에 한하여 당해 사업과 관계없는 자를 채용 또는 대		

노동조합 및 노동관계조정법	노동조합 및 노동관계조정법 시행령	노동조합 및 노동관계조정법 시행규칙
체하거나 그 업무를 도급 또는 하도급 주는 경우에는 적용하지 아니한다. ④제3항의 경우 사용자는 당해 사업 또는 사업장 파업참가자의 100분의 50을 초과하지 않는 범위 안에서 채용 또는 대체하거나 도급 또는 하도급 줄 수 있다. 이 경우 파업참가자 수의 산정 방법 등은 대통령령으로 정한다. 제44조(쟁의행위 기간중의 임금지급 요구의 금지) ①사용자는 쟁의행위에 참가하여 근로를 제공하지 아니한 근로자에 대하여는 그 기간 중의 임금을 지급할 의무가 없다. ②노동조합은 쟁의행위기간에 대한 임금의 지급을 요구하여 이를 관철할 목적으로 쟁의행위를 하여서는 아니된다. 제45조(조정의 전치) ①노동관계 당사자는	제22조의4(파업참가자수의 산정방법) ①법 제43조제4항 후단에 따른 파업참가자 수는 근로의무가 있는 근로시간 중 파업 참가를 이유로 근로의 일부 또는 전부를 제공하지 아니한 자의 수를 1일 단위로 산정한다. ②사용자는 제1항에 따른 파업참가자 수 산정을 위하여 필요한 경우 노동조합에 협조를 요청할 수 있다. [본조신설 2007.11.30]	

노동조합 및 노동관계조정법	노동조합 및 노동관계조정법 시행령	노동조합 및 노동관계조정법 시행규칙
노동쟁의가 발생한 때에는 어느 일방이 이를 상대방에게 서면으로 통보하여야 한다. ②쟁의행위는 제5장제2절 내지 제4절의 규정에 의한 조정절차(제61조의2의 규정에 따른 조정종료 결정 후의 조정절차를 제외한다)를 거치지 아니하면 이를 행할 수 없다. 다만, 제54조의 규정에 의한 기간내에 조정이 종료되지 아니하거나 제63조의 규정에 의한 기간내에 중재재정이 이루어지지 아니한 경우에는 그러하지 아니하다. **제46조(직장폐쇄의 요건)** ①사용자는 노동조합이 쟁의행위를 개시한 이후에만 직장폐쇄를 할 수 있다. ②사용자는 제1항의 규정에 의한 직장폐쇄를 할 경우에는 미리 행정관청 및 노동위원회에 각각 신고하여야 한다.		**제12조의3(직장폐쇄의 신고)** 시·도지사 또는 시장·군수·구청장은 법 제46조에 따라 직장폐쇄의 신고를 받은 경우에는 그 사본 1부를 지체 없이 쟁의행위의 당사자인 노동조합의 주된 사무소의 소재지를 관할하는 지방고용노동관서의 장에게 송부하여야 한다. <개정 2010.7.12>

노동조합 및 노동관계조정법	노동조합 및 노동관계조정법 시행령	노동조합 및 노동관계조정법 시행규칙
제5장 노동쟁의의 조정 **제1절 통칙** **제47조(자주적 조정의 노력)** 이 장의 규정은 노동관계 당사자가 직접 노사협의 또는 단체교섭에 의하여 근로조건 기타 노동관계에 관한 사항을 정하거나 노동관계에 관한 주장의 불일치를 조정하고 이에 필요한 노력을 하는 것을 방해하지 아니한다. **제48조(당사자의 책무)** 노동관계 당사자는 단체협약에 노동관계의 적정화를 위한 노사협의 기타 단체교섭의 절차와 방식을 규정하고 노동쟁의가 발생한 때에는 이를 자주적으로 해결하도록 노력하여야 한다. **제49조(국가 등의 책무)** 국가 및 지방자치단체는 노동관계 당사자간에 노동관계에 관한 주장이 일치하지 아니할 경우에 노동관계 당사자가 이를 자주적으로 조정할		

노동조합 및 노동관계조정법	노동조합 및 노동관계조정법 시행령	노동조합 및 노동관계조정법 시행규칙
수 있도록 조력함으로써 쟁의행위를 가능한 한 예방하고 노동쟁의의 신속·공정한 해결에 노력하여야 한다. **제50조(신속한 처리)** 이 법에 의하여 노동관계의 조정을 할 경우에는 노동관계 당사자와 노동위원회 기타 관계기관은 사건을 신속히 처리하도록 노력하여야 한다. **제51조(공익사업 등의 우선적 취급)** 국가·지방자치단체·국공영기업체·방위산업체 및 공익사업에 있어서의 노동쟁의의 조정은 우선적으로 취급하고 신속히 처리하여야 한다. **제52조(사적 조정·중재)** ①제2절 및 제3절의 규정은 노동관계 당사자가 쌍방의 합의 또는 단체협약이 정하는 바에 따라 각각 다른 조정 또는 중재방법(이하 이 조에서 "사적조정 등"이라 한다)에 의하여 노동쟁의를 해결하는 것을 방해하지 아니한다.	**제23조(사적 조정·중재의 신고)** ①노동관계 당사자는 법 제52조의 규정에 의한 사적 조정·중재에 의하여 노동쟁의를 해결하기로 한 경우에는 고용노동부령이 정하는 바에 따라 관할노동위원회에 신고하여야 한다. <개정 2010.7.12> ②제1항의 신고는 법 제5장제2절 내지 제	

노동조합 및 노동관계조정법	노동조합 및 노동관계조정법 시행령	노동조합 및 노동관계조정법 시행규칙
②노동관계 당사자는 제1항의 규정에 의하여 노동쟁의를 해결하기로 한 때에는 이를 노동위원회에 신고하여야 한다. ③제1항의 규정에 의하여 노동쟁의를 해결하기로 한 때에는 다음 각호의 규정이 적용된다. 1. 조정에 의하여 해결하기로 한 때에는 제45조제2항 및 제54조의 규정. 이 경우 조정기간은 조정을 개시한 날부터 기산한다. 2. 중재에 의하여 해결하기로 한 때에는 제63조의 규정. 이 경우 쟁의행위의 금지기간은 중재를 개시한 날부터 기산한다. ④제1항의 규정에 의하여 조정 또는 중재가 이루어진 경우에 그 내용은 단체협약과 동일한 효력을 가진다. ⑤사적조정등을 수행하는 자는 「노동위원회법」 제8조제2항제2호 각 목의 자격을 가진 자로 한다. 이 경우 사적조정 등을 수행하는 자는 노동관계 당사자로부터 수수료, 수당 및 여비 등을 받을 수 있다.	4절의 규정에 의한 조정 또는 중재가 진행중인 경우에도 할 수 있다. ③노동관계당사자는 법 제52조의 규정에 의한 사적 조정·중재에 의하여 노동쟁의가 해결되지 아니한 경우에는 법 제5장제2절 또는 제3절의 규정에 의하여 노동쟁의를 조정 또는 중재하여 줄 것을 고용노동부령이 정하는 바에 따라 관할 노동위원회에 신청할 수 있다. 이 경우 관할 노동위원회는 지체없이 법 제5장제2절 또는 제3절의 규정에 의한 조정 또는 중재를 개시하여야 한다. <개정 2010.7.12>	제13조(사적 조정·중재결정의 신고 등) ① 사적 조정·중재에 의하여 노동쟁의를 해결하기로 한 노동관계 당사자는 법 제52조제2항 및 영 제23조제1항의 규정에 의하여 별지 제9호서식의 사적 조정·중재 결정 신고서에 사적 조정인 또는 사적 중재인의 인적사항을 첨부하여 관할노동위원회에 신고하여야 한다. <개정 2012.12.27> ②노동위원회는 제1항의 규정에 의한 신고를 받은 경우에는 그 내용을 행정관청에게 지체없이 통보하여야 한다.

노동조합 및 노동관계조정법	노동조합 및 노동관계조정법 시행령	노동조합 및 노동관계조정법 시행규칙
제2절 조 정 제53조(조정의 개시) ①노동위원회는 관계 당사자의 일방이 노동쟁의의 조정을 신청한 때에는 지체없이 조정을 개시하여야 하며 관계 당사자 쌍방은 이에 성실히 임하여야 한다. ②노동위원회는 제1항의 규정에 따른 조정신청 전이라도 원활한 조정을 위하여 교섭을 주선하는 등 관계 당사자의 자주적인 분쟁 해결을 지원할 수 있다.	제24조(노동쟁의 조정 등의 신청) ①노동관계당사자는 법 제53조제1항 또는 법 제62조에 따른 조정 또는 중재를 신청할 경우에는 고용노동부령으로 정하는 바에 따라 관할 노동위원회에 신청하여야 한다. <개정 2010.7.12> ②제1항의 규정에 의한 신청을 받은 노동위원회는 그 신청내용이 법 제5장제2절 또는 제3절의 규정에 의한 조정 또는 중재의 대상이 아니라고 인정할 경우에는 그 사유와 다른 해결방법을 알려주어야 한다. 제25조(조정의 통보) 노동위원회는 법 제53조, 법 제62조, 법 제78조 및 법 제80조의 규정에 의한 조정과 중재를 하게 된 경우에는 지체없이 이를 서면으로 관계당사자에게 각각 통보하여야 한다. 제26조(조정위원회의 구성) 노동위원회는	제14조(조정의 신청) ①법 제53조 및 영 제24조제1항의 규정에 의하여 조정을 신청하고자 하는 자는 별지 제10호서식의 노동쟁의조성신청서에 다음 각호의 내용을 기재한 서류를 첨부하여 관할노동위원회에 제출하여야 한다. 1. 사업장 개요 2. 단체교섭 경위 3. 당사자간 의견의 불일치사항 및 이에 대한 당사자의 주장내용 4. 기타 참고사항 ②노동위원회는 제1항의 규정에 의한 신청을 받은 경우와 조정을 종료한 경우에는 그 내용을 행정관청에게 지체없이 통보하여야 한다.

노동조합 및 노동관계조정법	노동조합 및 노동관계조정법 시행령	노동조합 및 노동관계조정법 시행규칙
	법 제53조의 규정에 의하여 노동쟁의의 조정을 하게 된 경우에는 지체없이 당해 사건의 조정을 위한 조정위원회 또는 특별조정위원회를 구성하여야 한다.	
제54조(조정기간) ①조정은 제53조의 규정에 의한 조정의 신청이 있은 날부터 일반사업에 있어서는 10일, 공익사업에 있어서는 15일 이내에 종료하여야 한다. ②제1항의 규정에 의한 조정기간은 관계 당사자간의 합의로 일반사업에 있어서는 10일, 공익사업에 있어서는 15일 이내에서 연장할 수 있다. **제55조(조정위원회의 구성)** ①노동쟁의의 조정을 위하여 노동위원회에 조정위원회를 둔다. ②제1항의 규정에 의한 조정위원회는 조정위원 3인으로 구성한다. ③제2항의 규정에 의한 조정위원은 당해 노동위원회의 위원중에서 사용자를 대표하는 자, 근로자를 대표하는 자 및 공익		

노동조합 및 노동관계조정법	노동조합 및 노동관계조정법 시행령	노동조합 및 노동관계조정법 시행규칙
을 대표하는 자 각 1인을 그 노동위원회의 위원장이 지명하되, 근로자를 대표하는 조정위원은 사용자가, 사용자를 대표하는 조정위원은 노동조합이 각각 추천하는 노동위원회의 위원중에서 지명하여야 한다. 다만, 조정위원회의 회의 3일전까지 관계 당사자가 추천하는 위원의 명단제출이 없을 때에는 당해 위원을 위원장이 따로 지명할 수 있다. ④노동위원회의 위원장은 근로자를 대표하는 위원 또는 사용자를 대표하는 위원의 불참 등으로 인하여 제3항의 규정에 따른 조정위원회의 구성이 어려운 경우 노동위원회의 공익을 대표하는 위원 중에서 3인을 조정위원으로 지명할 수 있다. 다만, 관계 당사자 쌍방의 합의로 선정한 노동위원회의 위원이 있는 경우에는 그 위원을 조정위원으로 지명한다. **제56조(조정위원회의 위원장)** ①조정위원회에 위원장을 둔다. ②위원장은 공익을 대표하는 조정위원이		

노동조합 및 노동관계조정법	노동조합 및 노동관계조정법 시행령	노동조합 및 노동관계조정법 시행규칙
된다. 다만, 제55조제4항의 규정에 따른 조정위원회의 위원장은 조정위원 중에서 호선한다. **제57조(단독조정)** ①노동위원회는 관계 당사자 쌍방의 신청이 있거나 관계 당사자 쌍방의 동의를 얻은 경우에는 조정위원회에 갈음하여 단독조정인에게 조정을 행하게 할 수 있다. ②제1항의 규정에 의한 단독조정인은 당해 노동위원회의 위원중에서 관계 당사자의 쌍방의 합의로 선정된 자를 그 노동위원회의 위원장이 지명한다. **제58조(주장의 확인 등)** 조정위원회 또는 단독조정인은 기일을 정하여 관계 당사자 쌍방을 출석하게 하여 주장의 요점을 확인하여야 한다. **제59조(출석금지)** 조정위원회의 위원장 또는 단독조정인은 관계 당사자와 참고인외의 자의 출석을 금할 수 있다.		

노동조합 및 노동관계조정법	노동조합 및 노동관계조정법 시행령	노동조합 및 노동관계조정법 시행규칙
제60조(조정안의 작성) ①조정위원회 또는 단독조정인은 조정안을 작성하여 이를 관계 당사자에게 제시하고 그 수락을 권고하는 동시에 그 조정안에 이유를 붙여 공표할 수 있으며, 필요한 때에는 신문 또는 방송에 보도 등 협조를 요청할 수 있다. ②조정위원회 또는 단독조정인은 관계 당사자가 수락을 거부하여 더 이상 조정이 이루어질 여지가 없다고 판단되는 경우에는 조정의 종료를 결정하고 이를 관계 당사자 쌍방에 통보하여야 한다. ③제1항의 규정에 의한 조정안이 관계 당사자의 쌍방에 의하여 수락된 후 그 해석 또는 이행방법에 관하여 관계 당사자간에 의견의 불일치가 있는 때에는 관계 당사자는 당해 조정위원회 또는 단독조정인에게 그 해석 또는 이행방법에 관한 명확한 견해의 제시를 요청하여야 한다. ④조정위원회 또는 단독조정인은 제3항의 규정에 의한 요청을 받은 때에는 그 요청을 받은 날부터 7일 이내에 명확한 견해	**제27조(조정안의 해석요청)** 노동관계당사자는 법 제60조제3항의 규정에 의한 조정안의 해석 또는 그 이행방법에 관하여 견해의 제시를 요청하는 경우에는 당해 조정안의 내용과 당사자의 의견 등을 기재한 서면으로 하여야 한다.	

노동조합 및 노동관계조정법	노동조합 및 노동관계조정법 시행령	노동조합 및 노동관계조정법 시행규칙
를 제시하여야 한다. ⑤제3항 및 제4항의 해석 또는 이행방법에 관한 견해가 제시될 때까지는 관계 당사자는 당해 조정안의 해석 또는 이행에 관하여 쟁의행위를 할 수 없다. **제61조(조정의 효력)** ①제60조제1항의 규정에 의한 조정안이 관계 당사자에 의하여 수락된 때에는 조정위원 전원 또는 단독조정인은 조서서를 작성하고 관계 당사자와 함께 서명 또는 날인하여야 한다. ②조정서의 내용은 단체협약과 동일한 효력을 가진다. ③제60조제4항의 규정에 의하여 조정위원회 또는 단독조정인이 제시한 해석 또는 이행방법에 관한 견해는 중재재정과 동일한 효력을 가진다. **제61조의2(조정종료 결정 후의 조정)** ①노동위원회는 제60조제2항의 규정에 따른 조정의 종료가 결정된 후에도 노동쟁의의 해결을 위하여 조정을 할 수 있다.		

노동조합 및 노동관계조정법	노동조합 및 노동관계조정법 시행령	노동조합 및 노동관계조정법 시행규칙
②제1항의 규정에 따른 조정에 관하여는 제55조 내지 제61조의 규정을 준용한다. **제3절 중 재** **제62조(중재의 개시)** 노동위원회는 다음 각 호의 어느 하나에 해당하는 때에는 중재를 행한다. 1. 관계 당사자의 쌍방이 함께 중재를 신청한 때 2. 관계 당사자의 일방이 단체협약에 의하여 중재를 신청한 때 3. 삭제 <2006.12.30>	**제28조(중재위원회의 구성)** 노동위원회는 법 제62조의 규정에 의하여 노동쟁의의 중재를 하게 된 경우에는 지체없이 당해 사건의 중재를 위한 중재위원회를 구성하여야 한다.	**제15조(중재의 신청)** ①법 제62조 및 영 제24조제1항의 규정에 의하여 중재를 신청하고자 하는 자는 별지 제11호서식의 노동쟁의중재신청서에 단체협약서사본(당사자 일방이 단체협약에 의하여 신청하는 경우만 해당한다)과 다음 각호의 내용을 기재한 서류를 첨부하여 관할노동위원회에 제출하여야 한다. <개정 2012.12.27> 1. 사업장 개요 2. 단체교섭 경위 3. 당사자 간 의견의 불일치사항 및 이에 대한 당사자의 주장내용 4. 기타 참고사항 ②노동위원회는 제1항의 규정에 의한 신청을 받은 경우와 중재를 종료한 경우에는 그 내용을 행정관청에게 지체없이 통보하여야 한다.

노동조합 및 노동관계조정법	노동조합 및 노동관계조정법 시행령	노동조합 및 노동관계조정법 시행규칙
		제16조(서식 등) 법과 영의 시행에 필요한 그 밖의 서식은 다음 각 호와 같다. <개정 2007.12.26> 1. 법 제12조제1항의 규정에 의한 설립신고증 : 별지 제12호서식 2. 법 제12조제2항 및 영 제9조제1항의 규정에 의한 보완요구서 : 별지 제13호서식 3. 법 제18조제3항 또는 제4항의 규정에 의한 총회 또는 대의원회 소집권자의 지명서 : 별지 제14호 서식 4. 법 제21조 또는 제31조제3항의 규정에 의한 시정명령서 : 별지 제15호 서식 5. 법 제27조의 규정에 의한 자료제출요구서 : 별지 제16호서식 6. 법 제36조제1항의 규정에 의한 단체협약의 지역적 구속력에 대한 결정서 : 별지 제17호서식 7. 법 제42조제3항에 따른 쟁의행위의 중지 통보서 : 별지 제18호서식 <개정 2007.12.26> 7의2. 법 제42조의4제5항 및 법 제69조제1항에 따른 필수유지업무 유지·운영

노동조합 및 노동관계조정법	노동조합 및 노동관계조정법 시행령	노동조합 및 노동관계조정법 시행규칙
		수준 등 결정에 대한 재심신청서 : 별지 제18호의2서식<개정 2007.12.26>
		8. 법 제46조제2항의 규정에 의한 직장폐쇄 신고서 : 별지 제19호서식
		9. 법 제69조제1항의 규정에 의한 중재재정의 재심신청서 : 별지 제20호서식
		10. 영 제9조제2항의 규정에 의한 시정요구서 : 별지 제21호서식
		11. 영 제9조제2항의 규정에 의한 노동조합의 시정결과보고서 : 별지 제22호서식
		12. 영 제10조제3항의 규정에 의한 변경신고증 : 별지 제23호서식
		13. 영 제17조의 규정에 의한 쟁의행위신고서 : 별지 제24호서식
		14. 삭제 <개정 2007.12.26>
제63조(중재시의 쟁의행위의 금지) 노동쟁의가 중재에 회부된 때에는 그 날부터 15일간은 쟁의행위를 할 수 없다. 제64조(중재위원회의 구성) ①노동쟁의의 중재 또는 재심을 위하여 노동위원회에		

노동조합 및 노동관계조정법	노동조합 및 노동관계조정법 시행령	노동조합 및 노동관계조정법 시행규칙
중재위원회를 둔다. ②제1항의 규정에 의한 중재위원회는 중재위원 3인으로 구성한다. ③제2항의 중재위원은 당해 노동위원회의 공익을 대표하는 위원 중에서 관계 당사자의 합의로 선정한 자에 대하여 그 노동위원회의 위원장이 지명한다. 다만, 관계 당사자간에 합의가 성립되지 아니한 경우에는 노동위원회의 공익을 대표하는 위원 중에서 지명한다. 제65조(중재위원회의 위원장) ①중재위원회에 위원장을 둔다. ②위원장은 중재위원 중에서 호선한다. 제66조(주장의 확인 등) ①중재위원회는 기일을 정하여 관계 당사자 쌍방 또는 일방을 중재위원회에 출석하게 하여 주장의 요점을 확인하여야 한다. ②관계 당사자가 지명한 노동위원회의 사용자를 대표하는 위원 또는 근로자를 대표하는 위원은 중재위원회의 동의를 얻어		

노동조합 및 노동관계조정법	노동조합 및 노동관계조정법 시행령	노동조합 및 노동관계조정법 시행규칙
그 회의에 출석하여 의견을 진술할 수 있다. **제67조(출석금지)** 중재위원회의 위원장은 관계 당사자와 참고인외의 자의 회의출석을 금할 수 있다. **제68조(중재재정)** ①중재재정은 서면으로 작성하여 이를 행하며 그 서면에는 효력발생 기일을 명시하여야 한다. ②제1항의 규정에 의한 중재재정의 해석 또는 이행방법에 관하여 관계 당사자간에 의견의 불일치가 있는 때에는 당해 중재위원회의 해석에 따르며 그 해석은 중재재정과 동일한 효력을 가진다.	**제29조(중재재정서의 송달)** ①노동위원회는 법 제68조제1항의 규정에 의하여 중재를 한 때에는 지체없이 그 중재재정서를 관계당사자에게 각각 송달하여야 한다. ②중앙노동위원회는 법 제69조제1항의 규정에 의하여 지방노동위원회 또는 특별노동위원회가 행한 중재재정을 재심한 때에는 지체없이 그 재심결정서를 관계당사자와 관계노동위원회에 각각 송달하여야 한다. **제30조(중재재정의 해석요청)** ①노동관계당사자는 법 제68조제1항의 규정에 의한 중재재정의 해석 또는 이행방법에 관하여 당사자간에 의견의 불일치가 있는 경우에	

노동조합 및 노동관계조정법	노동조합 및 노동관계조정법 시행령	노동조합 및 노동관계조정법 시행규칙
제69조(중재재정 등의 확정) ①관계 당사자는 지방노동위원회 또는 특별노동위원회의 중재재정이 위법이거나 월권에 의한 것이라고 인정하는 경우에는 그 중재재정서의 송달을 받은 날부터 10일 이내에 중앙노동위원회에 그 재심을 신청할 수 있다. ②관계 당사자는 중앙노동위원회의 중재재정이나 제1항의 규정에 의한 재심결정이 위법이거나 월권에 의한 것이라고 인정하는 경우에는 행정소송법 제20조의 규정에 불구하고 그 중재재정서 또는 재심결정서의 송달을 받은 날부터 15일 이내에 행정소송을 제기할 수 있다. ③제1항 및 제2항에 규정된 기간 내에 재심을 신청하지 아니하거나 행정소송을 제	는 당해 중재위원회에 그 해석 또는 이행방법에 관한 명확한 견해의 제시를 요청할 수 있다. ②제1항의 규정에 의한 견해제시의 요청은 당해 중재재정의 내용과 당사자의 의견 등을 기재한 서면으로 하여야 한다.	

노동조합 및 노동관계조정법	노동조합 및 노동관계조정법 시행령	노동조합 및 노동관계조정법 시행규칙
기하지 아니한 때에는 그 중재재정 또는 재심결정은 확정된다. ④제3항의 규정에 의하여 중재재정이나 재심결정이 확정된 때에는 관계 당사자는 이에 따라야 한다. **제70조(중재재정 등의 효력)** ①제68조제1항의 규정에 따른 중재재정의 내용은 단체협약과 동일한 효력을 가진다. ②노동위원회의 중재재정 또는 재심결정은 제69조제1항 및 제2항의 규정에 따른 중앙노동위원회에의 재심신청 또는 행정소송의 제기에 의하여 그 효력이 정지되지 아니한다. 제4절 공익사업 등의 조정에 관한 특칙 **제71조(공익사업의 범위 등)** ①이 법에서 "공익사업"이라 함은 공중의 일상생활과 밀접한 관련이 있거나 국민경제에 미치는 영향이 큰 사업으로서 다음 각호의 사업을 말한다.		

노동조합 및 노동관계조정법	노동조합 및 노동관계조정법 시행령	노동조합 및 노동관계조정법 시행규칙
1. 정기노선 여객운수사업 및 항공운수사업 2. 수도사업, 전기사업, 가스사업, 석유정제사업 및 석유공급사업 3. 공중위생사업, 의료사업 및 혈액공급사업 4. 은행 및 조폐사업 5. 방송 및 통신사업 ②이 법에서 "필수공익사업"이라 함은 제1항의 공익사업으로서 그 업무의 정지 또는 폐지가 공중의 일상생활을 현저히 위태롭게 하거나 국민경제를 현저히 저해하고 그 업무의 대체가 용이하지 아니한 다음 각호의 사업을 말한다. 1. 철도사업, 도시철도사업 및 항공운수사업 2. 수도사업, 전기사업, 가스사업, 석유정제사업 및 석유공급사업 3. 병원사업 및 혈액공급사업 4. 한국은행사업 5. 통신사업		

노동조합 및 노동관계조정법	노동조합 및 노동관계조정법 시행령	노동조합 및 노동관계조정법 시행규칙
제72조(특별조정위원회의 구성) ①공익사업의 노동쟁의의 조정을 위하여 노동위원회에 특별조정위원회를 둔다. ②제1항의 규정에 의한 특별조정위원회는 특별조정위원 3인으로 구성한다. ③제2항의 규정에 의한 특별조정위원은 그 노동위원회의 공익을 대표하는 위원중에서 노동조합과 사용자가 순차적으로 배제하고 남은 4인 내지 6인 중에서 노동위원회의 위원장이 지명한다. 다만, 관계 당사자가 합의로 당해 노동위원회의 위원이 아닌 자를 추천하는 경우에는 그 추천된 자를 지명한다. **제73조(특별조정위원회의 위원장)** ①특별조정위원회에 위원장을 둔다. ②위원장은 공익을 대표하는 노동위원회의 위원인 특별조정위원중에서 호선하고, 당해 노동위원회의 위원이 아닌 자만으로 구성된 경우에는 그중에서 호선한다. 다만, 공익을 대표하는 위원인 특별조정위원이 1인인 경우에는 당해 위원이 위원장	**제31조(수당 등의 지급)** 법 제72조제3항 단서의 규정에 의하여 특별조정위원으로 지명된 자에 대하여는 그 직무의 집행을 위하여 예산의 범위 안에서 노동위원회의 위원에 준하는 수당과 여비를 지급할 수 있다.	

노동조합 및 노동관계조정법	노동조합 및 노동관계조정법 시행령	노동조합 및 노동관계조정법 시행규칙
이 된다. 제74조 삭제 <2006.12.30> 제75조 삭제 <2006.12.30> 제5절 긴급조정 제76조(긴급조정의 결정) ①고용노동부장관은 쟁의행위가 공익사업에 관한 것이거나 그 규모가 크거나 그 성질이 특별한 것으로서 현저히 국민경제를 해하거나 국민의 일상생활을 위태롭게 할 위험이 현존하는 때에는 긴급조정의 결정을 할 수 있다. <개정 2010.6.4> ②고용노동부장관은 긴급조정의 결정을 하고자 할 때에는 미리 중앙노동위원회 위원장의 의견을 들어야 한다. <개정 2010.6.4> ③고용노동부장관은 제1항 및 제2항의 규정에 의하여 긴급조정을 결정한 때에는 지체없이 그 이유를 붙여 이를 공표함과	제32조(긴급조정의 공표) 법 제76조제3항의 규정에 의한 긴급조정 결정의 공표는 신문·라디오 기타 공중이 신속히 알 수 있	

노동조합 및 노동관계조정법	노동조합 및 노동관계조정법 시행령	노동조합 및 노동관계조정법 시행규칙
동시에 중앙노동위원회와 관계 당사자에게 각각 통고하여야 한다. <개정 2010.6.4> 제77조(긴급조정시의 쟁의행위 중지) 관계 당사자는 제76조제3항의 규정에 의한 긴급조정의 결정이 공표된 때에는 즉시 쟁의행위를 중지하여야 하며, 공표일부터 30일이 경과하지 아니하면 쟁의행위를 재개할 수 없다. 제78조(중앙노동위원회의 조정) 중앙노동위원회는 제76조제3항의 규정에 의한 통고를 받은 때에는 지체없이 조정을 개시하여야 한다. 제79조(중앙노동위원회의 중재회부 결정권) ①중앙노동위원회의 위원장은 제78조의 규정에 의한 조정이 성립될 가망이 없다고 인정한 경우에는 공익위원의 의견을 들어 그 사건을 중재에 회부할 것인가의 여부를 결정하여야 한다. ②제1항의 규정에 의한 결정은 제76	는 방법으로 하여야 한다.	

노동조합 및 노동관계조정법	노동조합 및 노동관계조정법 시행령	노동조합 및 노동관계조정법 시행규칙
제3항의 규정에 의한 통고를 받은 날부터 15일 이내에 하여야 한다. **제80조(중앙노동위원회의 중재)** 중앙노동위원회는 당해 관계 당사자의 일방 또는 쌍방으로부터 중재신청이 있거나 제79조의 규정에 의한 중재회부의 결정을 한 때에는 지체없이 중재를 행하여야 한다. 제6장 부당노동행위 **제81조(부당노동행위)** 사용자는 다음 각호의 어느 하나에 해당하는 행위(이하 "부당노동행위"라 한다)를 할 수 없다. 1. 근로자가 노동조합에 가입 또는 가입하려고 하였거나 노동조합을 조직하려고 하였거나 기타 노동조합의 업무를 위한 정당한 행위를 한 것을 이유로 그 근로자를 해고하거나 그 근로자에게 불이익을 주는 행위 2. 근로자가 어느 노동조합에 가입하지 아니할 것 또는 탈퇴할 것을 고용조건		

노동조합 및 노동관계조정법	노동조합 및 노동관계조정법 시행령	노동조합 및 노동관계조정법 시행규칙
으로 하거나 특정한 노동조합의 조합원이 될 것을 고용조건으로 하는 행위. 다만, 노동조합이 당해 사업장에 종사하는 근로자의 3분의 2 이상을 대표하고 있을 때에는 근로자가 그 노동조합의 조합원이 될 것을 고용조건으로 하는 단체협약의 체결은 예외로 하며, 이 경우 사용자는 근로자가 그 노동조합에서 제명된 것 또는 그 노동조합을 탈퇴하여 새로 노동조합을 조직하거나 다른 노동조합에 가입한 것을 이유로 근로자에게 신분상 불이익한 행위를 할 수 없다. <개정 2006.12.30> 3. 노동조합의 대표자 또는 노동조합으로부터 위임을 받은 자와의 단체협약체결 기타의 단체교섭을 정당한 이유없이 거부하거나 해태하는 행위 4. 근로자가 노동조합을 조직 또는 운영하는 것을 지배하거나 이에 개입하는 행위와 노동조합의 전임자에게 급여를 지원하거나 노동조합의 운영비를 원조하는 행위. 다만, 근로자가 근로시간중		

노동조합 및 노동관계조정법	노동조합 및 노동관계조정법 시행령	노동조합 및 노동관계조정법 시행규칙
에 제24조제4항에 따른 활동을 하는 것을 사용자가 허용함은 무방하며, 또한 근로자의 후생자금 또는 경제상의 불행 기타 재액의 방지와 구제등을 위한 기금의 기부와 최소한의 규모의 노동조합 사무소의 제공은 예외로 한다. <개정 2010.1.1> 5. 근로자가 정당한 단체행위에 참가한 것을 이유로 하거나 또는 노동위원회에 대하여 사용자가 이 조의 규정에 위반한 것을 신고하거나 그에 관한 증언을 하거나 기타 행정관청에 증거를 제출한 것을 이유로 그 근로자를 해고하거나 그 근로자에게 불이익을 주는 행위 **제82조(구제신청)** ①사용자의 부당노동행위로 인하여 그 권리를 침해당한 근로자 또는 노동조합은 노동위원회에 그 구제를 신청할 수 있다. ②제1항의 규정에 의한 구제의 신청은 부당노동행위가 있은 날(계속하는 행위는 그 종료일)부터 3월 이내에 이를 행하여야 한다.		

노동조합 및 노동관계조정법	노동조합 및 노동관계조정법 시행령	노동조합 및 노동관계조정법 시행규칙
제83조(조사 등) ①노동위원회는 제82조의 규정에 의한 구제신청을 받은 때에는 지체없이 필요한 조사와 관계 당사자의 심문을 하여야 한다. ②노동위원회는 제1항의 규정에 의한 심문을 할 때에는 관계 당사자의 신청에 의하거나 그 직권으로 증인을 출석하게 하여 필요한 사항을 질문할 수 있다. ③노동위원회는 제1항의 규정에 의한 심문을 함에 있어서는 관계 당사자에 대하여 증거의 제출과 증인에 대한 반대심문을 할 수 있는 충분한 기회를 주어야 한다. ④제1항의 규정에 의한 노동위원회의 조사와 심문에 관한 절차는 중앙노동위원회가 따로 정하는 바에 의한다. **제84조(구제명령)** ①노동위원회는 제83조의 규정에 의한 심문을 종료하고 부당노동행위가 성립한다고 판정한 때에는 사용자에게 구제명령을 발하여야 하며, 부당노동행위가 성립되지 아니한다고 판정한 때에		

노동조합 및 노동관계조정법	노동조합 및 노동관계조정법 시행령	노동조합 및 노동관계조정법 시행규칙
는 그 구제신청을 기각하는 결정을 하여야 한다. ②제1항의 규정에 의한 판정·명령 및 결정은 서면으로 하되, 이를 당해 사용자와 신청인에게 각각 교부하여야 한다. ③관계 당사자는 제1항의 규정에 의한 명령이 있을 때에는 이에 따라야 한다. **제85조(구제명령의 확정)** ①지방노동위원회 또는 특별노동위원회의 구제명령 또는 기각결정에 불복이 있는 관계 당사자는 그 명령서 또는 결정서의 송달을 받은 날부터 10일 이내에 중앙노동위원회에 그 재심을 신청할 수 있다. ②제1항의 규정에 의한 중앙노동위원회의 재심판정에 대하여 관계 당사자는 그 재심판정서의 송달을 받은 날부터 15일 이내에 행정소송법이 정하는 바에 의하여 소를 제기할 수 있다. ③제1항 및 제2항에 규정된 기간내에 재심을 신청하지 아니하거나 행정소송을 제기하지 아니한 때에는 그 구제명령·기각		

노동조합 및 노동관계조정법	노동조합 및 노동관계조정법 시행령	노동조합 및 노동관계조정법 시행규칙
결정 또는 재심판정은 확정된다. ④제3항의 규정에 의하여 기각결정 또는 재심판정이 확정된 때에는 관계 당사자는 이에 따라야 한다. ⑤사용자가 제2항의 규정에 의하여 행정소송을 제기한 경우에 관할법원은 중앙노동위원회의 신청에 의하여 결정으로써, 판결이 확정될 때까지 중앙노동위원회의 구제명령의 전부 또는 일부를 이행하도록 명할 수 있으며, 당사자의 신청에 의하여 또는 직권으로 그 결정을 취소할 수 있다. **제86조(구제명령 등의 효력)** 노동위원회의 구제명령·기각결정 또는 재심판정은 제85조의 규정에 의한 중앙노동위원회에의 재심신청이나 행정소송의 제기에 의하여 그 효력이 정지되지 아니한다. 제7장 보 칙 **제87조(권한의 위임)** 이 법에 의한 고용노동부장관의 권한은 대통령령이 정하는 바		
	제33조(권한의 위임 등) ①법 제87조에 따라 고용노동부장관은 다음 각 호의 사	

노동조합 및 노동관계조정법	노동조합 및 노동관계조정법 시행령	노동조합 및 노동관계조정법 시행규칙
에 따라 그 일부를 지방고용노동관서의 장에게 위임할 수 있다. <개정 2010.6.4>	항에 관한 권한을 노동조합의 주된 사무소의 소재지를 관할하는 지방고용노동관서의 장에게 위임한다. 다만, 연합단체인 노동조합과 전국규모의 산업별 단위노동조합에 대한 권한은 이를 제외한다. <개정 2010. 7.12> 1. 법 제10조제1항의 규정에 의한 노동조합 설립신고서의 수리 2. 법 제12조의 규정에 의한 신고증의 교부·보완요구 및 반려 3. 법 제13조제1항의 규정에 의한 변경신고의 수리 4. 법 제13조제2항의 규정에 의한 통보의 접수 5. 법 제18조제3항 및 제4항의 규정에 의한 노동위원회의 의결요청 및 임시총회 등의 소집권자 지명 6. 법 제21조의 규정에 의한 규약 또는 결의·처분의 시정명령 7. 법 제27조의 규정에 의한 자료제출 요구 8. 법 제28조제1항제4호의 규정에 의한 노동위원회의 의결요청 및 동조제2항의	

노동조합 및 노동관계조정법	노동조합 및 노동관계조정법 시행령	노동조합 및 노동관계조정법 시행규칙
	규정에 의한 해산신고의 수리 9. 법 제31조제2항의 규정에 의한 단체협약신고의 수리 및 동조제3항의 규정에 의한 단체협약의 시정명령 10. 법 제36조의 규정에 의한 노동위원회의 의결요청 및 단체협약의 지역적 확장적용 결정 및 공고 11. 삭제 <2007.11.30> 12. 법 제42조제3항 및 제4항에 따른 노동위원회의 의결요청 및 쟁의행위의 중지통보 <개정 2007.11.30> 13. 법 제46조제2항의 규정에 의한 직장폐쇄 신고의 수리 14. 법 제96조의 규정에 의한 과태료의 부과 15. 제9조제2항 및 제3항에 따른 시정요구 및 통보<개정 2007.11.30> 16. 제10조제2항 및 제3항의 규정에 의한 변경신고서의 수리 및 변경신고증의 교부(제10조제2항의 경우에는 노동조합의 주된 사무소의 신소재지를 관할하는 지방고용노동관서의 장)	

노동조합 및 노동관계조정법	노동조합 및 노동관계조정법 시행령	노동조합 및 노동관계조정법 시행규칙
	17. 제17조의 규정에 의한 쟁의행위 신고의 수리 18. 제18조의 규정에 의한 폭력행위등 신고의 수리 ②고용노동부장관은 제1항의 규정에 불구하고 노동조합의 주된 사무소의 소재지를 관할하는 지방고용노동관서에서 처리하기 곤란하거나 업무의 효율적인 운영을 위하여 필요하다고 인정하는 경우에는 지방고용노동관서를 지정하여 당해 사건을 처리하게 할 수 있다. <개정 2010.7.12> **제33조의2(고유식별정보의 처리)** 행정관청 또는 노동위원회는 다음 각 호의 사무를 수행하기 위하여 불가피한 경우 「개인정보 보호법 시행령」 제19조제1호 또는 제4호에 따른 주민등록번호 또는 외국인등록번호가 포함된 자료를 처리할 수 있다. 1. 법 제10조제1항에 따른 노동조합 설립의 신고에 관한 사무 2. 법 제13조에 따른 설립신고 사항의 변경신고, 노동조합 정기 현황통보 등에	

노동조합 및 노동관계조정법	노동조합 및 노동관계조정법 시행령	노동조합 및 노동관계조정법 시행규칙
	관한 사무 3. 법 제82조제1항에 따른 부당노동행위의 구제에 관한 사무 4. 제9조제2항에 따른 시정요구 및 통보에 관한 사무 [본조신설 2012.1.6]	
제8장 벌 칙 **제88조(벌칙)** 제41조제2항의 규정에 위반한 자는 5년 이하의 징역 또는 5천만원 이하의 벌금에 처한다. **제89조(벌칙)** 다음 각 호의 어느 하나에 해당하는 자는 3년 이하의 징역 또는 3천만원 이하의 벌금에 처한다. 1. 제37조제2항, 제38조제1항, 제42조제1항 또는 제42조의2제2항의 규정에 위반한 자 2. 제85조제3항(제29조의4제4항에서 준용하는 경우를 포함한다)에 따라 확정되거나 행정소송을 제기하여 확정된 구제명		

노동조합 및 노동관계조정법	노동조합 및 노동관계조정법 시행령	노동조합 및 노동관계조정법 시행규칙
령에 위반한 자 <개정 2010.1.1> **제90조(벌칙)** 제44조제2항, 제69조제4항, 제77조 또는 제81조의 규정에 위반한 자는 2년 이하의 징역 또는 2천만원 이하의 벌금에 처한다. **제91조(벌칙)** 제38조제2항, 제41조제1항, 제42조제2항, 제43조제1항·제2항·제4항, 제45조제2항 본문, 제46조제1항 또는 제63조의 규정을 위반한 자는 1년 이하의 징역 또는 1천만원 이하의 벌금에 처한다. **제92조(벌칙)** 다음 각호의 1에 해당하는 자는 1천만원 이하의 벌금에 처한다. 1. 제24조제5항을 위반한 자 <개정 2010.1.1> 2. 제31조제1항의 규정에 의하여 체결된 단체협약의 내용 중 다음 각목의 1에 해당하는 사항을 위반한 자 <개정 2010.1.1> 가. 임금·복리후생비, 퇴직금에 관한 사항		

노동조합 및 노동관계조정법	노동조합 및 노동관계조정법 시행령	노동조합 및 노동관계조정법 시행규칙
나. 근로 및 휴게시간, 휴일, 휴가에 관한 사항 다. 징계 및 해고의 사유와 중요한 절차에 관한 사항 라. 안전보건 및 재해부조에 관한 사항 마. 시설·편의제공 및 근무시간 중 회의 참석에 관한 사항 바. 쟁의행위에 관한 사항 3. 제61조제1항의 규정에 의한 조정서의 내용 또는 제68조제1항의 규정에 의한 중재재정서의 내용을 준수하지 아니한 자 <개정 2010.1.1> **제93조(벌칙)** 다음 각호의 1에 해당하는 자는 500만원 이하의 벌금에 처한다. 1. 제7조제3항의 규정에 위반한 자 2. 제21조제1항·제2항 또는 제31조제3항의 규정에 의한 명령에 위반한 자 **제94조(양벌규정)** 법인 또는 단체의 대표자, 법인·단체 또는 개인의 대리인·사용인 기타의 종업원이 그 법인·단체 또는 개인		

노동조합 및 노동관계조정법	노동조합 및 노동관계조정법 시행령	노동조합 및 노동관계조정법 시행규칙
의 업무에 관하여 제88조 내지 제93조의 위반행위를 한 때에는 행위자를 벌하는 외에 그 법인·단체 또는 개인에 대하여도 각 해당 조의 벌금형을 과한다. **제95조(과태료)** 제85조제5항의 규정에 의한 법원의 명령에 위반한 자는 500만원 이하의 금액(당해 명령이 작위를 명하는 것일 때에는 그 명령의 불이행 일수 1일에 50만원 이하의 비율로 산정한 금액)의 과태료에 처한다. **제96조(과태료)** ①다음 각호의 1에 해당하는 자는 500만원 이하의 과태료에 처한다. 1. 제14조의 규정에 의한 서류를 비치 또는 보존하지 아니한 자 2. 제27조의 규정에 의한 보고를 하지 아니하거나 허위의 보고를 한 자 3. 제46조제2항의 규정에 의한 신고를 하지 아니한 자 ②제13조, 제28조제2항 또는 제31조제2항의 규정에 의한 신고 또는 통보를 하지	**제34조(과태료의 부과기준)** 법 제96조제1항 및 제2항에 따른 과태료의 부과기준은 별표 2와 같다. [전문개정 2011.3.30]	**제17조(과태료의 징수절차)** 영 제34조제4항에 따른 과태료의 징수절차에 관하여는 「국고금관리법 시행규칙」을 준용한다. 이 경우 납입고지서에는 이의방법과 이의기간 등을 함께 적어야 한다. <개정 2007.12.26>

노동조합 및 노동관계조정법	노동조합 및 노동관계조정법 시행령	노동조합 및 노동관계조정법 시행규칙
아니한 자는 300만원 이하의 과태료에 처한다. ③제1항 및 제2항의 규정에 의한 과태료는 대통령령이 정하는 바에 의하여 행정관청이 부과·징수한다. ④제3항의 규정에 의한 과태료의 처분에 불복이 있는 자는 그 처분의 고지를 받은 날부터 30일 이내에 행정관청에게 이의를 제기할 수 있다. ⑤제3항의 규정에 의한 과태료의 처분을 받은 자가 제4항의 규정에 의하여 이의를 제기한 때에는 행정관청은 지체없이 관할법원에 그 사실을 통보하여야 하며, 그 통보를 받은 관할법원은 비송사건절차법에 의한 과태료의 재판을 한다. ⑥제4항의 규정에 의한 기간내에 이의를 제기하지 아니하고 과태료를 납부하지 아니한 때에는 국세체납처분의 예에 의하여 이를 징수한다.		

노동조합 및 노동관계조정법	노동조합 및 노동관계조정법 시행령	노동조합 및 노동관계조정법 시행규칙
부 칙 〈제5310호, 1997.3.13〉	부 칙 〈제15321호, 1997.3.27〉	부 칙 〈제114호, 1997.4.7〉
제1조(시행일) 이 법은 공포한 날부터 시행한다. 제2조(적용시한) 제71조제2항의 규정 중 제1호의 시내버스 운송사업에 관한 규정 및 제4호의 은행사업(한국은행법에 의한 한국은행은 제외한다)에 관한 규정은 2000년 12월 31일까지 적용한다. 제3조(노동조합에 관한 경과조치) 이 법 시행당시 종전의 규정에 의하여 설립신고증을 교부받은 노동조합은 이 법에 의하여 설립된 노동조합으로 본다. 제4조(해고자에 관한 경과조치) 이 법 시행 당시 해고의 효력을 다투고 있는 자는 제2조제4호 라목 단서의 규정에 불구하고 근로자가 아닌 자로 해석하여서는 아니 된다. 제5조(노동조합 설립에 관한 경과조치) 삭제 〈2010.1.1〉 제6조(노동조합 전임자에 관한 적용의 특례) ① 삭제 〈2001.1.1〉	①(시행일) 이 영은 공포한 날부터 시행한다. ②(다른 법령의 폐지) 노동조합법시행령 및 노동쟁의조정법시행령은 이를 각각 폐지한다. ③(다른 법령과의 관계) 이 영 시행당시 다른 법령에서 종전의 노동조합법시행령·노동쟁의조정법시행령 또는 그 규정을 인용한 경우 이 영중 그에 해당하는 규정이 있는 경우에는 종전의 규정에 갈음하여 이 영 또는 이 영의 해당 규정을 인용한 것으로 본다. 부 칙 〈제15780호, 1998.4.27〉 이 영은 1998년 5월 1일부터 시행한다. 부 칙(항공법시행령) 〈제16511호, 1999.8.6〉 제1조(시행일) 이 영은 공포한 날부터 시행한다. 〈단서 생략〉 제2조 생략	①(시행일) 이 규칙은 공포한 날부터 시행한다. ②(다른 법령의 폐지) 노동조합법시행규칙 및 노동쟁의조정법시행규칙은 이를 각각 폐지한다. ③(다른 법령과의 관계) 이 규칙 시행당시 다른 법령에서 종전의 노동조합법시행규칙·노동쟁의조정법시행규칙 또는 그 규정을 인용한 경우 이 규칙 중 그에 해당하는 규정이 있는 경우에는 종전의 규정에 갈음하여 이 규칙 또는 이 규칙의 해당규정을 인용한 것으로 본다. 부 칙 〈제127호, 1998.4.30〉 이 규칙은 1998년 5월 1일부터 시행한다. 부 칙 〈제286호, 2007.12.26〉 이 규칙은 2008년 1월 1일부터 시행한다.

노동조합 및 노동관계조정법	노동조합 및 노동관계조정법 시행령	노동조합 및 노동관계조정법 시행규칙
②노동조합과 사용자는 전임자에 대한 급여지원 규모를 노사협의에 의하여 점진적으로 축소하도록 노력하되, 이 경우 그 재원을 노동조합의 재정자립에 사용하도록 한다. <개정 2001.3.28> 　**제7조(단체협약의 효력에 관한 경과조치)** 이 법 시행당시 종전의 규정에 의하여 체결한 단체협약은 이 법에 의하여 행한 것으로 본다. 　**제8조(노동쟁의 조정에 관한 경과조치)** ①이 법 시행당시 종전의 규정에 의하여 신청한 사적조정·중재는 이 법에 의한 사적조정·중재를 신청한 것으로 본다. ②이 법 시행당시 종전의 규정에 의하여 노동위원회에 신청한 조정·중재는 이 법에 의한 조정·중재를 신청한 것으로 본다. 이 경우 조정기간을 산정함에 있어서는 제54조의 규정에도 불구하고 종전의 규정에 의한다. ③이 법 시행당시 종전의 규정에 의하여 조정이 종료된 노동쟁의는 제45조의 규정을 적용함에 있어서 조정을 거친 것으로	**제3조(다른 법령의 개정)** ①생략 ②노동조합및노동관계조정법시행령중 다음과 같이 개정한다. 제21조제4호중 "항공보안시설"을 "항행안전시설"로 한다. ③내지 ⑤생략 　**부 칙 <제20397호, 2007.11.30>** 이 영은 2008년 1월 1일부터 시행한다. 　**부 칙<제22030호, 2010.2.12>** **제1조(시행일)** 이 영은 공포한 날부터 시행한다. 다만 제14조 및 제14조의2부터 제14조의12까지의 개정규정은 2011년 7월 1일부터 시행한다. **제2조(노사관계선진화 실무지원단 구성·운영)** ①고용노동부장관은 근로시간면제 제도와 교섭창구 단일화 제도의 원활한 시행 등을 위하여 노사관계선진화 실무지원단을 2012년 12월 31일까지 설치·운영	**부 칙** **(고용노동부와 그 소속기관직제)** **<제1호, 2010.7.12>** ①(시행일) 이 규칙은 공포한 날부터 시행한다. <단서생략> 　**부 칙 <제2호, 2010.8.9>** 이 규칙은 2011년 7월 1일부터 시행한다. 다만, 제2조 및 제3조의 개정규정과 별지 제1호서식, 별제 제2호서식, 별지 제3호서식, 별지 제6호서식 및 별지 제7호서식의 개정서식은 공포한 날부터 시행한다. 　**부 칙** **(서식설계기준 변경에 따른 건설근로자의 고용개선 등에 관한 법률 시행규칙 등 일부개정령)** **<고용노동부령 제72호, 2012.12.27>** 이 규칙은 공포한 날부터 시행한다.

노동조합 및 노동관계조정법	노동조합 및 노동관계조정법 시행령	노동조합 및 노동관계조정법 시행규칙
본다. **제9조(노동조합업무 등에 관한 경과조치)** ①이 법 시행당시 종전의 규정에 의하여 근로자, 노동조합 또는 사용자가 고용노동부장관, 행정관청 또는 노동위원회에 행한 신고, 신청, 요구 등은 각각 이 법에 의하여 행한 것으로 본다. ②이 법 시행당시 종전의 규정에 의하여 고용노동부장관 또는 행정관청이 노동위원회에 행한 요청 등은 각각 이 법에 의하여 행한 것으로 본다. ③이 법 시행당시 종전의 규정에 의하여 고용노동부장관 또는 행정관청이 행한 명령, 지명, 결정 등은 각각 이 법에 의하여 행한 것으로 본다. **제10조(벌칙에 관한 경과조치)** 이 법 시행 전의 행위에 대한 벌칙의 적용에 있어서는 종전의 규정에 의한다. **제11조(다른 법률과의 관계)** 이 법 시행당시 다른 법령에서 종전의 노동조합및노동관계조정법 또는 그 규정을 인용한 것은 이 법중 그에 해당하는 규정이 있는 경우	한다. ②노사관계선진화 실무지원단의 구성 및 운영 등에 필요한 사항은 고용노동부장관이 정한다. **부 칙** **〈고용노동부와 그 소속기관직제〉** **〈제22269, 2010.7.12〉** **제1조(시행일)** 이 영은 공포한 날부터 시행한다. 다만 부칙 제2조제55항 중 제14조의2, 제14조의3, 제14조의5, 제14조의7, 제14조의11 및 제14조의12의 개정규정은 2011년7월1일부터 시행한다. **제2조(다른 법률의 개정)** ① 부터 ㊾ 까지 생략 ㊿노동조합 및 노동관계조정법 시행령 일부를 다음과 같이 개정한다. 제9조제1항 각 호 외의 부분, 제11조의3제1항, 제11조의6제1항제6호, 제21조제6호 및 제33조제1항 각 호외의 부분 본문·제2항중 "고용노동부장관"을 각각 "고용	

노동조합 및 노동관계조정법	노동조합 및 노동관계조정법 시행령	노동조합 및 노동관계조정법 시행규칙
에는 이 법 또는 이 법의 해당 조항을 인용한 것으로 본다. 부 칙 〈제5511호, 1998.2.20〉 **제1조(시행일)** 이 법은 1998년 5월 1일부터 시행한다. **제2조(일방해지에 관한 경과조치)** 이 법 시행당시 종전의 제32조제3항의 규정에 의하여 단체협약을 일방해지한 경우에는 종전의 규정에 의한다. **제3조(권한변경에 따른 경과조치)** ①이 법 시행당시 종전의 규정에 의하여 고용노동부장관이 행한 신고증의 교부·명령 기타의 행위(연합단체인 노동조합과 2 이상의 특별시·광역시·도에 걸치는 단위노동조합 외의 노동조합에 관한 사항에 한한다)는 이 법에 의한 특별시장·광역시장·도지사가 행한 행위로 본다. ②이 법 시행당시 종전의 규정에 의하여 고용노동부장관에 대하여 행한 신고·신청 기타의 행위(연합단체인 노동조합과 2 이	노동부장관"으로 한다. 제11조의6제1항 및 제4항 중 "노동부"를 "고용노동부"로 한다. 제14조의2제2항, 제14조의3제1항·제2항, 제14조의5제1항·제4항 각 호 외의 부분, 제14조의7제3항·제4항·제7항, 제14조의11제6항, 제14조의12제1항, 제17조, 제22조의3제5항, 제23조제1항·제3항 전단, 제24조제1항 및 제34조제4항 중 "노동부령"을 각각 "고용노동부령"으로 한다. 제33조제1항 각 호 외의 부분 본문·제16호 및 같은 조 제2항 중 "지방노동관서"를 각각 "지방고용노동관서"로 한다. ㊼부터 ㊽까지 생략 부 칙 (민감정보 및 고유식별정보 처리 근거 마련을 위한 과세자료의 제출 및 관리에 관한 법률 시행령 등 일부개정령) 〈대통령령 제23488호, 2012.1.6〉 **제1조(시행일)** 이 영은 공포한 날부터 시행	

노동조합 및 노동관계조정법	노동조합 및 노동관계조정법 시행령	노동조합 및 노동관계조정법 시행규칙
상의 특별시·광역시·도에 걸치는 단위노동조합 외의 노동조합에 관한 사항에 한한다)는 이 법에 의한 특별시장·광역시장·도지사에 대하여 행한 행위로 본다. 　　부　칙 〈제6456호, 2001.3.28〉 ①(시행일) 이 법은 공포한 날부터 시행한다. 다만, 제13조의 개정규정은 공포후 6월이 경과한 날부터 시행한다. ②(다른 법률의 개정) 법률 제5727호 교원의노동조합설립및운영등에관한법률 부칙 제2항 중 "2001년"을 "2006년"으로 한다. 　　부　칙(방위사업법) 　　〈제7845호, 2006.1.2〉 제1조(시행일) 이 법은 공포한 날부터 시행한다.〈단서 생략〉 제2조 내지 제14조 생략 제15조(다른 법률의 개정) ① 및 ②생략 　③노동조합및노동관계조정법 일부를 다음	한다.〈단서 생략〉 제2조 생략	

노동조합 및 노동관계조정법	노동조합 및 노동관계조정법 시행령	노동조합 및 노동관계조정법 시행규칙
과 같이 개정한다. 　제41조제2항중 "방위산업에관한특별조치법"을 「방위사업법」으로 한다. 　④내지 ⑦생략 제16조 생략 　　부　칙 〈제8158호, 2006.12.30〉 제1조(시행일) 이 법은 2007년 7월 1일부터 시행한다. 다만, 제42조의2 내지 제42조의6, 제43조제3항·제4항, 제62조제3호, 제71조, 제74조, 제75조, 제89조제1호(필수유지업무에 대한 쟁의행위의 제한에 관한 부분에 한한다)의 개정규정은 2008년 1월 1일부터, 제81조제2호의 개정규정은 2011년 7월 1일부터, 법률 제5310호 노동조합및노동관계조정법 부칙(법률 제6456호 노동조합및노동관계조정법중개정법률에 따라 개정된 내용을 포함한다) 제5조제1항·제3항 및 제6조제1항의 개정규정은 2007년 1월 1일부터 시행한다. 〈개정 2010.1.1〉 제2조(필수유지업무 도입을 위한 준비행위)		

노동조합 및 노동관계조정법	노동조합 및 노동관계조정법 시행령	노동조합 및 노동관계조정법 시행규칙
노동관계 당사자 또는 노동위원회는 필수유지업무의 도입을 위하여 필요한 다음 각 호의 사항에 대하여는 이 법 시행 전에 할 수 있다. 1. 필수유지업무협정의 체결 2. 제42조의4제2항의 결정 **제3조(권한변경에 따른 경과조치)** ①이 법 시행당시 종전의 규정에 따라 특별시장·광역시장·도지사가 행한 신고증의 교부, 명령 그 밖의 행위(2 이상의 시·군·구에 걸치는 단위노동조합 외의 노동조합에 관한 사항에 한한다)는 이 법에 따른 특별자치도지사·시장·군수·구청장이 행한 행위로 본다. ②이 법 시행당시 종전의 규정에 따라 특별시장·광역시장·도지사에 대하여 행한 신고·신청 그 밖의 행위(2 이상의 시·군·구에 걸치는 단위노동조합 외의 노동조합에 관한 사항에 한한다)는 이 법에 따른 특별자치도지사·시장·군수·구청장에 대하여 행한 행위로 본다. **제4조(필수공익사업의 조정사건에 관한 경**		

노동조합 및 노동관계조정법	노동조합 및 노동관계조정법 시행령	노동조합 및 노동관계조정법 시행규칙
과조치) 부칙 제1조 단서의 규정에 따른 제62조제3호, 제71조, 제74조 및 제75조의 개정규정의 시행 전에 노동위원회에 신청한 필수공익사업에 대한 조정사건에 대하여는 종전의 규정에 따른다. 제5조(벌칙에 관한 경과조치) 이 법 시행 전에 행한 행위에 대한 벌칙의 적용에 있어서는 종전의 규정에 따른다. 다만, 제42조제3항의 규정에 따른 명령에 위반한 행위에 대한 벌칙의 적용에 관하여는 그러하지 아니하다. 부　칙 〈제9930호, 2010.1.1〉 제1조(시행일) 이 법은 2010년 1월 1일부터 시행한다. 다만, 제24조제3항·제4항·제5항, 제81조제4호, 제92조의 개정규정은 2010년 7월 1일부터, 제29조제2항·제3항·제4항, 제29조의2부터 제29조의5까지, 제41조제1항 후단, 제42조의6, 제89조제2호의 개정규정은 2011년 7월 1일부터 시행한다. 제2조(최초로 시행되는 근로시간 면제 한도		

노동조합 및 노동관계조정법	노동조합 및 노동관계조정법 시행령	노동조합 및 노동관계조정법 시행규칙
의 결정에 관한 경과조치) ①근로시간면제심의위원회는 이 법 시행 후 최초로 시행될 근로시간 면제 한도를 2010년 4월 30일까지 심의·의결하여야 한다. ②근로시간면제심의위원회가 제1항에 따른 기한까지 심의·의결을 하지 못한 때에는 제24조의2제5항에도 불구하고 국회의 의견을 들어 공익위원만으로 심의·의결할 수 있다. 제3조(단체협약에 관한 경과조치) 이 법 시행일 당시 유효한 단체협약은 이 법에 따라 체결된 것으로 본다. 다만, 이 법 시행에 따라 그 전부 또는 일부 내용이 제24조를 위반하는 경우에는 이 법 시행에도 불구하고 해당 단체협약의 체결 당시 유효기간까지는 효력이 있는 것으로 본다. 제4조(교섭 중인 노동조합에 관한 경과조치) 이 법 시행일 당시 단체교섭 중인 노동조합은 이 법에 따른 교섭대표노동조합으로 본다. 제5조(필수유지업무협정 또는 노동위원회의 필수유지업무 유지·운영 수준 등의 결정		

노동조합 및 노동관계조정법	노동조합 및 노동관계조정법 시행령	노동조합 및 노동관계조정법 시행규칙
에 관한 경과조치) 이 법 시행일 당시 유효한 필수유지업무협정 또는 노동위원회의 필수유지업무 유지·운영 수준 등의 결정은 이 법에 따라 체결된 것으로 본다. **제6조**(하나의 사업 또는 사업장에 2개 이상의 노동조합이 있는 경우의 경과조치) 2009년 12월 31일 현재 하나의 사업 또는 사업장에 조직형태를 불문하고 근로자가 설립하거나 가입한 노동조합이 2개 이상 있는 경우에 해당 사업 또는 사업장에 대하여는 제29조제2항·제3항·제4항, 제29조의2부터 제29조의5까지, 제41조제1항 후단, 제89조제2호의 개정규정은 2012년 7월 1일부터 적용한다. **제7조**(노동조합 설립에 관한 경과조치) ① 하나의 사업 또는 사업장에 노동조합이 조직되어 있는 경우에는 제5조에도 불구하고 2011년 6월 30일까지는 그 노동조합과 조직대상을 같이 하는 새로운 노동조합을 설립할 수 없다. ②행정관청은 설립하고자 하는 노동조합이 제1항을 위반한 경우에는 그 설립신고		

노동조합 및 노동관계조정법	노동조합 및 노동관계조정법 시행령	노동조합 및 노동관계조정법 시행규칙
서를 반려하여야 한다. **제8조(노동조합 전임자에 관한 적용 특례)** 제24조제2항 및 제81조제4호(노동조합의 전임자에 대한 급여지원에 관한 규정에 한한다)는 2010년 6월 30일까지 적용하지 아니한다. 부 칙(정부조직법) 〈제10339호, 2010.6.4〉 **제1조(시행일)** 이 법은 공포 후 1개월이 경과한 날부터 시행한다. 〈단서 생략〉 **제2조 및 제3조** 생략 **제4조(다른 법률의 개정)** ①부터 ㊳까지 생략 ㊴노동조합 및 노동관계조정법 일부를 다음과 같이 개정한다. 제10조제1항 각 호 외의 부분, 제12조제1항 및 제24조의2제2항 중 "고용노동부장관"을 각각 "고용노동부장관"으로 한다. 제24조의2제1항 중 "노동부"를 "고용노동부"로 한다. 제76조제1항부터 제3항까지 및 제87조 중		

노동조합 및 노동관계조정법	노동조합 및 노동관계조정법 시행령	노동조합 및 노동관계조정법 시행규칙
"勞動部長官"을 각각 "고용노동부장관"으로 한다. 제87조 중 "地方勞動官署"를 "지방고용노동관서"로 한다. ㊵부터 ㊾까지 생략 **제5조** 생략 부 칙 〈법률 제12630호, 2014.5.20〉 이 법은 공포한 날부터 시행한다.		

펴낸 이	
공공노사정책관	송문현
공무원노사관계과장	조오현
사 무 관	이세규
근로감독관	김경민

공무원노사관계 업무매뉴얼

초판 인쇄 2016년 02월 12일
초판 발행 2016년 02월 17일
저자 고용노동부
발행인 김갑용
발행처 진한엠앤비
주소 서울시 서대문구 독립문로 14길 66 210호
　　　(냉천동 260, 동부센트레빌아파트상가동)
전화 02) 364 - 8491(대) / 팩스 02) 319 - 3537
홈페이지주소 http://www.jinhanbook.co.kr
등록번호 제313-2010-21호 (등록일자 : 1993년 05월 25일)
ⓒ2016 jinhan M&B INC, Printed in Korea

ISBN 979-11-7009-274-2 (93320)　 [정 가 : 45,000원]

☞ 이 책에 담긴 내용의 무단 전재 및 복제 행위를 금합니다.
☞ 잘못 만들어진 책자는 구입처에서 교환해드립니다.
☞ 본 도서는 [공공데이터 제공 및 이용 활성화에 관한 법률]을 근거로 출판되었습니다.